JN056373

ΣBEST シグマベスト

新版

現代文読解の基礎講義

Contemporary Japanese
Basic lecture on reading comprehension

中野芳樹 著

文英堂

はじめに

本書は現代文の基礎の修得を目的としている。「基礎」とは、初歩、平易などという意味ではなく、「礎（いしずえ）」「前提」という本来の意味である。基礎学力を修得すれば、大学入試の難問題でも十分高得点となる解答が記述でき、選択肢の正誤の判別もできる。そのような基礎の名に値する一貫した方法の修得を本書は提案する。

「現代文の基礎学力」とは、第一に、正しく読む能力である。この能力が向上することで、さらに「正しく速く」読むことも可能になる。この「正しさ」は、読む自分の主観的な解釈に依拠するはずはなく、他者（著者）の文章について、また別の他者（出題者）によって判定されるのであるから、正しさの根拠は読解の客観性以外にはない。したがって、正しく読む能力は客観的な読解法の修得によって確立される。

第二に、あらゆる学問が目指す、疑問や課題を適切に解消・解決する能力、端的に言えば、問いに正しく答える能力もまた、現代文の基礎学力である。こちらは他者（出題者）からの問いに対して、第一の客観的な読解結果に基づき、適切な解答を記述あるいは選択するのであるから、その正しさの根拠は、解く各人の恣意的な考えにではなく、読解結果の客観性に加えて、問いの要求それ自体から「必然的に導かれる」という意味での論理性にある。したがって、問いに正しく答える能力は、論理的な解答法の修得によって確立される。

本書では、第三に、論理的文章を分野や主題の違いに左右されず、正しく理解するための「基幹知識」を基礎の一つと位置づけ、約一〇〇語を掲載し、方法論と知識の両面から現代文の基礎学力の充実を図った。

どうすれば、他者による本文解説などに依存せず、常に独力で読み解くことのできる基礎学力を修得できるのか。ある文章や設問で学習した事柄を、どうすれば入試問題の文章や設問へと適用しうるのか。すなわち、方法論的一貫性の確立。これが本書の筆者にとっての課題であり、本書はその「解答」である。

CONTENTS

新版 現代文 読解の基礎講義

はじめに
本書の構成と活用法
ダウンロード特典のご案内

▼ FAQ
現代文学習に対する悩みや疑問を解消しよう …… 7

第1章 客観的速読法

基礎講義1 論理的文章の読解法 …… 18
例題1-1 **論理的文章の読解実践①** …… 36
中埜肇『空間と人間』（一橋大）
例題1-2 **論理的文章の読解実践②** …… 50
浅野智彦「消費社会とはどのような社会か？」（神戸大）
基礎講義2 小説の読解法 …… 76
例題1-3 **小説の読解実践** …… 86
小川洋子『ことり』（東北大）
基礎講義3 随想の読解法 …… 110
例題1-4 **随想の読解実践** …… 118
武満徹「影絵の鏡（ワヤン・クリット）」（東京大）

第2章 論理的解答法

基礎講義4 記述式問題の解答法 …… 138

例題2-1 記述式問題の解答実践① …… 160
松嶋健「ケアと共同性——個人主義を超えて」(東京大)

例題2-2 記述式問題の解答実践② …… 184
高橋和巳「〈邪読〉について」(京都大)

基礎講義5 選択式問題の解答法 …… 214

例題2-3 選択式問題の解答実践 …… 228
田辺明生「グローバル市民社会」(早稲田大)

基礎講義6 心情・表現説明型設問の解答法 …… 260

例題2-4 心情・表現説明型設問の解答実践 …… 284
島木健作『バナナの皮』(大阪大)

第3章 大学入学共通テスト

集中講義 大学入学共通テスト対策 …… 310

例題3-1 大学入学共通テスト対策の実践① …… 319
柏木博『視覚の生命力——イメージの復権』
呉谷充利『ル・コルビュジエと近代絵画——二〇世紀モダニズムの道程』
(大学入学共通テスト)

例題3-2 大学入学共通テスト対策の実践② …… 352
室生犀星「陶古の女人」
(大学入学共通テスト)

基幹知識の修得 …… 386

おわりに——新版に寄せて

別冊 客観的速読法・論理的解答法一覧

本書の構成と活用法

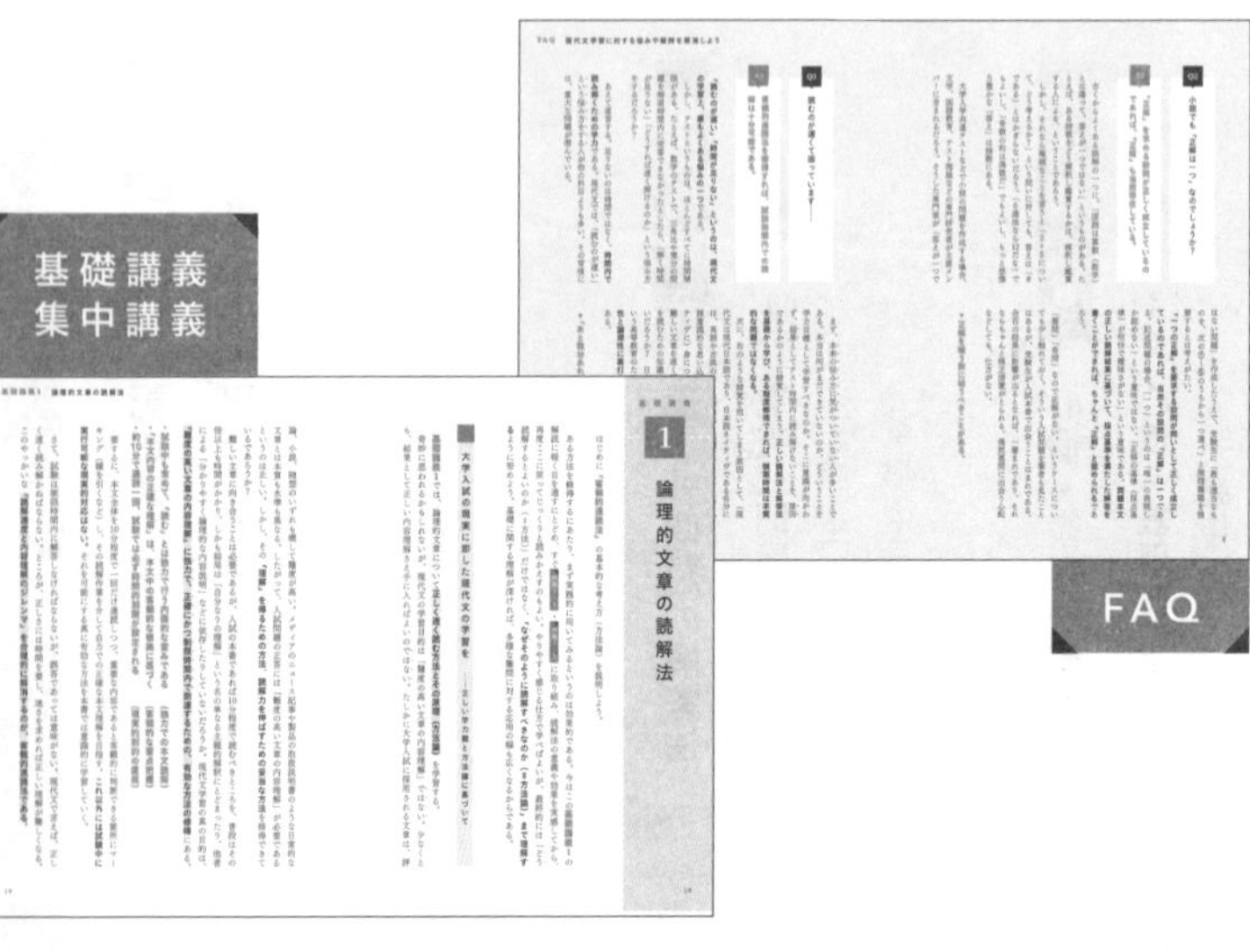

最初に**「FAQ」**に目を通せば、本書の方針や現代文学習の目標について、大きくつかむことができる。

本書は、現代文のジャンルや設問形式の違いなどに応じて、それぞれ**最初に「基礎講義」、その直後に「例題」**という構成をとっている。方法論、基礎知識などについて解説し、それから入試問題を例題として読解法や解答法の実際的な適用法を示した。前から順に読み、解いていくのが望ましい。**再読、三読**と反復することで、正確さと速さが身につく。**「基礎講義」の初読では普通に通読し、直後の「例題」は時間を気にせず学習し、二回目は同じ「基礎講義」をじっくりと読み、「例題」は制限時間を意識して解く**という学習法が合理的である。「分かる→できる→速くできる」まで至ることで高得点が実現する。例題は繰り返し解こう。

現代文に苦手意識が強い人は、まず**「基礎講義1」「例題1-1」、「基礎講義2」「例題1-3」、「基礎講義4・5」「集中講**

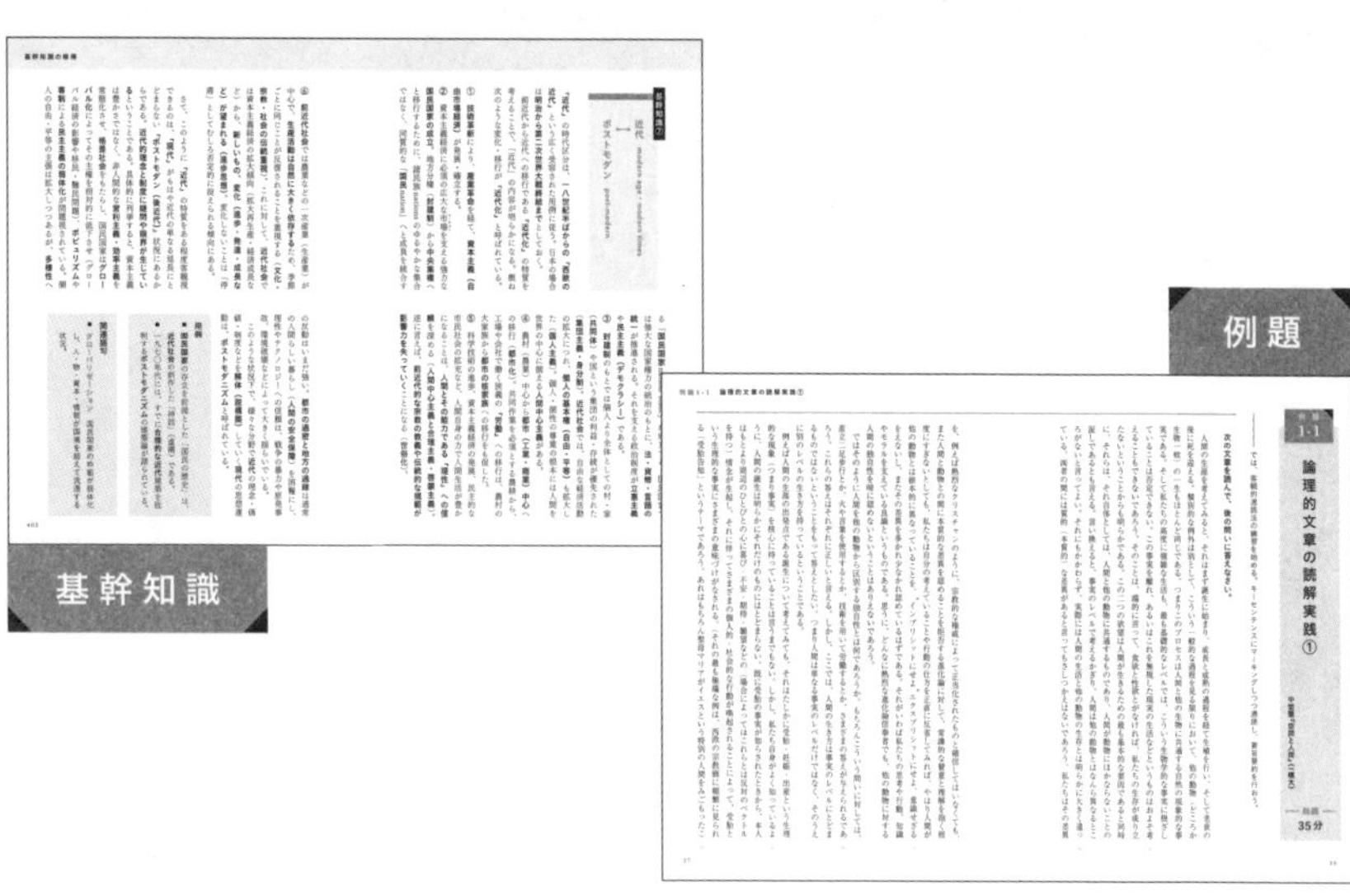

義」「例題3-1・例題3-2」という順で、二周以上繰り返し学習するとよい。

例題の解説に「**要旨要約**」を付したので、要旨まとめの練習にも活用しよう。また、記述式問題に付した「**採点基準**」は、単なる答え合わせ用ではない。**正解答の基準を理解して高得点の解答を書く**ためのものである。

「発展的考察のために」は、主体的な学習や読書、入試後の学びへの機縁となることを期したものである。興味を感じたところがあれば、検索したり関連書籍を読んだりして、自由に考察を深めてもらいたい。

大学入学共通テストの対策を重視する人は、「**基礎講義1・2・4・5**」**の学習後に**「**集中講義**」「**例題3-1・例題3-2**」**を反復し**、さらに**過去問題を用いて客観的速読法と論理的解答法を実践する**とよい。

論理的文章の内容理解を深めたい人は、**客観的速読法と**「**基幹知識**」**の両方を修得する**ように努めよう。

ダウンロード特典のご案内

本書の特典として、「例題・解答用紙」「要約練習用紙」をパソコンやスマートフォンなどからダウンロードすることができます。本書の学習に役立ててください。

＊解答用紙は本書の例題のために作成したもので、実際の試験の書式とは異なります。

■ パソコンから → URLを入力する

http://www.bun-eido.co.jp/store/detail/21510/

文英堂のサイトの『新版 現代文 読解の基礎講義』書籍情報ページからもダウンロードできます。

■ スマートフォン・タブレットから → QRコードを読み取る

ご注意

・本特典は無料でご利用いただけますが、通信料金はお客様のご負担となります。
・すべての機器での動作を保証するものではありません。
・やむを得ずサービス内容に変更が生じる場合があります。

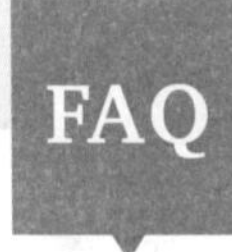

現代文学習に対する悩みや疑問を解消しよう

現代文の学習やテスト対策について、よくある悩みや疑問（FAQ）を取り上げ、Q&Aの形で説明した。自分にも当てはまるものがあれば、ここを読んで気持ちをすっきりさせてから、本書での学習に取り組もう。

Q1

どうすれば現代文の学力が身につくのでしょうか？

A1

正しい学力観に基づく正しい学習法を。客観的速読法と論理的解答法をマスターしよう。

「現代文の学力を身につけたい」。そのためにこそ、本書はある。本書の**基礎講義1**から、さっそく学習を始めよう。きっと疑問は解消されるだろう。

ただ、これだけでは答えたことにならないので、もう少し説明しておこう。「どうすれば……」という悩みや疑問には、必ずその前に「今のところ、うまくいっていない」という経験がある。今まで現代文の学習に、どのように取り組んできたのかを振り返ってみよう。

たとえば、「授業で本文解説を聴き、板書を写し、定期試験前に見直す」。これだと実力試験や入試本番で、初めて読む文章を前にした場合に応用しづらい。

では、「問題をたくさん解く」。これはどうだろう。詳しくは後のQ4で説明するが、これでは「テスト」を数多く受けているのと同じで、「テスト」で測定される「学力」を伸ばす学習にはなっていない。

「正しい学習法」が、何故「正しい」と言えるのか。どうやらその**方法の見直しからスタートすべき**であるということは、理解できたであろう。「どうすれば……」という悩みや疑問から先へと進もう。

▼**学習法への悩みや疑問は学習法への一歩である。**

Q2 小説でも「正解は一つ」なのでしょうか?

A2 「正解」を求める設問が正しく成立しているのであれば、「正解」も当然存在している。

古くからよくある誤解の一つに、「国語は算数（数学）とは違って、答えが一つではない」というものがある。たとえば、ある詩歌をどう解釈し鑑賞するかは、解釈し鑑賞する人による、ということであろう。

しかし、それなら極端なことを言うと「3＋5について、どう考えるか?」という問いに対しても、答えは「8である」とはかぎらないだろう。「6進法なら12だな」でもよいし、「奇数の和は偶数だ」でもよいし、もっと想像力豊かな「答え」は無数にある。

大学入学共通テストなどで小説の問題を作成する場合、文学、国語教育、テスト理論などの専門研究者が主要メンバーに含まれるだろう。そうした専門家が「答えが一つではない問題」を作成したうえで、受験生に「最も適当なものを、次の①～⑤のうちから一つ選べ」と無理難題を強要するとは考えがたい。

「一つの正解」を要求する設問が問いとして正しく成立しているのであれば、当然その設問の「正解」は一つである。記述問題の場合、「一つ」というのは「唯一の表現しか認めない」という意味ではない。「正解の基準（採点基準）が明快で曖昧さがない」という意味である。**問題本文の正しい読解結果に基づいて、採点基準を満たした解答を書くことができれば、ちゃんと「正解」と認められる**であろう。

「悪問」「奇問」なので正解がない、というケースについても少し触れておく。そういう入試問題を筆者も見たことはあるが、受験生が入試本番で出会うことはまれである。合否の結果に影響が出るとなれば、一層まれであり、それならちゃんと修正措置がとられる。偶然悪問に出会う心配などしても、仕方がない。

▼正解を疑う前に疑うべきことがある。

Q3

読むのが遅くて困っています……

A3

客観的速読法を修得すれば、試験時間内での読解は十分可能である。

「読むのが遅い」「時間が足りない」というのは、現代文の学習上、最もよくある悩みの一つである。

しかし、テストというものは、ほとんどすべてに時間制限がある。たとえば、数学のテストで、三角比や微分の問題を制限時間内に完答できなかったとしたら、「解く時間が足りない」「どうすれば速く解けるのか」という悩み方をするだろうか？

あえて直言する。足りないのは時間ではなく、**時間内で読み解くための学力**である。現代文では、「読むのが遅い」という悩み方をする人が他の科目よりも多い。その背後には、重大な問題が潜んでいる。

まず、本来の悩み方に気がついていない人が多いことである。本当は何がまだできていないのか、どういうことを学力目標として学習すべきなのか。そこに意識が向かわず、結果としてテスト時間内に読み解けないことを、原因であるかのように錯覚してしまう。**正しい読解法と解答法を基礎から学び、ある程度修得できれば、制限時間は本質的な問題ではなくなる。**

次に、右のような錯覚を抱いてしまう原因として、「現代文は現代日本語であり、日本語ネイティヴである自分には、英語や古典のように学ぶべき基礎などない」という、無意識的な思い込みがある。基礎は「生まれつき」（ネイティヴに）身についているから必要ない、必要なことは、難しい文章を速く読むコツか慣れか、あるいは難しい文章を読むための知識くらいだろう……、そんな思い込みはないだろうか？　日本語ネイティヴであるだけでは、大学という高等教育のための現代文には通用しない。**高度な客観性と論理性に裏打ちされた読み方と解き方の修得が必要**である。

▼「あと数分あれば」は問題解決への道ではない。

Q4

本をたくさん読むべきか、問題をたくさん解くべきか、どちらがいいのでしょうか？

A4

読書も問題演習も、それぞれよいことではあるが、どちらでもない。

有名なL・キャロルの『不思議の国のアリス』の一節で、アリスがチェシャ猫に「私はどちらに行ったらいいの？」と道を尋ねる場面がある。猫は「それはお前がどこに行きたいかによる」と返答する。

「何をすべきか？」という問いは、その目的によって答えが変わる。この Q4 は、「現代文の学力・成績の向上のため」という目的の手段として、「読書と問題演習のどちらが適切か」と問うている。とすれば、その答えは、**「どちらも適切ではない」**である。

まず読書について。精読であれ、多読であれ、乱読であれ、読書自体は、もちろん望ましい経験である。試験期間中に勉強をせず、好きな本をひたすら読むといったことにも意義はあるかもしれない。しかし、今は読書の意義ではなく、現代文の学力を伸ばすための手段・方法の妥当性が問題である。**現代文の学習目的の一つは、読書の能力を高め、（大学での）難解な書籍の読解を可能とすること**にある。「現代文の学力を伸ばすために多読する」というのは、「速く走れるように、ひたすら走る」というようなものだ。つまり、非合理である。それに、手段としての読書では、読書自体の喜びが体験しづらいのではないだろうか。

次は問題演習について。入試や定期考査など、すべての「テスト」問題は、文字どおり、まずは学力を試し、測定するためにある。**学力を測定するための手段である問題を多く解いても、何度も学力を測定しているだけ**であるから、それによって学力が身につくわけではない。結果は大して変わらないのである。体重を何度も測っても、体重は減らないように（それも有酸素運動なので、少しは役に立つかもしれないが）。

▼よい行為が常によい方法であるとはかぎらない。

Q5

読解法や解答法などの「受験テクニック」はいらないのではないですか?

ここでは簡単に説明するが、難度の高い**本文中の要点箇所を「客観的に(objectively)」発見するための「方法(approach)」**である。文章という対象に即した読みの方法を本書では提示し、その原理と用い方の実際まで解説している。

解答法となると、いかにも「受験対策」という印象があるだろう。読解法は、大学入学後に専門書や論文、文学作品などを読む、そのための「方法」でもあるというのは理解しやすい。しかし、解答法は設問に対するものであるから、入試やテストのときにしか役立たないと思われがちである。はたしてそうだろうか。

プラトンは「哲学は驚きから始まる」と述べた。学問や研究の始まりは、不思議さに対する疑問にある。素朴な「疑問」が「学問」へと洗練されて成立するには、**正しく問いを立て、その問いに答えていくための方法論**が必要となる。大学入学後にこそ、「問いに答える」という主体的な姿勢が求められるのである。

A5

「方法」の概念は学問の要件である。「受験テクニック」など本当にあるのだろうか?

たとえば、自然科学には自然現象という研究対象があり、社会科学には社会現象という研究対象がある。この研究の対象(object)の特質に応じて、研究の方法(approach)が決定される。大学で研究されている科学が、科学として成立するためには、方法の確立が最低限の前提条件の一つなのである。

大学入試を経て、大学で学ぼうとする諸君が、怪しげな「小手先のテクニック」と言われているようなものと、**勉学の基礎として必要な方法、そしてそれを支える方法論**とを混同しているようではいけない。

読解法について言えば、すぐにでも**基礎講義1**を読んでもらえば、その正当な意義は理解できると思うので、

▼読解法と解答法は大学への基礎づくりでもある。

Q6
要旨まとめをすると学力が伸びますか？

A6
要旨まとめができるなら、かなり多くの問題が解ける。そもそも「要旨」とは何だろう？

現代文の入試問題のなかには、たとえば、「本文を二〇〇字以内で要約しなさい」とか、「本文全体の趣旨を踏まえて一二〇字以内で説明せよ」といった問題がある。今もし要旨まとめをする学力があるのなら、このような問題を解くために必要な基礎学力が、すでにかなり備わっていることになるであろう。

端的に言えば、**要旨まとめをすると学力が伸びるのではなく、学力が伸びると要旨まとめができるようになる**ということである。結局このQ6に対しても、その質問に答えるには、まず現代文の学力とは何か、要旨まとめとは何か、どうすれば要旨まとめができるようになるのかといった根本的な問題群にきちんと答えることから始めなければならないのである。

こうした問題群については、本書の**基礎講義1**で十分に解説しているので、ここでは簡潔に済ませる。**論理的文章の要点箇所を客観的に発見し、それらを主題・定義・論拠・結論を中心要素として再構成する**と、要旨要約をしたことになる。当然ながら、この「客観的に発見し」「再構成する」というあたりで、誰もがどうすればいいのか悩むだろう。筆者も中学生・高校生のころに経験がある。

課題としての「要旨まとめ」では、「筆者の言いたいことや本文の重要な内容を簡潔にまとめるように」と求められる。しかし、それがいつも正確にできれば苦労はしない。しかも、大学入試ともなれば、出題される「論理的文章」は難度が高く、分量も多く、読解時間は短い。そうした現実的条件を考えれば、「要旨まとめをすると……」などと、それが学習法であるかのように前提して語ることはできないのである。

▼要旨まとめは学習の方法ではなく成果である。

Q7 二次試験に国語はないから、苦手な記述は勉強しなくていいですよね？

A7 記述式か選択式かの形式的な区別を越え、正しく解答するための学習をしよう。

この Q7 もまた、しばしば現代文という科目に特有の誤解である。「記述式か選択式か」については、ある程度の技術的な差はあるが、本質的なところに違いはない。**求められている基礎学力は同じ**である。

もちろん最終的な作業（解答のアウトプット）としては、記述式では自分で解答を書かなければならないのに対して、選択式はマークシートを塗りつぶしたり、記号を書いたりするだけですむから、記述式を難しいと感じるのは当然である。その点は、選択式問題の平均点がしばしば六割程度であるのに対して、記述式問題の平均点はせいぜい四割程度であるという事実にも、明確に表れている。

しかし、こうした平均点の差は相対的な難度の差にすぎないから、記述式問題で平均的な四割を得点する人は、選択式問題でも平均的な六割を得点することになるというだけの、表面的な差にすぎないだろう。たとえば、「〜はなぜか」という同じ理由説明タイプの設問について、マーク式は得意だが記述式は苦手であるなどと言える人はどれだけいるだろうか。

まず本文を客観的に読解し、その読解結果に基づき、**問いに対する正解の基本要素は何かと自力で主体的に考える**。選択式問題だからといって、いきなり選択肢を読んで正解を推測しようとしたり、消去法で正解にたどり着こうとしたりしない。

解答要素だと確信できることを、記述式であれば書き、選択式であればそれに最も近いと考えられる選択肢を選ぶ。記述式も選択式も、最終的なアウトプットは異なるが、そこまでの解答プロセスはほとんど変わらないのである。

▼**問題の形式より学力の内容へと目を向けよう。**

Q8 **選択肢であと二つまで絞ってから迷ってしまいます……**

A8 **消去法で「絞る」のをやめよう。正しい選択肢を判別するためにも表現力は必要である。**

この悩みに対する回答は、前の Q7 への回答と深く関連している。先に A7 を読んでから、ここに戻ってくるとよいだろう。

さて、普段とは視点を変え、選択肢を作成する出題者の側に立ってみよう。選択肢の作られ方を考えてみれば、望ましい解き方も理解しやすくなる。

誤答は正解と比較しつつ作成されるので、出題者は当然正解選択肢から作成する。つまり、**出題者はまず記述解答を作成している**ということである。したがって、記述の正解要素さえある程度理解できれば、正解選択肢はほぼ見える（識別可能である）のである。

選択肢ばかり読みこんで、そこに間違いがあるかどうか、正答か誤答かを判定しようとするのではなく（選択肢に振り回されず）、正解の要素や条件を本文に求めるべきである。**本文から記述の要素・条件を見つけ、その要素・条件に適する選択肢のみを残す。**その後で正解選択肢を最終的に確定するのは、さほど難しくはない。**基礎講義5**でこの点を詳述した。

はじめから誤答を消去しようとするから、しばしば消すことのできない選択肢が二つほど残ってしまい、それ以上「消去できない」状況に陥る。いわゆる**「消去法」は非論理的であり、「方法」と呼ぶに値しない。**「正解」が「誤りを含まない」のは当然であるが、逆は必ずしも真ではないからである。**「誤りを含まない」（消去できない）からといって、「正解」とはかぎらない**のだ。たとえば、「地球の直径を答えよ」という問いに対して、「月は地球の衛星である」という解答は、誤りを含まないが正解でもない。**誤りがないことは正解であるための必要条件の一つに過ぎない。**

▼**正しい選択肢は「書くように選ぶ」。**

Q9　大学入学共通テストの新しい傾向には、どう対処したらいいのでしょうか？

A9　いかなるテストでも基礎は同じ。基礎学力修得のうえに、新しい「傾向対策」がある。

大学入学共通テスト（以下、「共通テスト」と記す）は、二〇二一年の初実施以来、さほど回数を重ねていない。このため、**まだ「特徴」「傾向」を語れるほど安定した状態にはない**。公的な共通試験が初めて実施された一九七九年以来、いわゆる「センター試験」の現代文問題が「よく練られた良問」として安定するまでに、二〇年程度は要した。今後もしばらくは、毎年「前年とは少し違う」何かがあると見ておいた方がよい。

今はむしろ**「傾向の変化」に大きく左右されない基礎学力を築くことが第一**である。そのうえで、出題可能性が高いと想定されるいくつかの設問タイプについて、その出題方針を知り、事前に対処をすれば、現時点では最上の対策

となる。**第3章「大学入学共通テスト」**で十分に解説しているので、熟読しよう。

本書では、「共通テスト対策」を本編の最後に置いた。むろんその意味は、最も難しいということではない。基礎学力は個々の大学や実施形式の違いによって変わるものではない。「共通」という名を冠したテストといえども、あくまでも入試問題の一つである。したがって、**まず基礎（読解法と解答法）の学習を大前提とし**、その後に、きわめて多くの受験生に影響があることを考えて、本書の最終章に「共通テスト対策」の章をあえて設けたのである。

共通テストの実施主体である大学入試センターが「実施方針」とするのは、主として**大学教育を受けるために必要な能力**の把握であり、**「思考力・判断力・表現力」**と**「主体的・対話的で深い学び」**を中心とした評価である。この点を本質と捉え、実際の過去問題を分析すれば、的確な対処のあり方が分かってくる。

▼「温故知新」を旨とすべし。

Q10 **漢字や語句の意味などを暗記するのがしんどいです。**

A10 **基幹知識を学び、理解しよう。そして、なるべく国語辞典に親しむこと。**

短文羅列形式の漢字問題集を用いて漢字や語句を覚えていく……。たしかに「しんどい」。筆者も小学校・中学校で苦労した記憶があるが、**現代文の大学入試対策に限定すれば、「暗記」は重要ではない。**

まず漢字であるが、高等学校を含む初等中等教育段階で学習すべき漢字は**「常用漢字」**二一三六字（二〇二四年現在）に限定されている。大学入試でも常用外の漢字には振り仮名が付される。書き取りにしても小・中学校で学んできたものと同じであり、大学入試対策の段階で「漢字」が重要になるようでは困る。

慣用句についても、二〇二二年度から高等学校に導入された新学習指導要領が「知識・技能の習得と思考力・判断力・表現力等の育成のバランス」を重点の一つとする以上、単なる知識の有無よりもその活用が問われるので、「暗記」の意義は低下するであろう。

元来大学入試の現代文では、単純知識の問いは合否との相関が相対的に低い。**文脈や対話のなかで主体的に考え、国語辞典で意味を確認し、また考える、という学習スタンス**が望ましい。

大切な「知識」として、本書の巻末に**基幹知識**を約一〇〇〇語紹介している。旧来の受験イメージである「頻出漢字」などとは異なり、**論理的な文章を読み、論理的に思考し、表現するための前提となる基礎知識**である。たとえば、「カンショウ」は「鑑賞」や「干渉」ではなく「観照」とすべきであるとなぜ判断できるのか。「科学は抽象的である」「言語は抽象的である」というときの「抽象的」とはどういう意味なのか。このような問題を考え、理解するには、「間違った漢字を二十回書く」といった「勉強」をしていても、通用しない。

▼**知識が身につくとは活用できるということである。**

第1章 客観的速読法

基礎講義1 論理的文章の読解法
例題1-1 論理的文章の読解実践①
例題1-2 論理的文章の読解実践②

基礎講義2 小説の読解法
例題1-3 小説の読解実践

基礎講義3 随想の読解法
例題1-4 随想の読解実践

1 論理的文章の読解法

はじめに**「客観的速読法」**の基本的な考え方（方法論）を説明しよう。

ある方法を修得するにあたり、まず実践的に用いてみるというのは効果的である。今はこの**基礎講義1**の解説に軽く目を通すにとどめ、すぐ例題1-1・例題1-2に取り組み、読解法の意義や効果を実感してから、再度ここに戻ってじっくりと読みかえすのもよい。やりやすく感じる仕方で学べばよいが、最終的には「どう読解するとよいのか（＝方法）」だけではなく、**「なぜ、そのように読解すべきなのか（＝方法論）」まで理解するように努めよう。**基礎に関する理解が深ければ、多様な難問に対する応用の幅も広くなるからである。

大学入試の現実に即した現代文の学習を　――正しい学力観と方法論に基づいて

基礎講義1では、論理的文章について**正しく速く読む方法とその原理（方法論）**を学習する。

奇妙に思われるかもしれないが、現代文の学習目的は「難度の高い文章の内容理解」ではない。少なくとも、結果として正しい内容理解さえ手に入ればよいのではない。たしかに大学入試に採用される文章は、評論、小説、随想のいずれも概して難度が高い。メディアのニュース記事や製品の取扱説明書のような日常的な文章とは本質も水準も異なる。したがって、入試問題の正答には「難度の高い文章の内容理解」が必要であるというのは正しい。しかし、その**「理解」を得るための方法、読解力を伸ばすための妥当な方法**を修得できているであろうか？

難しい文章に向き合うことは必要であるが、入試の本番であれば10分程度で読むべきところを、普段はその倍以上も時間がかかり、しかも結局は「自分なりの理解」という名の単なる主観的解釈にとどまったり、他者による「分かりやすく論理的な内容説明」などに依存したりしていないだろうか。現代文学習の真の目的は、**「難度の高い文章の内容理解」に独力で、正確にかつ制限時間内で到達するための、有効な方法の修得**にある。

- **試験中も含めて、「読む」とは独力で行う内面的な営みである　（独力での本文読解）**
- **「本文内容の正確な理解」は、本文中の客観的な根拠に基づく　（客観的な要点把握）**
- **約10分で通読一回、試験では必ず時間的制限が設定される　（現実的制約の直視）**

要するに、本文全体を10分程度で一回だけ通読しつつ、重要な内容であると客観的に判断できる箇所にマーキング（線を引くなど）し、その読解作業を介して自力での正確な本文理解を目指す。**これ以外には試験中に実行可能な現実的対応はない。**それを可能にする真に有効な方法を本書では意識的に学習していく。

さて、試験は制限時間内に解答しなければならないが、誤答であっては意味がない。現代文で言えば、正しく速く読み解かねばならない。ところが、正しさには時間を要し、速さを求めれば正しい理解が難しくなる。このやっかいな**「読解速度と内容理解のジレンマ」を合理的に解消するのが、客観的速読法である。**

「読解速度と内容理解のジレンマ」には、さらにやっかいな問題がある。**試験中には初読の途中で各要点箇所を正しく発見しつつ読み進めなければならない**という問題である。仮に初読で本文全体をある程度把握し、さらに時間をかけて再読・三読してもよいのであれば、全体も部分も精緻に読解でき、設問にも正しく解答できるであろうが、先の展開が不明な初読の途中で、結論や正解など知るはずもないのに、各要点箇所を正確に把握しながら読み進められるだろうか？ **試験中の受験生に「後出しジャンケン」は許されない**のだ。

客観的読解法の基本原理（方法論）

社会的動物と呼ばれる我々人間は、他者に向けて言葉を語り、あるいは書く。他者と共有したい情報内容（メッセージ）を伝達するために、筆者は読者に向けて一所懸命に文章表現を工夫する。メッセージが単純で実用的なものなら、「講演会は8月20日の午後3時から、本学の講堂にて。」などとストレートに要点だけ書けばよい。しかし、大学入試で採用されるような論理的文章では、専門的な内容を一般読者に分かりやすく伝えたり、逆説的な「真理」を多くの読者に説得的に論じたりする必要がある。そこで、伝達したい内容＝要点だけを書くのではなく、その要点が読者に注目され、理解され、納得されやすくなるように、工夫を凝らした書き方をする。そうした**「書き方の工夫」＝「表現法・修辞（レトリック）」が施されている箇所に着眼すれば、おのずとそこに筆者自身が真に伝えたいメッセージを発見できる。**そのメッセージを読者に伝わりやすく書く工夫をしたのは、当の筆者本人だからである。読者ごとに異なる「ここが大事だと思う」といった主観的判断ではなく、筆者当人が表現法を工夫して記したメッセージであるという**客観的根拠に基づく判断であるから、**

確実に「正しさ」が保証されている。これが**読解法の原理**である。

客観的速読法の一例を挙げよう。本文読解を進めていくなかで、「たとえば」「現に」などの表現を手がかりとして、具体例を発見できたとする。読者には難しい専門的なメッセージを、それでも理解してもらいたいので、筆者は分かりやすい具体例をメッセージに添えたのである。あるいは、多くの読者の常識（社会通念）に反する逆説的な「真理」を語りたい筆者が、説得的な例証を挙げたのであろう。

具体例＝（a_1、a_2、……）自体はメッセージ本体＝a_nではないので、カッコ（　）で閉じて、その前後に発見できるメッセージ本体を、さらに「何が、どうだ（主—述）」と簡潔に絞ってマーキングを施す。これで**「具体例を伴う抽象論（もしくは一般論）」を要点箇所として客観的に発見できた**ことになる。ここからは、マーキングした内容の理解を意識して続きを読み進めていくとよいのである。

これは、**筆者がとくに読んでほしい箇所を明確にして読むという意味で客観的な、正しい読解法**である。しかもこの方法は、文章難度や読者の読書経験・知識量などにほとんど左右されず、一回の通読で**正しさと速さとが両立できる**。すなわち、**「読解速度と内容理解のジレンマ」を合理的に解消できる方法**なのである。

客観的速読法について、まとめておこう。

① **筆者の表現上の工夫（修辞・レトリック）に着眼し、**
② **（その表現によって）筆者が真に伝えたかったメッセージ本体を発見し、**
③ **（そのメッセージ本体の）主—述を簡潔に絞ってマーキングする。**

以上が客観的速読法の原理である。端的に言えば、**「レトリックを伴うメッセージをマークせよ」**となる。

「読解法」のタイプと種類＝「表現上の工夫」のタイプと種類

方法論（原理的な考え方）が理解できたら、次は、前述の具体例のような**「表現上の工夫（修辞・レトリック）」**には他にどんなものがあるのかを具体的に学ぼう。レトリックに着眼するのが読解法であるから、そのためには代表的ないくつかのレトリックについて知っておく必要がある。それらこそが、そのまま「読解法」の一覧となる。**読解法＝表現法の種類を知れば、後はそれらに着眼した読解作業を行うだけである**（読解法＝表現法の種類は一二種だけである。理解して用いていれば自然と身につくので、困難なものではない）。

伝えたいメッセージに筆者が施すレトリックには、大きく分けて三つのタイプがある。後にそれら（＝読解法）の一覧を示す（▼24〜29ページ）が、ここでは各タイプの特質を概説しておく。

「表現上の工夫（修辞・レトリック）」三つのタイプ

タイプ1 そのメッセージに**注目してもらい、しっかりと読んでもらう**ためのレトリック
……強調表現・重視を促す表現・読者に問いかけて注意を喚起する表現（修辞疑問）など

タイプ2 そのメッセージを正しく理解できるように、**分かりやすくする**ためのレトリック
……具体例（易化）・比喩（主に直喩・擬人法）・要約表現 など

タイプ3 そのメッセージについて、**説得性を高めて読者の納得・同意を得る**ためのレトリック
……具体例（例証）・他との比較（対照）・逆接・譲歩 など

次の図は、客観的速読法の考え方と読解法の作業イメージをまとめて図示したものである。

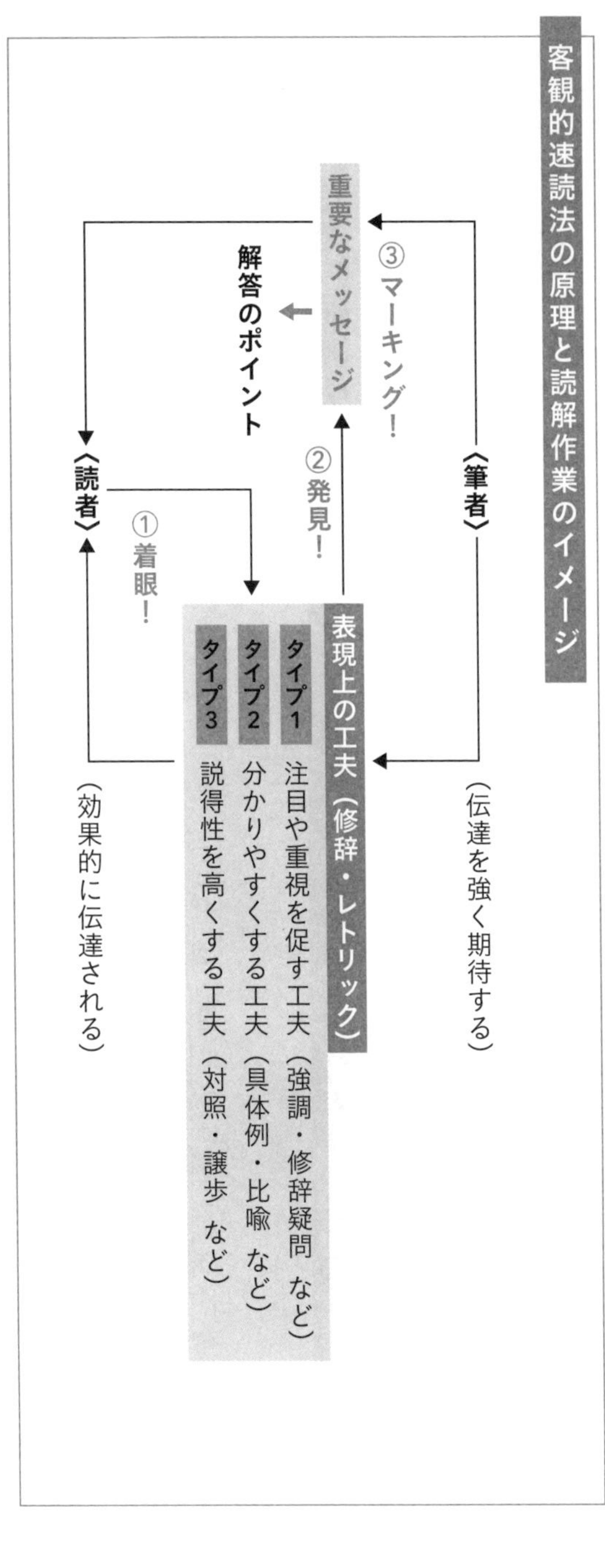

タイプ1～タイプ3の「表現上の工夫」（＝読解法）について、重要度や用いられる頻度、覚えやすさなどを総合的に配慮して配列すると、次頁からの一覧（一二種）になる。マーキングの作業例を各例文中に記しておくので、実際的な文章読解作業のサンプルとして参考にしてもらいたい。（ここで無理に覚えてしまおうとしなくてもよい。一覧を一読し、実際の使用法は例題1-1・例題1-2で実践的に確認していこう。）

論理的文章の客観的速読法一覧（一二種）

1 具体例と抽象論・一般論

▼具体例（や比喩・引用）をカッコで閉じ、その前後の**抽象論・一般論**をマーキングする。

▼具体例の直後にしばしば置かれる指示語・要約表現に着眼する。

・a_n＝（a_1、a_2、……）＝a_n

作業例
（たとえば、日本語では「水」と「湯」を区別する。）このように世界は言語によって分節される。

2 否定・比較

▼比較並列されたA・Bのうち、**より肯定的に述べられたB**を中心にマーキングする。

・A**デハナクテ**B**デアル**

・A**ダケデナク**B**モ**

・A**ヨリムシロ**B**ノホウガ**

作業例
食事は、単なる栄養摂取の行動ではなく、すぐれて文化的な行為である。

3　対照・対比

▼対照的な文構成（A←→B）を見出したら、**メイン・テーマ側（A・Bの一方）**をマーキングする。
▼単に比較が述べられているだけで、どちらかを強調するレトリックでないなら、線までは引かない。

・**AハXデアル ノニタイシテ BハYデアル**

作業例　二〇世紀は、国際化によって各国政府間の関係が重視されたのに対して、二一世紀は、グローバル化によって主権国家の影響力は低下し、非政府組織や個人の役割の重要性が増している。

4　疑問詞（なに・なぜ・どう）

▼**疑問詞を伴う一文（読者への注意喚起の問いかけ）**をマーキングする。
▼疑問（当面の主題）を意識して読み進め、**筆者自身の回答（当面の結論）**をマーキングする。

・**AトハナニカBデアル** →（AトハBデアル）
・**ナゼAナノデアロウカ** →（AナノハBダカラデアル）

作業例　精神とは何であろうか。……精神は、単なる脳の機能を超えた、個人に内在する自律的な志向性である。

5 譲歩

▼読者からの常識的反論を先取りして譲歩している箇所に続く、**筆者の本音の箇所**にマーキングする。

▼譲歩内容はしばしば副詞（「たしかに」など）を伴い、**筆者の本音は逆接語以降**に述べられる。

・**タシカニ（モチロン・ムロン・ナルホド）〈譲歩〉→逆接〈本音〉**

作業例

たしかに痛みは不快で避けたい感覚ではある。しかし、痛みを感じることにこそ、人間として生きている証があるのだ。

6 要約表現

▼**前件の要点として抽出された後件（接続語の後）**をマーキングする。

▼具体例の直後に置かれることも多い（1参照）。

・**ツマリ（要スルニ・簡潔ニ言エバ・結局ハ・結果トシテ など）**……

・（**具体例**）**要スルニ**……

作業例

ある特定の行動で利益を得る人々と、それ以外の行動では不利益を被る人々とは、いずれも同じ行動を選択する。つまり、動機が積極的か消極的かにかかわらず、選択結果は一致するのである。

7 重視・強調表現

▼重視・強調表現に着眼し、**重視を促された箇所・強調された箇所**をマーキングする。

- **重要**（**大切・注意・問題 など**）
- **基礎**（**本質・特徴・前提・背景 など**）
- **……コソ・ジッハ**（**マサシク など**）**……**
- **最上級表現**（**モットモ〜・第一ニ〜 など**）

作業例

伝統は、はるか昔から変わることなく存続しているとみなされがちだが、実はきわめて近代的な虚構に基づいて物語られているのである。

8 筆者の主観・心情表現

▼**筆者の考え・感想などであることがあえて明示されている箇所**をマーキングする。

- **……ト 思ウ**（**考エル・感ジル・気ガスル など**）

作業例

憲法は国家の政体（constitution）であり、その改正は拙速を避けねばならないとしても、憲法改正論議それ自体は忌避すべきではないと思う。

9 反語的表現

▼文末の反語的表現による強調（読者の注意を喚起する表現）に着眼する。

▼とくに**否定語を伴う反語的表現によって強調された箇所**をマーキングする。

- ……**デアロウカ**
- ……**デハナイカ**

作業例 メディアを介した情報を「事実」とは呼べないとすれば、直接的な体験も、体験する者に固有のバイアスがかかる以上、「現実」とは言い切れないのではないだろうか。

10 逆接

▼**逆接の後件**を前件（譲歩内容）よりも重視して読解する（線を引くことまではしない）。

▼段落冒頭であれば、**逆接の後件**をマーキングする（線を引く）。

- **A シカシ（ダガ・ケレドモ など）B**

作業例 科学技術の進歩は、人類に多大な富と利便性をもたらした。しかし、環境問題や核のリスクなど、科学技術によって生じた諸問題は、人類の存続そのものを脅かしているのだ。

11　定義・命名表現

▼本文中のキーワードや日常語について、**筆者が定義もしくは命名している箇所**をマーキングする。

・**AトハBデアル**
・**BヲAト呼ブ**

作業例
真正な正義とは、特定の正義へと偏向しない公正さという点で、それ自体は空疎な概念である。

12　要点並列表現

▼**要点として並列・列挙されている箇所**をマーキングする。

・**第一ニ、……。第二ニ、……。**
・**マズ、……。次ニ、……。**

作業例
第一に、AIとは異なり、人間は価値の源泉となる生物としての身体を有している。……。第二に、人間には、AIにはない個としての尊厳がある。

客観的速読法の実践

――ミクロ（マーキング）とマクロ（要旨把握）の組み合わせ

本書で言う**「客観的な読解法」**について、その具体的な「読解作業」（マーキング）の面は理解できたであろう。本文を普通に前から読みながら、筆者によるレトリック（1～12）を発見したときには、そのレトリックを伴うメッセージは筆者が主たる伝達内容を述べたものであるから、精読してなるべく簡潔に（主―述に）絞り込んでマーキングする（このように独力で絞り込み、マーキングした箇所を、以後「キーワード」「キーセンテンス」と呼ぼう）。そして、その内容理解を意識しつつ、さらに本文の続きを読み進めていく……。

以上は、文章中の**「キーワード」「キーセンテンス」**を正確に絞り込むための、いわば、**「ミクロの視点」による精密な読解**である。

一方、論理的文章の読解と言えば、しばしば全体的な「要旨把握」や「論展開・論構成の理解」を指すと考えられている。評論の要旨まとめをしたり、板書で「本文の論展開・論構成」を図解されたりといったことは、よくある授業体験であろう。いわば、**「マクロの視点」による包括的な読解**である。

ここで問題なのは、例によって**どのようにすれば独力での「要旨把握・要旨まとめ」が可能なのか**、さらに、そもそも**「要旨」とは何か**という点である。

要旨を正しく把握するためには、当然のこととして、何よりも全体要旨を構成するもととなる要素（各部分）の特定が正しくなければならない。これが間違っていたり曖昧であったりすれば、それらを統合した「全体要旨の把握」が正しくなるはずはない。したがって、「マクロの視点」による要旨把握というパズルを完成させるためには、まず「ミクロの視点」によって必要なピースを適切に集めておかなければならない。

すなわち、**客観的速読法によるマーキングは、要旨把握のための前提条件なのである。**

要旨の四要素　――主題・定義・論拠・結論

本文全体の要旨を把握するには、ミクロの視点でマーキングしたキーワード・キーセンテンスを、マクロの視点によって意識的に本文全体の骨格として組みなおす**「再構成」**を行う必要がある。この点について、まず「要旨とは何か」をしっかりと理解し、基礎を固めてから先へと進もう。

論理的な文章は、「ある事柄について」（主題・テーマ）、「ある判断や意見」（結論・主張）を述べている。したがって、「要旨」の把握とは、「主題」と「結論」（「何について、どうだというのか」）の把握である。

要旨の主要素

主題　＝何について論じられているのか

結論　＝（その主題について）どう（だと）判断されている文章なのか

ただし、これだけであれば、「文章の要旨」ではあっても、まだ「論理的な文章の要旨」とまでは言えない。**厳密な用語の定義**と、**結論に対する論理的な根拠づけ**があってこそ、大学入試にふさわしい「論理的な文章」となる。論理的な文章中で用いられる語句は、しばしば筆者が**「本文での意味」（定義）**を限定的に示し、曖昧さを排除することで、議論のずれや誤解・誤読が生じないように厳密化されている。また、筆者の判断や主張、つまり「結論」は、なぜそのように言えるのかという**「論証的な理由」（論拠）**を伴う。多くの場合、結論は論拠から演繹（えんえき）（導出）された帰結として提示される。

そこで、前頁の〈**要旨の主要素**〉を〈**要旨の四要素**〉へと改めて、以下に例示付きで示そう。

要旨の四要素

主題 ＝何について論じられているのか　例 人間について

↓

定義 ＝（主題や他の用語は）どのような意味で用いられているのか　例 社会的動物という意味で

論拠 ＝（結論は）どのような理由から論じられているのか　例 他者と関係する必要から

↑

結論 ＝（主題について）どう（だと）判断されているのか　例 言葉を話すと判断される

「客観的速読法」の「マーキング」によって発見された「キーワード」・「キーセンテンス」群から、右記の**「主題」**―**「定義」**―**「論拠」**―**「結論」**に該当するものをピックアップし、一文へと構文化（もしくは制限字数内で再構成）すれば、**要旨要約**となる。四〇字～一〇〇字程度までの一文で要旨要約をする場合、原則として、「主語」―「主語の意味説明」―「述部の理由説明」―「述部」という構文で四要素をまとめるとよい。

要旨要約（要旨把握）

「（筆者は）○○については、……という意味で、――だから、□□である（と論じている）。」

例 人間は、社会的動物であり、他者と関係する必要があるから、言葉を話すのである。

本文読解プロセスの実際
——マーキング作業（ミクロ）と要旨把握（マクロ）

それでは、実際に試験で問題本文を冒頭から読み始めたとしよう。**まずは文章の主題をつかむことを意識してスタートする。**一文ごとに考え込んだりはせず、多少分かりにくいところがあっても、読み進めていこう。多くの場合、10分程度で通読するのであるから、はじめから立ち止まっていては、間に合わない。

実は論理的文章の初読では、実際以上に難解に感じてしまう箇所がいくつかある。読みはじめは主題すら不明なので、「話が見えていない」状態であり、具体例か本論かの区別すらつかないこともある。また、本文の後半で結論の論拠が先に述べられている場合には、結論を提示される前にその論拠を読むので、「だから、何？」という状態になる。「評論は難しくて読めない」のではなく、「評論の初読における制約により必然的に理解困難」なのである。初読の途上で「論構成を把握しつつ読む」ことなど、原理的には不可能である。

そこで、最初はとりあえず、主題は何だろうかと意識しつつ読み進め、客観的速読法（1〜12）でのマーキングが可能な箇所を発見できたらマーキングするという読み方を心がけよう。**最初の一、二箇所をマーキングすれば、必然的に主題は判明する。**主題だけではなく、定義や論拠であれ、結論であれ、それらの要旨要素こそが筆者にとっての重要箇所なのであるから、速読法（1〜12）によって客観的に発見でき、必然的にマーキングできることになる。したがって、主題がつかめたら、後は**「この主題をどういう意味で論じているのか（定義）」「この主題について、どうだから（論拠）、どうだと判断しているのか（結論）」**と本文に向かって問いつつ、マーキング箇所に基づいて読み進めていけばよいのである。

各節の要旨と全体の要旨・論構成 ——部分と全体

大学入試では、全体要旨だけではなく部分（各節）の要旨やそれらの相互関係（論展開・論構成）の理解も問われる。たとえば、「主題提示」→「論点の明確化」→「例証と論拠提示」→「結論と補足」などのように、本文が大きく四つの節で構成されているとする（ちなみに「起承転結」は漢詩の構成法であり、この種の「論構成」を無理に文章へと当てはめないように）。読解する側は、まずは各部分の要旨を把握するように努める以外にはない。**全体の要旨や論構成はすべての部分の読解の後でしか捉えられない**からである。

したがって、より正確には、読解中のマクロな意識のあり方は**「（この節での）当面の主題は何だろう？」**である。主題が論展開（節の区切れ）によって替わると（**4** や接続語などで分かる）、「当面の主題」を把握しなおし、その主題について、さらに**「どういう意味で論じているのか（定義）」「どういう理由（論拠）で、どうだと判断しているのか（結論）」**と本文に問いかけながら客観的読解を継続していくのである。

最後の一文まで読解し終えたら、（試験中にはせいぜい1分以内で）**本文全体のマーキング箇所を見通し、各節の要旨把握に基づいて、全体の要旨（主題・定義・論拠・結論）を再構成（総合）した読み取りを行う。**

これが「全体要旨の把握」「論構成の理解」である。以上、読解作業と要旨把握の実際を説明した。

なお、試験中の10分程度の読解段階では、全体要旨や論構成の把握・理解にまでは時間をとれないと感じられるかもしれない。その場合は、試験問題のタイプにもよるが、要旨まとめや論構成を問う設問を解く段階で、その必要の程度に応じて、解答作業の一環として全体要旨や論構成の把握・理解に取り組んでもよい。

次頁に論理的文章の客観的速読法について、読解作業と要旨把握のイメージを例文とともに図示しておく。

論理的文章　読解作業（ミクロ）と要旨把握（マクロ）のサンプルイメージ

ひとから何か問われたら、即座に答えを求めて考えるのは自然な反応である。[10]しかし、問われたからには答えがある、という前提は正しいだろうか。[9]答えがあるものを問いと限れば、問いとは呼べない「問い」もあるのではないだろうか。[9]（[1]たとえば、「あなたは何のために生きているのか?」という「問い」には、どこか不自然なものが感じられないだろうか。何かのために存在するものは、その「何か」という目的のための手段である。人間は、何かの手段として生きていると簡単に言うべきではないだろう。「問い」自体にある種の誤りが含まれていることもありうるのだ。）[1]このように、問いは必ずしも問いとして成立するわけではない。したがって、問いそれ自体を問う姿勢が[7]重要であると[8]思う。

←主題　←定義　←論拠　←結論

要旨要約

答えがあるもののみを問いと呼ぶなら、問いは必ずしも問いとして成立するわけではないので、問いそれ自体を問う姿勢が重要である。

例題 1-1

論理的文章の読解実践①

中埜肇『空間と人間』（一橋大）

時間 35分

ーーでは、客観的速読法の練習を始める。キーセンテンスにマーキングしつつ通読し、要旨要約を行おう。

次の文章を読んで、後の問いに答えなさい。

人間の生涯を考えてみると、それはまず誕生に始まり、成長と成熟の過程を経て生殖を行い、そして老衰の後に死を迎える。個別的な例外は別として、こういう一般的な過程を見る限りにおいて、他の動物（どころか生物一般）の一生もほとんど同じである。つまりこのプロセスは人間と他の生物に共通する自然の現象的な事実である。そして私たちの高度に複雑な生活も、最も基礎的なレベルでは、こういう生物学的な事実に根ざしていることは否定できない。この事実を離れ、あるいはこれを無視した現実の生活などというものはおよそ考えることもできないであろう。そのことは、端的に言って、食欲と性欲とがなければ、私たちの生存が成り立たないということからも明らかである。この二つの欲望は人間が生きるための最も基本的な要因であると同時に、それらは、それ自体としては、人間と他の動物に共通するものであり、人間が動物にほかならないことの証しであるとも言える。言い換えると、事実のレベルで考えるかぎり、人間は他の動物とはなんら異なるところがないと言ってよい。それにもかかわらず、実際には人間の生活と他の動物の生存とは明らかに大きく違っている。両者の間には質的（本質的）な差異があると言ってもさしつかえはないであろう。私たちはその差異を、例えば熱烈なクリスチャンのように、宗教的な権威によって正当化されたものと確信してはいなくても、また人間と動物との間に本質的な差異を認めることを拒否する進化論に対して、常識的な賛意と理解を抱く程度にすぎないとしても、私たちは自分の考えていることや行動の仕方を正直に反省してみれば、やはり人間が他の動物とは根本的に異なっていることを、*インプリシットにせよ*エクスプリシットにせよ、意識せざるをえないし、またその差異を多かれ少なかれ認めているはずである。それがいわば私たちの思考や行動、知識やモラルを支えている良識というものである。思うに、どんなに熱烈な進化論信奉者でも、他の動物に対する人間の独自性を暗に認めないということはありえないであろう。

　ではそのように人間を他の動物から区別する独自性とは何であろうか。もちろんこういう問いに対しては、直立二足歩行とか、火や言葉を使用するとか、技術を用いて労働するとか、さまざまの答えが与えられるであろう。これらの答えはそれぞれに正しいと言える。しかし、ここでは、人間の生き方は事実のレベルにとどまるものではないということをもって答えとしたい。つまり人間は単なる事実のレベルだけではなく、そのうえに別のレベルの生き方を持っているということである。

　例えば人間の生涯の出発点である誕生について考えてみても、それはたしかに受胎・妊娠・出産という生理的な現象（つまり事実）を核心に持っていることは言うまでもない。しかし、私たち自身がよく知っているように、人間の誕生は明らかにそれだけのものにはとどまらない。既に受胎の事実が知らされたときから、本人はもとより周辺のひとびとの心に喜び・不安・期待・願望などの（場合によってはこれらとは反対のベクトルを持つ）情念が生起し、それに伴ってさまざまの個人的・社会的な行動が喚起されることによって、受胎という生理的な事実にさまざまの意味づけがなされる。（それの最も極端な例は、西欧の宗教画に頻繁に見られる「受胎告知」というテーマであろう。あれはもちろん聖母マリアがイエスという特別の人間をみごもったことを主題としているが、それよりもむしろおよそ人間の受胎そのものを聖化していると考えることもできる。）同じような意味づけは、妊娠や出産に伴う情念やそれをめぐるもろもろの慣習や儀礼的行動などについても認められる。そしてこのような意味づけは人間の全生涯にわたって、またその生活のあらゆる面について行われている。つまり人間の生活のなかには、常に自然の現象的な事実とともに、それを超えた意味が働いている。したがって人間は、事実と意味の二つのレベルの両方にまたがって生きているわけであるが、事実とは要するに自然現象であり、人間が他の動物と原理的に共有するものである（もっとも直立二足歩行にもとづく人間特有の生理学的な事実があることまで、ここで否定しようとするものではない）から、人間の生活をとくに人間的なものとしているのは意味にほかならないということになる。簡単に言えば、人間は意味によってこそ人間であるし、また人間となるのである。人間のあらゆる営みには意味がつきまとっている。

　そのことは、例えば「食べる」という最も素朴で原初的な行動についても人間の食べ方と他の動物の食べ方がどれほど大きく違うかを考えてみれば明らかであろう。手指の使用ということも人間と動物を区別する重要な点であるが、それは直立二足歩行という人間に特有の生理学的な事実に由来するものであって、そのこと自体は意味のレベルのものではないと言えるから、これは別にして、人間の摂食行動に必ず付随する食器・調理・作法などについて考えると、そのいずれをとってみても、そこには人間に独特の文化というものが見られるし、文化とはまさに意味の表現にほかならないのである。（高等類人猿の摂食行動にも一種の文化を認める学説もあるが、ここではそれに立ち入ることはしない。）こうして私たちの生活は、その深奥部にいたるまで意味によって浸透されていることがわかる。

　私たちの生活の場面はさまざまな姿やあり方を持った空間であるが、私たちはその生活空間のなかでいつも何らかの仕方で物および人と関わって生きており、その関わりのなかにも意味が働いている。というよりも、その関わりそのものが意味であるということが多いのである。

きわめて簡単な例について考えてみよう。いま私は書斎にいて原稿を書いている。その窓から隣の寺の木立が眺められる。また書斎のなかには机、椅子、書棚、書物、筆記用具、原稿用紙、インク壺、などがある。ところで坐っている私の向うに木立が見えるということは、その限りでは単なる事実かもしれない。しかし、私がそれを眺めながら、その枝に咲いた花を美しいと思い、その葉の緑に深い憩いを覚えるとすれば、その木立と私との関わりはもはや事実のレベルのものではなくて、意味のレベルに移っている。すなわち私と木立との関わりは単なる位置関係や、それを見るという認知関係に尽きるものではない。つまり事実関係を超えている。したがってこの関係を含む空間ももはや事実空間ではなくて意味空間となっている。ましてや書斎のなかにあるさまざまの物は、私にとってただそこに在るというだけではない。それらはすべて私が使用するもの、私にとって役に立つものであるが、さらにそこへ好悪の情念や価値判断や記憶・想像を伴うさまざまの想念が加わる。つまりひとつひとつが私にとって意味を持っている。そう考えれば、これらのものと私との関わりは意味以外の何ものでもないと言ってよい。あるいはいま執筆している私の周りにはいろんな音が響いている。現代の生活環境という空間には、物体だけではなく音響も充満している。しかもこの音が私たちにとって純粋に物理的な音響でしかないということは、ほとんど考えられないであろう。ある音は耳に快く響くし、他の音は不快である。またある音は何かの信号であり、別の音は人間の言葉である。こうして私たちの周辺に流れる音響にも意味がこもっている。（個人的な経験であるが、敗戦後しばらくの間、列車の汽笛や自動車のクラクションがモールス信号による言葉に聞こえたことがある。）物や音との関わりでさえこのように意味につきまとわれているのであるから、まして人との関わりのなかでは、意味を持たないものは考えられないといっても過言ではない。このように見てくると、私たちの生活空間は意味に満ちているばかりでなく、空間そのものが意味となっていると言うこともできよう。

（中埜肇『空間と人間』による）

（語注）＊インプリシット＝implicit　暗黙の
　　＊エクスプリシット＝explicit　明白な

問　右の文章を要約しなさい（二〇〇字以内）。

読解作業＋要旨把握のプロセス

今から「論理的文章の客観的速読法」を用いた**読解作業と要旨把握（読解そのもの）のプロセス**を、実際的モデルを用いて解説する。便宜上、内容・論展開のひとまとまり（「節（せつ）」）ごとに区切って具体的に説明していくが、通読時には区切る箇所などを無理に考えなくてよい。また、「モデル」「解説」であるから、読解作業の細かいところまで見てもらうが、実際には**本書で示す作業モデルと八割程度一致するようになれば、入試本番では十分通用する**。とくに今回は初めての練習なので、**読解法についての基本が理解できればよい**。

なお、例題1－1を「時間35分」としたのは、入試本番での読解から解答までの制限時間全体の目安である（以下同様）。学習の初期は、あまり制限時間を気にせず、理解することを優先し、**習熟度に応じて次第に速くなっていく**ことを目指そう。

本書で用いるマーキングの凡例

- **1**〜**12**の番号は参照用で、24〜29ページで示した**論理的文章の客観的速読法**の番号である。
- （　）で閉じた箇所は、具体例、引用、比喩などであり、**1**による作業の実際である。
- 実線――によるマーキングは、キーワード・キーセンテンス（K1・K2……）である。
- 〈　〉で閉じている箇所は、重要な指示語（設問箇所やキーセンテンス中）とその指示対象である。
- 破線----を施した箇所は、解説の都合上強調したもので、実際にはマーキングしない。

では、第一節から、読解作業と要旨把握を開始しよう。

人間の生涯を考えてみると〔◀8〕、それはまず〔◀12〕誕生に始まり、成長と成熟の過程を経て生殖を行い、そして老衰の後に死を迎える。個別的な例外は別として、こういう一般的な過程を見る限りにおいて、他の動物（どころか生物一般）の一生もほとんど同じである。つまり〔◀6〕このプロセスは人間と他の生物に共通する自然の現象的な事実である。そして私たちの高度に複雑な生活も、最も基礎的な〔◀7〕レベルでは、こういう生物学的な事実に根ざし〔◀7〕ていることは否定できない。〈この事実を離れ、あるいはこれを無視した現実の生活などというものはおよそ考えることもできない〉であろう。〈そのこと〉は、（端的に言って〔◀1〕、食欲と性欲とがなければ、私たちの生存が成り立たないということからも明らかである〔◀具体例と分かる〕。この二つの欲望は人間が生きるための最も基本的な要因であると同時に、それらは、それ自体としては、人間と他の動物に共通するものであり、人間が動物にほかならないことの証しであるとも言える。〔◀具体例と分かる〕）言い換えると〔◀イコール系はマーク〕、事実のレベルで考えるかぎり、人間は他の動物とはなんら異なるところがないと言ってよい。それにもかかわらず〔◀10〕、実際には人間の生活と他の動物の生存とは明らかに大きく違っている。両者の間には質的（本質的〔◀7〕）

な差異があると言ってもさしつかえはないであろう。私たちはその差異を、（例えば熱烈なクリスチャンのように、宗教的な権威によって正当化されたものと確信してはいなくても、また人間と動物との間に本質的な差異を認めることを拒否する進化論に対して、常識的な賛意と理解を抱く程度にすぎないとしても、）私たちは自分の考えていることや行動の仕方を正直に反省してみれば、やはり人間が他の動物とは根本的に異なっていることを、（インプリシットにせよ エクスプリシットにせよ、）意識せざるをえないし、またその差異を多かれ少なかれ認めているはずである。それが（いわば私たちの思考や行動、知識やモラルを支えている良識というものである。思うに、どんなに熱烈な進化論信奉者でも、他の動物に対する人間の独自性を暗に認めないということはありえないであろう。）

客観的速読法 8「考えてみると」・12「まず」・6「つまり」・7「最も基礎的な」「根ざし」・1「食欲と性欲」の具体例によって（以下、「8・12によって」のように、明白な場合は番号のみ記す）、

▼**人間の生涯は誕生に始まり、成長と成熟の過程を経て生殖を行い、老衰の後に死を迎える**……K1

▼**このプロセスは人間と他の生物に共通する自然の現象的な事実であり、事実のレベルでは、人間は他の動物とは異ならない**……K2

という最初のキーワード・キーセンテンス群がマーキングできる（K1・K2）。同内容を繰り返し述べているので、「要旨」としては重複を避け、不要な修飾語句、文末の形式的な表現などもカットする。

次に、筆者は逆接「（それ）にもかかわらず」により、筆者本来の主張へと入っていく。客観的速読法 10・7「本質的」「根本的に」・1「例えば」「～にせよ、～にせよ」「いわば」により、

▼**人間の生活と他の動物の生存とは明らかに大きく違っている**……K3

▼**（私たちは）両者の本質的な差異を意識せざるをえないし、認めている**……K4

これらをマーキングし、当面の**主題「人間と動物との本質的な差異」について**の把握ができた。

ではそのように人間を他の動物から区別する独自性とは◀4何であろうか。◀5もちろんこういう問いに対しては、◀1(直立二足歩行とか、火や言葉を使用するとか、技術を用いて労働するとか、)さまざまの答えが与えられるであろう。これらの答えはそれぞれに正しいと言える。しかし、ここでは、人間の生き方は事実のレベルにとどまるもの◀2ではないということをもって答え◀8としたい。◀6つまり人間は単なる事実のレベル◀2だけではなく、そのうえに別のレベルの生き方を持っているということである。◀1(例えば人間の生涯の出発点である誕生について考えてみても、それはたしかに受胎・妊娠・出産という生理的な現象(つまり事実)を核心に持っていることは言うまでもない。しかし、私たち自身がよく知っているように、人間の誕生は明らかにそれだけのものにはとどまらない。既に受胎の事実が知らされたときから、本人はもとより周辺のひとびとの心に喜び・不安・期待・願望などの(場合によってはこれらとは反対のベクトルを持つ)情念が生起し、それに伴ってさまざまの個人的・社会的な行動が喚起されることによって、受胎という生理的な事実にさまざまの意味づけがなされる。(それの最も極端な例は、西欧の宗教画に頻繁に見られる「受胎告知」というテーマであろう。あれはもちろん聖母マリアがイエスという特別の人間をみごもったことを主題としているが、それよりもむしろおよそ人間の受胎そのものを聖化していると考えることもできる。)同じような意味づけは、妊娠や出産に伴う情念やそれをめぐるもろもろの慣習や儀礼的行動などについても認められる。そしてこのような意味づけは人間の全生涯にわたって、またその生活のあらゆる面について行われている。)◀6つまり人間の生活のなかには、常に自然の現象的な事実とともに、それを超えた意味が働いている。したがって人間は、事実と意味の二つのレベルの両方にまたがって生きているわけであるが、事実◀11とは◀6要するに自然現象であり、人間が他の動物と◀7原理的に共有するものである(もっとも直立二足歩行にもとづく人間特有の生理学的な事実があることまで、ここで否定しようとするものではない)から、人間の生活をとくに人間的なものとしているのは意味にほかならないということになる。◀6簡単に言えば、〈人間は意味によって◀7こそ人間で

あるし、また人間となるのである。人間のあらゆる営みには意味がつきまとっている。〉
〈そのこと〉は、〈◀1 例えば「食べる」という最も素朴で原初的な行動についても人間の食べ方と他の動物の食べ方がどれほど大きく違うかを考えてみれば明らかであろう。手指の使用ということも人間と動物を区別する重要な点であるが、それは直立二足歩行という人間に特有の生理学的な事実に由来するものであって、そのこと自体は意味のレベルのものではないと言えるから、これは別にして、人間の摂食行動に必ず付随する食器・調理・作法などについて考えると、そのいずれをとってみても、そこには人間に独特の文化というものが見られるし、文化とはまさに意味の表現にほかならないのである。（高等類人猿の摂食行動にも一種の文化を認める学説もあるが、ここではそれに立ち入ることはしない。）〉こうして私たちの生活は、その深奥部にいたるまで意味によって浸透されていることが◀8 わかる。

◀この問題文では具体例として扱う

この第二節では、第一節での主題「人間と動物との本質的な差異」を受け継ぎ、まず疑問詞「何」による読者への問いかけ（客観的速読法 4）を用いて、次のように**主題の明確化**をはかっている。

▼**人間を他の動物から区別する独自性とは何か**……K5

4 では筆者自身による回答（主題に対する結論）が後述されるので、これを意識して読解を続けるとよい。

5 譲歩「もちろん～。しかし～」を経て、2「ではない」「だけではなく」・8「としたい」・6 により、

▼**人間は単なる事実のレベルだけではなく、そのうえに別のレベルの生き方を持っている**……K6

をマーキングし、次段落で 1 大きな具体例と 6 具体例の要約「つまり」に着眼し、

▼**人間の生活のなかには、常に自然の現象的な事実とともに、それを超えた意味が働いている**……K7

というキーセンテンスを捉え、重要な**結論的キーワード「意味」**を発見できた。

11「とは」・6「要するに」・7「原理的に」により、

▼**事実とは自然現象であり、人間が他の動物と共有するものである**……K8

4「何」に対する筆者自身の回答・6「簡単に言えば」・7「こそ」により、

▼**人間は、意味によって人間であり、人間となる**……K9

1「例えば〜こうして〜」・8「わかる」により、

▼**人間の生活は意味によって浸透されている**……K10

など、「人間」と「意味」に関連したキーセンテンスが続くので、ここでの要旨内容が手に取るように分かる。

以上で、第二節の要点箇所を押さえ、第一節で把握した主題「人間と動物との本質的な差異」について、**「人間の独自性とは意味である」**という**筆者の主張＝結論**や、**「人間の生活に浸透する」**という**「意味」（であること）の説明（定義もしくは論拠）**も簡潔に把握することができた。最終節へと進もう。

私たちの生活の場面はさまざまな姿やあり方を持った空間であるが、〈私たちはその生活空間のなかでいつも何らかの仕方で物および人と関わって生きており〉、その関わりのなかにも意味が働いている。[2]（というよりも）、〈その〉関わりそのものが意味であるということが多いのである。

[1]きわめて簡単な例について考えてみよう。いま私は書斎にいて原稿を書いている。その窓から隣の寺の木立が眺められる。また書斎のなかには机、椅子、書棚、書物、筆記用具、原稿用紙、インク壺、などがある。ところで坐っている私の向うに木立が見えるということは、その限りでは単なる事実かもしれない。しかし、私がそれを眺めながら、その枝に咲いた花を美しいと思い、その葉の緑に深い憩いを覚えるとすれば、その木立と私との関わりはもはや事実のレベルのものではなくて、意味のレベルに移っている。すなわち私と木立との関わりは単なる位置関係や、それを見るという認知関係に尽きるものではない。つまり事実関係を超えている。したがってこの関係を含む空間ももはや事実空間ではなくて意味空間となっている。ましてや書斎のなか

にあるさまざまの物は、私にとってただそこに在るというだけではない。それらはすべて私が使用するもの、私にとって役に立つものであるが、さらにそこへ好悪の情念や価値判断や記憶・想像を伴うさまざまの想念が加わる。つまりひとつひとつが私にとって意味を持っている。そう考えれば、これらのものと私との関わりは意味以外の何ものでもないと言ってよい。あるいはいま執筆している私の周りにはいろんな音が響いている。現代の生活環境という空間には、物体だけではなく音響も充満している。しかもこの音が私たちにとって純粋に物理的な音響でしかないということは、ほとんど考えられないであろう。ある音は耳に快く響くし、他の音は不快である。またある音は何かの信号であり、別の音は人間の言葉である。こうして私たちの周辺に流れる音響にも意味がこもっている。（個人的な経験であるが、敗戦後しばらくの間、列車の汽笛や自動車のクラクションがモールス信号による言葉に聞こえたことがある。）物や音との関わりでさえこのように意味につきまとわれているのであるから、まして人との関わりのなかでは、意味を持たないものは考えられないといっても過言ではない。）このように見てくると、私たちの生活空間は意味に満ちているばかりでなく、空間そのものが意味となっていると言うこともできよう。

客観的速読法 2「というよりも」・重要な指示語「その」・1「きわめて簡単な例」により、

▼**人間は生活空間のなかで常に物や人と関わって生きており、その関わりそのものが意味である**……K11

1「このように（見てくると）」・2「ばかりでなく」により、

▼**空間そのものが意味となっている**……K12

これらにより、**人間の独自性は（主題）、意味である（結論）ことの説明（論拠）**も得られた。

以上で、最初の**「論理的文章の客観的速読法」の読解作業と要旨把握**の解説を終わる。次頁からは、この読解結果を踏まえて問題を解いていく。今回は、要旨要約そのものが設問として出題されている。

読解から解答へ

問　右の文章を要約しなさい（二〇〇字以内）。

本問は、読解（要旨把握）の結果がそのまま解答（要約）である。論理的文章を本文とする現代文の問題は、要旨把握の能力を問うのが主な出題目的であるから、これは読解力主体の入試問題であり、それゆえ本書の例題としても最初に配置した。ただし、要旨は解答の主要素ではあるが、問いには様々なタイプがあり、「解く」こと、「書く」ことも、重要な出題目的となる。この点は、**第2章「論理的解答法」**で詳述する。なお、本書で提示するすべての「要旨要約」「解答例」は、「美しくこなれた日本語」などではなく、なるべく受験生が試験中に解答しやすい構文・表現となるように心がけた。

要旨要約は、すでに学んだように、**「主題」「結論」**と**「定義」「論拠」**を四要素として再構成する。制限字数に余裕があれば、問題本文の特質・内容に応じたキーワード・キーセンテンスを補助要素として加える。

本問は、入試問題としては平均的な本文総字数である約三二〇〇字を二〇〇字以内に要約するように求めている。単純計算では6％程度の字数にすることになる。しかし、客観的速読法によって抽出したキーセンテンス（K1〜K12）のみであれば、すべてを用いても四〇〇字以下であり、半分に詰めるだけでよい。

まず、自分が本文中でマーキングした、すべてのキーセンテンスを見通す（便宜上、再掲載しておく）。

K1　人間の生涯は誕生に始まり、成長と成熟の過程を経て生殖を行い、老衰の後に死を迎える

K2　このプロセスは人間と他の生物に共通する自然の現象的な事実であり、事実のレベルでは、人間は他の

動物とは異ならない

K3 人間の生活と他の動物の生存とは明らかに大きく違っている

K4 （私たちは）両者の本質的な差異を意識せざるをえないし、認めている

K5 人間を他の動物から区別する独自性とは何か

K6 人間は単なる事実のレベルだけではなく、そのうえに別のレベルの生き方を持っている

K7 人間の生活のなかには、常に自然の現象的な事実とともに、それを超えた意味が働いている

K8 事実とは自然現象であり、人間が他の動物と共有するものである

K9 人間は、意味によって人間であり、人間となる

K10 人間の生活は意味によって浸透されている

K11 人間は生活空間のなかで常に物や人と関わって生きており、その関わりそのものが意味である

K12 空間そのものが意味となっている

これらから、**まずは「主題」、次いで「結論」を明確に意識する**。さらに、**それら重要語句の「定義」、「結論」の「論拠」に該当する箇所を確認し、全体を再構成する**。内容の重複するものは一つにまとめる。

【主題】 K3・K4・K5（人間を他の動物から区別する独自性は）
【結論】 K7・K9（「意味」である）
【定義】 K6・K7・K8（「意味」とは、「自然の現象的な事実を超えた」ものである）
【論拠】 K10・K11・K12（人間の生活は意味に浸透され、生活空間そのものが意味である。）
【補足】（冒頭の「逆接」の前件）動物との対照 K1・K2

解答　**自然の現象的な事実のレベルでは人間は他の動物と異ならないが、人間の生活と他の動物の生存には質的な差異がある。人間を他の動物から区別する独自性は、単なる事実のレベルを超えて働く意味にある。人間は意味によって人間であり、人間となる。なぜなら、人間の生活は意味によって浸透され、人間が生活空間のなかで常に物や人と関わる、その関わりそのものが意味だからである。人間の生活空間は空間そのものが意味となっている。**（二〇〇字）

（20点）

簡易採点基準　＊ここでは、まだ「論理的解答法」を学習していないので、採点基準はごく簡単なものとした。

- 人間と動物との差異／人間の独自性　（各2点）　**主題**
- 人間の独自性は意味である／人間は意味によって人間となる　（各3点）　**結論**
- 意味は事実のレベルを超えて働く／事実とは自然の現象である　（各2点）　**定義**
- 人間の生活は意味に浸透され／物や人との関わりそのものが意味であり／人間の生活空間そのものが意味である（各2点）　**論拠**

発展的考察のために

人間（存在）論の根本問題の一つが本書のような哲学的空間論である。空間と時間は人間の生を規定し、さらに「人間」という概念自体が、「人と人との間」と言われる社会的存在としての、人間の生を規定している。本文では、自然的事実や生物と差異化された人間の独自性として、「意味」を取り上げ、さらに、ここでの言及は少ないが、筆者は「意味」の表現が人間独特の「文化」であるとも述べている。時間と空間、社会的存在、意味と文化。これらは人間としての生について考える際の基本的な手がかりである。

例題 1-2

論理的文章の読解実践②

浅野智彦「消費社会とはどのような社会か?」(神戸大)

時間 50分

論理的文章の客観的速読法による要旨把握の二回目。今回は長文の読解結果を複数の設問へと適用する。

次の文章を読んで、後の問いに答えなさい。

資本主義的諸社会の最も今日的な状況を表現するキーワードとして「消費社会」という言葉がよく用いられる。ではその言葉に込められた現代社会の特質とはどのようなものなのだろうか。

問の角度を少し変えて、こんなふうに問うてみよう。人々が日常的に消費社会を実感するのは例えばどんな場面だろうか、と。この問に対する一つの答えとして、広告との[a]セッショクをあげることができるだろう。現代社会は、商品の集積である以上に膨大な量の広告があふれかえる社会である。この社会の中で商品は、モノにせよサーヴィスにせよ、即物的な裸の姿で存在するのではなく、いつでも広告の紡ぎ出すさまざまな物語に包まれて人々の目の前に現れる。したがって商品が存在する場所は単なる経済的な市場ではない。それは、「幸福」「健康」「癒し」「やすらぎ」「愛」「家族団欒(だんらん)」「ワンランクアップ」「ほんとうの自分」等々無数の「物語」が織りなす独特の――夢のような――空間におかれている。商品がいつでもこの独特の空間の中で提示され、出会われ、購入されるということ、そこにこそ消費社会のあり方を理解するための手がかりがある。

「夢のような」という表現を右で用いたが、それは、消費社会において各商品のまとう物語が外的な制約から二重の意味で自由であることを示すためだ。

第一に商品＝物語は、誰に対しても——正確には、支払いの用意のあるすべての者に対して——自由にアクセスできる場所におかれており、その意味でアクセスへの制限から自由である。誰であれこのミネラルウォーターを消費すれば「健康」の物語を享受できるし、誰であれこの式場で結婚式を挙げれば「ハッピーウェディング」という物語を享受できる、というわけだ。

第二に商品＝物語は、それが物語を通して魅力を発揮するかぎりにおいてその物質的素材のありようからは相対的に独立しており、その意味で物的な制約から自由である。「住宅」や「車」といったモノそのものではなく、それを通して提供される「やすらぎの住まい」「家族の団欒」などという物語がそれら商品の魅力の中核をなしているのである。

これら二つの自由のうち第一のそれは、[ア]商品の持つ相対化・均質化の力としてよく知られているものだ。例えば*グラント・マクラッケンは伝統的身分制のシンボリズムを[b]ボウエイしようとする伝統的勢力の努力が商品化の力によってどのように敗退していったかを描き出している。そもそも伝統的社会において服装は身分制秩序を可視化するための文化的装置であり、逸脱や越境が生じないように[c]ゲンミツに管理されていた。ところが服装が商品化されると、本来の身分とは無関連な服飾の消費が行われるようになり、これはくり返し発せられた奢侈（しゃし）禁止令にもかかわらず身分の境界を越えて広まっていく。またもう少し後の時代になると、階級を示すステータスシンボルとして「古光沢」、すなわち長年使用した食器や家具のみが帯びる独特の風合いが戦略的に活用され、これこそが本物の上流階級に属する証（あかし）であるとされたのであるが、この戦略もまた古光沢商品を取り扱う市場の成立によって腐食されてしまったのである。このことを消費する人々の側から言えば、伝統的な諸制約から自由な「個人」としての消費者、社会的な諸規定から相対的に無関連な「人間」としての消費者が市場に登場してきた、ということになろう。これら「個人」「人間」としての消費者は自分自身の「自然な」欲求にのみしたがい自由に商品を購入し享受する。

それに対して第二の自由が意味しているのは、まさにこのような「自然な」欲求それ自体からの離脱である。例えば*ガルブレイスの消費社会論に対する*ボードリヤールの批判は、この点に照準したものだ。ガルブレイスは、一九五〇年代以降のアメリカ資本主義を巨大資本による人々の欲求の大規模な操作・支配であると見なした。すなわち巨大化した生産力に見合う需要を生み出すために、企業はさまざまな広告戦略によって消費者の欲望に人為的なアクセルをかけ、人々が本来ならば欲しなかったであろうモノを購入させている、と。ここでは人間の欲求の自然性がまずは前提とされた上で、それが巨大資本によって不当に操作・支配され、その結果個々の消費者の主体性が疎外されているという点が批判の要点となっている。

ボードリヤールはこのガルブレイスの議論に対して三つの観点から批判を加えた。第一に、自然な欲求と人為的に操作された欲求との間に明確な境界線を引くことはだれにもできないだろう。例えば、消費者がテレビやセカンドハウスを購入する際の喜びを、誰が「疎外されている」と批判できようか。第二に、今日の消費は、商品の機能によって自然な欲求を充足させる過程というよりは、むしろ人々が互いに差異化を競う営みであると理解すべきである。いいかえるとそれは、個人内部の欲求が充足されるかどうかという観点からではなく、人々の間の相互差異化のゲームという社会的活動の観点から見られるべきものなのだ。第三に、企業の広告戦略は、個々の商品に対する欲求を生み出すのではなく、欲求を記号の系列に即応したシステムとして組織化するものだ。例えば*ラルフローレンの広告は、個々の商品に対する欲求を生み出すのではなく、無数の記号から織りなされるライフスタイル——ラルフローレン的なライフスタイル——に向けて欲求をシステム化する。

要するに、消費行為を、個人の「自然な欲求」とそれを充足する商品の「機能」との対応として理解することはもはや現実的ではないということだ。かつて欲求はその「自然性」をよりどころとしてさまざまな伝統的制約から自らを解放してきたのだが、消費社会はさらにその「自然性」それ自体からさえ欲求を自由にする。その結果、広大な欲求の空間が新たに開かれるのであるが、この新しい欲求に応える商品は——欲求が自然性から解放されたのに対応して——モノとしての機能から自由な存在となる。商品にとって重要なのは、その「機能」ではなく「記号」としての差異の表示だ。そしてこの記号は他の記号との連鎖において存在するものであり、一定の記号システムあるいは一つの物語（例えばラルフローレン的な生活という物語）を構成することになる。

かくして自然性から解放された欲求は、記号的差異の操作——つまりは広告戦略——によって生産システムの変数として操作され得るものとなり、資本は広告への出資を通して需要を自分自身の力でつくり出すような自己準拠システムとして作動しはじめる。この需要は、記号システム＝物語の提示を通して創出されるものであるから、イ商品の流通する空間は次第に物語空間へと変貌していくのである。

「機能」から「記号」へというこのような商品の転態の最も劇的なケースを、*内田隆三は、*GMの*フォードに対する勝利という歴史的エピソードのうちに見出している。フォード社が部品や組立工程を徹底的に規格化することによって、それまで高級品であった自動車を大量かつ安価に提供し、一時代を築いたのに対して、後発のGMは、デザインによる差異化（モデルチェンジ）と広告という戦略によって市場を制覇していった。そして一九二七年、ついにフォード社はGMに決定的な敗北を喫し、*T型フォードは生産停止にまで追い込まれてしまうのである。このエピソードはアメリカの資本主義が、新しい段階に入ったことを明瞭に示すものであろう。すなわち、「機能」ではなく「記号」の消費を軸とする段階に、また需要が資本によって外的な（自然な）制約ではなく自己準拠的に創出しうるものとなる段階に、つまり消費社会という段階に、である。

GMの勝利というこのエピソードは、また、消費社会化が人々の現実感覚やアイデンティティにもたらす大規模な変容を予示するものでもある。そもそも[ウ]フォードの生産システムの要は、その徹底した機能性と合理性とにあったと評し得る。ところで機能性にせよ合理性にせよ、それらはある目標に対する[d]コウケンの度合いによって評価されるものであり、もし目標が明確に固定されていないならば、機能性も合理性もそれが測られうるための準拠点を失い、意味をもち得なくなるだろう。ではフォード・システムの場合この目標はどこに置かれていたのか。生産過程の外部にある「自然」に、あるいは人間に内在する「自然な」欲求に、というのがその答えだ。すなわちそこでは人間的な欲求の自然性を準拠点とした上で、その欲求をどれだけよく充足し得るか、という観点から合理性や機能性は測定されていたのである。それに対してGMの勝利は、この欲求を自然性から解放し、システムによって操作可能な変数へと組み替えたことに由来するものだ。

このフォード的な機能性や合理性に対する信憑（しんぴょう）は、実は、自動車の生産という領域に限定されたものではなく、近代社会がその発生以来もちつづけてきた世界像でもある。すなわち近代社会を特徴づけてきたのは――*ウェーバーが強調したように――世界を一貫して合理化していこうとする運動であり、またそのような徹底した合理化が可能であるという信念であった。それは、世界が全体として特定の方向に向かって進歩していくという世界観であり、世界がただ一つの論理の制御に服しているという世界観である。けれども消費社会化の進行にともない、このような一元的世界観は次第に後景に退き、かわって世界は多元的な論理によって構成されるものであるという感覚が浸透していく。*リオタールは、ポストモダンと呼ばれる社会状況を「大きな物語」の解体によって特徴づけたが、消費社会は「合理化」や「進歩」という大きな物語を解体する点でポストモダン状況の一環をなしていると言えるであろう。

　このような現実感覚の変容と相即しながらアイデンティティのあり方も変容していく。＊リースマンが「他者志向」と呼んだパーソナリティタイプは、この変容への最初の着目であろう。これは自らの行為を決定する際に、伝統に準拠する（伝統志向）のでもなく、自己の内部に確立された価値観や信念に準拠する（自己志向）のでもなく、他者の視線にそれがどう映るかということを準拠点にするような人々を指すものだ。伝統にせよ個人的信念にせよ、それらは世界と自分をある一貫した論理の下に眺めるものであるが、他者の視線は状況によって容易に変化するものであり、そこに一貫性を期待することは難しいだろう。他者志向の人々にとって、アイデンティティは状況に応じてその都度構成されるような流動的・多元的なものとなるのである。リースマン以降の消費社会化の進展は、他者の視線に映る自己像を操作するためにモノの記号的価値を利用する人々を大量に生み出すことになった。アイデンティティはこうして記号や物語の消費を通して構成・再構成されるような不断のプロジェクトとなる。精神科医大平健は、近年自分自身を語るのにブランド商品を語るというやり方をとる相談者の増加を指摘し、これを「モノ語り」の人々と呼んでいるのだが、これは消費社会的アイデンティティの[e]ギガとして見ることができる。

　けれども物語の多元化がさらに進行すれば、記号的価値自体が、多元化・細分化し、相互に不透明なものとなっていくであろう。[エ]消費社会の進展は、だから、他者志向さえをも次第に困難にしていくような過程なのである。

（浅野智彦「消費社会とはどのような社会か？」による）

（語注）＊グラント・マクラッケン＝カナダの人類学者（一九五一〜）。

＊ガルブレイス＝カナダ出身、アメリカ合衆国の経済学者（一九〇八〜二〇〇六）。

＊ボードリヤール＝フランスの思想家（一九二九〜二〇〇七）。
＊ラルフローレン＝世界的なファッション・ブランドの一つ。
＊内田隆三＝日本の社会学者（一九四九〜）。
＊GM＝アメリカ合衆国の自動車メーカーの一つ、ゼネラルモーターズの略称。
＊フォード＝アメリカ合衆国の自動車メーカーの一つ。
＊T型フォード＝フォード社が大衆向けに開発・製造した自動車のモデル。
＊ウェーバー＝ドイツの社会学者（一八六四〜一九二〇）。
＊リオタール＝フランスの哲学者（一九二四〜一九九八）。
＊リースマン＝アメリカ合衆国の社会学者（一九〇九〜二〇〇二）。

問1 傍線部ア「商品の持つ相対化・均質化の力」とあるが、どういうことか。八〇字以内で説明しなさい。

問2 傍線部イ「商品の流通する空間は次第に物語空間へと変貌していく」とあるが、ここでいう「物語空間」とはどのような空間か。八〇字以内で説明しなさい。

問3 傍線部ウ「フォードの生産システムの要は、その徹底した機能性と合理性とにあった」とあるが、どういうことか。八〇字以内で説明しなさい。

問4 傍線部エ「消費社会の進展は、だから、他者志向さえをも次第に困難にしていくような過程なのである」とあるが、どういうことか。本文全体の論旨をふまえたうえで、一六〇字以内で説明しなさい。

問5 傍線部a～eを漢字に改めなさい。はっきりと、くずさないで書くこと。

読解作業＋要旨把握のプロセス

前回は人文学系の文章であったが、今回は社会学分野の文章である。**客観的速読法**の特長の一つは、本文の分野・内容や難度に左右されない要旨把握を可能にする点にある。さっそく実践しよう。

資本主義的諸社会の最も今日的な状況を表現するキーワードとして「消費社会」という言葉がよく用いられる。ではその言葉に込められた現代社会の特質とはどのようなものなのだろうか。(問の角度を少し変えて、こんなふうに問うてみよう。人々が日常的に消費社会を実感するのは例えばどんな場面だろうか、と。この問に対する一つの答えとして、広告とのセッショクをあげることができるだろう。) 現代社会は、商品の集積である以上に膨大な量の広告があふれかえる社会である。この社会の中で商品は、(モノにせよサーヴィスにせよ、) 即物的な裸の姿で存在するのではなく、いつでも広告の紡ぎ出すさまざまな物語に包まれて人々の目の前に現れる。したがって商品が存在する場所は単なる経済的な市場ではない。それは、(「幸福」「健康」「癒し」「やすらぎ」「愛」「家族団欒（だんらん）」「ワンランクアップ」「ほんとうの自分」等々) 無数の「物語」が織りなす独特の――夢のような――空間におかれている。〈商品がいつでもこの独特の空間の中で提示され、出会われ、購入されるということ〉、〈そこ〉にこそ消費社会のあり方を理解するための手がかりがある。

形式段落が二つだけの短い第一節ではあるが、キーセンテンスはなるべく簡潔にまとめよう。まず、**主題の把握**が読解の目的となる。客観的速読法 7「最も」・4「どのような」・1により、

▼**「消費社会」と言われる現代社会は、広告のあふれる社会である**……K1

が発見でき、続いて、2「ではなく」「ではない」・1・7「こそ」により、

▼**消費社会では、商品は無数の物語によって作られる独特の空間に存在する**……K2

というキーセンテンスが得られる。（少なくとも当面の）**主題**は**現代の「消費社会」**についてであり、**「商品」「物語」**がキーワードである。ここから、本論である第二節に入る。

（「夢のような」という表現を右で用いたが、）それは、消費社会において各商品のまとう物語が外的な制約から二重の意味で自由であることを示すためだ。

第一に商品＝物語は、誰に対しても——正確には、支払いの用意のあるすべての者に対して——自由にアクセスできる場所におかれており、その意味で〈アクセスへの制限から自由〉である。（誰であれこのミネラルウォーターを消費すれば「健康」の物語を享受できるし、誰であれこの式場で結婚式を挙げれば「ハッピーウェディング」という物語を享受できる、というわけだ。）

第二に商品＝物語は、それが物語を通して魅力を発揮するかぎりにおいてその物質的素材のありようからは相対的に独立しており、その意味で物的な制約から自由である。（「住宅」や「車」といったモノそのものではなく、それを通して提供される「やすらぎの住まい」「家族の団欒」などという物語がそれら商品の魅力の中核をなしているのである。）

これら二つの自由のうち第一の〈それ〉は、商品の持つ相対化・均質化の力としてよく知られているものだ。（例えば*グラント・マクラッケンは伝統的身分制のシンボリズムをボウエイしようとする伝統的勢力の努力が商品化の力によってどのように敗退していったかを描き出している。そもそも伝統的社会において服装は身分制秩序を可視化するための文化的装置であり、逸脱や越境が生じないようにゲンミツに管理されていた。ところが服装が商品化されると、本来の身分とは無関連な服飾の消費が行われるようになり、これはくり返し発せられた奢侈（しゃし）禁止令にもかかわらず身分の境界を越えて広まっていく。またもう少し後の時代になると、階級を示すステータスシンボルとして「古光沢」、すなわち長年使用した食器や家具のみが帯びる独特の風合いが戦略的に活用され、これこそが本物の上流階級に属する証（あかし）であるとされたのであるが、この戦略もまた古光沢商品を取り扱う市場の成立によって腐食されてしまったのである。）このことを消費する人々の側から言えば、伝統的な諸制約から自由な「個人」としての消費者、社会的な諸規定から相対的に無関連な「人間」としての消費者が市場に登場してきた、ということになろう。これら「個人」「人間」としての消費者は自分自身の「自然な」欲求にのみしたがい自由に商品を購入し享受する。それに対して第二の自由が意味しているのは、まさにこのような「自然な」欲求それ自体からの離脱である。（例えば*ガルブレイスの消費社会論に対する*ボードリヤールの批判は、この点に照準したものだ。ガルブレイスは、一九五〇年代以降のアメリカ資本主義を巨大資本による人々の欲求の大規模な操作・支配であると見なした。すなわち巨大化した生産力に見合う需要を生み出すために、企業はさまざまな広告戦略によって消費者の欲望に人為的なアクセルをかけ、人々が本来ならば欲しなかったであろうモノを購入させている、と。ここでは人間の欲求の自然性がまずは前提とされた上で、それが巨大資本によって不当に操作・支配され、その結果個々の消費者の主体性が疎外されているという点が批判の要点となっている。

ボードリヤールはこのガルブレイスの議論に対して三つの観点から批判を加えた。第一に、自然な欲求と人為的に操作された欲求との間に明確な境界線を引くことはだれにもできないだろう。例えば、消費者がテレビやセカンドハウスを購入する際の喜びを、誰が「疎外されている」と批判できようか。第二に、今日の消費は、商品の機能によって自然な欲求を充足させる過程と

◀これ以降も具体例内である
◀例中の例

いうよりは、むしろ人々が互いに差異化を競う営みであると理解すべきである。いいかえるとそれは、個人内部の欲求が充足されるかどうかという観点からではなく、人々の間の相互差異化のゲームという社会的活動の観点から見られるべきものなのだ。第三に、企業の広告戦略は、個々の商品に対する欲求を生み出すのではなく、欲求を記号の系列に即応したシステムとして組織化するものだ。例えば＊ラルフローレンの広告は、個々の商品に対する欲求を生み出すのではなく、無数の記号から織りなされるライフスタイル——ラルフローレン的なライフスタイル——に向けて欲求をシステム化する。）

要するに、消費行為を、個人の「自然な欲求」とそれを充足する商品の「機能」との対応として理解することはもはや現実的ではないということだ。かつて欲求はその「自然性」をよりどころとしてさまざまな伝統的制約から自らを解放してきたのだが、〈消費社会はさらにその「自然性」それ自体からさえ欲求を自由にする〉。〈その〉結果、広大な欲求の空間が新たに開かれるのであるが、この新しい欲求に応える商品は——欲求が自然性から解放されたのに対応して——モノとしての機能から自由な存在となる。商品にとって重要なのは、その「機能」ではなく「記号」としての差異の表示だ。そしてこの記号は他の記号との連鎖において存在するものであり、一定の記号システムあるいは一つの物語（例えばラルフローレン的な生活という物語）を構成することになる。

かくして自然性から解放された欲求は、記号的差異の操作——つまりは広告戦略——によって生産システムの変数として操作され得るものとなり、〈資本は広告への出資を通して需要を自分自身の力でつくり出す〉ような自己準拠システムとして作動しはじめる。〈この需要〉は、記号システム＝物語の提示を通して創出されるものであるから、商品の流通する空間は次第に物語空間へと変貌していくのである。

第二節では、第一節で確認されたキーワード「消費社会」「商品」「物語」の三語が、さっそく新たなキーセンテンスを構成している。ここで簡潔にまとめていこう。まず、1・12により、

▼消費社会において各商品とその伴う物語（商品＝物語）は、アクセスへの制限と物的な制約という二重の意味で、外的な制約から自由である……K3

次に、この「二重の意味で」の「自由」の説明として、まず 12・1 により、傍線部アも含めて、

▼第一の自由は商品の持つ相対化・均質化の力（傍線部）であり、伝統的な諸制約からも社会的な諸規定からも自由で、自然な欲求のみにしたがう消費者が市場に登場してきた……K4

とあり、3「それに対して」・12・7「まさに」・1・6「要するに」により、

▼第二の自由は「自然な」欲求それ自体からの離脱であり、消費行為を個人の「自然な欲求」とそれを充足する商品の「機能」との対応として理解することはもはや現実的ではない……K5

のように、二つの大きな具体例を速読しつつ、まとめることができる。

さらに、6（＋指示語）「〈その〉結果」により、

▼消費社会は「自然性」それ自体からさえ欲求を自由にし、広大な欲求の空間が新たに開かれる……K6

また、7「重要なのは」・2・1により、

▼商品にとって重要なのは「記号」としての差異の表示であり、記号は他の記号との連鎖で存在し、一定の記号のシステムあるいは一つの物語を構成する……K7

とマーキングすることができる。これで第二節の読解作業と要旨把握が終了した。

なお、傍線部イを含む一文中の指示語「この（需要）」についても、**重要な指示語**であるから、解答段階ではなく**読解段階のうちに、指示対象を**〈　〉**で括っておく**とよい。それでは、最終節へと進もう。

「機能」から「記号」へというこのような商品の転態の（最も劇的なケースを、*内田隆三は、*GMの*フォードに対する勝利という歴史的エピソードのうちに見出している。フォード社が部品や組立工程を徹底的に規格化することによって、それまで高級品であった自動車を大量かつ安価に提供し、一時代を築いたのに対して、後発のGMは、デザインによる差異化（モデルチェンジ）と広告という戦略によって市場を制覇していった。そして一九二七年、ついにフォード社はGMに決定的な敗北を喫し、*T型フォードは生産停止にまで追い込まれてしまうのである。）このエピソードはアメリカの資本主義が、新しい段階に入ったことを明瞭に示すものであろう。すなわち、「機能」ではなく「記号」の消費を軸とする段階に、また需要が資本によって外的な（自然な）制約ではなく自己準拠的に創出しうるものとなる段階に、つまり消費社会という段階に、である。

（GMの勝利というこのエピソードは、）また、消費社会化が人々の現実感覚やアイデンティティにもたらす大規模な変容を予示するものでもある。（そもそもフォードの生産システムの要は、その徹底した機能性と合理性とにあったと評し得る。ところで機能性にせよ合理性にせよ、それらはある目標に対するコウケンの度合いによって評価されるものであり、もし目標が明確に固定されていないならば、機能性も合理性もそれが測られうるための準拠点を失い、意味をもち得なくなるだろう。ではフォード・システムの場合この目標はどこに置かれていたのか。生産過程の外部にある「自然」に、あるいは人間に内在する「自然な」欲求に、というのがその答えだ。すなわちそこでは人間的な欲求の自然性を準拠点とした上で、その欲求をどれだけよく充足し得るか、という観点から合理性や機能性は測定されていたのである。それに対してGMの勝利は、この欲求を自然性から解放し、システムによって操作可能な変数へと組み替えたことに由来するものだ。）

このフォード的な機能性や合理性に対する信憑は、実は、自動車の生産という領域に限定されたものではなく、近代社会がその発生以来もちつづけてきた世界像でもある。すなわち近代社会を特徴づけてきたのは（――*ウェーバーが強調したように――）世界を一貫して合理化していこうとする運動であり、またそのような徹底した合理化が可能であるという信念であった。それは、世界が全体として特定の方向に向かって進歩していくという世界観であり、世界がただ一つの論理の制御に服しているという世界観である。けれども消費社会化の進行にともない、このような一元的世界観は次第に後景に退き、かわって世界は多元的な論理によって構成されるものであるという感覚が浸透していく。（リオタールは、ポストモダンと呼ばれる社会状況を「大きな物語」の解体によって特徴づけたが、）消費社会は「合理化」や「進歩」という大きな物語を解体する点でポストモダン状況の一環をなしていると言えるであろう。

このような現実感覚の変容と相即しながらアイデンティティのあり方も変容していく。（リースマンが「他者志向」と呼んだパーソナリティタイプは、この変容への最初の着目であろう。これは自らの行為を決定する際に、伝統に準拠する（伝統志向）のでもなく、自己の内部に確立された価値観や信念に準拠する（自己志向）のでもなく、他者の視線にそれがどう映るかということを準拠点にするような人々を指すものだ。伝統にせよ個人的信念にせよ、それらは世界と自分をある一貫した論理の下に眺めるものであるが、他者の視線は状況によって容易に変化するものであり、そこに一貫性を期待することは難しいだろう。他者志向の人々にとって、アイデンティティは状況に応じてその都度構成されるような流動的・多元的なものとなるのである。リースマン以降の消費社会化の進展は、他者の視線に映る自己像を操作するためにモノの記号的価値を利用する人々を大量に生み出すことになった。）アイデンティティはこうして記号や物語の消費を通して構成・再構成されるような不断のプロジェクトとなる。（精神科医大平健は、近年自分自身を語るのにブランド商品を語るというやり方をとる相談者の増加を指摘し、これを「モノ語り」の人々と呼んでいるのだが、これは消費社会的アイデンティティのギガとして見ることができる。）けれども物語の多元化がさらに進行すれば、記号的価値自体が、多元化・細分化し、相互に不透明なものとなっていくであろう。（消費社会の進展は、だから、他者志向さえをも次第に困難にしていくような過程なのである。）

最終節は第二節を承けて始まる（「このような〜」）。そして、[1]（自動車産業の例）により、

▼**機能から記号へという商品の転態は、資本主義が新しい段階に入ったことを示す**……K8

という具体例の前後に着眼したキーセンテンスと、さらに換言（「すなわち」）、[2]・[6]により、

▼**記号の消費を軸とし、需要を資本により自己準拠的に創出しうる消費社会という段階に入った**……K9

というキーセンテンスとが得られる。本文冒頭から変わることのない**主題「消費社会」の説明**である。

ここから、消費社会について新たな主張が並列される（「また、消費社会化が……」）。「GMの勝利」に関する[1]により、

▼**消費社会化は人々の現実感覚やアイデンティティに大規模な変容をもたらす**……K10

という新しいキーワード（とりわけ「アイデンティティ」）を含む主張である。

ここでの具体例・引用[1]が示している変化（「フォード→GM」）は、そのまま抽象論・一般論における内容（「消費社会化」）の例示・例証である。

まず、傍線部ウを含む具体例[1]・[7]「実は」・[2]により、

▼**機能性や合理性に対する信憑は近代社会発生以来の世界像である**……K11

さらに、換言「すなわち」と[7]「特徴づけ」により、

▼**近代社会の特徴は、世界を一貫して合理化しようとする運動と、徹底した合理化が可能であるという信念である**……K12

という「近代社会」の説明から、[10]・[2]（もしくは[3]）「かわって」・[1]「リオタール」の引用により、

▼**ポストモダン状況の一環をなす消費社会化の進行にともない、世界は多元的な論理によって構成されるという（現実）感覚が浸透する**……K13

という「消費社会」への変化が、ここでも語られる。そして、1（「リースマン」「大平健」の引用）により、

▼**アイデンティティは記号や物語の消費を通して構成・再構成される不断のプロジェクトとなる**……K14

というキーセンテンスが得られ、「アイデンティティの変容」の内容が理解できる。

最終形式段落冒頭の逆接10・1（「他者志向さえ〜ような」）により、最後のキーセンテンスが得られる。

▼**物語の多元化が進行すれば、記号的価値自体が、多元化・細分化し、相互に不明瞭なものとなっていくであろう**……K15

以上で、**客観的速読法による要旨把握**が終了した。約四六〇〇字もの本文からK1〜K15（約七五〇字）を精選できた。ここからさらに、**要旨の四要素を中心に再構成・取捨選択して簡潔に要約する。**

【主題】K1（「消費社会」について）
【結論】K14・K15（アイデンティティが多元的な記号的価値を通して不断に構成・再構成されていく）
【定義】K1・K2・K3・K4・K5・K6・K7・K8・K9
【論拠】K10・K13
【補足】K11・K12（「消費社会」の対照項「近代社会」について）

右のように意識的に再構成・取捨選択し、重複する内容はなるべく一つにまとめ、さらに簡潔化した結果を次頁に記す。最終センテンスと設問の解答総字数（四〇〇字以内）も考慮して、三五〇字程度で要約した。要約練習に活用しよう。

要旨要約

現代社会は商品広告のあふれる消費社会であり、商品は無数の物語によって作られる独特の空間に存在し、アクセスへの制限と物的な制約という二重の意味で外的な制約から自由である。第一の自由は伝統的な諸制約や社会的な諸規定からの自由で、自然な欲求のみにしたがう消費者の登場を意味する。第二の自由はその自然な欲求それ自体からの離脱であり、広大な欲求の空間が新たに開かれる。機能から記号へという商品の転態が表す消費社会の進展により、世界は多元的な論理によって構成されるという現実感覚の浸透と相即し、アイデンティティは記号や物語の消費を通して構成・再構成される不断のプロジェクトとなる。物語の多元化がさらに進行すれば、記号的価値自体が多元化・細分化し、相互に不明瞭になるので、アイデンティティの構成も次第に困難となる。（三五〇字）

＊多くの要素を簡潔にまとめる表現力については、**基礎講義４「記述式問題の解答法」**で解説する。

読解から解答へ

問１ 傍線部ア「商品の持つ相対化・均質化の力」とあるが、どういうことか。八〇字以内で説明しなさい。

同じ傍線部でも、問いの要求が変われば解答法も正解も変わるが、設問タイプ別の解答法や厳密な解答手順については**第２章「論理的解答法」**で学習する。ここでは読解から導かれる正解要素を中心に解説する。

最初に**「設問要求の確認→傍線部を含む一文の確認」**という一般的かつ基本的な解答手順を踏んだら、傍線部アで「商品の持つ相対化・均質化の力」と説明されている「よく知られているもの」を明確にする。それは、「これら二つの自由のうち第一の〈それ〉」、すなわち、「〈アクセスの制限から（の）自由〉」を指す。**傍線部を含む一文やキーセンテンス中の指示語**はとりわけ重要であり、原則として読解時に〈 〉でマークするので、すぐ確認できる。これと K3（＝「消費社会において各商品とその伴う物語（商品＝物語）は、アクセスへの制限と物的な制約という二重の意味で、外的な制約から自由である」）とを合わせて、

▼**消費社会において、商品はアクセスの制限から自由であり、**

などとする。これだけでも二五字以上ある。「八〇字以内」は入試問題の本文（通常一行五七字前後）では一行半もない。この点からも**キーセンテンスを可能な限り簡潔に絞り込んでマーキングしておく**必要性が分かるであろう。

次に、傍線部アは「第一のそれ」の説明であるから、次段落の「それに対して第二の」の手前までを確認すると、具体例の直後にすぐ K4 のマーキングを発見できる。「相対的に無関連な」という語句からも、ここと傍線部アとのつながりには気づきやすい。そこで、K4（＝「伝統的な諸制約からも社会的な諸規定からも自由で、自然な欲求のみにしたがう消費者」）を用いて、「力」のニュアンスも忘れずに解答をまとめるとよい。

解答　**消費社会では、商品はアクセスの制限から自由とされ、消費者は伝統的な諸制約からも社会的な諸規定からも自由に、自然な欲求のみにしたがうことが可能となったということ。**（八〇字）　（14点）

簡易採点基準

- 消費社会での／商品について（各2点）
- アクセスの制限から自由である（2点）
- 消費者は伝統的な諸制約から自由／社会的な諸規定から自由に／自然な欲求のみにしたがう（各2点）
- 「力」のニュアンス（＝可能とするもの・実現させること など）（2点）

問2 傍線部イ「商品の流通する空間は次第に物語空間へと変貌していく」とあるが、ここでいう「物語空間」とはどのような空間か。八〇字以内で説明しなさい。

本問は、第二節後半の読解を問うている。すなわち、「第二の（商品についての）自由」＝「物的な制約からの自由」についての要旨把握が正しいかどうかを、「物語空間」の意味を問うことで確認している。したがって、キーセンテンスK5・K6・K7が解答の中心になる。いずれも客観的速読法を用いれば明確にマーキングできるところであり、とりわけK6の「広大な欲求の空間」は、設問要求である「どのような空間か」にストレートに対応しているので、解答要素であると分かりやすい。

最初に**「設問要求の確認」→「傍線部を含む一文の確認」**という一般的かつ基本的な段階を踏む。傍線部イの「物語空間」とは、「商品の流通する空間」のことである。同時に、「この需要（＝欲求）は、記号システム＝物語の提示を通して創出される」とあるので、「物語空間」は、「広大な欲求の空間」＝「需要の空間」＝「記号システムの提示を通して創出される空間」と置換できる。この段階で、主題「消費社会」を合わせると、解答案は、

解答案　消費社会において、自然な欲求という物的な制約から自由になり、記号システムの提示を通して需要が創出される商品の流通する、広大な欲求の空間。

などとなる。右の解答案は六八字なので、残り字数は約一〇字である。
最後に、「記号システム」についてK7を参照し、全体をできるだけ簡潔化して制限字数内に収める。なお、設問の要求は「どのような空間か」であるから、解答の結びは「〜空間。」とすること。

解答　**自然な欲求という物的制約から自由な消費社会の商品が、他との連鎖において存在し差異を表示する記号システムの提示を通して、需要を創出されて流通する広大な欲求の空間。**（八〇字）（14点）

簡易採点基準

- 消費社会において／商品が流通する／広大な欲求の空間（各2点）
- （商品は）物的な制約／自然な欲求から自由である（各2点）
- （商品に対する）需要（＝欲求）は記号システムの提示を通して創出される（2点）
- 記号（＝システム）は差異を表示する（＝他との連鎖において存在する）（2点）

問3　傍線部ウ「フォードの生産システムの要は、その徹底した機能性と合理性とにあった」とあるが、どういうことか。八〇字以内で説明しなさい。

傍線部ウは具体例の一部（「フォード」の生産システムの例）である。したがって、解答の一部に「フォード」などの語を用いるのは問題ないが、「具体例に即して」という付帯条件でもないかぎり、基本的に解答には**具体例そのものでしかない語句は極力用いない**こと。むしろ、すぐに**「どのような一般論・抽象論の具体例なのか」**を確認する。原理的に、具体例（中の語句）の意味は具体例だけでは規定できないからである。言い換えると、**具体例の意味は一般論・抽象論によって説明される**。「たとえば、2や3など」は何の例なのか。「素数」なのか、「5以下の自然数」なのか……。具体例だけでは判断できない。「具体的」なものとは、すべて多様な性質の集合であるから、具体例自体を書いても、特定の性質を解答として説明（抽象化）したことにはならないのである。

傍線部ウの核となる「徹底した機能性と合理性と」は、「GM」ではなく「フォード」の方の「要」であるから、「消費社会」ではなく、消費社会の対照項である「近代社会」の特質を表している。したがって、主な解答内容は、「フォード的な」**近代社会の特徴**を説明している K11・K12 に求められる。

キーセンテンスをそのまま解答要素に用いると、解答案は、

解答案　フォードの生産システムは、世界を一貫して合理化しようとする運動と、徹底した合理化が可能であるという信念を特徴とする、近代社会の世界像に対する信憑を要としたということ。

などとなる。これは八三字なので、ここから三字削って八〇字にすればよいだろうか？

しかし、最も多く問われる「どういうことか」という設問＝**同義置換**は、**「傍線部の内容を本文中での筆者の定義と等しく（同義）、かつ、傍線部以外の適切な表現へと正しい構文で書き換えよ（置換）」**と要求している（**第2章「論理的解答法」**で解説する）。解答案では、「合理（化）」が傍線部ウの「合理（性）」のままで

あり、これでは「説明（置換）」したことにはならない。また、傍線部ウで「合理性」と並列されている「機能性」の説明も判然とせず、「正解」には至っていない。

そこで、「機能性と合理性と」の説明を本文中に求めるのだが、ゼロから再出発する必要はない。右記の解答案（八三字）はK11・K12に基づき、内容と構文自体は正しいので、これを修正する。また、「フォード→GM」という変化（消費社会化）を論じている箇所であるから、「フォード側」の説明は「変化前」の箇所に着眼すればよい。すなわち、客観的速読法2のマーキングを反転させるのである（AデハナクテBデアルの、Aの側に着眼）。単に要点箇所に線を引くのではなく、**その箇所が要点であると言える客観的根拠に当たる表現にマーキングしておくことの意義**が分かるであろう。ここでは、「機能性」＝「外的な制約・自然な欲求を充足させる（働きをもつ）こと」、「合理性」＝「ただ一つの論理の制御（に服する一元的世界観）」などが本文中に見出せる。これらを先の解答案をベースにして、簡潔にまとめる。

解答

フォード社は、外的な制約である自然な欲求の充足という目標に役立つことと、そのための一貫した論理の制御に服するという近代的な信念に基づいて生産を行ったということ。（八〇字）（14点）

簡易採点基準

- 「フォードの生産システムの要（＝基礎・核心　など）」の説明であること（2点）
- 外的な制約／自然な欲求を／充足させる働きをもつ（各2点）
- ただ一つの（＝一元的・一貫した　など）／論理の制御に服する（各2点）
- 近代社会の世界像（＝特徴・信念　など）である（2点）

問4 傍線部エ「消費社会の進展は、だから、他者志向さえをも次第に困難にしていくような過程なのである」とあるが、どういうことか。本文全体の論旨をふまえたうえで、一六〇字以内で説明しなさい。

一般に、設問要求に「～をふまえたうえで」という付帯条件があれば、頭の中で踏まえるだけではなく、踏まえていると出題者・採点官が判別できるように、その**踏まえるべき事柄も答案要素として書く**。本問は、単に全体要旨を書けばよいという意味ではなく、「直接的な設問要求に対応するだけではなく、全体の論旨（要旨）も分かるような形で解答する」ということである。これも詳細は**第2章「論理的解答法」**で解説する。

さて、傍線部エの位置から、最終節後半のキーワード K13・K14・K15 が直接的な（全体の論旨ではない）解答要素となることは明らかである。また、傍線部エの「他者志向（さえをも）」が「リースマン」の引用への言及であり、キーワード「アイデンティティ」の具体例であることもすぐに分かる。

したがって、「他者志向」という例示も含めて「アイデンティティ」を中心にまとめると、

▼**消費社会化の進行にともない、世界は多元的な論理によって構成されるという現実感覚の浸透と相即して、アイデンティティは、（他者の視線に映る自己像として）記号や物語の消費を通して構成・再構成される不断のプロジェクトとなる。**

などとなる。これは「アイデンティティ」（すなわち「他者志向」）の説明であり、まだ傍線部エの直接的な解答素案ですらない。「消費社会の進展」が、この「他者志向」さえをも「次第に困難にしていくような過程」であることの説明として、**他の解答要素**を考えていくと、以下の三点になる。

1　「(…の上に〜）さえ」という助詞の用法から、「他者志向」以前の項「…」がある。

2　傍線部エの「だから、」は、直前のキーセンテンス K15 を指すので、これを解答中の論拠とする。

3　「本文全体の論旨」（消費社会における、機能から記号への変容）を踏まえる。

右の**1**〜**3**はすべて関連している。これらは、

▼**かつての（一貫していた近代的な）アイデンティティが変容してしまったうえに（1・3）、「記号」を通して構成・再構成される「他者志向」の新しいアイデンティティ(3)さえ（1）、記号自体が多元化・細分化していくから（2）、構成するのが困難になるということ**

とまとめられる。先の「他者志向」の説明と合わせると、単純計算で二〇〇字程度となる。これを一六〇字以内へと簡潔化する。なお、一文が一〇〇字を超えると表現ミスをしやすくなるので、一〇〇字以上は文を分けるとよい。

解答　**消費社会では商品が機能から記号へと転態し、世界を多元的な論理で捉える現実感覚の浸透と相即して、アイデンティティも記号や物語の消費を通して不断に構成されつづける。しかし、消費社会化の進行につれ、記号的価値自体が多元化・細分化し、相互に不明瞭となるので、他者の視線に映る一貫性のない自己像さえ構成し難くなっていくということ。**（一六〇字）　（28点）

簡易採点基準

・消費社会について／商品の変化（＝自由）／機能から記号へ（各2点）
・（一元的な世界観から）多元的な世界観へ／（現実）感覚の浸透（各3点）
・アイデンティティの変容（＝構成・再構成される）（3点）
・（消費社会のアイデンティティは）記号や物語の消費を通して（不断に構成・再構成される）（3点）
・（けれども）記号的価値自体が多元化・細分化し、相互に不明瞭となる（から）（4点）
・「他者志向」の説明＝他者の視線に映る自己像（をアイデンティティとする）（4点）
・「次第に困難にしていくような過程なのである」のニュアンス（2点）

問5 傍線部a～eを漢字に改めなさい。はっきりと、くずさないで書くこと。

漢字の書き取りというより**「語彙の知識」問題**である。知識事項単体ではなく、**読解や表現において知識を活用できる**ことに意味がある。読解法と解答法によって問題を読み解き、要旨や正解について理解できたら、もう一度本文をじっくりと読み、国語辞典にも親しみ、読解や表現を通して語彙の知識を充実させていこう。とくに本書巻末に掲載した**基幹知識**が用いられている場合には、より深い意味理解に努めよう。

解答 a **接触** b **防衛** c **厳密** d **貢献** e **戯画** （各2点）

発展的考察のために

「現代社会」の「特徴」を論じるということは、「社会は歴史的に変容する」「社会には同時代的な共通性がある」といった前提に立っているということである。言い換えれば、現代社会をある「特徴」によって規定することは、「近代社会」との歴史的な差異（ポストモダン状況）においてその「特徴」を対照的に考察することである。さらにその「特徴」が「消費（社会）」であるとすれば、裏を返せば、「近代社会」は「消費（社会）」という概念では特徴づけられないことを意味している。実際、「消費」の対概念は「生産」であり、周知のように、近代化は様々なイノベーションを伴う産業革命により生産力・生産関係が大きく変容し、「近代資本主義」経済が確立していく過程とされている。この点は「現代の資本主義が消費社会という新しい段階に入った」とする本文の趣旨とも符合する。とすれば、「大衆社会」「高度情報化社会（ICT革命）」「グローバル化社会」「少子高齢化社会」その他、様々な「現代社会の特徴」についても、近代社会との差異を視点とする考察がありうることになる。逆に、「歴史的な差異の乏しい事柄」「人類社会に本質的で普遍的な事柄」を考察することも可能であろう。消費社会論のコンテクストでは、「記号的価値」「差異を表示する記号」は基本的な重要性をもつ。たとえば、スーパーのプライベート・ブランドでは千円までで買えるようなTシャツが、同素材でも有名ブランドのロゴが付くと数万円もすることがある。つまり、「機能」「物質（自然性）」において何ら変わらないモノが、他との「差異を表示（差異化）する」ロゴが付くコトにより、値段が跳ね上がるのである（記号的価値）。そして、そうした「高級ブランドを身につけている〈私〉」という「物語」によって充足される「アイデンティティ」が不断に創出されていくというわけである。人は、フィクション（コト）の消費に飽きることはあっても、生活必需品（モノ）の消費に飽きるわけにはいかない。「記号的価値」がモノの豊かさを基盤としているのだとすれば、人口爆発と食糧危機、環境破壊や戦争などにより「人間の安全保障」が脅かされている「現代」においては、「消費社会」もまた相対化され、モノの消費という面を重視する視点が再浮上してくるのかもしれない。

2 小説の読解法

ここでは、**小説の客観的速読法**の基本的な考え方（方法論）を説明する。

現代文の入試問題で正解を書き、あるいは選ぶためには、まず本文の客観的な読解に基づくことが前提となる。これは当然である。ただ、**FAQ** A2 でも触れたが、小説に関しては抵抗を感じる人もいるであろう。その多くは、文学作品に対しては読者それぞれの「想像」や「解釈」があるという思いによるものであろう。

文学作品は読者の想像力に訴える。作者が書き、読者が想像力を働かせて読むことで、真の「作品」が完成する。あるいは、文学的創造は書き手と読み手の共同作業による……等々。こうした見解には説得力がある。

それでも、読者が本文の表現を見落とし、あるいは十分踏まえず、その欠落を「想像力」で補い、本文表現と相いれない恣意的な「解釈」をするなら、それは粗雑な読みに起因した誤読と言わざるをえない。

また、「翻訳は原理的に不可能である」と言われるのと同程度の厳格さで、「解釈は解釈する各人の主観でしかない」などとは言えても、出題者が「説明せよ」と求める次元に身を置けば、「悲しかった」という本文表現を踏まえて「喜び」を正解にはできないし、「悲哀」を不正解にできないのも当然であろう。

大学入試の出題者を信頼するのであれば、「小説に正解はありうるか」といった議論は不毛である。ここでいう「正しさ」とは本文との合致であり、合致の正否判定は客観的基準による以外ない。したがって、小説においても本文の客観的な読解に基づいてのみ問題に正解しうることになる。たとえ小説であっても、というよりむしろ**小説＝言語芸術であればこそ**、論理的な文章以上に、作者による**「言語表現を尊重した読み方」（客観的読解法）が要求される**のである。（念のため付記するが、小説を読みつつ想像を巡らす自由や意義を否定しているのではない。それらは「正解」を問うべき事柄ではなく、実際問われない、ということである。）

小説読解でのマーキング1　――心情表現

小説問題では、「どのような心情か説明せよ」「気持ちの説明として最も適当なものを選べ」というように、心情説明を求める設問がきわめて多い。また、一見したところ心情説明問題とは思えない「なぜそのようにしたのか」などという設問であっても、それが「論拠」や「原因」ではなく、「動機」を問うているのであれば、たとえば「本心を悟られるのが恥ずかしかったから。」など、結局は心情を説明することが解答となる。**設問の多くは心情理解を問うている**ということは、小説問題の通例である。

論理的文章では「要旨」の構成要素となりうる箇所が本文中のキーワード、キーセンテンスであった。小説では何がキーワード、キーセンテンスとなるのであろうか。多くの設問で「心情」が問われるのであるから、結果的には「心情表現」が本文中で最も重要となるには違いないが、その意味をはっきりとさせておこう。

よく知られた古今和歌集「仮名序」の冒頭に「やまと歌は、人の心を種として、よろづの言の葉とぞなれりける」とある。また、日本近代文学の黎明（れいめい）期に坪内逍遥（しょうよう）は『小説神髄』で「小説の主脳は人情なり」と論じた。多くの文学作品が「人の心」「人情」、すなわち心情の描写を主眼とする。したがって、小説の読解を問う設問では主に心情理解が問われるのである。**心情表現のマーキングは、小説読解の基本中の基本**である。

心情表現について、さらに考えよう。小説では、特定の立場からの、あるいは、特定の人物を中心としての、語り方・描かれ方が問題となる（「視点」「焦点化」という）。とりわけ、特定の人物の視点・知覚から語られることが多い。その点を踏まえて心情説明や表現説明の問題を解くことになる。そこで、心情表現のマーキングに際して、**「これは誰の心情表現なのか」について、最低限の区別をする**ようにしよう。**基礎講義6「心情・表現説明型設問の解答法」**でも説明するが、今後は大学入試問題でも一般的に採用されている「主人公」と「他の人物（主人公以外の登場人物）」という語を用いて解説していく。

小説本文に「（主人公は）悲しんだ」とあれば、その「悲しんだ」という心情表現を、後々設問解答時にすぐ確認できるように、「悲しんだ」とマーキングしよう。きれいに囲もうとせず、目立てばよいので、試験中の読解作業としてストレスがないように「さっとマルを打つ」という感じでよい。一方、「（他の人物は）顔を赤らめた」とあれば、**主人公の心情表現と他の人物の心情表現は区別**して、「顔を赤らめた」のようにマーキングしよう。こちらも「さっとサンカクを打つ」という感じでよい。もちろんマルやサンカク自体が大事なのではなく、区別することと目立たせることが目的である。マークの種類を自分なりに変えてもらっても問題はない。なお、他の人物は何人いても、同じ「サンカク」でよい。

小説読解でのマーキング2　――人物像とシチュエイション

小説は「作品」すなわち創作物である。小説は言語芸術として、きわめて精巧に作り込まれている。したがって、そこに書かれてあることは、一見どんなに些細なことのようでも、そのように**書かれるべき必然性**がある。我々の生活する現実では雨が降ってきたとしても、単なる自然現象である。つまり、偶然である。しかし、小説中のある場面で「雨が降ってきた」と書かれているなら、それは**作者の意図・目的**によって、自然現象として人為的に描かれたのである。雨を降らせる必要があった、と言ってもよい。登場人物は足早に歩き、躓（つまず）いて誰かに助けられるかもしれないし、雨宿りをしようと立ち止まったところで、偶然何かを目撃するかもしれない。またあるいは、雨は主人公の急な心の乱れを象徴しているかもしれない。小説に書かれていることには書かれるべき必然性がある。（さらに、書かれていないということにも、単に書く必要がないだけではなく、読者の想像を妨げないようにあえて書かないといった意図・必然性がある。）

　このように考えると、作者による言語表現を尊重する客観的読解法の意義がより理解できるであろう。ただ、試験中の読解時にあらゆることを注視してはいられないので、とくに設問として問われない限り、基本的な事柄として**「登場人物像（キャラクターの設定・造形）」と「シチュエイション（時と場・人物間の関係性の設定）」を表す描写に絞ってマーキングしておく**。作業そのものは、具体的には**傍線を引くだけ**であるから、ストレスは少ない。なお、心情表現は最重要事項であるが、すでに他のマーキング法を用いると説明済みである。「心情表現」は、人物たちの刻一刻と推移するその都度の心情を表すので、極力見落とすことなく、すべてマークするように努めよう。これに対して、「人物像とシチュエイション」は、たとえば、「彼は中学校で数学を教えていた」（人物像・職業）とか、「戦争の足音が忍び寄っていたころ」（シチュエイション・時）とか、「彼女は彼の従妹（いとこ）であった」（シチュエイション・関係性）など、通常はその後も継続する事柄が多いので、マーキングは原則として初出・新情報のみの一回でよい。また、作品理解に最低限必要な主人公の人物像や基本的シチュエイションは、**リード文（前書き）や語注**の形で出題者によって提示されることが多い。これらは、出題者が読解上・解答上必要と見て補足しているのであるから、見落とさないようにしよう。

小説の客観的速読法一覧（二種）

1　登場人物の心情表現

▼小説読解上の最重要事項である**登場人物の心情表現**をその都度もれなくマーキングする。

▼主人公と他の人物とで**心情表現を区別**してマーキングする。
（主人公の心情表現・他の人物の心情表現）

・**心情表現の種類と事例**

感情（驚いた・悲しむ　など）
主観（思った・感じた　など）
表情（目を見張る・泣いた　など）
口調（不服そうに言った・怒鳴った　など）
態度（もじもじと・身震いして　など）

作業例　私は自分のしたことの結果に驚き、これから起こるであろうことに恐れを抱いた。

作業例　彼女は彼の仕事ぶりに目を見張り、やがて満足げにうなずいた。

作業例　「貴方（あなた）の言い方がどうしても気になるの」と妻は意を決したように言った。

2　人物像とシチュエイションの表現

▼**登場人物像の描写**を新情報のみマーキングする。
▼**シチュエイションの描写**を新情報のみマーキングする。

・**人物像の種類と事例**
年齢・性別・職業（少女・老人・新卒者・医師　など）
健康状態（病気がち・血色のよい　など）＊短期的なものは除く
能力・才能（金銭勘定が苦手で・語学に秀でた　など）
性格（気の強そうな・めずらしく怒って　など）

・**シチュエイションの種類と事例**
時と場（昭和の末年・静岡の実家で・外地から復員し　など）
家庭環境（祖母と弟との三人暮らし・父親は出征し母親も不在がち　など）
人間関係（姉弟・幼馴染・上司・恋人　など）＊心理的な人間関係も含める

作業例　年配の紳士が、いかにも品のよい物腰で私に会釈して話し始めた。（年齢・性別・性格）
作業例　終戦前年の暮れ、疎開先にあっても、粗末になった食糧事情が戦局を物語っていた。（時・場）
作業例　彼とは会社の同期で何かにつけて意識しあっていたが、私の転職後は疎遠になった。（人間関係）

客観的速読法の実践

——ミクロ（マーキング）とマクロ（全体把握）の組み合わせ

小説について、**「客観的な読解法」**の具体的な「読解作業」（マーキング）の面は理解できたであろう。論理的文章の場合と同様に、本文を普通に前から読みながら、「心情表現」「人物像とシチュエイションの表現」を発見したときには、キーワードとなる中心箇所を簡潔にマーキングする。そして、その内容理解を意識して、さらに本文の続きを読み進めていけばよい。この点をもう少し丁寧に説明しておこう。

論理的文章では、専門的、抽象的な主題や語句が小説よりも難しく感じられ、要旨を把握しづらいことも珍しくはない。それに比べると、小説は、ストーリーを追って読むだけであれば、通常は難しくないであろうが、だからこそ分かったと思い込んで誤読する可能性も高まる。しかも、入試問題では小説本文の文章はしばしば論理的文章より長いので、制限時間の中での読解には、やはり困難が伴う。したがって、小説読解における作業と内容把握のポイントを絞り込んでおく必要がある。

小説で全体内容の把握と言えば、「要旨」ではなく、**「梗概（こうがい）」（あらすじ）を土台とした総合的把握**である。梗概は一回通読すれば自然と把握できるので、問題ないであろう。ただ、入試問題は、一つの短編小説全体が採用されることもあるが、通常は「小説の一節」だけである。原則として未知の作品を、突然途中から読むことになるので、情報不足で意味不明となる。そこで**出題者が本文の読解と設問の解答に必要な情報をリード文や語注で補ってくる**ことが多い。これを見落としたり無視したりすると、読めず、解けないという結果になりかねない。制限時間（多くは10分程度）内に、**リード文や語注**も必要に応じてマーキングしつつ、全体をつかむためにストーリーを追って一回通読する。なお、リード文で作品タイトルが明示されている場合、その**タイトルが作品においてもつ象徴性**なども意識して読むとよい。「蜘蛛の糸」は単なる自然物質の名称ではない。

リード文の確認時や通読の初めに、**「主人公」**を明確にしよう。心情表現のマーキングを他の人物と区別する必要があり、先述の「誰の視点から語っているのか」という問題もある。多くは最初に紹介される人物が（一人称「私」なども含めて）主人公である。また、ある人物が「兄」と表現され、誰の視点からかを考えれば、主人公は弟か妹になる。ただし、「私は彼女がその兄とともに訪ねてくると思っていた。」などとあれば、主人公は「彼女」ではなく「私」である。

主人公が明確になったら、通読しながら、**客観的速読法を用いて「心情表現」と「人物像とシチュエイションの表現」とをマーキングしていく**。**主人公が一人称タイプか三人称タイプか**にも注意しよう。マーキング内容にはとくに注意して読んでいこう。

さらに、小説・物語についての大きな問題の一つに**「時間」もしくは「順序」**の問題がある。「過去→現在（→未来）」という直線的な時系列とは異なる、たとえば、回想場面の挿入、夢想や手紙の内容、小説中の小説（主人公の書いた小説原稿の引用など）、語り手の現在と語られている内容の現在的描写の混在……等々の問題である。これも、設問として問われたときは精密に考えて解く必要があるが、それは**基礎講義6「心情・表現説明型設問の解答法」**で解説する。通読中にそれらの問題を一つひとつ考慮することは時間的に不可能であるから、読解段階では、**回想場面などの挿入されている箇所に注意する**（挿入場面の始まりと終わりの行間に小さな∨マークなどを付けておくとよい）ことと、地の文中での現在形の使用について、**語り手が語っている今なのか、語られている場面の内容を現在形で描写しているのか、なるべく区別して読む**ようにすることを考慮する。いずれも無理せず分かる範囲でよい。後者で言えば、「私は思わず彼を叱りつけた。その点は、悪かったと思っている」（語り手の現在）や、「二十年以上昔のことだった。大型車が突っ込んでくるのが見えているのに、彼は足がすくんで逃げられない……」（語られている内容の現在的描写）のように、比較的に気づきやすいケースで意識できればよい。次頁に小説の客観的速読法の過程をまとめる。

本文読解プロセスの実際　――マーキング作業（ミクロ）と全体の把握（マクロ）

以下は、入試本番中の約10分間で、実際に四五〇〇字程度の小説問題の本文を冒頭から読み始めるという前提で、読解プロセスの実際をまとめたものである。

小説の読解プロセスと注意点

▼リード文（読解途中では語注）で、「タイトル」も含めて出題者からの情報を十分に踏まえる
▼主人公は誰か、主人公は一人称か三人称かを明確にする
▼誰の視点から語られているのか（主人公中心が多いが、ときに語り手や他の人物の視点がある）
▼「心情表現」と「人物像とシチュエイションの表現」をマーキングしつつ読み進める
・主人公と他の人物とで、マーキング法を区別する
・「人物像とシチュエイションの表現」は新情報のみマーキングする
▼時間の問題に注意して読む
・「回想場面」や「物語中の物語」の挿入などは、その範囲になるべく⋁マークなどを付しておく
・「語り手の現在」なのか「語られている内容の現在的描写」なのか、なるべく意識しておく
▼ストーリーを追いつつ、最後まで時間内で読み切る

最後に、次頁で小説の客観的速読法について、読解作業と全体把握のイメージを例文とともに図示する。

小説　読解作業（ミクロ）と全体把握（マクロ）のサンプルイメージ

その日、克（かつし）はまだ暗いうちから樹（いつき）や智（さとる）を起こさないようにそっと起き出し、昨夜のうちに準備しておいた釣り道具一式をリュックとともに両肩に提げて家を出た。春はまだ浅く、自転車のペダルを踏むたびに夜明け前の冷気が肌に刺さったが、むしろ気分は高揚し、頬のほてりすら感じられた。

▼主人公の心情表現（ように）　▼主人公の心情表現（高揚）　▼主人公の心情表現（感じ）

←登場人物三名と主人公の明示

←主人公の視点からの語り

前日兄二人が笑いながら投げつけてきたセリフが今も克の耳に聞こえている。

「あの公園の池に魚なんかいるわけないだろ」

「そんなことより、お前朝四時に起きれんのかよ」

それで釣行への誘いは断念したが、決意はむしろ固まった。

▼回想の始点　▼他の人物の心情表現（笑い）　▼現在形の使用　▼主人公の心情表現（聞こえ）　▼主人公の心情表現（断念・決意）　▼回想の終点

←回想の挿入

家から目指す公園までのちょうど中間あたりで勾配がきつくなり、自転車を押さねばならなくなった。両肩の荷物も重く身に食い込んでくる。重い……聖書の物語に十字架を背負ってあったかな……重いな。ハンドルを前方へと押しながら黙々と歩む単調さに、意識はいつか水面（みなも）を浮き沈みするかのようにとりとめなくなっていた。と、そのとき、何かが視界の隅で動いた。青白く光っている、何かの先に、人影があった。

それは、光る首輪をつけた犬を連れている、背の高い女であった。

▼現在形の使用　▼主人公の心情表現（とりとめなく）　▼人物像

←場面（時間）の現状復帰

←主人公の内面のリアルな描写・現在形

←他の人物の登場・ストーリーの進行

例題
1-3 小説の読解実践

客観的速読法を用いた小説の読解を実践し、マーキングの重要性と有効性を確認しよう。

小川洋子『ことり』(東北大)

時間 30分

次の文章は、唯一の肉親であった兄を亡くした「小父(おじ)さん」の日々を描いている。兄は鳥のさえずりのような言葉を操る存在であり、その言葉を正しく理解できたのは「小父さん」だけだった。兄の死後、「小父さん」は、兄とともに小鳥を見に通っていた幼稚園の鳥小屋の掃除を定期的に行っていた。文章を読んで問いに答えよ。

鳥小屋の掃除に幼稚園へ通う以外の時間、小父さんはしばしば図書館で過ごした。公民館の二階にある、1こぢんまりした分館だった。借りるのは例外なく鳥にまつわる本で、図鑑や写真集や科学書はもちろん、わずかでも鳥に関わりのあるものを探しては順番に読んでいった。案外、借りるべき本は尽きなかった。野鳥の写真を撮影する方法を解説した指南書もあれば、色変わりしたコキンチョウの交配に生涯をかけたある小学校教師の伝記もある。ヨウムに言葉を理解させる研究レポートもあれば、白鳥に乗って旅をする少年のおとぎ話もある。孔雀(くじゃく)公園の飼育員、独房で文鳥を友とした死刑囚、密猟者、鳩(はと)料理専門店のシェフ、鳥の鳴き真似を得意とする口笛演奏家……。登場人物は多彩だった。

小父さんが立ち寄る時間帯、分館は空いていた。カウンターの向こう側に司書が一人、絵本コーナーの丸いテーブルに子供が二、三人、あとは書棚の陰に幾人かが見え隠れしているだけだった。天井は高く、蛍光灯の光は弱々しく、床は所々軋(きし)んで切ない音を立てた。南向きの窓には用水路に沿って延びる遊歩道の緑が映っていた。掲示板に張られた新着図書到着の案内も、本の背表紙の分類シールもどことなく黄ばんでいた。

いつしか小父さんは書棚の前に立ち、背表紙に目を走らせるだけで、求める本をパッと見つけることができるようになっていた。それを読みたいか読みたくないかは問題ではなく、大事なのはただ一点、鳥がいるかいないかだけだった。たとえそこに『鳥』の一文字がなかろうと、鳥とはどんなにかけ離れたタイトルであろうと、小父さんの目は誤魔化せなかった。本の奥深くに潜むさえずりがページの隙間から染み出してくるのを、小父さんの耳は漏らさず捕らえた。その一冊を抜き取り、ページをめくると、案の定そこには鳥の姿があった。分館に収蔵されて以来まだ誰の目にも触れていないページに、長く身を隠していた鳥たちは、ア「やれやれ」といった様子で、小父さんの手の中でようやく翼を広げるのだった。

「いつも、小鳥の本ばかり、お借りになるんですね」

ある日、新しく借りる本をカウンターに置いた時、突然司書から声を掛けられ、イ小父さんは狼狽(ろうばい)した。貸し出しカードを手にしたまま、しばらく声の主に視線を向けられなかった。

「ほら、今日の本もそう。『空に描く暗号』」

司書は本を受け取り、タイトルを読み上げた。

「渡り鳥についての本でしょう?」

その時初めて小父さんは司書の顔を見た。幾度となく分館に来ていながら、司書を意識したことなどなく、目の前の彼女とこれまでに何度くらい顔を合わせているのか、見当もつかなかった。しかし少なくとも彼女が、小父さんの読書の傾向を正しく把握しているのは間違いなかった。

「はい……」

仕方なく小父さんはうなずいた。自分が選ぶ本に気を配っている人間がいようとは思いもせず、不意打ちをかけられたようで気後れ[2]がした。

「ごめんなさい。別に利用者の方の借り出し状況をいちいちチェックしているわけじゃないんです」

小父さんの動揺を見透かすように彼女は言った。

「ただ、ここまで一貫している方はそういらっしゃらないので、何と言うか、とても圧倒されているんです」

彼女は『空に描く暗号』の表紙を撫(な)で、それから上目遣いにはにかんだ笑みを浮かべた。

思いがけず若い娘だった。若すぎると言ってもいいほどだった。ふっくらとした頬にはまだあどけなさが残り、首はか細く、化粧気のない唇は潤んでつやつやしていた。短く切り揃(そろ)えられた髪は襟元で跳ね、無造作にめくり上げた事務服の袖口からは、白い手首がのぞいていた。

「ここに座っているとどうしても、誰がどんな本を借りるのかつい気に掛けてしまうんです。立派な老紳士が『不思議の国のアリス・お菓子大事典』をリクエストしたり、小学生の男の子がギリシャ哲学のシリーズを読破したり……。新着図書が到着すると、この本は誰の好みか、誰に相応(ふさわ)しいか、勝手に思い浮かべます。たまにその予想がぴったり命中すると、自分が善い行いをしたみたいな気分になるんです。そしてある時気がつきました。この人は鳥に関わりのある本しか借りない、って」

まるでそれが素晴らしい発見であるかのような口調で、彼女は言った。小父さんはただあいまいに、「ええ、まあ……」と応じるしかなかった。

「一体どこまで鳥の法則[ウ]は続くのだろうかと、ずっとどきどきしていました」

そう話しながら司書は、小父さんの手から貸し出しカードを受け取り、ノートに書名と分類記号と利用者番号を記入した。几帳面(きちょうめん)で綺麗(きれい)な字だった。

「一見、鳥と無関係な本だと、ちょっと心配になるんです。だから返却された時、そっとページをめくって、鳥を探します。見つけられた時は、なぜかほっとするんです」

外見の幼さとは裏腹に、彼女の声にはあたりの静けさを乱さない落ち着きがあった。絵本コーナーの子供たちはいつの間にかいなくなり、他の人たちは皆書棚の間に隠れて姿が見えなかった。彼女がなかなか『空に描く暗号』を手渡してくれないせいで、小父さんはカウンターの前に立っているよりほか、どうしようもなかった。

「でも、今日は心配ありませんね。渡り鳥の本だって、はっきりしていますから」

ようやく彼女は本の上にカードを載せ、小父さんに差し出した。どう反応していいか分からないまま、彼は黙ってそれを受け取った。

「ね、小鳥の小父さん」

と、司書は言った。あなたは小鳥の小父さんなのだから、そう呼んだまでです、とでもいうような素直な微笑が口元からこぼれていた。思わず小父さんは「えっ」と短い声を上げた。

「幼稚園の子供たちは皆、そう呼んでいますものね」

小さくうなずいたあと、小父さんはズボンのポケットにカードを突っ込み、本を脇に挟んだ。

「返却は二週間後です」

そう言う司書の声を背中に聞きつつ、小父さんは分館を後にした。

帰り道、日曜日で閉まっている青空薬局の、入口に引かれた白いカーテンの隙間から何気なく中を覗(のぞ)き、*ポーポーが姿を消しているのに気づいた。小父さんは自転車を止め、もう一度よく確かめた。やはり、ポーポーの入っていた広口ガラス瓶はどこにもなかった。それがあったはずのレジ脇には、口臭予防のガムが置かれていた。

ポーポーがないだけで、そこは自分の知っている青空薬局とは違う場所のように3よそよそしかった。先代の店主は死に、天井のモビールと小鳥ブローチはもはや跡形もなく、結局ブローチにしてもらえなかったポーポーたちも、飛び立てないまま待ちくたびれて打ち捨てられてしまった。

これで、お兄さんがポーポーのために特別に選ばれた人間であったことが証明されたのだ、と小父さんは自分に言い聞かせた。お兄さんが死んだからこそ、広口ガラス瓶は撤去された。あの中から一本を選ぶ権利がある、唯一の人間がお兄さんだった。ささやかな薬局の片隅で羽を休めていた小鳥たちを、お兄さんは救い出したのだ。お兄さんにしかできないやり方で。

小父さんは再び自転車にまたがり、家路を急いだ。納棺の際、レモンイエローのポーポーをバスケットに納め、金具を閉じた時のパチンという音がよみがえってきた。言語学者の研究室へ向(むか)う汽車の中、終わりなく何度もその金具を開け閉めしていたお兄さんの震える指と、それを黙って見つめていた母親の横顔を思い出した。金具の音は、棺の蓋を閉める音よりもずっと正しく、お兄さんの死を証明していた。

自転車の籠の中で、借りてきたばかりの本がカタカタ鳴っていた。

「返却は二週間後です」

司書の言葉を、小父さんは声に出して言った。

「返却は二週間後です」

ペダルを踏む足に力を込め、もう一度繰り返した。本の立てる音と風の音に自分の声が紛れ、代わりに司書の声が耳元でよみがえってくるのを小父さんは感じた。エ彼女の声をもっとよく聞きたくて、更に力一杯ペダルを踏んだ。

（小川洋子『ことり』による）

（語注）＊ポーポー＝青空薬局で売っていた、包装紙に小鳥の絵が印刷された棒付きキャンディー。「小父さん」の兄は毎週このキャンディーを買い、包装紙がたまると貼り合わせて小鳥の形のブローチを作った。

問1　傍線の箇所1・2・3の意味を文脈に即して簡潔に記せ。

問2　傍線の箇所ア「『やれやれ』といった様子」には、「鳥たち」のどのような「様子」が表れているか。本文の内容に即して四〇字以内で説明せよ。

問3　傍線の箇所イに「小父さんは狼狽した」とあるが、「小父さん」はなぜ「狼狽」したのか。その理由を本文の内容に即して四五字以内で説明せよ。

問4　傍線の箇所ウ「鳥の法則」は何を指しているか。本文の内容をふまえて三〇字以内で説明せよ。

問5　傍線の箇所エ「彼女の声をもっとよく聞きたくて、更に力一杯ペダルを踏んだ」には、「小父さん」のどのような気持ちが表れているか。「小父さん」の心情の変化に着目して七五字以内で説明せよ。

読解作業＋全体把握のプロセス

小説の読解では、全体把握はストーリーの梗概（あらすじ）理解にとどまらず、それを基盤として二種類のマーキング作業を行いながら、主人公と他の人物の心情や人物像、シチュエイション、語りの視点、時間・順序のあり方その他、**きわめて多くの事柄を総合的に把握しつつ読み切ることが求められる。**しかも約10分以内で。だからこその**客観的速読法**である。さっそく実践してみよう。（リード文や語注も含めて「読解」する。）

次の文章は、唯一の肉親であった兄を亡くした（◀人物像とシチュエイション）**「小父さん」**（◀主人公）**の日々を描いている。兄は鳥のさえずりのような言葉を操る存在**（◀人物像）**であり、その言葉を正しく理解できたのは「小父さん」だけだった。**（◀才能・人間関係）**兄の死後、「小父さん」は、兄とともに小鳥を見に通っていた幼稚園の鳥小屋の掃除を定期的に行っていた。**（◀人物像・職業に類すること）**文章を読んで問いに答えよ。**

鳥小屋の掃除に幼稚園へ通う以外の時間、小父さんはしばしば図書館で過ごした。公民館の二階にある、こぢんまり[1]した分館だった。借りるのは例外なく鳥にまつわる本で、図鑑や写真集や科学書はもちろん、わずかでも鳥に関わりのあるものを探しては順番に読んでいった。案外（◀心情表現）、借りるべき本は尽きなかった。野鳥の写真を撮影する方法を解説した指南書もあれば、色変わりしたコキンチョウの交配に生涯をかけたある小学校教師の伝記もある。ヨウムに言葉を理解させる研究レポートもあれば、白鳥に乗って旅をする少年のおとぎ話もある。孔雀（くじゃく）公園の飼育員、独房で文鳥を友とした死刑囚、密猟者、鳩（はと）料理専門店のシェフ、鳥の鳴き真似を得意とする口笛演奏家……。登場人物は多彩だった。

小父さんが立ち寄る時間帯、分館は空いていた。カウンターの向こう側に司書が一人、絵本コーナーの丸いテーブルに子供が二、三人、あとは書棚の陰に幾人かが見え隠れしているだけだった。天井は高く、蛍光灯の光は弱々しく、床は所々軋（きし）んで切ない音を立てた。南向きの窓には用水路に沿って延びる遊歩道の緑が映っていた。掲示板に張られた新着図書到着の案内も、本の背表紙の分類シールもどことなく黄ばんでいた。

　いつしか小父さんは書棚の前に立ち、背表紙に目を走らせるだけで、求める本をパッと見つけることができるようになっていた。（◀人物像・才能）それを読みたいか読みたくないかは問題ではなく、大事なのはただ一点、鳥がいるかいないかだけだった。たとえそこに『鳥』の一文字がなかろうと、鳥とはどんなにかけ離れたタイトルであろうと、小父さんの目は誤魔化せなかった。本の奥深くに潜むさえずりがページの隙間から染み出してくるのを、小父さんの耳は漏らさず捕らえた。その一冊を抜き取り、ページをめくると、案の定そこには鳥の姿があった。分館に収蔵されて以来まだ誰の目にも触れていないページに、長く身を隠していた鳥たちは、ア「やれやれ」といった様子で、小父さんの手の中でようやく翼を広げるのだった。

「いつも、小鳥の本ばかり、お借りになるんですね」

　ある日、新しく借りる本をカウンターに置いた時、突然司書から声を掛けられ、イ小父さんは狼狽した。貸し出しカードを手にしたまま、しばらく声の主に視線を向けられなかった。

「ほら、今日の本もそう。『空に描く暗号』」

　司書は本を受け取り、タイトルを読み上げた。

「渡り鳥についての本でしょう？」

　その時初めて小父さんは司書の顔を見た。（◀疎遠な人間関係（マーキングできなくともよい））幾度となく分館に来ていながら、司書を意識したことなどなく、（◀人間関係・疎遠・無関心）目の前の彼女とこれまでに何度くらい顔を合わせているのか、見当もつかなかった。しかし少なくとも彼女が、小父さんの読書の傾向を正しく把握しているのは間違いなかった。

「はい……」（◀心情とみなしうる）

　仕方なく小父さんはうなずいた。自分が選ぶ本に気を配っている人間がいようとは思いもせず、不意打ちをかけられたようで

[2]気後れがした。
「ごめんなさい。別に利用者の方の借り出し状況をいちいちチェックしているわけじゃないんです」

　小父さんの動揺を見透かすように彼女は言った。

「ただ、ここまで一貫している方はそういらっしゃらないので、何と言うか、とても圧倒されているんです」

　彼女は『空に描く暗号』の表紙を撫(な)で、それから上目遣いにはにかんだ笑みを浮かべた。

　思いがけず若い娘だった。若すぎると言ってもいいほどだった。ふっくらとした頬にはまだあどけなさが残り、首はか細く、化粧気のない唇は潤んでつやつやしていた。短く切り揃えられた髪は襟元で跳ね、無造作にめくり上げた事務服の袖口からは、白い手首がのぞいていた。


（分かりにくければマーキングしなくともよい）

◀人物像・外観描写

「ここに座っているとどうしても、誰がどんな本を借りるのかつい気に掛けてしまうんです。立派な老紳士が『不思議の国のアリス・お菓子大事典』をリクエストしたり、小学生の男の子がギリシャ哲学のシリーズを読破したり……。新着図書が到着すると、この本は誰の好みか、誰に相応(ふさわ)しいか、勝手に思い浮かべます。たまにその予想がぴったり命中すると、自分が善い行いをしたみたいな気分になるんです。そしてある時気がつきました。この人は鳥に関わりのある本しか借りない、って」

　まるでそれが素晴らしい発見であるかのような口調で、彼女は言った。小父さんはただあいまいに、「ええ、まあ……」と応じるしかなかった。

「一体どこまで鳥の法則[ウ]は続くのだろうかと、ずっとどきどきしていました」

　そう話しながら司書は、小父さんの手から貸し出しカードを受け取り、ノートに書名と分類記号と利用者番号を記入した。几帳面で綺麗な字だった。

◀人物像・性格や才能を暗示する

「一見、鳥と無関係な本だと、ちょっと心配になるんです。だから返却された時、そっとページをめくって、鳥を探します。見つけられた時は、なぜかほっとするんです」

外見の幼さとは裏腹に、彼女の声にはあたりの静けさを乱さない落ち着きがあった。絵本コーナーの子供たちはいつの間にかいなくなり、他の人たちは皆書棚の間に隠れて姿が見えなかった。彼女がなかなか『空に描く暗号』を手渡してくれないせいで、小父さんはカウンターの前に立っているよりほか、どうしようもなかった。

▼「当惑」などの心情表現ととりうる

「でも、今日は心配ありませんね。渡り鳥の本だって、はっきりしていますから」

ようやく彼女は本の上にカードを載せ、小父さんに差し出した。どう反応していいか分からないまま、彼は黙ってそれを受け取った。

「ね、小鳥の小父さん」

と、司書は言った。あなたは小鳥の小父さんなのだから、そう呼んだまでです、とでもいうような素直な微笑が口元からこぼれていた。思わず小父さんは「えっ」と短い声を上げた。

「幼稚園の子供たちは皆、そう呼んでいますものね」

▼場面に不在でも登場人物とみる

小さくうなずいたあと、小父さんはズボンのポケットにカードを突っ込み、本を脇に挟んだ。

「返却は二週間後です」

そう言う司書の声を背中に聞きつつ、小父さんは分館を後にした。

前半場面の読解に入る前に、出題者から提供された**リード文の情報を正しく把握**しておこう。（以下、▼箇所は**客観的速読法**のマーキング結果である。原則として、小説では 1・2 の表記は省略する。）

▼**「小父さん」**（主人公、男性、中年以上、幼稚園の鳥小屋の掃除を定期的に行う）……K1

▼**「兄」**（他の人物、男性、亡くなった、鳥のさえずりのような言葉を操る存在）……K2

▼**唯一の肉親であり、小父さんだけが兄の言葉を正しく理解できた**（人間関係・人物像）……K3

これらの情報をもとに本文を読んでみよ、という出題者の意向である。これだけでは「鳥のさえずりのような言葉を操る存在」の意味が具体的にはほとんど分からないが、心配は無用である。それだけが出題者の提示した情報であり、すべての受験者に平等に与えられた「分かりにくさ」であるから、むしろそれがテストの条件なのである。今は、**「小父さんの兄」が特異な「存在」**であり、その**兄と小父さんとの強い絆**が人間関係として示されている（「その言葉を正しく理解できたのは『小父さん』だけだった」）ことが分かればよい。

以上の客観的な情報から、強い絆で結ばれた「唯一の肉親」である兄を亡くした小父さんには**深い喪失感**があると考えられる。これは想像ではなく、**客観的情報に基づく推論**である。推論が続く読解作業によって**新たな客観的根拠を得て裏打ちされれば、正しい判断となる。**裏打ちされなければ、「推測の域を出ない」とみなす。小説本文を客観的速読法でマーキングしつつ読解していく過程とは、このような思考態度を言う。

では、本文前半の図書館の場面に入る。

「鳥にまつわる本」ばかり借りて読むという小父さんの行動は、もちろん常識的には奇妙である。しかし、リード文の情報「（兄の）鳥のさえずりのような言葉を正しく理解できた」「兄とともに小鳥を見に通っていた」「鳥小屋の掃除を定期的に行っていた」などから、小説作品の登場人物としては、むしろ一貫性があって整合的である。しかも、タイトルは『ことり』であるから、明快な人物像であるとさえ言える。**リード文や語注から出題者のメッセージを受けとることの重要性と小説タイトルの象徴性**について、再確認しておきたい。

さて、新しい登場人物「司書（彼女）」が現れ、ストーリーが進行する。

▼**突然司書から声を掛けられ（「いつも、小鳥の本ばかり、お借りになるんですね」）、小父さんは狼狽した**（傍線部中の主人公の心情表現）……K4

▼**初めて小父さんは司書の顔を見た（意識したことなどない）**（人間関係＝疎遠、無関心）……K5

心情表現をマーキングして読む際には、ただ「狼狽した、とある」と捉えるだけにせず、「誰が、何に、なぜ狼狽したのか」というように、**「心情の主体（人物）」と「心情の対象や理由」について、合わせて読み取る**ようにしよう。心情を把握する、あるいは、心情説明の設問を解くとは、そういう情報を明確にすることだからである。現段階では、「小父さんは、顔を見るのも初めての司書から突然話しかけられ、うろたえた（狼狽した）」という程度の理解でもよい。この「初めて」というのは、単なる偶然の「初回」ではない（小説表現の必然性）。他者と会話しない沈黙を前提とする「図書館」でしばしば時間を過ごす孤独な小父さんの人物像、また傍線部イ直前の司書の発言内容（「いつも、小鳥の本ばかり～」）が重要なのは言うまでもない。ここからさらに、後の読解結果も踏まえた「客観的根拠に基づく心情把握」が可能となる。

▼**彼女は小父さんの読書の傾向を正しく把握している**（他の人物の心情表現）……K6

▼**自分が選ぶ本に気を配っている人間がいるとは思わず、不意打ちをかけられたようで気後れした**……K7

以上は、**問3**で問われている心情説明（「狼狽」の理由）となる。**「読解から解答へ」**でさらに解説する。

▼**小父さんの動揺**（ともに主人公の心情表現）……K8

これ以降は、司書が快活に多くを語り、彼女の**心情と人物像**が明らかにされていく。

▼**「一貫している方～とても圧倒されている」と、はにかんだ笑みを浮かべた**……K9

▼**つい気に掛け、「この人は鳥に関わりのある本しか借りない」と気がついた**……K10

▼**どこまで鳥の法則は続くのかどきどきしていた・鳥と無関係な本だと心配になる・鳥を見つけられた時はほっとする**（以上、いずれも他の人物の心情表現）……K11

こうした一連のセリフで、司書自らが自身の心情を話す。一般に、他の人物の心情が、主人公の視点からでは到底推し量ることのできない場合、**会話によって当該人物自身に心情を語らしめる**手法が用いられる。ここでは、司書が小父さんに相当な関心を寄せ、共感を覚えていると率直に告白していることを表している。

一方、司書の人物像も明らかにされていく。

▼**思いがけず若い娘だった。若すぎると言ってもいいほどだった**（主人公の視点からの人物像）……K12

▼**几帳面で綺麗な字だった**（人柄の暗示＝人物像）……K13

▼**外見の幼さとは裏腹に、彼女の声にはあたりの静けさを乱さない落ち着きがあった**（人物像）……K14

これらに加えて、「ふっくらとした頬」「首はか細く、化粧気のない唇は潤んでつやつやしていた」「白い手首」など、司書の容姿などが**主人公の目を通した形で語られている（語りの視点）**。こうした描写は、司書の人物像を読者に伝えるだけではなく、そのように主人公には見えていると読者に伝える働きもする。小父さんの視点＝印象による語りは、本文後半場面（司書に惹かれていく小父さんの心情）への伏線ともなっている。

最後に、

▼**どう反応していいか分からない**（主人公の心情）……K15

という、いまだに戸惑いを残す小父さんに対して、司書は「ね、小鳥の小父さん」と呼びかけ、

▼**素直な微笑が口元からこぼれていた**（他の人物の心情）……K16

という表情（＝心情の客観的描写）を小父さんに示す。小父さんは、驚いて

▼**思わず「えっ」と短い声を上げた**……K17

その意外さ（なぜ知っているのか？）は、読者をもひきつける。もちろん幼稚園の子供たちがそう呼んでいるのを耳にしているからだが、小父さんに対する司書の親しみの情がいっそう伝わるように描かれている。

これで前半場面の読解についての解説を終わり、後半場面（帰り道）の読解に移る。

帰り道、日曜日で閉まっている青空薬局の、入口に引かれた白いカーテンの隙間から何気なく中を覗き、*ポーポーが姿を消しているのに気づいた。小父さんは自転車を止め、もう一度よく確かめた。やはり、ポーポーの入っていた広口ガラス瓶はどこにもなかった。それがあったはずのレジ脇には、口臭予防のガムが置かれていた。

◀語注により、兄との関係性の喪失が理解できる

ポーポーがないだけで、そこは自分の知っている青空薬局とは違う場所のように[3]よそよそしかった。先代の店主は死に、天井のモビールと小鳥ブローチはもはや跡形もなく、結局ブローチにしてもらえなかったポーポーたちも、飛び立てないまま待ちくたびれて打ち捨てられてしまった。

これで、お兄さんがポーポーのために特別に選ばれた人間であったことが証明されたのだ、と小父さんは自分に言い聞かせた。

◀兄の人物像を表している

お兄さんが死んだからこそ、広口ガラス瓶は撤去された。あの中から一本を選ぶ権利がある、唯一の人間がお兄さんだった。ささやかな薬局の片隅で羽を休めていた小鳥たちを、お兄さんは救い出したのだ。お兄さんにしかできないやり方で。

小父さんは再び自転車にまたがり、家路を急いだ。納棺の際、レモンイエローのポーポーをバスケットに納め、金具を閉じた時のパチンという音がよみがえってきた。言語学者の研究室へ向う汽車の中、終わりなく何度もその金具を開け閉めしていたお兄さんの震える指と、それを黙って見つめていた母親の横顔を思い出した。金具の音は、棺の蓋を閉める音よりもずっと正しく、お兄さんの死を証明していた。

◀兄の死を実感する小父さんの心情表現である

自転車の籠の中で、借りてきたばかりの本がカタカタ鳴っていた。

「返却は二週間後です」

司書の言葉を、小父さんは声に出して言った。

「返却は二週間後です」

◀気力の回復を示す表現

ペダルを踏む足に力を込め、もう一度繰り返した。本の立てる音と風の音に自分の声が紛れ、代わりに司書の声が耳元でよみがえってくるのを小父さんは感じた。エ彼女の声をもっとよく聞きたくて、更に力一杯ペダルを踏んだ。

（語注）　＊ポーポー＝青空薬局で売っていた、包装紙に小鳥の絵が印刷された棒付きキャンディー。「小父さん」の兄は毎週このキャンディーを買い、包装紙がたまると貼り合わせて小鳥の形のブローチを作った。

後半場面は、図書館からの帰り道である。「青空薬局」は町中の薬局と分かるが、「ポーポー」は意味不明であるので、出題者による「語注」が付される。「包装紙に小鳥の絵が印刷された」棒付きキャンディーのことであり、兄はその包装紙で「小鳥の形のブローチ」を作ったとある。ここでも「小鳥」が関係している。

本文に戻ると、この「ポーポー」に関連して、

▼**青空薬局の中を覗き、ポーポーが姿を消しているのに気づいた**（主人公の心情）……K18

▼**ポーポーがないだけで、そこはよそよそしかった**（主人公の心情）……K19

と、その不在による疎外感（「よそよそしかった」）が語られ、それと関連付けられる形で、

▼**お兄さんがポーポーのために特別に選ばれた人間であった〜と自分に言い聞かせた**……K20

▼**納棺の際、ポーポーをバスケットに納め、金具を閉じた時のパチンという音がよみがえってきた**……K21

▼**金具の音は、棺の蓋を閉める音よりもずっと正しく、お兄さんの死を証明していた**……K22

のように、兄の存在感と、生前の兄、さらに母親の記憶、そして兄の死の証明という小父さんの現実感が語られる。前述のように、リード文の「唯一の肉親であった兄を亡くした」ことによる、**小父さんの孤独、深い喪失感が語られている**わけである。そして、ここまでの進行直後に、「借りてきたばかりの本」が描写され、「司書の言葉（「返却は二週間後です」）」を、小父さんは声に出して言い、「ペダルを踏む足に力を込め」、もう一度繰り返した、とある。前半場面における司書（彼女）との関連性が明らかにされている。最後に、

▼**司書の声が耳元でよみがえってくるのを小父さんは感じた**……K23

▼**彼女の声をもっとよく聞きたくて、更に力一杯ペダルを踏んだ**……K24

と続き、問題本文が結ばれる。リード文の段階で既に推論された「兄を亡くした深い喪失感」を抱いた小父さんは、その喪失感があればこそ、はじめは狼狽や戸惑いをもたらした「彼女」に対して、惹かれていく自分を感じるのであり、その想いによって新たな「力」を与えられるのである。最終センテンスを傍線部とする**問5**では、「『小父さん』の心情の変化に着目して」と条件づけられている理由が理解できるであろう。

以上で、本文の読解作業と全体の把握の解説を終わる。左記は全体の把握を簡潔にまとめたものである。

全体把握のまとめ

唯一の肉親である兄の、鳥のさえずりのような言葉を理解できたのは小父さんだけであった。その兄を亡くした小父さんは、幼稚園の鳥小屋を掃除する以外では図書館で一人過ごすことがしばしばであった。いつも小鳥の本ばかり借りて読んでいた小父さんは、ある日、突然司書から声を掛けられ、自分の読書傾向を正しく把握されていることが分かり、狼狽した。初めて顔を見た彼女は、若く幼い外観と落ち着きや素直さを備えた女性であった。彼女は「小鳥の小父さん」と微笑みながら呼びかけた。図書館からの帰り道、兄が毎週買っていた、包装紙に小鳥の絵が印刷されたキャンディーのポーポーが青空薬局から姿を消しているのを見て、小父さんは改めて兄の死を実感した。そのとき司書の声が思い出され、小父さんは彼女の声をもっとよく聞きたいと願うのであった。（三五〇字）

読解から解答へ

問1 傍線の箇所1・2・3の意味を文脈に即して簡潔に記せ。

一般的な語句の意味理解を問う設問。基本的には**辞書上の語義が分かるかどうかという知識確認の問題**と見てよい。「文脈に即して」という条件によって、本文だけの特殊な意味づけや比喩解釈を問うているのではない。国語辞典を引くと、しばしば複数の意味・用法が記されているので、「ここではそれらのうちのどの意味か」と問われている。また、辞書の一般的、抽象的な説明をそのまま当てはめるとやや不自然になるので、前後のつながりに合うように表現を適切に修正するよう促されていると考えればよい。

このような語句の知識確認や漢字の書き取り問題では、一つの設問に三〜五の小問が含まれる。それらの傍線箇所は別々であるのに、一つの設問にまとめられている。これは、その設問が論理的文章の論展開や小説のストーリー展開といった、大きな節や場面の「読解」と深くは関わらないことを意味している。このため、本文特有の具体的内容を入れ込んだ解答を書くのは望ましくないので注意しよう。

解答

1 **小さいなりによく整っている様**
2 **ひるむ思い**
3 **冷淡な感じがした（親しみが感じられなかった）**
＊句点の有無は不問とする。

（各5点）

問2　傍線の箇所ア「『やれやれ』といった様子」には、「鳥たち」のどのような「様子」が表れているか。
本文の内容に即して四〇字以内で説明せよ。

「鳥たち」の「『やれやれ』といった様子」という表現は、「鳥」について「やれやれ」という心理的描写を用いている段階ですでに擬人化された表現であるが、さらにこの「鳥たち」は、実際には「鳥にまつわる本」に記載された「鳥」に関する様々な文面のことであるから、そもそも本当の鳥を指すものですらない。本文中に列挙された「借りるべき本」の内容からも、それは明らかである。つまり、ここは「鳥に関わる文面→鳥たち→やれやれ（擬人化）」という二段階の比喩になっているのである。したがって、「長く人目に触れられずにいた鳥たちが、やっと小父さんに見つけられて安堵（あんど）する様子。」といった、**比喩であることを踏まえていない（比喩のままの）説明は、本来であれば、不可となる**はずである。

しかし、設問は「『鳥たち』のどのような『様子』が表れているか」と、あたかも人間のように心情を抱き得る主体が実在し、しかも彼らの「やれやれ」という心情が外面（様子）に表れていることを前提とするかのような問い方をしている。「どのような『様子』が表れているか。」と問われた以上は、原則として解答末尾は、「〜様子。」とせざるを得ない。比喩を回避し、「長く人目に触れていなかった本の鳥に関する文面が、ようやく人に読まれることで目的が果たされた」といった方向で説明すると、「やれやれ」という語のもつ「安心感」や「〜様子。」という文末が解答化できない。他方、「鳥に関する本の文面を読むことで、書かれた鳥たちが安堵したかのように小父さんには感じられている。」などとするのも、解答字数も含めて無理がある。

以上から、この設問は、**比喩表現はそのままに（「本文の内容に即して」）**、ここでの**「やれやれ」という語（感動詞）の表す心情を正しく説明する**ことができるかどうかを問うていると考えるのが妥当である。

解答　**長い間人目に触れず、身を隠していたが、ようやく発見され、解放されて安心する様子。**（四〇字）（12点）

簡易採点基準

・長く（＝長期間の意）（2点）
・誰の目にも触れていない（ところで）／身を隠していた（各1点）
・やっと（＝ようやく・なんとか　など）／見つけられた（各2点）
・安心／解放感（各2点）

問3　傍線の箇所イに「小父さんは狼狽した」とあるが、「小父さん」はなぜ「狼狽」したのか。その理由を本文の内容に即して四五字以内で説明せよ。

小説における理由説明問題では、ほとんどの場合において、論拠や原因ではなく、主体（人物）の心理（動機や意図など）が問われる。本問も設問の実態は最も小説らしい設問、すなわち、**主人公の心情説明問題**であり、**客観的速読法による心情表現のマーキングが有効**である。理由説明問題の一般的な解答法の詳細は、**第2章「論理的解答法」**で解説するので、ここでは解答導出過程の説明は「小父さん」の心理解説に限定しておく。

まず**傍線部イを含む一文の確認**により、小父さんが「狼狽した」、すなわち、「うろたえた」理由は、もちろん「いつも、小鳥の本ばかり、お借りになるんですね」と突然司書から声を掛けられたことが、直接の要因（契機）である（K4）。しかし、「突然司書から～と声を掛けられたから。」などで済ませてしまわないように注意すること。小説問題で人物が抱く心情の理由を説明する際には、「出来事や状況（原因）→傍線部の心情（結果）」といった因果関係で済ませるのではなく、「出来事や状況（原因）→特定の心情→傍線部の心情（結果）」という**心理過程の説明を目指す。**簡単な例示をすれば、「雨で遠足が中止になったから（悲しい）」のではなく、「雨で遠足が中止になり、楽しみにしていた予定を実現できず、残念であったから（悲しい）」という説明である（そもそも「遠足が中止になった」からといって、全員が同様に「悲しむ」とはかぎらない）。本問では、小父さんが「狼狽」する理由として、以下の**出来事・状況・心理過程**が解答要素として見出される。

- **「いつも、小鳥の本ばかり〜」と突然司書から声を掛けられた**……K4
- **初めて小父さんは司書の顔を見た（意識したことなどない）**……K5
- **彼女は小父さんの読書の傾向を正しく把握している（と小父さんには分かった）**……K6
- **自分が選ぶ本に気を配っている人間がいるとは思わず、不意打ちをかけられたようで気後れした**……K7
- **小父さんの動揺（＝「狼狽」）**……K8

これらのキーセンテンスから、傍線部の「狼狽」と同内容なので理由説明には不要な「動揺」と、他の設問と重複する「気後れ」とを除いて、制限字数内でまとめる。簡潔な表現を工夫しないと、十分に要素を解答に盛り込むことは難しい。**大学入試における「表現力」とは、まずは簡潔にまとめる力である。**

解答

（四五字）**小父さんは、意識もしていない司書に、突然読書傾向を言い当てられたことが予想外であったから。**（14点）

簡易採点基準

- 主体「小父さん」の心情（心理的理由）であると明らかであること（1点）
- 突然／司書に話し掛けられた（各2点）
- 司書のことは意識したこともない（＝顔を見たのも初めてであった）（3点）
- 司書は小父さんの読書の傾向を正しく把握して（＝選ぶ本に気を配って）いる（3点）
- 「不意打ちをかけられたようで（気後れがした）」＝予想外であった（3点）

問4 傍線の箇所ウ「鳥の法則」は何を指しているか。本文の内容をふまえて三〇字以内で説明せよ。

この設問は、本文の梗概（あらすじ）を理解しているだけでも、内容的にはほぼ正しく解答できるであろう。主人公の小父さんが「借りるのは例外なく鳥にまつわる本」のみであることを説明できていれば、内容はおおむね正しいと言える。三〇字以内という字数の少なさからしても、多くを説明させる設問ではない。ただ、一般に**「正解答」とは、内容の正しさだけではなく、表現の適切さをも満たす解答である。**とりわけ小説や文学的な随想を本文とする場合には、**比喩解釈や表現の能力**を問うことを主目的とする設問も少なくない。「意味があっていればよい」のではなく、本文に即した正確な解釈と的確な表現を心がけよう。

さて、設問の要求は、「どういうことか」ではなく、「何を指しているか」である。したがって、解答末尾の表現は「〇〇（を指している）。」となり、その「〇〇」は名詞相当語句になる。本文の内容を踏まえて「～小父さんの読書の傾向。」などとすべきである。しかもそれは「（鳥の）法則」であるから、比喩表現の類似性に着眼し、「例外なく」「一貫している」という**本文中の語句をきちんと発見して用いる**のが最も適切である。

解答　**例外なく鳥にまつわる本を借りる、小父さんの一貫した読書傾向。**（三〇字）　（9点）

簡易採点基準

- 小父さんの／読書の傾向（1点・2点）
- 例外がない（＝一貫性がある）の意（3点）
- 鳥にまつわる本を借りる（3点）

問5　傍線の箇所エ「彼女の声をもっとよく聞きたくて、更に力一杯ペダルを踏んだ」には、「小父さん」のどのような気持ちが表れているか。「小父さん」の心情の変化に着目して七五字以内で説明せよ。

小説の設問では心情説明を求めるものが最も多い。そして、**心情（気持ち）は刻一刻と変化する**ものである。したがって、心理変化、心情の推移を問う設問も珍しくはない。本問も『小父さん』の心情の変化に着目して」という条件（＝ヒント）が付されている。そこで、まずは**傍線部エを含む一文を確認し、「変化」後の心情を捉える**ことから始めよう。「彼女の声をもっとよく聞きたくて、（更に力一杯ペダルを踏んだ）」とあるので、「変化」前も、同じ「彼女」に対する心情でなければ、「心情の変化に着目」した説明とは言えない。たとえば、「兄を失った悲しみから、彼女と出会えた喜びへ」というような、相互に無関係な二種の心理を単純に時系列で並べるだけでは、**前半（図書館）と後半（帰り道）という二つの場面の双方で、小父さんの「彼女」に対する心情が語られていることの必然性**が捉えられていない。

彼女を巡っての心情の変化は、**前半と後半のキーセンテンスを対照する**と明白である。

【前半の場面（A）】 K4・K7・K8・K15・K17

（＝彼女の突然の親しげな言動に対して狼狽し、どう接していいか分からず戸惑っている）

【後半の場面（B2）】 K23・K24

（＝彼女の言葉や声を思い出し、彼女の声をもっとよく聞きたくなり、更に力一杯ペダルを踏む）

端的に言えば、**「彼女への戸惑いから、彼女に惹かれる気持ちへ」**という変化である。

次に、小父さんの内面で彼女に対するそのような「変化」が生じたのはなぜか。**心理変化の過程・理由の説明**がなければ、まだ十分に心情を説明したことにはならない。その鍵は、もちろん「兄」と「ポーポー」の件である。それが後半の場面冒頭から語られ、その後で司書に対する思いへとつなげられているからである。

【後半の場面（B1）】 K18・K19・K20・K21・K22

（＝青空薬局にポーポーがなくなっており、「お兄さんの死」を強く意識する＝喪失感・孤独）

以上から、時系列に沿って「A→B1→B2」という心情の変化を説明できる。前述のように、**リード文からの情報**だけでも、「唯一の肉親であった兄を亡くした」主人公の喪失感は推論でき、それを裏付ける形で、後半場面の前段（B1）でポーポーが姿を消した青空薬局の「よそよそしかった」印象や「お兄さんが死んだからこそ」という思いが語られている。そして、その直後で「自転車の籠の中で、借りてきたばかりの本が～」、「司書の言葉を～」と前半につながり、小父さんは「ペダルを踏む足に力を込め」、「更に力一杯ペダルを踏んだ」と結ばれる。**兄を失った小父さんに、彼女への想いという新たな「力」が与えられた**ことになる。

解答

当初は司書の親しげな言動に困惑したが、ポーポーがない青空薬局を見て兄の死を実感したのち、司書へと惹かれる想いで新たな気力が次第に強く生じてくる気持ち。（七五字）（25点）

簡易採点基準

- 前半での心情＝司書（彼女）が内面に踏み込む（＝親密さ　など）／小父さんの狼狽（＝戸惑い）（各3点）
- 後半への心理過程＝青空薬局にポーポーがなくなった／兄の死の実感（喪失感、孤独　など）（各4点）
- 後半での心情＝司書への好意（惹かれる、求める　など）／「力」強さが生まれてくる（各4点）
- 「更に力一杯」というニュアンス＝生じた「力」が増していく、の意（3点）

発展的考察のために

「登場人物（ヒトとはかぎらない）が、何をして、どうなった」という物語の基本構造・要素を本書では「梗概（あらすじ）」と呼び、小説の全体把握の最低限の基盤とした。もちろん「小父さんが図書館で司書と出会い、彼女に惹かれた」などでは問題も解けない。前述のとおり、梗概以外（以上）の諸要素がある。入試を離れれば、「問題」は読者自らが立て、疑問を抱きつつ読み込んでいく。そこでも梗概にとどまると、「二週間後に二人の関係はどうなるか？」などとなるが、たとえば、「本の中の鳥たちとポーポーは似ている。鳥のさえずりのような言葉を話す兄と小鳥の本ばかり借りる小父さんも似ている。では、小父さんと彼女とは？」といった、作品内を掘り下げる読み方もあろう。また、「世界で相互に唯一無二の関係にある存在の一方が失われたとき、他方はどう生きうるのか？」と一般化した、あるいは現実に照らした問い方もできるだろう。いずれにせよ、本文表現の客観的で精緻な読みがあってこその小説の「鑑賞」である。

3 随想の読解法

随想は、柔らかい言葉遣いで書かれており、読みやすいように感じられるかもしれないが、「正しく読解し、問いに正しく答える」ことを目指す限り、実際には最も難度の高い文章ジャンルである。**論理的文章の読解法を基礎として、そのうえに随想の客観的速読法が成り立つ。**より基本的な**基礎講義1**の学習を先に済ませておこう。また、随想の問題が難しいと感じる人は、例題1－4を後に回して**第2章**へと進むとよい。

随想（随筆・エッセイ）というジャンル――その特質と難しさの理由

随想、随筆、エッセイ。「名は体を表す」と言う。随想・随筆の「随」は、「随意（心のまま）」「随行（従い行く）」の「随」であるから、随想・随筆とは、「想い(おも)のまま、筆の向くまま、想いに随(したが)って記された文章」ということになる。また、エッセイという外来語は、英語ではessayと表し、動詞では「試みる」、名詞では「試み」もしくは「小論」などを意味する。つまり、エッセイとは、「試みに論じた文章、試論」であり、たとえば、著名なJ・ロックの『人間知性論』も原題は“An Essay Concerning Human Understanding”つまり「エッセイ」である。「軽い内容の平易な文章」などではない（それでは入試問題に採用されるはずがない）。

それでも、随想・随筆・エッセイには、平易であるような印象を与える何かがある。抽象概念を多用した厳密な論理的文章でもなければ、芸術表現として選び抜かれた言葉で創作される小説でもない。論理的文章では徹底的に結論の真理性が追究され、小説では徹底的に言語芸術の完成度が追求される。しかし、随想・随筆は「想いのままに」記され、エッセイは「試みに」論じられる。つまり、最終的な完成段階ではなく、むしろ**はじまりや途上の段階をあえて記した文章、筆者の着想が保たれている文章**である。したがって、筆者自身にとって未解決な疑問や苦悩なども赤裸々に語られる。読者を説得したり感動を与えたりするというより、**筆者が執筆時点で思うこと、感じること**を率直に語っている。言葉遣いも**「想いに随う」**ので、文章語というより**話し言葉**に近い。抽象概念や漢語より、具体的な和語によることが多く、たとえば、通常は「普遍妥当」「忸怩」と書く筆者も、想いのままであれば「何にでも当てはまる」「恥じ入る」などと書くであろう。そのような言わば語り口が、身近で平易であるかのような印象を与えるのだが、それは内容の平易さを意味しない。

さて、ここからはジャンル名を**「随想」**で統一する。また、一般的な軽い読み物のような、本当に平易な文章も世には多くあろうが、本書では大学入試で採用されるに値する随想に話を限定する。

研究者や芸術家・作家のような、何らかの**専門的な分野の課題・仕事に取り組み続ける筆者**が、未だ論証された結論や作品の結実へと至らない、むしろその入口か過程にあるときの、「ふと思った」という**着想段階の思考**、「一体どうしたら」「それはなぜなのか」といった課題意識や疑問を、なるべく**ありのままに近い形で伝えている文章**が随想である。「I・ニュートンが万有引力を発見したのは、庭のリンゴの木から実が落下するのを見たことによる」という有名なエピソードの真偽は措くとして、物理学・数学に関する思索と論証に明け暮れていたニュートンが、あるとき書斎を離れ、自宅の庭でふとリンゴの木を眺めていて万有引力の着想を得たという類のことは、ありそうなことと思われる。リンゴは機縁の象徴であろう。背景に常日頃からの専門的な思索や真剣な課題意識などがある状態で、日常生活のさなかにふと新たな着想を得れば、それは深化される可能性に満ちている。単なる雑念とは異なり、**随想として記されるべき含蓄がある。**

以下に随想の特質を列挙しよう。

1　専門家・芸術家などの着想（背景に文章主題となる事柄への専門的職業的な深い関心や取り組みがある）

2　日常的文脈のもとで口語的に語られる（着想が生起する現場は日常の具体的な時と場においてである）

3　具体的、比喩的、直観的な文章である（着想は論文とは異なり、抽象的、一般的、論理的ではない）

4　主題や結論がつかみにくい（筆者の想いに随い、一貫性を欠くように見える展開、飛躍がありうる）

こうした特質をより具体的に説明しよう。

まず、「先日、私は学生時代の友人と久しぶりに会って食事をし……」のような、**曖昧な具体性と私的な内容の導入**が多い。正確さや客観性を重視するのであれば、せめて「二〇二四年の三月末に、およそ一五年ぶりに会う」といった程度の情報精度がないといけないであろう。そもそもそうした情報自体、本当に必要なものかどうかも不明である。また、「私は〜」（「僕は〜」）という**自分語り**が随想に多く見られる基本的スタンスである。随想の「想う」主体は言うまでもなく筆者であるが、もし一般的な「論」を記したいのであれば、そう「私」や、まして「僕」などを文章中に多用していては、私的体験や個人の主観をそのまま語っている印象を読者に与えるので、望ましくないはずである。しかし、随想はまさしく「私的体験や個人の主観をそのまま語っている」文章であり、したがって、それでよいのである。

次に、「あのとき何かを見たとは思うが、何であったのか」「私は、その言葉を信じたくなかったのであろうか」のように、論理的文章であれば、客観的速読法 4 （読者の注意を喚起するための疑問詞）や、9 （反語的表現）とみなしうる表現が、随想では、前後関係から見て本当に**単なる疑問の表明**であるということが珍しくはない。表現の工夫として修辞疑問を用いたのではなく、筆者が疑問を抱いているから、その想いに随って、疑問を表明しているだけなのである。このように、一般に随想では論理的文章に比べて**表現の工夫が目立たない**。それはすなわち、**客観的な読解が論理的文章よりも難しい**ということを意味しているのである。なぜなら、本書の**客観的速読法**はもちろんのこと、およそ客観的に読むためには、その文章の筆者自身の表現の仕方に基づいて要点箇所を特定する以外にはないからである。表現する側に、「何としても読者に伝えたい」という意志と努力の跡がなければ、それは難しい。随想は、評論や小説よりも、**読み手の側の理解力を要求する**文章ジャンルであると言えよう。

さらに、「なんだか寂しかった」「と私には思われた」といった主観的、直観的な表現や、「自然は人間の思惑など意に介さず」「枯れ木から新たな芽が吹きだすかのようだ」などの比喩表現が多用される。論理的文章であれば、原則として主張には「論拠」が、比喩には「一般化」が伴うが、随想では**主観的な主張や比喩しか書かれていない**ことも多い。しかもそれらについて、「なぜだと考えられるか、説明せよ」「どういうことか、分かりやすく説明せよ」といった「説明」を求める問いが出題されるので、当然のように難問となる。

以上、この読むにも解くにも難度の高いジャンルに対処するために、**随想の客観的速読法**を修得しよう。

随想の客観的速読法 ——論理的文章の読解法を応用する

前述のように随想は難しい。しかし、試験中の制限時間内で一回だけ通読し、その結果に基づいて問題を解くという条件は他のジャンルと変わらない。とすれば、その条件どおりに本文を通読し、問題を解くことが可能なように作問されているに違いない。適切な方法論による学習努力を行うことで必ず対処できる。

第一に、随想は文学的なものも含めて、小説とは異なり、フィクションではない。論理的な帰結へと至る入口や手前の段階にある、直観的な文章である。いわば、随想は論理的文章の元であり、いずれは論文へと結実する可能性を有するものである。したがって、随想本文の中でも筆者にとって重要な箇所に関しては、**論理的文章の読解法を適用することができる**。とりわけ、「随想」の名のとおり、筆者の想いが語られているので、論理的文章の客観的速読法 8 （筆者の主観・心情表現）は大切にしよう。

第二に、随想の多くは「具体的な文章」であるから、具体的な箇所が必ずしも「具体例」とはかぎらない。また、具体例だとしても、何の具体例で、どこまでが具体例であるのか、判然としないことも多い。したがって、**具体的な本文内容と単なる具体例とを混同しない**ように、論理的文章の客観的速読法 1 （具体例と抽象論・一般論）の適用は慎重に行おう。随想特有の曖昧な箇所では無理をせず、判断を保留して先へと進もう。

第三に、第二と矛盾するかのように、随想でありながら、まれに論理的文章のように硬質な**抽象概念や一般論が記されている箇所**もある。筆者の「想いに随う」ということは、その「想い」が抽象的、一般的なものになれば、表現もまた、随想全体の柔らかい文体にはそぐわなくとも、抽象的、一般的な言葉があえて用いられることになる。たとえば、やや唐突に「相互主観性」という硬い抽象概念や、「そもそも歴史とは〜」のような大きな一般的話題が、あたかも評論のように述べられる。こういう箇所は、随想がやがて論理的文章へと結実しても、内容も表現もほぼ変わらない部分であるから、**随想本文が内蔵している本質的な部分**と見てよいであろう。しかも、こういう箇所の表現は抽象的、一般的であるから、言い換えれば、具体例や比喩ではないから、**解答にそのまま用いることもできる。ぜひともマーキングしておきたい箇所**なのである。

最後に、随想を採用する難関大の入試問題では、前述の「含蓄（本質的部分）」を「なぜだと考えられるか、述べよ」「どういうことか、分かりやすく説明せよ」などと、本文では明示されていない内容や、明示されてはいても「説明」として適切ではない表現（具体例や比喩）について、受験生自身に推論させ、あるいは、適切な表現に置換させる難問が出題される。したがって、随想の本文を通読する際に、「これがもし評論のような論理的文章であれば、どのような『要旨』になるのだろうか？」と、ある程度の**抽象化と推論**を行いつつ読解を進めていくことが望ましい。その際、第三に述べた**「抽象概念や一般論」**が大いに参考になるであろう。

以上について、次に随想の客観的速読法一覧としてまとめておく。

随想の客観的速読法一覧（四種）

1

論理的文章の客観的速読法 1 ～ 12 を用いる

▼ミクロとマクロの組み合わせも含めて、基本的には論理的文章と同じ読解法を採用する。

▼とりわけ 8 **（筆者の主観・心情表現＝随想の「想」）**を重視し、具体例内にあってもマーキングしておく。

2

具体的内容と具体例を区別する

▼ **具体的・比喩的表現で述べられた本文内容**を単なる修辞箇所と混同しない。

▼ 具体例かどうか判別しにくい箇所は無理に（　）で閉じず、判断を留保して先へと読み進める。

3

抽象概念・一般論の箇所をマークする

▼ 具体的で柔らかい表現が基本の本文中で、**硬い抽象概念・大きな一般論**があればマーキングする。

4

本文内容の抽象化・本質的な主題や結論の推論を行いつつ読み進める

▼ 随想に特有の具体的・私的な話題の背後にある、**抽象的・一般的な主題**をくみ取るように努める。

▼ 随想の客観的速読法 3 を活用して、**要旨を推論しつつ読む**。

随想 読解作業（ミクロ）と要旨把握（マクロ）のサンプルイメージ

最近油っこいものを食べるともたれるようになった。（◀曖昧・私的な内容）まあ、年相応に膝は痛むし、小さな文字も読みにくくなったので、何の変哲もない老化現象ではある。ただ、淡泊なものを好むようになったわけではなく、好きなはずの肉や天ぷらを食べるともたれるのが面白くない。老化も変化のひとつ、超然と新たな自分を眺めて楽しむ手もあろうが、好きなことが苦になるのは嫌だ。

← 典型的な随想の書き出し

そういえば、生来散歩好きな私は、膝の痛みや坂道での息切れが煩わしく、めっきり外出が減った。新聞を隅々まで読むたちであったのに、テレビのニュースで済ますことも増えた。このまま〈老いとともに、苦痛を避けようと楽しみを減らしていく〉のか、（◀反語ではなく、随想特有の疑問の表明）〈これ〉はまずいと落ち込みかけたが、（画集を眺めたり邦楽を聴いたりする時間には変わりがないと思い当たった。花卉（かき）にかける手間も変わっていない。）美的感性は年を取ればより洗練される、などとは言わない。美しいと感じるものを求める気持ちは、肉体の衰えや社会的関心の低下に影響を受けないものだと思うのだ。美の無関心性ということであろうか。（◀随想特有の疑問の表明）

← 「具体例中の主観表現」

← 一般論

← 抽象概念

要旨要約

老いとともに、苦痛を避け、楽しみを減らすこともあるが、美しいと感じるものを求める気持ちは老いの影響を受けない。これが美の無関心性ということかもしれない。

例題
1-4

随想の読解実践

武満徹「影絵の鏡（ワヤン・クリット）」（東京大）

時間
30分

随想という最も難度の高いジャンルに客観的速読法を適用し、正確な設問解答へとつなげよう。

次の文章を読んで、後の設問に答えよ。

私がこれまでに作曲した音楽の量は数時間あまりにすぎない。たぶんそれは、私がひととしての意識を所有しはじめてからの時間の総量に比べれば瞬間ともいえるほどに短い。しかもそのなかで他人にも聴いて欲しいと思える作品は僅か数曲なのである。私は、今日までの全ての時間を、この無にも等しい短い時のために費やしたのであろうか。あるいは、私が過ごした時の大半が、宇宙的時間からすれば無にちかい束の間であり、この、惑星のただ一回の自転のために必要な時間にも充たない数時間の作品と、これからの僅かな時が、ひととしての私を定めるのであろうか、などと考えるのであるが、それは、もうどうでも良いことであり、いずれにせよ私がすることなどはたかが知れたことであり、それだから後ろめたい気分にたえず落ちいることもなしにやっても行けるのだろう、と思うのである。

寒気の未だ去らない信州で、棘のように空へ立つ裸形の樹林を歩き、頂を灰褐色の噴煙にかくした火山のそこかしこに雪を残した黒々とした地表を凝視めていると、知的生物として、宇宙そのものと対峙するほどの意識をもつようになった人類も、結局は大きな、眼には感知しえない仕組の内にあるのであり、宇宙の法則の外では一刻として生きることもなるまいと感じられるのである。

生物としての進化の階梯を無限に経て、然し人間は何処へ行きつくのであろうか。

八年程前、ハワイ島のキラウェア火山にのぼり、火口に臨むロッジの横長に切られた窓から、私は家族と友人たち、それに数人の泊り客らとぼんやりと外景を眺めていた。日没時の窓の下に見えるものはただ水蒸気に煙る巨大なクレーターであった。朱の太陽が、灰色の厚いフェルトを敷きつめた雲の涯に消えて闇がたちこめると、クレーターはいっそう深く黯い様相をあらわにしてきた。それは、陽のあるうちは気づかずにいた地の火が、クレーターの遥かな底で星のように輝きはじめたからであった。

誰の仕業であろうか、この地表を穿ちあけられた巨大な火口は、私たちの空想や思考の一切を拒むもののようであった。それはどのような形容をも排けてしまう絶対の力をもっていた。今ふりかえって、あの沈黙に支配された時空とそのなかに在った自分を考えると、そこではア私のひととしての意識は少しも働きはしなかったのである。しかし私は言いしれぬ力によって突き動かされていた。あの時私の意識が働かなかったのではなく、意識は意識それ自体を超える大いなるものにとらえられていたのであろうと思う。私は意識の彼方からやって来るものに眼と耳を向けていた。私は何かを聴いたし、また見たかも知れないのだが、いまそれを記憶してはいない。

その時、同行していた作曲家の*ジョン・ケージが私を呼び、かれは微笑しながら nonsense! と言った。そして日本語で歌うようにバカラシイと言うのだった。そこに居合せた人々はたぶんごく素直な気持でその言葉を受容れていたように思う。

そうなのだ、これはバカラシイことだ。私たちの眼前にあるのは地表にぽっかと空いたひとつの穴にすぎない。それを気むずかしい表情で眺めている私たちはおかしい。人間もおかしければ穴だっておかしい。だが私を含めて人々はケージの言葉をかならずしも否定的な意味で受けとめたのではなかった。またケージはこの沈黙の劇に註解（ちゅうかい）をくわえようとしたのでもない。周囲の空気にかれはただちょっとした振動をあたえたにすぎない。

昨年の暮れから新年にかけて、フランスの学術グループに加わり、インドネシアを旅した。デンパサル（バリ島の中心地）から北西へ四十キロほど離れた小さなヴィレッジへ*ガムランの演奏を聴きに行った夜のことだ。寺院の庭で幾組かのグループが椰子（やし）油を灯（とも）してあちこちで一斉に演奏していた。群衆はうたいながら踊りつづけた。私は独特の香料にむせながら、聴こえてくる響きのなかに身を浸した。そこでは聴くということは困難だ、音の外にあって特定のグループの演奏する音楽を択（えら）ぶことなどはできない。「聴く」ということは（もちろん）だいじなことには違いないのだが、私たちはともすると記憶や知識の範囲でその行為を意味づけようとしがちなのではないか。ほんとうは、聴くということはそうしたことを超える行為であるはずである。それは音の内に在るということで音そのものと化すことなのだろう。

フランスの音楽家たちはエキゾチックなガムランの響きに夢中だった。かれらの感受性にとってそれは途方もない未知の領域から響くものであった。そして驚きのあとにかれらが示した反応は〈これは素晴らしい新資源（ニュー・ソース）だ〉ということだった。私は現地のインドネシアの人々とも、またフランスの音楽家たちとも異なる反応を示す自分を見出（みいだ）していた。私の生活は、バリ島の人々のごとくには、その音楽と分（わか）ちがたく一致することはないだろう。かといってフランスの音楽家のようには、その異質の音源を自分たちの音楽表現の論理へ組みこむことにも熱中しえないだろう。

通訳のベルナール・ワヤンが寺院の隣の庭で*影絵（ワヤン・クリット）が演じられているというので、踊る人々をぬけて石の門をくぐった。急に天が低く感じられたのは、夜の暗さのなかで星が砂礫（されき）のように降りしきって見えたからであった。庭の一隅の、そこだけはなおいっそう夜の気配の濃い片隅で影絵（ワヤン・クリット）は演じられていた。奇異なことに一本の蠟燭（ろうそく）すら点（とも）されていない。影絵（ワヤン・クリット）は精緻に切抜かれた型をスクリーンに映して宗教的な説話を演ずるものである。事実、その後ジャワ島のどの場所で観た影絵（ワヤン・クリット）も灯を用いないものはなかった。私は、演ずる老人のまぢかに寄ってゆき、布で張られたスクリーンに眼をこらした。無論なにも見えはしない。老人の側に廻（まわ）ってみると、かれは地に坐（ざ）し、組まれた膝の前に置かれた多くの型のなかからひとつあるいはふたつを手にとっては呟（つぶや）くように説話を語りながらスクリーンへ翳（かざ）していた。私は通訳のワヤンに訊（たず）ねた、老人は何のためにまた誰のために行（おこ）なっているのか。ワヤンの口を経て老人は、自分自身のためにそして多くの精霊のために星の光を通して宇宙と会話（コレスポンデンス）しているのだと応えた。そして何かを、宇宙からこの世界（ユニヴァース）へ返すのだと言ったらしいのだ。たぶん、これもまたバカラシイことかもしれない。だがその時、私は意識の彼方からやってくるものがあるのを感じた。私は何も現（あら）われはしない小さなスクリーンを眺めつづけた。そして、やがて何かをそこに見出したように思った。

（武満徹「影絵（ワヤン・クリット）の鏡」による）

（語注）＊ジョン・ケージ＝（一九一二〜九二）アメリカの作曲家。

＊ガムラン＝インドネシアの民族音楽。さまざまな銅鑼（どら）や鍵盤打楽器で行われる合奏。

＊影絵（ワヤン・クリット）＝インドネシアの伝統芸能で、人形を用いた影絵芝居。

問1 「私のひととしての意識は少しも働きはしなかったのである」（傍線部ア）とあるが、それはなぜか、説明せよ。
（編集部注：解答欄は135ミリ×8ミリ×二行　五〇字〜六〇字程度）

問2 「周囲の空気にかれはただちょっとした振動をあたえたにすぎない」（傍線部イ）とはどういうことか、説明せよ。
（編集部注：解答欄は135ミリ×8ミリ×二行　五〇字〜六〇字程度）

問3 「かれらが示した反応は〈これは素晴らしい新資源（ニュー・ソース）だ〉ということだった」（傍線部ウ）とはどういうことか、説明せよ。
（編集部注：解答欄は135ミリ×8ミリ×二行　五〇字〜六〇字程度）

問4 「そして、やがて何かをそこに見出したように思った」（傍線部エ）とはどういうことか、説明せよ。
（編集部注：解答欄は135ミリ×8ミリ×二行　五〇字〜六〇字程度）

読解作業＋要旨把握のプロセス

客観的速読法を学習する最後のジャンルである**随想**について、実際に高難度の水準にある大学入試問題を用い、**読解作業の実際とその方法論の有効性**を解説する。

◀典型的な随想の導入・筆者の「自分語り」

私がこれまでに作曲した音楽の量は数時間あまりにすぎない。たぶんそれは、私がひとりとしての意識を所有しはじめてからの時間の総量に比べれば瞬間ともいえるほどに短い。しかもそのなかで他人にも聴いて欲しいと思える作品は僅か数曲なのである。◀1（私は、今日までの全ての時間を、この無にも等しい短い時のために費やしたのであろうか。あるいは、私が過ごした時の大半が、宇宙的時間からすれば無にちかい束(つか)の間であり、この、惑星のただ一回の自転のために必要な時間にも充(み)たない数時間の作品と、これからの僅かな時が、ひとりとしての私を定めるのであろうか、などと考える）のであるが◀10、それは、もうどうでも良いことであり、いずれにせよ私がすることなどはたかが知れたことであり、それだから後ろめたい気分にたえず落ちいることもなしにやっても行けるのだろう、と思う◀8のである。

◀具体例内でも筆者の主観・心情表現はマーク（8・1）

寒気の未(いま)だ去らない信州で、棘(とげ)のように空へ立つ裸形の樹林を歩き、頂を灰褐色の噴煙にかくした火山のそこかしこに雪を残した黒々とした地表を凝視(みつ)めていると、知的生物として、宇宙そのものと対峙するほどの意識をもつようになった人類も◀3、結局は◀6大きな、眼(め)には感知しえない仕組の内にあるのであり、宇宙の法則の外では一刻として生きることもなるまいと感じられる◀8のである。

生物としての進化の階梯(かいてい)を無限に経て、然し◀10人間は何処へ行きつくのであろうか。

◀修辞疑問ではなく、本当の疑問である

◀随想特有の、私的な具体的コンテクスト

八年程前、ハワイ島のキラウェア火山にのぼり、火口に臨むロッジの横長に切られた窓から、私は家族と友人たち、それに数人の泊り客らとぼんやりと◀8外景を眺めていた。日没時の窓の下に見えるものはただ水蒸気に煙る巨大なクレーターであった。

朱の太陽が、灰色の厚いフェルトを敷きつめた雲の涯(はて)に消えて闇がたちこめると、クレーターはいっそう深く黯(くら)い様相をあらわにしてきた。それは、陽のあるうちは気づかずにいた地の火が、クレーターの遥(はる)かな底で星のように輝きはじめたからであった。誰の仕業であろうか、この地表を穿(うが)ちあけられた巨大な火口は、（私たちの空想や思考の一切を拒むもののようであった。）それはどのような形容をも排(しりぞ)けてしまう絶対の力をもっていた。今ふりかえって、あの〈沈黙に支配された時空〉とそのなかに在った自分を考えると、〈そこ〉では私のひととしての意識は少しも働きはしなかったのである。しかし私は言いしれぬ力によって突き動かされていた。あの時私の意識が働かなかったのではなく、意識は意識それ自体を超える大いなるものにとらえられていたのであろうと思う。私は意識の彼方(かなた)からやって来るものに眼と耳を向けていた。私は何かを聴いたし、また見たかも知れないのだが、いまそれを記憶してはいない。

◀筆者自身の疑問の表現である

◀随想らしい、筆者の現在の想いのままの表現

その時、同行していた作曲家の*ジョン・ケージが私を呼び、かれは微笑しながら〈nonsense！と言った。そして日本語で歌うようにバカラシイと言う〉のだった。そこに居合せた人々はたぶんごく素直な気持で〈その〉言葉を受容(うけい)れていたように思う。そうなのだ、これはバカラシイことだ。私たちの〈眼前にあるのは地表にぽかっと空いたひとつの穴〉にすぎない。〈それ〉を気むずかしい表情で眺めている私たちはおかしい。人間もおかしければ穴だっておかしい。だが私を含めて人々はケージの言葉をかならずしも否定的な意味で受けとめたのではなかった。またケージはこの沈黙の劇に註解(ちゅうかい)をくわえようとしたのでもない。周囲の空気にかれはただちょっとした振動をあたえたにすぎない。

まず、随想らしく、**筆者の私的な話題**で始まり、筆者が作曲した作品の時間総量の短さなどについて、

▼**自分がすることなどたかが知れたことであり、だから後ろめたい気分にたえず落ちいることもなしにやって行けるのだろう**……K1

「と思うのである」という主観 8 が語られる。直前に 1 に該当する具体例はあるが、「どうでも良いこと」と

して一般化はされない。次段落で「寒気の未だ去らない信州」の「樹林を歩き」と、随想に典型的な、**時と場の具体的コンテクスト**が記された直後で、随想の客観的速読法 [3]（大きな一般論）と、[6]「結局は」・[8] により、

▼**知的生物として、宇宙と対峙するほどの意識をもつようになった人類も、眼には感知しえない仕組の内にあり、宇宙の法則の外では一刻として生きることもなるまい**……K2

というキーセンテンスがマーキングできる。改行後、論理的文章であれば [4]（修辞疑問）とみなされる表現があるが、ここは随想らしく**疑問を疑問のままに述べている**と考えられるので、マーキングはしなくてよい。

　そして、「八年程前」「ハワイ島のキラウェア火山にのぼり」と、ここでも私的な時と場の具体的コンテクストで（抽象化や一般化を経ないままに）語られる。[1] と随想の客観的速読法 [3]（抽象概念）により、

▼**巨大な火口のもつ、いかなる形容も排けてしまう絶対の力**……K3

というキーワードをマーキングする。その直後に「今ふりかえって、〜考えると」という、**随想では最も重要な筆者の主観** [8] と、傍線部アを含む一文中の指示語「そこでは」とから、

▼**沈黙に支配された時空では、そのなかに在った自分のひととしての意識は少しも働かなかった**……K4

という、第二段落中の K2 と直接つながるキーセンテンスが確認できる。さらに、[10]・[2]・[8] により、

▼**意識は意識それ自体を超える大いなるものにとらえられていた**……K5

とマーキングでき、筆者の主張の本質的な部分が抽出できる。傍線部アの**設問解答の主要素を獲得した。**

　さて、「その時」、キラウェア火山に「同行していた作曲家のジョン・ケージ」という有名な音楽家が登場し、ケージはその場の状況に対して「nonsense !」「バカラシイ」と言う。[8] により、

▼**居合せた人々はごく素直な気持で〈バカラシイ〉というケージの言葉を受容れていた**……K6

という説明を踏まえ、さらに 8 「おかしい」により、

▼**眼前にある地表に空いたひとつの穴を気むずかしい表情で眺めている筆者たちはおかしい**……K7

についてもマーキングはするが、その直後に逆接 10・2 によって、

▼**〈バカラシイ〉というケージの言葉は、周囲の空気（＝筆者たちの心理状況）に若干の振動（＝動揺・変化）をあたえたにすぎない**……K8

という、より重要なキーセンテンス（＝傍線部イ）が確認され、前半の節が結ばれる。「nonsense !」「バカラシイ」と言われたのに、人々が「否定的な意味で受けとめ」ないのは、**筆者たちの「沈黙」とケージの「nonsense !」「バカラシイ」とが矛盾しない**からである。言語化できず「沈黙」するほかないことに対して、「意味づけ」不可能＝「nonsense !」という「ちょっとした振動」がもたらされたのである。後半の節へと進もう。

昨年の暮れから新年にかけて、フランスの学術グループに加わり、インドネシアを旅した。デンパサル（バリ島の中心地）から北西へ四十キロほど離れた小さなヴィレッジへ*ガムランの演奏を聴きに行った夜のことだ。寺院の庭で幾組かのグループが椰子油（やし）を灯して（とも）あちこちで一斉に演奏していた。群衆はうたいながら踊りつづけた。私は独特の香料にむせながら、聴こえてくる響きのなかに身を浸した。そこでは聴くということは困難だ、音の外にあって特定のグループの演奏する音楽を択ぶ（えら）ことなどは◀2できない。〈「聴く」〉ということは◀5（もちろん）だいじなことには違いないのだ◀5・10が、私たちはともすると記憶や知識の範囲で〈その〉行為を意味づけようとしがちな◀9のではないか。◀7ほんとうは、聴くということはそうしたことを◀2超える行為であるはずである。それは音の内に在るということで音そのものと化すことなのだろう。

〈フランスの音楽家たち〉はエキゾチックなガムランの響きに夢中だった。かれらの感受性にとってそれは途方もない未知の領

域から響くものであった。そして驚きのあとに〈かれら〉が示した反応は〈これは素晴らしい新資源だ〉ということだった。私は現地のインドネシアの人々とも、またフランスの音楽家たちとも異なる反応を示す自分を見出していた。私の生活は、バリ島の人々のごとくには、その音楽と分ちがたく一致することはないだろう。かといってフランスの音楽家のようには、その異質の音源を自分たちの音楽表現の論理へ組みこむことにも熱中しえないだろう。

　通訳のベルナール・ワヤンが寺院の隣の庭で＊影絵が演じられているというので、踊る人々をぬけて石の門をくぐった。急に天が低く感じられたのは、夜の暗さのなかで星が砂礫のように降りしきって見えたからであった。庭の一隅の、そこだけはなおいっそう夜の気配の濃い片隅で影絵は演じられていた。奇異なことに一本の蝋燭すら点されていない。影絵は精緻に切抜かれた型をスクリーンに映して宗教的な説話を演ずるものである。（事実、その後ジャワ島のどの場所で観た影絵も灯を用いないものはなかった。）私は、演ずる老人のまぢかに寄ってゆき、布で張られたスクリーンに眼をこらした。無論なにも見えはしない。老人の側に廻ってみると、かれは地に坐し、組まれた膝の前に置かれた多くの型のなかからひとつあるいはふたつを手にとっては呟くように説話を語りながらスクリーンへ翳していた。私は通訳のワヤンに訊ねた、老人は何のためにまた誰のために行なっているのか。ワヤンの口を経て老人は、自分自身のためにそして多くの精霊のために星の光を通して宇宙と会話しているのだと応えた。そして何かを、宇宙からこの世界へ返すのだと言ったらしいのだ。たぶん、これもまたバカラシイことかもしれない。だがその時、私は意識の彼方からやってくるものがあるのを感じた。私は何も現われはしない小さなスクリーンを眺めつづけた。そして、やがて何かをそこに見出したように思った。

今度は、インドネシアでガムランの演奏を聴いた体験に基づく記述である。まず、5（譲歩）・9により、

▼**人は「聴く」行為を記憶や知識の範囲で意味づけようとしがちである**……K9

をマーキングし、続いて、7「ほんとうは」・2「超える」により、

▼**聴くことは、記憶や知識を超え、音の内に在り、音そのものと化すことである**……K10

という筆者の主張をマーキングする。次に、現地のインドネシアの人々とも、「フランスの音楽家たち」のガムランに対する反応（傍線部ウ）とも「異なる反応を示す自分を見出していた」という、他と対照的な筆者の自己認識 3・8 が語られているが、筆者の「反応」は否定的にしか語られない。出題者に与えられた本文内では、**筆者が情報をあえて伏せている**ので、本文外の先入観による誤謬（ごびゅう）推理へと陥らないように自制しよう。

最終段落では、本文のタイトルでも用いられている「影絵（ワヤン・クリット）」への言及がある。8・1 により、

▼**星が降りしきって見え、急に天が低く感じられた**……K11

▼**いっそう夜の気配の濃い片隅で影絵（ワヤン・クリット）は演じられていたが、奇異なことに一本の蠟燭すら点されていない**……K12

▼**影絵（ワヤン・クリット）は精緻に切抜かれた型をスクリーンに映して宗教的な説話を演ずる**……K13

という三つのキーセンテンスをマーキングする。問題となる「影絵（ワヤン・クリット）」の「奇異」さ（蠟燭が点されない）と本来のあり方（型をスクリーンに映す）とが説明される。筆者は通訳を通して演じる老人に訊ねる。4 により、

▼**老人は何のためにまた誰のために行なっているのか**……K14

▼**自分自身と多くの精霊のために、星の光を通して宇宙と会話（コレスポンデンス）し、何かを宇宙からこの世界（ユニヴァース）へ返す**……K15

というやり取りを押さえ、さらに、10・8 により、

▼**その時、意識の彼方からやってくるものがあるのを感じ、何かをそこ（＝何も現われはしない小さなスクリーン）に見出したように思った**……K16

という最後のキーセンテンスが確認できる。老人の言う「何か」は、「意識の彼方からやってくるもの」であ

るから、前半の「意識それ自体を超える大いなるもの」と関連しており、その際も「私は**何か**を聴いたし、また見たかも知れない」と述べられていた。それは、「意識の彼方」「意識を超えた」という、**意識できない不定の「何か」である以上、言及されていながら言語化（≒意識化）はできない逆説的な事柄**である。にもかかわらず、傍線部エについて「どういうことか、説明せよ」と**言語化**が要求される。難度の高い設問である。

要旨要約

知的生物として宇宙と対峙するほどの意識をもつようになった人類も、眼には感知しえない仕組の内にあり、宇宙の法則の外では一刻も生きられないだろう。絶対の力をもち、沈黙するほかない時空のなかに在った時、筆者のひととしての意識は少しも働かず、意識を超える大いなるものにとらえられた。また、一本の蠟燭すら点されていない奇異なワヤン・クリットを観た時は、筆者は意識の彼方からやってくる何かを見出したように思った。（二〇〇字）

読解から解答へ

問1 「私のひととしての意識は少しも働きはしなかったのである」（傍線部ア）とあるが、それはなぜか、説明せよ。
（編集部注：解答欄は135ミリ×8ミリ×二行　五〇字〜六〇字程度）

まず、**設問要求（理由説明）**と、**傍線部アを含む一文とを確認する**と、「筆者の意識は少しも働かなかった」ことの理由が問われている。「私の意識」についての問いであるから、**筆者の心理状態を理由とする構文での解答作成を目指す**。傍線部アの場面・時点での**筆者の心理・心情を説明するキーセンテンス**は、K2〜K5である。要素を解答欄二行のスペースに入るように、なるべく簡潔化して列挙してみると、以下のとおりである。

1 意識をもつ人類も、眼に感知しえない宇宙の仕組の内にある
2 巨大な火口は絶対の力をもつ
3 巨大な火口（＝宇宙）＝沈黙に支配された時空＝そこでは筆者の意識は少しも働かない
4 （筆者の）意識は意識を超える大いなるものにとらえられていた

また、**理由説明では、傍線部の述部を限定する条件は解答の一部となる**。「そこでは〜少しも働きはしなかった」理由は、**「そこでは」という限定条件（かつ、傍線部を含む一文中の指示語の内容）**を伴う。「そこ」とは、「巨大な火口」あたりだが、内容は右の**3**である。したがって、解答の下地は「巨大な火口における絶対的な力をもつ、沈黙に支配された時空では、筆者の意識は意識を超える大いなるもの、眼には感知しえない宇宙の仕組にとらえられていたから。」などとなる。内容の重複を整理して約六〇字まで簡潔化し、「沈黙に支配された」という比喩を「沈黙せざるをえない」などに改める。

解答　**沈黙するほかない絶対的な力をもつ時空で、筆者の意識は、意識を超え眼に感知しえない大きな宇宙の仕組にとらえられていたから。**（5点）

簡易採点基準
- 筆者の意識は、意識を超えたものにとらえられていたから（1点）
- 「そこでは」＝絶対的な力をもつ／沈黙せざるをえない時空では（各1点）
- 大きな宇宙の／眼には感知しえない仕組（＝大いなる・意識を超えたもの）（各1点）

問2　「周囲の空気にかれはただちょっとした振動をあたえたにすぎない」（傍線部イ）とはどういうことか、説明せよ。

（編集部注：解答欄は135ミリ×8ミリ×二行　五〇字〜六〇字程度）

設問の要求は、**同義置換（どういうことか）**である。**傍線部を含む一文の構文を確認**し、**「かれ（ケージ）は、〜振動をあたえた」**と、**主―述を核として解きやすく構文を整えてから解きにかかる**とよい。

まず、「かれ」について、固有名詞に置換するのみでは、「説明」とは言えない。「ケージの『バカラシイ』という言葉は、」などとする。次に、「周囲の空気」は、ケージの言葉を聞いた人々の心理的雰囲気である。「気むずかしい表情で眺めている筆者たち」（K7）を踏まえた心情の説明を行う。最後に、「振動をあたえた」

という述部を置換する。置換表現は本文中に見出せないので、「ただちょっとした〜にすぎない」も含め、**解答者自身が置換する。**「振動」という**比喩との類似性**から、「揺れ動くこと、変化すること」であり、K6「**人々は〜ケージの言葉を受容れていた**」という情報から、この「振動」に人々は「nonsense !」「バカラシイ」ことだと素直に納得している。**筆者たちの「沈黙」（＝言語化不可能性）が、ケージの「nonsense !」（＝意味づけ不可能性）へと肯定的に捉えなおされた**のである。したがって、傍線部イは、「バカラシイ」というケージの言葉によって、「気むずかしい表情」「沈黙の劇」にあった人々が、「ちょっと」気分を変えたにすぎない、という内容であると判断できる。「ただちょっとした〜にすぎない」という**傍線部内の表現ニュアンスを正確に解答に反映する**こと。

解答　**無意味だというケージの言葉は、景観に圧倒されて沈黙した筆者たちの気分を、若干納得しうるものに変えただけであるということ。**（5点）

簡易採点基準

- 「バカラシイ」もしくは「nonsense !」という（意の）ケージの言葉（1点）
- 気むずかしげに沈黙している／筆者たちの心情を／納得（受容　など）できるものに変えた（各1点）
- 「ただちょっとした〜にすぎない」のニュアンスの反映（1点）

問3　「かれらが示した反応は〈これは素晴らしい新資源（ニュー・ソース）だ〉ということだった」（傍線部ウ）とはどういうことか、説明せよ。

（編集部注：解答欄は135ミリ×8ミリ×二行　五〇字〜六〇字程度）

同義置換型設問である。「かれら」＝フランスの音楽家たちのことは、ほとんど傍線部ウを含む段落内でしか言及されていないが、内容把握だけではなく、**表現力でも点差がつく**ので、気をつけよう。傍線部ウの「これ」は「ガムラン」である。そして、客観的速読法 3・8・2「私は〜フランスの音楽家たちとも異なる反応を示す自分」「フランスの音楽家のようには、その異質の音源を自分たちの音楽表現の論理へ組みこむことにも熱中しえないだろう」を踏まえると、「フランスの音楽家たちが、ガムランという異質の音源を自分たちの音楽表現の論理へ組みこむことによって、かれらの音楽活動に有効な（素晴らしい）、新たな素材（新資源）にしようと熱中した」と判断できる。**「素晴らしい・新・資源」「反応」のニュアンスを正しく反映させよう。**

解答　**フランスの音楽家たちはガムランを音楽創作に有益な未知の素材と見て、自らの音楽表現の論理に組みこもうと熱中したということ。**（5点）

簡易採点基準

- 「かれら」が「これ」を＝「フランスの音楽家たち」が「ガムラン」を（1点）
- 自分たちの音楽表現の論理へ組みこむことに／熱中した（夢中だった）（各1点）
- 「素晴らしい」＝「音楽創作に役立つ」／「新資源」＝「未知の素材（音源）」（各1点）

問4　「そして、やがて何かをそこに見出したように思った」（傍線部エ）とはどういうことか、説明せよ。
（編集部注：解答欄は135ミリ×8ミリ×二行　五〇字〜六〇字程度）

最終設問も**同義置換**である。一般に、入試問題の最終センテンスは出題者によって（ときには筆者によっても）選ばれた「結び」であるから、論理的文章、小説、随想のジャンルを問わず、**結びにふさわしい内容**になることがきわめて多い。傍線部エも最終センテンスである。

ここでは、本文のはじめからずっと主題とされている「宇宙」「意識の彼方」についての言及（K15・K16）がある。「これもまた**バカラシイ**ことかもしれない。**だが**その時、私は**意識の彼方**からやってくるものがあるのを**感じた**」ということとは、前述のとおり、「意識の彼方＝言語化できない（バカラシイ・無意味な）」事柄について、にもかかわらず、筆者は非言語的に直観したものがあった、ということになる。そのまま「何も現われはしない小さなスクリーンを眺めつづけた」という前件を承けて、「そして」という添加の（前件に後件を付け加える）接続語により、傍線部エ「（そして、）やがて**何か**をそこに見出したように思った。」と続いて結ばれる。

傍線部を含む一文の確認から始める。まず、「そして」に着眼し、この「そして」自体も置換説明を行う必要があること、つまり、**前件内容を受け継いだ解答でなければならない**ということを考える。また、**傍線部を含む一文中の指示語「そこ」の指示内容（＝宇宙と会話すると称する老人の、何も現われはしない小さなスクリーン）の解答化**も必要である。

次いで、「何かをそこに見出した」という、傍点で筆者が強調する「何か」の解答化を図る。**「言語化できない」（だからこそ「何か」という不定形の表現である）ものを、解答表現へと言語化する**という、本来矛盾した行為であるが、文字どおり「言語化できない（意識を超えた宇宙の、意味づけ困難な宇宙の）あるもの」

とすればよい（むしろ、そうするしかない）。述部「見出したように思った」の置換も難しい。肝心の述部で「意識した、知覚した、認識した」といった意味になってしまっては、当然不可となる。筆者は**「ように思った」**と、慎重に言葉を選んでいるから、**解答する我々も言葉を選ばなければならない**。言葉で分節できないものを「見出した」のだとすれば、「直観的に捉えた」ということである。それでも、「ように思った」とさらに慎重に断言を避けているので、解答の結びも「直観的に捉えた気がした」といった表現になる。傍線部中の「やがて」という副詞も、そのニュアンス（＝そのうちに）を反映させよう。以上を解答欄二行へと簡潔にまとめる。

解答

筆者は、宇宙と会話するという老人の何も見えない影絵を眺めるうちに、意識を超えた宇宙の一端を直観できた気がしたということ。（5点）

簡易採点基準

- 「そして、そこに」＝何も現われないスクリーンを／眺めつづけるうちに の意（各1点）
- 「何か（を見出した）」＝宇宙との会話（宇宙の内に在る）／意識（言語、意味づけ）を超える（各1点）
- 「筆者は～見出したように思った」＝直観できた（捉えられた など）気がした（1点）

発展的考察のために

言語化できない物事について、それでも言及しようとすること。これは、言葉を話す動物の性（さが）である。言葉なしには思うことも感じることもできない。少なくとも自分が思い感じる事柄を持続的に意識できず、他者とはなおさら共有できない。そのことに対する不安やもどかしさが、人に言葉を求めさせる強い動機となる。言葉は世界に存在し生起する無数の物事のうち、いくつかの物事を、他の物事とは差異化しつつ、「同種の物事、同一カテゴリーに属する物事」として一般化する。世界中に散らばるある存在群をすべて「ネコ」と呼ぶ。こうした言葉のもつ一般化・抽象化の機能によって人間は知識を共有できるが、言語化可能であっても独自性固有性の強い物事については、言葉のこの機能は平板化、陳腐化などの逆効果をもたらす。これに対して、言語とは異なる表現を用いる絵画や音楽には、少なくともそういうマイナスを補完する一面がある。精神分析の創始者S・フロイトは、人が「見る」夢は無意識の象徴的表現であると考えた。言葉に拠らないイメージ（形象・心象）に訴える芸術も、言語化しがたい事柄を「表現」する手立てとなりうる。本文は、音楽家である筆者が「意識の彼方からやってくるもの」について言葉で「書いている」点が、ことさら興味深い。この試みは無事に完遂できるだろうか。言語の相対性を説く有力な立場によれば、フランス語や日本語のような自然言語には各自然言語固有の特性があり、それを用いる（というより、それによって生活する）人間の思考・認識もまた、そうした母語の影響下にあるという。音楽のような非言語的分野についても類することは言いうるのではないだろうか。本文の筆者武満徹は明らかにそうしたことを考えている。音楽には無数の差異があり、フランスとインドネシアと日本の三項だけを素朴に固定して対比的に捉えたりはしていない。西欧近代の音楽に照らし、インドネシアの音楽に照らし、すなわち、それらを、いわば自己を照らし出す無数の「鏡」の一部として、現代日本に生きた作曲家はどのような姿で映っていたのか。精霊を信じて宗教的な説話を語り続けるバリ島の老人のような、ひたすら大いなる神秘的宇宙と交流する方向へと進んでいくことはありえたのだろうか。このような問題を音楽以外の諸分野で考えてみることも可能である。

第2章 論理的解答法

基礎講義4 記述式問題の解答法
例題2-1 記述式問題の解答実践①
例題2-2 記述式問題の解答実践②
基礎講義5 選択式問題の解答法
例題2-3 選択式問題の解答実践
基礎講義6 心情・表現説明型設問の解答法
例題2-4 心情・表現説明型設問の解答実践

基礎講義

4 記述式問題の解答法

基礎講義4では**記述式問題の論理的な解答法**の考え方（方法論）を解説する。記述式と選択式とに解答法の本質的な違いはない。「書くように選ぶ」であるから、**基礎講義4は選択式問題のみの受験者も必修**である。

本書で言う**論理的な解答法**とは、問いに対する的確な応答（正解答）を、本文の客観的な読解結果と理に適った（＝論理的な）思考過程（手順）とに基づいて導出する一般的な方法である。このうち、「本文の客観的な読解結果」については、**第1章「客観的速読法」**で学んできたとおりである。したがって、論理的な解答法の核心部分は、**「理に適った思考過程（手順）に基づいて正解答を導出する一般的な方法」**にある。現代文の基本的な設問類型は、その数がきわめて少ない。「どういうことか？」「なぜか？」「全体の要旨は？」「心情は？」など、十指にも満たない。それゆえ、「こういうタイプの設問は、一般にこういう手順で解いていく」という解答手順の論理的な一般化（方法論的一貫性）が現代文は数学などに比して容易であり、**論理的解答法の修得によって「正しく速く解く」という目標の実現に大きく近づくことができる**のである。

「正解」とは何か　――正解の三要件を理解しよう

まず、論理的解答法を修得する目的・目標である**「正解」**について、その必要条件を確認しよう。設問に対する的確な解答は、**正解の三要件**に沿って導出される。正解の三要件は解答法の基本中の基本である。

第一に、**正解には構文（統語）の正しさが最低限の要件として求められる。**すなわち、**「主（何が）―述（どうだ・どうする）」という骨格、文の形式の正しさ**である。

たとえば、本文中のキーセンテンス（マーキングした箇所）として、次のように述べられているとする。

本文　歴史の変動は技術革新に基づく。

右を正解内容とする設問があり、左は自分が書く答案でも、選ぶ選択肢でもよいが、

答案　歴史の変動は技術革新の基礎である。

とすれば、これは**誤答**である。「歴史の変動（A）は技術革新（B）に基づく」は、「AはBに基づく」と構文的に一般化される。本文内容ではBが「基礎」である。一方、「歴史の変動（A）は技術革新（B）の基礎である」は、「AはBの基礎である」と構文的に一般化され、この答案例ではAが「基礎」となる。したがって、この答案例は明白な誤答となる。「歴史の変動」「技術革新」「基づく・基礎である」という語句の内容は同じであるから一見同義（正解）のようであるが、本当は「私が猫を飼っている」のに、「私を猫が飼っている」と混同するのと同程度の、明白な構文上の誤りである。**構文の正しさ（論理性）が正解の必要条件なのである。**そして、日本語では助詞が構文の正しさに深くかかわっている。難解で長い文を正しく読み、書き、選ぶには、正確に**構文（主―述）**を―とりわけ**助詞**を―意識する必要がある。

第二に、**解答の意味内容、つまり、解答に用いる語句の正しさが正解の要件となる。**ここでは構文上の誤り

はないという前提で話を進める。先ほどと同じ例文を用いて説明しよう。

本文　歴史の変動は技術革新に基づく。

これに対して、

答案　思想の変容は技術革新に基づく。／歴史の変動は技術革新に先立つ。

と書いたり選んだりすれば、不正解である。「思想」「先立つ」が本文内容と明白に異なるからである。本文内容と矛盾はなくとも、「この語句Xの内容は、その語句Yと同義ではない」と明らかであれば、誤答となる。そして、「内容的に正しい／正しくない」という判断は、本文中の表現に基づいて確認しうる限りで、確定しうる。**「解答に用いる（選択する）語句が解答すべき内容を表すことを、本文に基づいて保証できること」が、正解の要件としての内容の正しさ（客観性）である。****客観的速読法**に基づくことで、この第二要件をクリアできる。

第三に、**表現自体の適切さが正解の要件となる。**構文上も内容上も正しい答案でも、表現力の未熟を思わせるような問題点があれば、「正解」とは言えない。たとえば、

正答　社会の変遷は生産手段の刷新を要因として生じる。

と書くべきところを、

誤答　社会は物を作る道具の進化に応じて容貌を変える。

などと書けば、たとえそれが本文中の表現だとしても、具体例（物を作る道具）や比喩（進化・容貌）のまま用いた答案であり、「不正解」もしくは「減点」となる。**表現の適切さ（一般性）が正解の要件となる。**

以下に、**「不適切な表現」**を列挙しておく。

①　**比喩表現**（直喩・隠喩・擬人法・擬音語と擬態語＝声喩・換喩・提喩）……比喩は「本来の意味とは異なる、かりそめの用語」であるから、適切に（本来の）意味を説明したことにはならない。

②　**具体例**……具体例は本質的な性質を説明せず、該当するものの一部を指摘するだけであり、説明とは言えない。「たとえば、3、5、7など」は、奇数か素数か正数か算用数字か、好きな数か……不明である。

③　**カッコ付きの語句**……「　」は、引用、強調、特殊なニュアンスを示すという三通りの用法がある。第一、第二の用法であれば、「　」を外して用いればよいが、三番目の用法は比喩と同様に、カッコを外してもそのまま用いるべきではない。〈　〉などを付された語句も、原則として適切に置換しよう。

④　**文語体・会話体の表現**……漢文訓読文のような文体による近代の文章や、小説・随想における話し言葉そのままのセリフや語り口調の文体では、本文表現をそのまま用いず、「現代の文章語」に改める。

⑤　**長すぎる表現**……表現自体には問題がなくとも、長すぎて解答欄に収まらないものは、簡潔化する。

⑥　**傍線部のままの表現**……「どういうことか説明せよ」（同義置換）と問われているのに、傍線部中の重要な語句をそのまま用いると、当然無得点となる。傍線部の細部まで置換の必要がないか注意しよう。

①〜⑥の「不適切な表現」が、それでも解答内容として必要であれば、**本文中に適切な（一般的な）置換表現を探し、優先的にその表現を解答に採用する。**適切な置換表現が本文中にない場合に限り、自分の知る一般的な語句から極力本文内容と近いもの選んで解答に採用する。（いわゆる「自分の言葉で書く」場合である）。

正解の三要件 まとめ

構文の正しさ（論理性）……設問要求への応答となる主―述の形式を備えている
内容の正しさ（客観性）……本文中のキーワードや指示内容を正しく用いている
表現の適切さ（一般性）……比喩や具体例など「不適切な表現」を用いていない

五つの基本的設問類型 ――タイプ分類の考え方

それでは、設問タイプの違いに応じた論理的解答法の解説に入る。前述のとおり、現代文では基本的な設問類型（タイプ）の数が少ない。どの講義で解説するのかと合わせて、五つの基本的な類型区分を明示しておこう。

同義置換型（「どういうことか説明せよ」「どのような意味か説明せよ」など）……**基礎講義4**
理由説明型（「なぜか説明せよ」「理由を説明せよ」など）……**基礎講義4**
要旨要約型（「本文全体の趣旨に即して説明せよ」「本文全体を要約せよ」など）……**基礎講義4**
心情説明型（「どのような心情か説明せよ」「このときの気持ちを説明せよ」など）……**基礎講義6**
表現説明型（「表現の特徴を説明せよ」「表現の効果・役割を説明せよ」など）……**基礎講義6**

基本はこの五種類である。もちろん細かいバリエイションはあり、それについても各節で解説するが、本質的な設問類型としてはこの五つであり、大学入学共通テストなどの**新傾向タイプの設問も、読解結果とこの基本類型の解答法の組み合わせ（＝応用）で解く**ことになる。大学入学共通テストについては**第3章**で扱う。

論理的解答法1　同義置換型設問

まず、最も基本的で出題頻度の高い設問類型は、**「どういうことか説明せよ」というタイプ（＝同義置換）**である。同義置換は**設問箇所の本文中での意味（定義）**を問う。したがって、客観的な読解結果に基づき、本文中で傍線部の定義・置換に当たる**キーワード・キーセンテンスを解答の核とする**。以下、解答手順を解説する。

傍線部（を含む一文）　それは……言葉の性格自体が物語っていると言えるだろう。（傍線部A：言葉の性格自体が物語っている）

設問　傍線部A「言葉の性格自体が物語っている」とは**どういうことか、説明せよ。**

解答手順

1　設問の要求確認と傍線部を含む一文の構文確認を行う。

2　解答の構文を確立（主述を明瞭に意識化）する。

解答の構文　「それ」（主）は、傍線部Aである（述）ということ。

＊〈それ〉の指示対象、「言葉の性格」についてのマーキング箇所、傍線部自体の置換の三点を意識。

3　確立した解答の構文に、①指示対象と②マーキングしたキーワード・キーセンテンス（中の適切な語句）を暫定的に代入し、③傍線部自体の置換も考える。（下書きは時間に余裕のある場合のみ行う。）

〈それ〉＝〈物と心、身体と精神を併せもつ人間存在の両義性〉

▼**言語には、（紙やインクなどの）媒体を通して伝達されるという物質的側面と、人間によって意味を読み取られ解釈されるという非物質的側面との両面がある**……K

暫定的な解答案

①身体と精神を併せもつ人間存在の両義性は、②媒体という物質的側面と意味という非物質的側面との両面をもつ③言語の特質そのものに表れているということ。

4　3の暫定的な解答案の字数を、問題文一行の長さと比較などして概算する。（右の解答案は七〇字。）
字数が超過していれば、制限字数（許容範囲）まで簡潔化する。**簡潔化しても要素は極力維持する。**
字数が不足していれば、残り字数を概算し、それに応じて追加を検討する。これが**部分点**となる。

5　字数不足の場合に限り、以下を検討する。

a　置換しきれていない**傍線部中の残余**はないか、**修飾句や傍線部末尾の表現**まで丁寧に置換する。

b　「解答の必須部分」について、さらに**意味説明（定義）・理由説明（論拠）の追加**を検討する。

c　傍線部を含む節で、**他のキーセンテンス・キーワード**を解答に活用できないか確認する。

解答　「五〇字以内で説明せよ」という字数制限での解答サンプル

①**人間存在のもつ物心の両義性は、**②**媒体と意味との物質、非物質両面をもつ**③**言語の特質に表れているということ。**（五〇字）

解答　「一〇〇字以内で説明せよ」という字数制限での解答サンプル

①**身体と精神を併せ持つ人間存在の両義性は、**②**媒体を通して伝達される物質的側面と人間に意味を読み取られ解釈される非物質的側面との両面をもち、人間を他の動物と区別する**③**言語の特質そのものに表れている**

（▼丁寧な説明　▼意味説明の追加・他のキーワード　▼丁寧な説明）

ということ。（一〇〇字）

最後に、より精密で得点の高い（もしくは失点のない）解答を書くための**注意事項**を列挙しておく。

① 解答に用いる本文中の表現は、同内容であれば、原則として**より簡潔で抽象的な表現を採用**する。

② ①により解答字数に余裕を持たせ、部分点をより多く獲得するよう努める。ただし、マス目のない解答欄であっても、小さな字で詰めて書かないこと。「表現力」は簡潔にまとめる能力を第一義とする。

③ 本文中にほぼ同内容の箇所が複数あり、部分的な解答要素が（XとYとZのように）異なる場合は、少しでも解答要素＝加点要素が増すように、**複数箇所を統合**して（XYZのように）解答する。

④ 同義置換型の基本形「どういうことか」は、「主―述ということ。」という**文の形で解答**する。「どういう意味か」も原則として「主―述という意味。」とする。なお、「どういう〇〇か」などと問われた場合は、「〜〇〇。」と結ぶ。「どういうことか、筆者の考えを説明せよ」などは、「〜ということ。」でよい。

⑤ 「どのようなものか」と問われる場合、傍線部が名詞句である。**傍線部末尾の名詞（n）を同義の他の名詞（N）に置換**する。たとえば、「『〜な集団』とはどのようなものか。」に対して、「〜の組織。」などと解答する。本文中で適切なNを探し、なければ自前で書く。置換が困難な場合は「〜もの。」とする。

⑥ 傍線部が名詞句（「多様な文化」「文化の多様性」など）であるのに、「どういうことか」と問われた場合、まず傍線部の名詞句を（「文化は多様である」のように）**文（主―述）へと置換してから解く**とよい。

論理的解答法2　理由説明型設問

理由説明型設問は、同義置換型設問より難度が高くなることが多い。理由説明では、「AはBである」と言える理由は「AはCだから（Bである）」である。解答は原理的に設問箇所と内容が異なるので、それだけ難度がアップする。一口に「理由の説明」と言っても、理由説明には少なくとも**「論拠」「動機・意図」「原因」という三種**の違いがあり、それぞれ別の問いである。理由説明一般を「因果関係」などとみなすことはできない。

1　論拠型理由説明（論理的な「理由」）

このタイプは、「定義」を問う同義置換型設問と並んで、「論拠」を問う点で読解の基礎確認問題である。

一般に、筆者が本文中のある事柄（主題A）について、ある判断（帰結B）を下したとする。そして、その判断の理由（論拠C）を設問が問うているとする。「『AはBである』とあるが、なぜそのように言えるのか」という問いである。解答は「（なぜなら）**AはCだから**（Bである）」となる。これは三段論法である。本文中の**Aに関するキーワードCを用いて「AはCだから」と解答する**とよい。解答手順を具体的に解説する。

傍線部（を含む一文）　遊びとは、優れて人間的な行為であると考えられないであろうか。（A）

設問　傍線部Aについて、**なぜそのように言えるのか、説明せよ。**

解答手順

1　設問の要求確認と傍線部を含む一文の構文確認を行う。（→遊びは、◀主題Aは 人間的な行為である ◀筆者の判断Bである）

＊「AはBである」の形に簡略化できるので、「論拠型理由説明」であると判断する。

＊傍線部を含む一文で主題A（遊び）が特定できなければ、直前文へとさかのぼって求めること。

2　解答の構文を確立（主述を明瞭に意識化）する。

解答の構文

遊びは、◀主題A 〇〇であるから。◀主題Aについてのキーワード C

3　確立した解答の構文中の述部箇所（C）に、主題Aについてマーキングしたキーワード・キーセンテンス（中の適切な語句）を暫定的に代入する。（原則として、下書き用紙には書かず、本文を見つつ頭の中で構成する。）

▼人間を人間以外の諸々の存在と差異化するのは、遊ぶという行為である……K

▼遊びこそが人間をして真に文化的で人間らしい人間たらしめる契機なのである……K

暫定的な解答案

遊びは、(A) 人間を人間以外の諸々の存在と差異化し、(C1) 真に文化的で人間らしい人間に (C2) するための契機であるから。

4　3で暫定的に構成した「解答の必須部分」の字数を概算する。（右の解答案は五〇字。）字数が超過していれば、制限字数（許容範囲）まで簡潔化する。**簡潔化しても要素は極力維持する。**字数が不足していれば、残り字数を概算し、それに応じて追加を検討する。これが**部分点**となる。

5　字数不足の場合に限り、以下を検討する。

a　十分に理由を説明しきれていない**傍線部（を含む一文）中の残余**はないか、**修飾句や傍線部末尾の表現**まで丁寧に踏まえた理由説明の解答表現を心がける。

b　「解答の必須部分」について、さらに**意味説明（定義）・理由説明（論拠）の追加**を検討する。

＊「キーワードCの意味（本文中での定義）」「Cの理由＝より根源的な理由」などを検討する。

c　傍線部を含む節で、**重要なキーセンテンス・キーワード**を解答に活用できないか確認する。

解答　「四〇字以内で説明せよ」という字数制限での解答サンプル

[A]遊びは、[C1]人間を人間以外の存在と差異化し、[C2]真に文化的、人間的にする契機であるから。（四〇字）

解答　「一〇〇字以内で説明せよ」という字数制限での解答サンプル

[A]遊びは、自己保存と種の保存という全生物に共通する生得的な本能行動とは異なる、人間固有の営みであるという点で、[C1]人間を人間以外の諸々の存在と差異化し、[C2]真に文化的で人間らしい人間にするための契機であるから。（一〇〇字）

＊本文中から**他のキーセンテンス**を見出し、**遊びの「定義」もしくは「Cの理由」**を追加。

2　動機・意図型理由説明（心理的な「理由」）

理由説明問題の第二のタイプは、端的に言えば、「人が何事かを行う理由」である。したがって、小説の理由説明は通常このタイプになる。たとえば、ある人物Sが「乱暴にドアを閉めた」理由は、少なくとも直接的には「怒っているから」であり、同時に、「このときの心情を説明」すると、「怒っている、怒り、怒る気持ち」などになる。理由説明は人物の心情説明と変わらない。一般化して説明しよう。

一般に、ある行為主体（S）が、ある言動をする（Pする）とする。これを「SがPする」と表す。このとき（Pするとき）、その「理由」は心理的な理由（Q＝Sの動機・意図・心理過程など）になる。すなわち、「SはQだから（Pする）。」動機・意図型（心理的）理由説明の基本は、**Pするときの Sの心情・主観Qを用いて「SはQだから。」と解答する**ことにある。「彼は怒ったから（乱暴にドアを閉めた）」などの例はきわめて理解しやすいであろう。誤解が生じないように説明を補足する。「彼が乱暴にドアを閉めた」理由であれば、「怒ったから」という心理的・主観的な解答は自然なものと思われるが、次のような問いはどうであろう。

設問　なぜ彼は怒ったのか、説明せよ。

言動の理由ではなく、主観的・心理的な事柄、心情（怒り）の理由である。設問箇所がすでに心情である場合、「友だちが約束を破ったから（怒った）」のような説明で納得してしまいがちである。しかし、文学作品の読解を要求する、それも大学入試でとなると、そう単純ではない。たとえば次のように解答するのである。

解答　友だちが約束を破ったことで、信頼が裏切られたという思いに彼は耐えがたかったから（怒った）。

要するに、**心情の理由は、事実関係だけではなく、その心情に至る心理過程まで説明する**のである。以上から**一般に、主体Sの言動（もしくは心情）Pの理由は、その時点でのSの主観Qである**と言える。

以下にサンプルを用いつつ、解答手順を具体的に解説する。

傍線部（を含む一文）　私は彼女に向かって思わず「別に話すことなんかない」と嘘をつき、そのことで長く後悔した。

設問　傍線部Aについて、**「私」はなぜ「嘘をつき」「後悔した」のか、説明せよ。**

解答手順

1　設問の要求確認と傍線部を含む一文の構文確認を行う。（↓「私」は、嘘をつき、後悔した）

＊**「SがPする」の形に簡略化できるので、「動機・意図型理由説明」であると判断する。**

＊「Pする」という述部は「嘘をつき」「後悔した」と**二つ並列**されていることに注意する。

＊傍線部を含む一文の主語S「私」について、心情Qを本文中のマーキング箇所から求める。

2　解答の構文を確立（主述を明瞭に意識化）する。

解答の構文

「私」（◀主語S）は、〇〇（◀嘘をついた理由Q1）であり、▽▽（◀後悔した理由Q2）であったから。

3　確立した解答の構文中の述部箇所（Q1・Q2）に、主語Sについてマーキングした二箇所の心情表現を暫定的に代入する。（原則として下書き用紙には書かず、本文を見つつ頭の中で構成する。）

▼**私は彼女に本当のことを知られるのがどうしても怖かった**……K

▼**私は、去り際の彼女の、無言で涙を流さず泣くようなまなざしをいまだに忘れることができない**……K

暫定的な解答案

「私」（S）は、彼女に真実を知られることを恐れて（Q1）、言うことなどないと嘘をついたが、去り際の彼女の沈痛な表情をその後も忘れることができなかった（Q2）から。

＊比喩、身体動作による心情描写などは、できるだけ一般的な表現に改める。

4　3で暫定的に構成した「解答の必須部分」の字数を概算する。（右の解答案は七〇字。）

字数が超過していれば、制限字数（許容範囲）まで簡潔化する。**簡潔化しても要素は極力維持する。**
字数が不足していれば、残り字数を概算し、それに応じて追加を検討する。これが**部分点**となる。

5　字数不足の場合に限り、以下を検討する。

a　十分に理由を説明しきれていない**傍線部（を含む一文）中の残余**はないか、**修飾句や傍線部末尾の表現**まで丁寧に踏まえた理由説明の解答表現を心がける。

b　「解答の必須部分」について、さらに**意味説明・理由説明の追加**を検討する。
＊「キーワードQの本文中での意味」「Qの理由＝より根源的な理由」などを検討する。

c　傍線部を含む節で、**重要なキーセンテンス・キーワード**を解答に活用できないか確認する。

解答　「五〇字以内で説明せよ」という字数制限での解答サンプル

[S]「私」は、彼女に真実が伝わるのを[Q1]恐れて嘘をついたが、去り際の彼女の沈痛な表情が[Q2]忘れられなかったから。（五〇字）

解答　「一〇〇字以内で説明せよ」という字数制限での解答サンプル

[S]「私」は、自分が弱さに負けてしまった過去の真実を彼女に知られることを[Q1]恐れて、何も言うことなどないと嘘をついたが、そのせいで深く傷ついた彼女の去り際の沈痛な表情を、その後も[Q2]忘れることができなかったから。（一〇〇字）

＊本文中から**他のキーセンテンス・キーワード**を見出し、**「真実」**の意味や**「沈痛」**さの理由を追加。

3 原因型理由説明（事実的な「理由」・因果関係）

理由説明問題の第三のタイプは、事実的、科学的な原因としての「理由」（因果関係）の説明である。現代文ではこのケースは比較的に少ない。たとえば「雨が降った（原因）**から**、試合は中止に**なった**（結果）」というように、**「原因」は、客観的な出来事、事実間の関係において「結果」と対をなす項**であり、本来的に人間の主観的な考えや心を排除するところで成り立っている。したがって、現代文では問われにくいのである。ただし、現代文でも、社会現象や歴史的出来事を解説している文章などでは、因果関係の理解を問うのは当然であるから、出題頻度が低いからといって軽視はできない。

一般に、今、ある出来事 Event が生じ、もしくは、ある結果 Effect になっているとする。それはなぜなのか。その理由＝**原因は、その出来事・結果より以前に、他の出来事・原因 Cause が生起したから**である。

t_1 原因となる先行事象Cが生じた（から）
↓
t_2 結果となる後続事象Eが生じる

ある事柄Eの原因Cは、その事柄に関連付けられている、先行する事柄である。現代文では、理科や社会のような「知識」に基づいて原因を説明するということはない。本文中に「原因」として記されているキーセンテンスがある。**客観的速読法でマーキングした箇所を検討**しよう。解答手順を具体的に解説する。

傍線部（を含む一文）　産業構造の高度化の進行とともに、個人主義的なメンタリティも人々に浸透するようになる。（A）

設問　傍線部Aについて、**なぜ「個人主義的なメンタリティ」が「浸透するようになる」のか、説明せよ。**

解答手順

1　設問の要求確認と傍線部を含む一文の構文確認を行う。（→個人主義的なメンタリティが浸透するようになる）

＊**「Eになる（Eが生じる）」の形に簡略化できるので、「原因型理由説明」であると**判断する。

＊傍線部を含む一文中の「産業構造の高度化の進行とともに」という**条件**を踏まえる。

2　解答の構文を確立（主述を明瞭に意識化）する。

解答の構文　○○＝Cが生じたから。

3　確立した解答の構文中のCに相当し、「産業構造の高度化の進行とともに」生じた、Eに先行する事柄（原因）を、本文中のマーキングした箇所から求めて、Cに暫定的に代入する。（原則として、下書き用紙には書かず、本文を見つつ頭の中で構成する。）

▼**近代産業資本主義の進展によって、社会の産業構造は、かつての一次産業中心から二次・三次産業中心へと推移していった**……K

▼**非力な人間が自然と格闘してきた農業や漁業では、人間の協働が不可欠であった**……K

▼**二次・三次産業で重視されるのは、協働や協調ではなく、製造や販売のための能力や努力という個人的な属性である**……K

暫定的な解答案

条件 産業構造の高度化の進行とともに、二次・三次産業で C 個人的な属性が重視されるようになったから。

4 3で暫定的に構成した「解答の必須部分」の字数を概算する。（右の解答案は四五字。）

字数が超過していれば、制限字数（許容範囲）まで簡潔化する。**簡潔化しても要素は極力維持する。**

字数が不足していれば、残り字数を概算し、それに応じて追加を検討する。これが**部分点**となる。

5 字数不足の場合に限り、以下を検討する。

a 十分に理由を説明しきれていない**傍線部（を含む一文）中の残余**はないか、**修飾句や傍線部末尾の表現**まで丁寧に踏まえた理由説明の解答表現を心がける

b 「解答の必須部分」について、さらに**意味説明・理由説明の追加**を検討する。

＊「キーワードCの本文中での意味」「Cの理由＝より根源的な理由」などを検討する。

c 傍線部を含む節で、**重要なキーセンテンス・キーワード**を解答に活用できないか確認する。

解答 「三〇字以内で説明せよ」という字数制限での解答サンプル

条件 **産業構造が高度化し、C 個人的属性が重視されるようになったから。**（三〇字）

解答 「七〇字以内で説明せよ」という字数制限での解答サンプル

条件 **社会の産業構造の中心が一次産業から二次・三次産業へと推移する高度化の進行とともに、能力や努力という C 個人的な属性が重視されるようになったから。**（七〇字）

＊本文中から他のキーセンテンス・キーワードを見出し、意味や理由の説明を追加。

最後に、より精密で得点の高い（もしくは失点のない）解答を書くための**注意事項**を列挙しておく。

① 理由説明のいずれのタイプであっても、設問箇所（傍線部など）が**「したがって」「だから」「ゆえに」「そこで」**などの接続語の後件であれば、**前件を理由説明の解答要素に必ず含める**こと。

② 理由説明のいずれのタイプであっても、設問箇所（傍線部など）を修飾する**「〜とき」「〜ならば」「〜かぎり」「〜以上」「〜の意味では」**などの**限定条件**（副詞句など）があれば、その限定条件自体を**理由説明の解答要素に必ず含める**こと。たとえば、「雨が降ったら、登山は中止すべきである」のはなぜかと言えば、「雨が降ったら、登山は危険であるから」という理由になる。限定条件は解答要素の一部である。

③ 理由説明のいずれのタイプであっても、解答を書いたり選んだりする前に、書こうとする答案の結び、もしくは、正解と思われる選択肢の結び「〜から。」を、設問箇所（傍線部など）の結び「……である。」へと関連付け、**「〜だから……である」という説明で理由として筋が通っているか、検証してみる**こと。

④ 本質的、内容的には、論拠型理由説明であっても、「なぜ筆者は『AはBである』と述べているのか」のように、形式的には**「筆者は（Sが）〜と言う（Pする）」理由として問われている場合**、解答表現の形式として、「AはCだから。」とせずに、「AはCだと**考えられる（思われる）から。**」と結ぶこと。

⑤ 動機・意図型理由説明（心理的理由の説明）の場合で、「泣く」「顔を赤らめる」などの**身体的生理的心情描写（象徴表現Ⓐ′）が設問箇所である場合に限り**、解答の結びは、「悲しかったから。」「恥ずかしかったから。」などの**心理的表現（一般的表現Ⓐ）へと置換する**。内容的には同義置換になるが、「悲しかったから泣いた」といった妥当な説明になる。もちろん「悲しかった」理由も、結びより先に説明しておくこと。

論理的解答法3　要旨要約型設問

　要旨要約型の設問は、ストレートに「本文の要旨を二〇〇字以内でまとめよ」などと問うタイプもあるが、比較的に少ない。多くは、特定の設問箇所について「どういうことか（なぜか）、本文全体の趣旨を踏まえて、説明せよ」といった、同義置換や理由説明の設問に付加される形で要旨要約を求めるタイプである。この論理的解答法3で言う「要旨要約型設問」は、**「特定の設問に付加される形で要旨要約をも求めるタイプ」「全体要旨を踏まえて特定設問に解答させるタイプ」**に限定する。入試問題ではよく見かける「最後にある、特別に解答字数の大きい設問」は、概ねこのタイプである。

　要旨要約型設問には、まずは「特定の設問」がメインとして設定されている。「傍線部はどういうことか」「なぜ傍線部なのか」というようにである。その設問に、しばしば「本文全体の論旨を踏まえて（説明せよ）」といった解答条件が付帯する。**付帯条件としての要旨要約であるから、メインの設問の解答導出が先決事項である**。たとえば、「一二〇字以内で説明」するのであれば、メインの設問解答におよそ六〇字～八〇字まで、解答欄五行で説明するのであれば、三行程度までで、解答を確立しておくのである。時間に余裕がある場合に限り、それだけを下書き用紙に書いておいてもよいであろう。これが**解答の後半部分**になる。そのあとで、残り字数を考慮して、**解答の前半**を考える。これは、解答の後半と合わせることで、全体の要旨にほぼ一致するように作成するとよい。この前半の解答と後半の解答の和が、全体要旨になるように前半の解答を導出する。最後に、この二つの解答を、必要に応じて両者の論理関係を明示する接続語で結んで、解答用紙に書く。（一〇〇字を超える設問では、二文に分けて書くとよい）。

　以下にサンプルを用いつつ、解答手順を具体的に解説する。

傍線部（を含む一文）　非実在性こそが文化本来のあるべき姿なのである。

設問　傍線部Ｄ「非実在性こそが文化本来のあるべき姿なのである」とは**どういうことか、本文全体の趣旨を踏まえて一二〇字以内で説明せよ。**

解答手順

1　設問の要求確認（同義置換＋全体要旨の付帯）と、傍線部を含む一文の構文確認とを行う。

2　解答・後半の構文を確立（主述を明瞭に意識化）する。

解答・後半の構文　非実在性は、文化のあるべき姿であるということ。

3　確立した解答・後半の構文に、前問（ここでは傍線部Ｃの問い）の節より後（＝傍線部Ｄを含む節中）に見出せるキーワード・キーセンテンス（中の適切な語句）を暫定的に代入し、傍線部自体の置換も考える。

（下書きは時間に余裕のある場合のみ行う。）

▼**芸術作品や建築物のような実在物は、文化というよりその所産・遺物にすぎない**……K

▼**文化とは、当該文化を生み出し、それとともに生きる人々の生活、営為そのものである**……K

▼**静態的事物ではなく、動態的働きこそが文化本来のあり方である**……K

暫定的な解答案・後半　静態的実在物ではなく、当該文化を生み出し、それとともに生きる人々の生活、営為という動態的働きが、文化本来のあり方であるということ。

4　3の暫定的な解答案・後半の字数を概算する。（先の解答案は六五字。＊約七〇字）

5　設問の制限字数や解答欄の行数と4で概算した字数とから、残りの解答字数・行数を明確にする。（先の解答案では、一二〇字－六五字＝五五字。＊約五〇字）

6　3の解答案・後半へと接続すべき前半の要旨としてとくに重要な内容のキーワード・キーセンテンスを、本文前半中から取捨選択し、残り字数内でまとめ、「解答案・前半」とする。

▼**文化は常に異文化と融合し、歴史的に変容し続けている**……K

▼**文化とは、固定的な死物ではなく、生き生きとした運動の流動性を真相とするものである**……K

暫定的な解答案・前半　文化は、生き生きとした運動の流動性を真相としており、常に異文化と融合し、歴史的に変容し続けている。（四九字）

7　3・6の解答案（前半＋後半）を、論展開に応じて適切な接続語を用い、一つの解答へと統合する。

＊このとき、最終的な字数の調整を行い、制限字数内、解答欄内に収める。

解答　**文化は、生き生きとした運動の流動性を真相としており、常に異文化と融合し、歴史的に変容し続けている。したがって、静態的実在物ではなく、当該文化を生み出し、それとともに生きる人々の生活、営為という動態的働きが、文化本来のあり方であるということ。**（一二〇字）

要旨要約型設問について、論理的解答法の基本は以上のとおりである。**要旨要約型設問は、字数が大きく配点も高くなる可能性が大きい**ので、難しい、苦手だと思ってしまう人が珍しくないが、今見てきたように、

「読解と解答の最終段階で解く」「多くの場合、最終節に後半の解答要素は発見できる」「最もシンプルに全体の要旨把握を問うている」などの特質から、**比較的に解答しやすい**。**論理的解答法を用いて普通に練習すれば、高得点は可能である**。また、国公立大二次試験はもとより、私立大の記述設問、さらに選択式の問題であっても、最終的な要旨把握を求める設問に、この要旨要約型設問の論理的解答法は適用もしくは応用できる。

最後に、より精密で得点の高い（もしくは失点のない）解答を書くための**注意事項**を列挙しておく。

① そもそも**「要旨要約型設問かどうか」を見極める**こと。最終設問が必ずしも全体要旨を付帯的に要求しているとはかぎらない。必ず過去問5年分程度は確認しておこう。年度によって異なる大学もある。また、要旨要約型設問には、以下の特徴が伴いやすいので目安としよう。
・「本文全体の論旨を踏まえて」「筆者の考えをまとめよ」などの付帯条件が明記されている。
・解答字数が（例年のように、最終設問だけ）他の設問より大きい。（一〇〇字〜二〇〇字程度）
・傍線部を伴わず、本文全体の主題もしくは主題に近い事柄について、問うている。

② 原則として、「後半の解答を確立」→「前半の解答を確立」→「前半の解答（＋接続語）＋後半の解答」でまとめる。**字数が二〇〇字近くであれば、「前半の解答」を二文〜三文に増やす**とよい。

③ 前半と後半の接続関係が逆接ではない場合、**関係性の理解が曖昧なら接続語を書かない**（書けない）。

④ 解答作業全体のうち、約何分構想に使えるのか、最後に解答を書くのに何分要するのか（たとえば、一〇〇字分を3分など）確認し、ぎりぎりにならないよう、反復練習をして時間に余裕をもたせること。

例題
2-1

記述式問題の解答実践①

松嶋健「ケアと共同性——個人主義を超えて」(東京大)

時間
50分

論理的解答法の練習を始めよう。まずは最頻出の同義置換型と要旨要約型の例題を扱う。

次の文章を読んで、後の設問に答えよ。

「近代化」は、それがどの範囲の人びとを包摂するかによって異なる様相を示す。「第一の近代」と呼ばれるフェーズでは、市民権をもつのは一定以上の財産をもつ人にかぎられている。それは、個人の基盤が私的所有におかれており、財の所有者であってはじめて自己自身を所有するという意味での自由を有し、ゆえに市民権を行使することができるとみなされたからである。この制限は徐々に取り払われ、成人男子全員や女性に市民権が拡張されていく。市民権の拡張とともに今度は、社会的所有という考えにもとづき財を再配分する社会保障制度によって、「第一の近代」から排除されていた人びとが包摂され、市民としての権利を享受できるようになる。これがいわゆる福祉国家であり、人びとはそこで健康や安全など生の基盤を国家によって保障されることになったのである。それでも、理念的には国民全体を包摂するはずの福祉国家の対象から排除される人びとはつねに存在する。

人類学者が調査してきたなかには、国家を知らない未開社会の人びとだけではなく、すでに国民国家という枠組みに包摂されたなかで生きる人たちもいる。ただそこには、なんらかの理由で国家の論理とは別の仕方で生きている人たちがいて、国家に抗したり、その制度を利用したりしながら生きており、そうした人たちから人類学は大きなインスピレーションを得てきた。ここでは、国家のなかにありながら福祉国家の対象から排除された人びとが形づくる生にまつわる事例を二つ紹介しておこう。

　第一の例は、田辺繁治が調査したタイのＨＩＶ感染者とエイズを発症した患者による自助グループに関するものである。タイでは一九八〇年代末から九〇年代初頭にかけてＨＩＶの爆発的な感染が起こった。そのなかでタイ国家がとった対策は、感染していない国民の感染予防であり、その結果すでに感染していた者たちは逆に医療機関から排除され、さらには家族や地域社会からも差別され排除されることになった。孤立した感染者・患者たちは互いに見知らぬ間柄であったにもかかわらず、生き延びるために、エイズとはどんなものでそれをいかに治療するか、この病気をもちながらいかに自分の生を保持するかなどをめぐって情報を交換し、徐々に自助グループを形成していった。

　ＨＩＶをめぐるさまざまな苦しみや生活上の問題に耳を傾けたり、マッサージをしたりといった相互的なケアのなかで、感染者たちは自身の健康を保つことができたのだ。それは「新たな命の友」と呼ばれ、医学や疫学の知識とは異なる独自の知や実践を生み出していく。そこには非感染者も参加するようになり、[ア]ケアをする者とされる者という一元的な関係とも家族とも異なったかたちでの、ケアをとおした親密性にもとづく「ケアのコミュニティ」が形づくられていった。「近代医療全体は人間を徹底的に個人化することによって成立するものであるが、そこに出現したのはその対極としての生のもつ社会性」（田辺）だったのである。

　こうした社会性は、福祉国家における公的医療のまっただなかにも出現しうる。たとえば筆者が調査したイタリアでは、精神障害者は二〇世紀後半にいたるまで精神病院に隔離され、市民権を剥奪され、実質的に福祉国家の対象の埒外（らちがい）に置かれていた。なぜなら精神障害者は社会的に危険であるとみなされていて、彼らから市民や社会を防衛しなければならないと考えられていたからである。精神病院は治療の場というより、社会を守るための隔離と収容の場であった。

しかしこうした状況は、精神科医をはじめとする医療スタッフと精神障害をもつ人びとによる改革によって変わっていく。一九六〇年代に始まった反精神病院の動きは一九七八年には精神病院を廃止する法律の制定へと展開し、最終的にイタリア全土の精神病院が閉鎖されるまでに至る。病院での精神医療に取って代わったのは地域での精神保健サービスだった。これは医療の名のもとで病院に収容する代わりに、苦しみを抱える人びとが地域で生きることを集合的に支えようとするものであり、イ「社会」を中心におく論理から「人間」を中心におく論理への転換であった。精神医療から精神保健へのこうした転換は公的サービスのなかで起こったことであり、それは公的サービスのなかに国家の論理、とりわけ医療を介した管理と統治の論理とは異なる論理が出現したことを意味している。

その論理は、私的自由の論理というより共同的で公共的な論理であった。たとえば、病院に代わって地域に設けられた精神保健センターで働く医師や看護師らスタッフは、患者のほうがセンターにやってくるのを待つのではなく、自分たちの方から出かけて行く。たとえば、地域に住む若者がひきこもっているような場合、個人の自由の論理にしたがうことで状況を放置すると、結局その若者自身と家族は自分たちではどうすることもできないところまで追い込まれてしまうことになる。そのような事態を回避し、地域における集合的な精神保健の責任をスタッフは負うのである。そこにはたしかに予防的に介入してリスクを管理するという側面がともないはするが、そうした統治の論理を最小限化しつつ、苦しむ人びとの傍らに寄り添い彼らの生の道程を共に歩むというケアの論理を最大化しようとするのである。

二つの人類学的研究から見えてくるのは、個人を基盤にしたものとも社会全体を基盤におくものとも異なる共同性の論理である。この論理を、明確に取り出したのがアネマリー・モルである。モルはオランダのある町の大学病院の糖尿病の外来[a]シンサツ室でフィールドワークを行い、それにもとづいて実践誌を書いた。そのなかで彼女は、糖尿病をもつ人びとと医師や看護師の協働実践に見られる論理の特徴を「ケアの論理」として、「選択の論理」と対比して取り出してみせた。

[ウ]選択の論理は個人主義にもとづくものであるが、その具体的な存在のかたちは市民であり顧客である。この論理の下で患者は顧客となる。医療に従属させられるのではなく、顧客はみずからの欲望にしたがって商品やサービスを主体的に選択する。医師など専門職の役割は適切な情報を提供するだけである。選択はあなたの希望や欲望にしたがってご自由に、というわけだ。これはよい考え方のように見える。ただこの選択の論理の下では、顧客は一人の個人であり、孤独に、しかも自分だけの責任で選択することを強いられる。インフォームド・コンセントはその典型的な例である。しかも選択するには自分が何を欲しているかあらかじめ知っている必要があるが、それは本人にとってもそれほど自明ではない。

対してケアの論理の出発点は、人が何を欲しているかではなく、何を必要としているかである。それを知るには、当人がどういう状況で誰と生活していて、何に困っているか、どのような人的、技術的リソースが使えるのか、それを使うことで以前の生活から何を[b]アキラめなければならないのかなどを理解しなければならない。重要なのは、選択することではなく、状況を適切に判断することである。

そのためには感覚や情動が大切で、痛み苦しむ身体の声を無視してたとえば薬によっておさえこもうとするのではなく、身体に深く棲（す）みこむことが不可欠である。脆弱（ぜいじゃく）であり予測不可能で苦しみのもとになる身体は、同時に生を享受するための基体でもある。この薬を使うとたとえ痛みが軽減するとしても不快だが、別のやり方だと痛みがあっても気にならず心地よいといった感覚が、ケアの方向性を決める[c]ラシン盤になりうる。それゆえケアの論理では、身体を管理するのではなく、身体の世話をし調（ととの）えることに主眼がおかれる。そこではさらに、身体の養生にかかわる道具や機械、他の人との関係性など、かかわるすべてのものについて絶え間なく調整しつづけることも必要となる。つまりケアとは、「ケアをする人」と「ケアをされる人」の二者間での行為なのではなく、家族、関係のある人びと、同じ病気をもつ人、薬、食べ物、道具、機械、場所、環境などのすべてから成る共同的で協働的な作業なのである。[エ]それは、人間だけを行為主体と見る世界像ではなく、関係するあらゆるものに行為の力能を見出（みいだ）す生きた世界像につながっている。

（松嶋健「ケアと共同性――個人主義を超えて」による）

問1 「ケアをする者とされる者という一元的な関係とも家族とも異なったかたちでの、ケアをとおした親密性」（傍線部ア）とはどういうことか、説明せよ。（編集部注：解答欄は135ミリ×8ミリ×二行）

問2 「『社会』を中心におく論理から『人間』を中心におく論理への転換」（傍線部イ）とはどういうことか、説明せよ。（編集部注：解答欄は135ミリ×8ミリ×二行）

問3 「選択の論理は個人主義にもとづくものである」（傍線部ウ）とはどういうことか、説明せよ。（編集部注：解答欄は135ミリ×8ミリ×二行）

問4　「それは、人間だけを行為主体と見る世界像ではなく、関係するあらゆるものに行為の力能を見出す生きた世界像につながっている」（傍線部エ）とはどういうことか、本文全体の趣旨を踏まえて一〇〇字以上一二〇字以内で説明せよ（句読点も一字と数える）。

問5　傍線部a・b・cのカタカナに相当する漢字を楷書で書け。

a　シンサツ　　b　アキラめ　　c　ラシン

読解作業＋要旨把握のプロセス

論理的解答法の適用は、本文の正確な要旨把握を前提とする。**客観的速読法**によってキーセンテンス、キーワードを発見してマーキングしつつ、要旨把握に努めよう。

「近代化」は、それがどの範囲の人びとを包摂するかによって異なる様相を示す。「第一の近代」と呼ばれるフェーズでは、市民権をもつのは一定以上の財産をもつ人にかぎられている。それは、個人の基盤が私的所有におかれており、財の所有者であってはじめて自己自身を所有するという意味での自由を有し、ゆえに市民権を行使することができるとみなされたからである。この制限は徐々に取り払われ、成人男子全員や女性に市民権が拡張されていく。市民権の拡張とともに今度は、社会的所有という考えにもとづき財を再配分する社会保障制度によって、「第一の近代」から排除されていた人びとが包摂され、市民としての権利を享受できるようになる。これがいわゆる福祉国家であり、人びとはそこで健康や安全など生の基盤を国家によって保障されることになったのである。それでも、理念的には国民全体を包摂するはずの福祉国家の対象から排除される人びとはつねに存在する。

人類学者が調査してきたなかには、国家を知らない未開社会の人びとだけではなく、すでに国民国家という枠組みに包摂されたなかで生きる人たちもいる。ただそこには、なんらかの理由で国家の論理とは別の仕方で生きている人たちがいて、（国家に抗したり、その制度を利用したりしながら生きており）、そうした人たちから人類学は大きなインスピレーションを得てきた。ここでは、国家のなかにありながら福祉国家の対象から排除された人びとが形づくる生にまつわる事例を二つ紹介しておこう。〔読者を次の展開へと誘導〕（第一の例は、田辺繁治が調査したタイのＨＩＶ感染者とエイズを発症した患者による自助グループに関するものである。タイでは一九八〇年代末から九〇年代初頭にかけてＨＩＶの爆発的な感染が起こった。そのなかでタイ国家がとった対策は、感染していない国民の感染予防であり、その結果すでに感染していた者たちは逆に医療機関から排除され、さらには家族や地域社会からも差別され排除されることになった。孤立した感染者・患者たちは互いに見知らぬ間柄であったにもかかわらず、生き延びるために、エイズとはどんなものでそれをいかに治療するか、この病気をもちながらいかに自分の生を保持するかなどをめぐって情報を交換し、徐々に〈自助グループ〉を形成していった。

ＨＩＶをめぐるさまざまな苦しみや生活上の問題に耳を傾けたり、マッサージをしたりといった〈相互的なケア〉のなかで、感染者たちは自身の健康を保つことができたのだ。それは「新たな命の友」と呼ばれ、医学や疫学の知識とは異なる独自の知や実践を生み出していく。〈そこ〉には非感染者も参加するようになり、ケアをする者とされる者という一元的な関係とも家族とも異なったかたちでの、ケアをとおした親密性にもとづく「ケアのコミュニティ」が形づくられていった。〔実質的な本論の内容〕「近代医療全体は人間を徹底的に個人化することによって成立するものであるが、そこに出現したのはその対極としての生のもつ社会性」（田辺）だったのである。）

こうした社会性は、福祉国家における公的医療のまっただなかにも出現しうる。（たとえば筆者が調査したイタリアでは、精神障害者は二〇世紀後半にいたるまで精神病院に隔離され、市民権を剝奪され、実質的に福祉国家の対象の埒外に置かれていた。なぜなら精神障害者は社会的に危険であるとみなされていて、彼らから市民や社会を防衛しなければならないと考えられていたからである。精神病院は治療の場というより、社会を守るための隔離と収容の場であった。

しかしこうした状況は、精神科医をはじめとする医療スタッフと精神障害をもつ人びとによる改革によって変わっていく。一九六〇年代に始まった反精神病院の動きは一九七八年には精神病院を廃止する法律の制定へと展開し、最終的にイタリア全土の精神病院が閉鎖されるまでに至る。〈病院での精神医療に取って代わったのは地域での精神保健サービス〉だった。〈これ〉は医療の名のもとで病院に収容する代わりに、苦しみを抱える人びとが地域で生きることを集合的に支えようとするものであり、イ「社会」を中心におく論理から「人間」を中心におく論理への転換であった。精神医療から精神保健へのこうした転換は公的サービスのなかで起こったことであり、それは公的サービスのなかに国家の論理、とりわけ医療を介した管理と統治の論理とは異なる論理が出現したことを意味している。

その論理は、私的自由の論理というより共同的で公共的な論理であった。（たとえば、病院に代わって地域に設けられた精神保健センターで働く医師や看護師らスタッフは、患者のほうがセンターにやってくるのを待つのではなく、自分たちの方から出かけて行く。たとえば、地域に住む若者がひきこもっているような場合、個人の自由の論理にしたがうことで状況を放置すると、結局その若者自身と家族は自分たちではどうすることもできないところまで追い込まれてしまうことになる。そのような事態を回避し、地域における集合的な精神保健の責任をスタッフは負うのである。そこにはたしかに予防的に介入してリスクを管理するという側面がともないはするが、そうした統治の論理を最小限化しつつ、苦しむ人びとの傍らに寄り添い彼らの生の道程を共に歩むというケアの論理を最大化しようとするのである。）

▶一般論・抽象論と具体例との内容の一致を示す表現

以上で本文第一節の読解作業は終了である。客観的なマーキングに基づき、内容を整理しよう。

客観的速読法 10「それでも」・2「だけではなく」・1「〜たり、〜たり」・10「ながら」・1「事例を二つ」「第一の例は」により、

▼**国民国家という枠組みに包摂されたなかで生きる人たちのなかには、国家の論理とは別の仕方で生きる人たちがいる**……K1

▼**福祉国家の対象から排除された人びとが形づくる生にまつわる事例を二つ紹介する**……K2

というキーセンテンスがマーキングできる。これによって前半の主題「国家の論理とは別の仕方で生きる人々の生」と、その二事例の存在とが明らかになった。

第一・第二の事例を速読しつつ、後者の直前・直後を 1 によってマーキングする。

▼**こうした（生のもつ）社会性は福祉国家における公的医療のまっただなかにも出現しうる**……K3

▼**公的サービスのなかに国家の論理、管理と統治の論理とは異なる論理が出現した**……K4

さらに、2「というより」により、

▼**（その「異なる論理」とは）共同的で公共的な論理であった**……K5

というキーセンテンスがマーキングできる。K1・K2 は傍線部アの、K3〜K5 は傍線部イの、それぞれ設問解答の要素となるであろう。では続いて、第二節の読解作業に移ろう。

1 二つの人類学的研究から見えてくるのは、個人を基盤にしたものとも社会全体を基盤におくものとも 2 異なる共同性の論理である。この論理を、明確に取り出したのがアネマリー・モルである。モルはオランダのある町の大学病院の糖尿病の外来 a シンサツ室でフィールドワークを行い、それにもとづいて実践誌を書いた。そのなかで彼女は、糖尿病をもつ人びとと医師や看護師

の協働実践に見られる論理の特徴を「ケアの論理」として、「選択の論理」と対比して取り出してみせた。

選択の論理は個人主義にもとづくものであるが、その具体的な存在のかたちは市民であり顧客である。この論理の下で患者は顧客となる。医療に従属させられるのではなく、顧客はみずからの欲望にしたがって商品やサービスを主体的に選択する。（医師など）専門職の役割は適切な情報を提供するだけである。選択はあなたの希望や欲望にしたがってご自由に、というわけだ。これはよい考え方のように見える。ただこの選択の論理の下では、顧客は一人の個人であり、孤独に、しかも自分だけの責任で選択することを強いられる。（インフォームド・コンセントはその典型的な例である。）しかも選択するには自分が何を欲しているかあらかじめ知っている必要があるが、それは本人にとってもそれほど自明ではない。

対してケアの論理の出発点は、人が何を欲しているかではなく、何を必要としているかである。それを知るには、（当人がどういう状況で誰と生活していて、何に困っているか、どのような人的、技術的リソースが使えるのか、それを使うことで以前の生活から何をアキラめなければならないのかなど）を理解しなければならない。重要なのは、選択することではなく、〈状況を適切に判断する〉ことである。

〈その〉ためには感覚や情動が大切で、痛み苦しむ身体の声を無視して（たとえば薬によっておさえこもうとするのではなく、身体に深く棲（す）みこむことが不可欠である。）脆弱（ぜいじゃく）であり予測不可能で苦しみのもとになる身体は、同時に生を享受するための基体でもある。（この薬を使うとたとえ痛みが軽減するとしても不快だが、別のやり方だと痛みがあっても気にならず心地よいといった）感覚が、ケアの方向性を決めるラシン盤になりうる。それゆえ〈ケアの論理〉では、身体を管理するのではなく、身体の世話をし調（ととの）えることに主眼がおかれる。〈そこ〉ではさらに、（身体の養生にかかわる道具や機械、他の人との関係性など）、かかわるすべてのものについて絶え間なく調整しつづけることも必要となる。つまり〈ケア〉とは、「ケアをする人」と「ケアをされる人」の二者間での行為なのではなく、（家族、関係のある人びと、同じ病気をもつ人、薬、食べ物、道具、機械、場所、環境などの）すべてから成る共同的で協働的な作業なのである。〈それ〉は、人間だけを行為主体と見る世界像ではなく、関係するあらゆるものに行為の力能を見出す生きた世界像につながっている。

以上の結果から、第二節のキーワード・キーセンテンスをピックアップすることができる。

客観的速読法 [1]「二つの人類学的研究（から〜）」・[2]「（〜とも〜とも）異なる」により、

▼**個人を基盤にしたものとも社会全体を基盤におくものとも異なる共同性の論理**……K6＝K5

という第一節と同様のキーワードが得られる。

次いで、傍線部ウ中の [7]「もとづく」・[1]「インフォームド・コンセント」の「典型的な例」により、

▼**選択の論理は個人主義にもとづく**……K7

▼**選択の論理の下では顧客は一人の個人であり、孤独に、自分だけの責任で、選択を強いられる**……K8

などがマーキングできる。

一方、[3]「対して」・[2]「ではなく」により、

▼**ケアの論理の出発点は、人が何を必要としているかである**……K9

[7]「重要なのは」・[2]「ではなく」・[7]「大切」・[7]「もと」「基体」・[2]「ではなく」・[7]「主眼」により、

▼**（重要なのは）状況を適切に判断することであり、そのためには感覚や情動が大切である**……K10

▼**苦しみのもとになる身体は、生を享受する基体でもある**……K11

▼**ケアの論理では、身体の世話をし整えることに主眼がおかれる**……K12

という「ケアの論理」と関連した箇所がマーキングでき、さらに、[6]「つまり」・[11]「（ケア）とは」・[2]「ではなく」・[1]「〜など」と、傍線部エ中の [2]「ではなく」により、

▼**ケアとは、すべてから成る共同的で協働的な作業である**……K13

▼**（それ＝）ケアは、関係するあらゆるものに行為の力能を見出す生きた世界像につながっている**……K14
という、最終部分のキーセンテンスがマーキングできる。

以上、客観的な読解結果を踏まえると、本文は二つの「節」（論理的・内容的に大きく区切られる一つのまとまり）からなるシンプルな論構成であることが分かる。漢字問題を除く**設問は四問あるが、本文の論構成上の単位要素（「節」）は二つしかない**。こうしたことは入試問題では珍しくないので、「設問数に応じて本文が四つのまとまりに分かれているはずだ」などという、傍線箇所に依存した本末転倒の非論理的な「読み方」に陥らないように注意したい。それでは、要旨要約を確認しよう。

要旨要約

福祉国家の対象から排除され、国家の論理とは異なる仕方で生きる人たちの形づくる生の社会性は、公的サービスの内外に出現しうる。彼らの論理は共同的で公共的なケアの論理であり、社会全体を基盤におく国家の管理と統治の論理とも、個人を基盤にした選択の論理とも異なる。選択の論理の下では人は一個人であり、孤独に、自分だけの責任で選択を強いられる。これに対して、ケアの論理の出発点は人が何を必要としているかである。重要なのは状況の適切な判断であり、そのためには感覚や情動が大切である。ケアの論理では、苦しみのもとでもあり、生を享受する基体でもある身体の世話をし整えることに主眼がおかれる。ケアは、かかわるすべてから成る共同的で協働的な作業であり、関係するあらゆるものに行為の力能を見出す生きた世界像につながっている。（三五〇字）

読解から解答へ

問1 「ケアをする者とされる者という一元的な関係とも家族とも異なったかたちでの、ケアをとおした親密性」（傍線部ア）とはどういうことか、説明せよ。

（編集部注：解答欄は135ミリ×8ミリ×二行）

論理的解答法の学習として最初の例題なので、解答手順を丁寧に復習しつつ、解いていこう。

1 設問の要求確認と傍線部を含む一文の構文確認を行う。

設問の要求は、傍線部ア「ケアをする者とされる者という一元的な関係とも家族とも異なったかたちでの、ケアをとおした親密性」について、「〜とはどういうことか」であるから、**同義置換型設問**である。

2 解答の構文を確立（主述を明瞭に意識化）する。

傍線部が名詞句であるから、すぐ**傍線部を含む一文**（そこには非感染者も参加するようになり、ケアをする者とされる者という一元的な関係とも家族とも異なったかたちでの、ケアをとおした親密性にもとづく「ケアのコミュニティ」が形づくられていった。）**を確認**し、傍線部を**「主―述」の整った簡潔な構文に変換**する。

解答の構文 〈そこ〉には、XともYとも異なる、「ケアをとおした親密性」があったということ。

3 確立した解答の構文に、指示内容とマーキングしたキーワード・キーセンテンス（中の適切な語句）を暫定的に代入し、傍線部自体の表現ニュアンスの正確な置換も配慮する。

① 〈そこ〉には＝〈（タイのＨＩＶ感染者とエイズを発症した患者による自助グループでの）相互的なケア〉には（具体例）＝**〈福祉国家の対象から排除された人びとが形づくる生における相互的なケア〉には**（一般化）

②「(ケアを通した)親密性」があった＝(相互的なケアによる)**生の社会性がある**(ということ)

③傍線部自体に含まれる「X」・「Y」の置換

X「ケアをする者とされる者という一元的な関係」＝**医師と患者との関係**など

Y「家族」＝**身内同士の関係**など

暫定的な解答案

福祉国家の対象から排除された人びとの形づくる生における相互的なケアには、医師と患者の間の関係とも身内同士の関係とも異なる、生の社会性があるということ。

4　3の暫定的な解答案の字数を概算する。(右の解答案は七五字。)

字数が解答欄二行(約六〇字)を超過しているので、許容範囲(制限字数)まで解答表現を簡潔化する。その際、要素は極力維持する。

解答

福祉国家の対象から排除された人々の形づくる生には、医師患者関係や身内間とは異なる、相互的ケアによる社会性があるということ。(6点)

採点基準

・主題＝「そこには」の指示内容

a　福祉国家の対象から排除された人びと(が形づくる生)について(1点)

・述部＝「ケアを通した親密性(がある)」の置換説明

b　相互的なケア(を通した)(1点)

c　生の／社会性がある（ということ）（各1点）

・傍線部自体の表現ニュアンスの正確な置換（部分点に該当）

d　「『ケアする者とされる者という一元的な関係』とも／『家族』とも異なった」の置換（各1点）

＝「医師患者関係でも、身内同士の関係でもない」の意を簡潔な一般的表現へと置換

＊解答字数は六〇字程度とする（字数が過剰な答案は失格）。

＊「aにはcがある」という主述の構文の成立は、必須ポイント。

＊加点内容の表現が具体例のまま、あるいは傍線部のままなどは、内容的には正しくとも加点はしない。

問2　「『社会』を中心におく論理から『人間』を中心におく論理への転換」（傍線部イ）とはどういうことか、説明せよ。

（編集部注：解答欄は135ミリ×8ミリ×二行）

前問と同様、**同義置換型設問**の解答手順である。

1　設問の要求確認と傍線部を含む一文の構文確認を行う。

2　解答の構文を確立（主述を明瞭に意識化）する。

傍線部は名詞句であるから、すぐ傍線部を含む一文を確認して、解答の構文化を図ろう。

傍線部イを含む一文は指示語を含み、「これは医療の名のもとで病院に収容する代わりに、苦しみを抱える人びとが地域で生きることを集合的に支えようとするものであり、「社会」を中心におく論理から「人間」を中心におく論理への転換であった。」である。**具体例表現になるべく触れない形で**傍線部イを構文化する。

解答の構文　これは、XからYへの転換が生じたということ。

3　確立した解答の構文に、指示内容とキーワードを暫定的に代入し、傍線部自体の置換も考える。

①〈これ〉は＝〈病院での精神医療に取って代わった地域での精神保健サービス〉は＝**〈公的サービスのなかでの（論理の）転換〉は**

②「転換（が生じた）」＝〜とは異なる論理（が出現したということ）

③傍線部自体に含まれる「X」・「Y」の置換

X「『社会』を中心におく論理」＝**国家の論理・管理と統治の論理**

Y「『人間』を中心におく論理」＝**苦しみを抱える人びとが生きることを支える・共同的で公共的な論理**

暫定的な解答案　公的サービスのなかに、国家による管理と統治の論理とは異なる、苦しみを抱える人びとが生きることを支えようとする、共同的で公共的な論理が出現したということ。

4　3の暫定的な解答案の字数を概算する。（右の解答案は七六字。）

字数が解答欄二行（約六〇字）を超過しているので、許容範囲（制限字数）まで解答表現を簡潔化する。

その際、要素は極力維持する。

解答　**公的サービス内に、国家による管理と統治の論理とは異なる、苦しむ人々の生を支える共同的で公共的な論理が出現したということ。**（6点）

採点基準

・主題＝「これは」の指示内容

a　公的サービスのなか（での「転換」）について（1点）

・述部＝「（X論理から）Y論理への転換」の置換説明

b　（X論理とは異なるY論理が）出現した、ということ（1点）

c　Y論理（「人間」を中心におく論理）＝共同的で公共的な論理（が出現したということ）（1点）

・傍線部自体の表現ニュアンスの正確な置換（部分点に該当）

d　X論理＝国家の論理／管理と統治の論理（各1点）

e　（Y論理の補足説明）＝「人間」を中心におく＝苦しむ人びとが生きることを支えようとする（1点）

＊解答字数は六〇字程度とする（字数が過剰な答案は失格）。

＊「X論理とは異なるY論理が出現した」というbの構文は、必須ポイント。

＊加点内容の表現が具体例のまま、あるいは傍線部のままなどは、内容的には正しくとも加点はしない。

問3　「選択の論理は個人主義にもとづくものである」（傍線部ウ）とはどういうことか、説明せよ。
（編集部注：解答欄は135ミリ×8ミリ×二行）

この設問は、傍線部がオーソドックスな述部タイプの**同義置換型設問**であり、解答手順も基本どおりである。

1　設問の要求確認と傍線部を含む一文の構文確認を行う。

2　解答の構文を確立（主述を明瞭に意識化）する。

傍線部ウを含む一文「選択の論理は個人主義にもとづくものであるが、その具体的な存在のかたちは市民であり顧客である。」は、傍線部で主述の構文が成立している。傍線部ウ以下は具体的説明なので解答化不要。

解答の構文　選択の論理は個人主義にもとづくということ。

3　確立した解答の構文に、マーキングしたキーセンテンス（中の適切な語句）を暫定的に代入する。

①　選択の論理は＝**顧客がみずからの欲望にしたがって商品やサービスを主体的に選択するという考え方は**

②　個人主義に・もとづく＝顧客は**一人の個人であり、孤独に、**しかも**自分だけの責任で選択することを強いられる**（しかも自分が何を欲しているかあらかじめ知っている必要がある）・という前提によるということ

暫定的な解答案　顧客がみずからの欲望にしたがって商品やサービスを主体的に選択するという考え方は、顧客が一人の個人であり、孤独に、自分だけの責任で選択することを強いられ、しかも選択するには自分が何を欲しているかあらかじめ知っていることを前提とするということ。

4　3の暫定的な解答案の字数を概算する。（右の解答案は一二〇字。）

字数が解答欄二行（約六〇字）の約二倍あるので、許容範囲（制限字数）へと解答字数を半減させる。その際、要素は極力維持する。

解答

顧客が欲望に従い、商品やサービスを主体的に選択するという考え方は、個人の孤独な自己責任と欲望の自覚を前提とするということ。（6点）

採点基準

・主題＝「選択の論理」について

a（顧客が）自己の欲望に従う（1点）

b 商品やサービスを主体的に選択する（という論理）（1点）

・述部＝「個人主義にもとづく」の置換説明

c 個人の孤独／自己責任／自分の欲するものを知っている（各1点）

d「cにもとづく」の適切な置換（前提とする など）（1点）

＊解答字数は六〇字程度とする（字数が過剰な答案は失格）。

＊「選択の論理（a・b）は個人主義（c）にもとづく」という構文は、必須ポイント。

＊加点内容の表現が具体例のまま、あるいは傍線部のままなどは、内容的には正しくとも加点はしない。

問4　「それは、人間だけを行為主体と見る世界像ではなく、関係するあらゆるものに行為の力能を見出す生きた世界像につながっている」（傍線部エ）とはどういうことか、本文全体の趣旨を踏まえて一〇〇字以上一二〇字以内で説明せよ（句読点も一字と数える）。

実質的な最終設問であり、典型的な**要旨要約型設問**である。解答手順を丁寧に追っていこう。

1　設問の要求確認（設問＋全体要旨の付帯）と傍線部を含む一文の構文確認を行う。

同義置換型設問に、要旨要約型の付帯条件がある。主となる同義置換型設問の解答から考えよう。

2　解答・後半（「どういうことか」への解答部分）の構文を先に確立する（主述を明瞭に意識化する）。

主題は指示語「それ」であり、その指示対象は「ケア」である。

解答・後半の構文

ケアは、Xな世界像ではなく、Yな（生きた）世界像につながっている、ということ。

3　確立した解答・後半の構文に、キーワード・キーセンテンス（中の適切な語句）を代入する。

①　X（世界像）＝ケアをする人とケアをされる（痛み苦しむ）人の二者間の行為（ではなく）

②　Y（世界像）＝ケアに関わるすべてから成る共同的で協働的な作業（である）

Y（世界像）＝感覚や情動を大切にし、（痛み苦しむ）身体の世話をし調えることに主眼がおかれる

③　「生きた世界像につながっている」の適切な置換（可能な限り、本文中の適切な一般的表現を用いる）

暫定的な解答案・後半　ケアは、ケアをする人とケアをされる人との二者間の行為ではなく、感覚や情動を大切にして、痛み苦しむ人の身体の世話をし調えることに関わるすべてから成る共同的で協働的な作業であり、生の社会性というイメージに通じているということ。

＊右の解答案は約一一〇字あるので、より簡潔化して解答・前半の余地を残す。

解答・後半　感覚や情動を重視し、痛み苦しむ身体を世話し調えることを主眼とするケアは、医師患者間に限らず、関わるすべてから成る共同的で協働的な作業であり、生の社会性に通じるということ。

4　3の解答・後半の字数を概算し、残りの解答字数・行数を明確にする。（ここでは残り約四〇字。）

5　3の解答・後半へと接続すべき前半の要旨としてとくに重要な内容のキーワード・キーセンテンスを、本文前半中から取捨選択し、残り字数内でまとめ、解答案・前半とする。

本文の冒頭から、（解答・後半を考案した）最終二段落の直前までを見通し、**解答・後半へとつながるキーセンテンスに着眼する。**残り字数が約四〇字しかないということも考慮して、解答・前半の内容を合理的に絞り込む。解答・後半の主題が「ケア」であるから、前半の要旨として「ケア」へとつながる内容（「福祉国家の対象から排除された人びと」が形づくる生における、「国家（全体）の論理とも個人の論理（選択の論理）とも異なる」「共同的で公共的な論理（＝ケアの論理）」）を説明したキーセンテンスに絞り込んでまとめるとよい。K1～K6から抽出するのが適切である。

暫定的な解答案・前半　福祉国家の対象から排除された人びとは、国家の論理とは異なり、個人主義にもとづく選択の論理とも異なる論理で生きている。

＊右の解答案は約六〇字あるので、さらに字数を調整し、**前半と後半の接続も意識**して四〇字以内に収める。

解答・前半　国家や個人を基盤とする論理とは異なる**ケアの論理**にもとづく生が出現した。

6　3・5の解答（前半＋後半）を関連づけ、必要であれば適切な接続語なども用い、一つの解答へと統合する。

本問では、前半の解答に「ケアの論理」を用いて後半の主題である「ケア」との関連性を明確化し、さらに、後半解答に「新たな生の社会性」を用いて前半の「〜とは異なる…が出現した」という主張との関連性を明確化した。

＊最終的な字数の調整を行い、制限字数内、解答欄内に収める。

＊前半と後半の接続関係が逆接ではない場合、関係性が曖昧であれば無理に接続語を書かない。

解答　**国家や個人に基づく論理ではなく、ケアの論理に基づく生が出現した。感覚や情動を重視し、痛み苦しむ身体を世話し調えることを主眼とするケアは、医師患者間に限らず、関わるすべてから成る共同的で協働的な作業であり、新たな生の社会性に通じるということ。**（一二〇字）（16点）

採点基準

・主題（解答末尾の述部の主語に相当）＝「それは」の指示内容

a　ケアについて　（1点）

・述部＝「関係するあらゆるものに行為の力能を見出す」「生きた世界像につながっている」の置換説明

b　すべてから成る／共同的で／協働的な／作業である（各1点　4点満点）

c　生の社会性／(のイメージ）につながっている、の意　(2点・1点　3点満点)

・傍線部自体の表現ニュアンスの正確な置換（部分点に該当）

d　「人間だけを行為主体と見る（世界像ではなく）」＝「ケアをする人」と「ケアをされる人」の二者間での行為（なのではなく）、の意　(2点)

・前半の要旨内容

e　国家の（社会全体を基盤とする）論理とも異なる（1点）

f　個人（主義にもとづく選択）の論理とも異なる（1点）

g　(国家の論理でも個人の論理でもない、別の仕方の）生が出現している（形づくられている）(2点)

・解答前半と解答後半との接続関係の妥当性

h　gとは、ケアの論理による生である、という関連付け（1点）

i　cとは、新たに「出現した」gである、という関連付け（1点）

＊「aは、b・cであるということ」という主述の構文は必須ポイント。

＊加点内容の表現が具体例のまま、あるいは傍線部のままなどは、内容的には正しくとも加点はしない。

問5　傍線部a・b・cのカタカナに相当する漢字を楷書で書け。

a　シンサツ　　b　アキラめ　　c　ラシン

解答　a **診察**　b **諦**　c **羅針**　（各2点）

以上、**基礎講義4**の方法論に準拠する形で説明を行った。論理的解答法例題第一問の解説を終了する。

発展的考察のために

本文の筆者は、「ケアの論理」を紹介するに際して、「相互的なケア」「生のもつ社会性」「共同的で公共的な論理」「生の道程を共に歩む」などの類義表現を重ねている。他方、「国家の論理とは別の仕方で」「管理と統治の論理とは異なる論理」「社会全体を基盤におくもの（とも異なる）」など、近代的な（福祉国家をも含む）国民国家の論理とケアの論理を対照し、また、「個人を基盤にしたもの（とも異なる）」「（個人主義にもとづく）選択の論理（に対してケアの論理の出発点は）」など、国民国家と同じく近代的な個人主義の論理ともケアの論理を対照させている。「ケアの論理」を考えることは、「近代（化）の論理」への批判的考察ともなる。「個（部分）と集団（全体）の対立」「個人か国家（社会・集団）か」などといった二項対立の図式による発想自体が、きわめて「近代的」なフィクションに依拠している。それは、「人間社会を構成する基本単位である個人が自助努力や家族の力だけでは解決不可能な困難に陥ったとき、国家・社会という全体（公権力）が救いの手を伸ばしてくれる」という「福祉国家」観にも通底する。しかし、たとえば被災の現場では、国家による公的支援ではなく、まず被災者相互による助け合いが最初に現れる。そして、公的支援が途絶えた後々まで、地域住民は相互に支えあう生を生き続ける。そもそも人間は、最初から個人や国家の構成員として存在しているわけではなく、まずは他の誰かの子として生まれ、他の人々によって育まれるという受動態のあり様が存在の始まりであり、それが生の根源的事実である。ケアの論理は「個人」や「国家」といった抽象的な近代的観念の虚構性を浮き彫りにしていると同時に、弱さや痛みを伴う「人」として生きることの意味を問い直してもいる。

例題 2-2

記述式問題の解答実践②

高橋和巳「〈邪読〉について」（京都大）

時間 40分

論理的解答法の例題第二問では、理由説明型設問の解答法を中心に学習しよう。

次の文章を読んで、後の設問に答えよ。

*『千一夜物語』は周知のように、大臣の娘姉妹が宮廷におもむき、夜ごと興味尽きぬ話を王にきかせてゆくという発想からなっている。そして、そのシャハラザードなる姉娘の話は、いわば萌芽増殖とでもいうべき形態をとり、たとえば旅をする一人の商人が道中不思議な三人の老人に会うと、その三人の老人がめいめいに自己の境遇を話し出して独立の物語となり、あるいは一人の登場人物がある状況に出くわして、「これは嘗ってあったある大臣と医者の話そっくりじゃ」と歎息すると、その大臣と医者の物語が不意に膨脹して独立の一篇をなすといった具合である。物語が物語を生み、登場人物が語り出した物語の中の人物がまた一つの物語を語り出す。土地に接触した茎から根がはえ、そこからまた茎を出し、その茎の一部からまた根がはえて独立する、ある種の植物の繁殖にそれは似ている。

察するに(1)こうした発想法の背後には、従来あまり問題にされないアラビア文化圏特有の存在論が秘められているのであり、それは彼らの生命観や歴史意識ともおそらくは無縁ではない。仏教に地獄の中に極楽がふくまれていて、その極楽の中にまた地獄があるといった思念があって、それが仏教文学の発想や存在論とかかわりがあるのと、多分同じことであろう。

いまここで私は存在論を問題にしようとしているのではなく、考えてみたいのは「読書について」であるが、『千一夜物語』をふと思い出したのは、かつて青春の一時期、私はこの物語の発想に近い読書の仕方をしていたことのあったのを想起したからである。

一時、瘦身病弱だったことのある私は、暗い下降思念のはてに死の誘惑にとりつかれ、それから逃れるために手当りしだいに書物を読んだものだったが、それが何か確実な、具体的認識をうるためというよりは、*パスカルの言う〈悲惨なる気晴し〉に近かったために、逆に一冊の書物を読んでいる過程での思念の動きは、あたかも『千一夜物語』のように、一つの瘤の上にまた一つ瘤が出来るといった気ままな膨脹をした。

当時友人の一人に一冊の書物を読みきれば、その理解したところを見事に要約してみせねばやまない〈要約魔〉がいて、電車の中や街頭で彼の的確精密な要約を聞きながら、（2）しばしば自分の読書の仕方に対するある後ろめたさの念におそわれたものである。「あの本を読んだか」と聞かれ、嘘ではなく読んだ記憶があって、「ああ」と答えるのだが、想念を刺戟された部分や、小説ならば作中人物のある造形に共感を伴うイメージはあるのだが、どうしてもその友人がしてみせるようには、内容を整然と紹介したり説明したりできないのだった。後年、生活の糧をうるべく某新聞の無記名書評を担当したりしていた時、必要上、そうした技術も身につけたが、当時には、どうもその気にはなれず、また周囲にある事柄に関して及びがたい人物がいると、却って逆の性質を増長させてしまう交友心理もはたらいてか、私はますます妄想的読書にのめり込んでいった。やがて病は昂じ、一つの思念や想像が刺戟された時には、その思念や想像のがわに身を委ねて、あえて一つの書物を早急に読み切ることに執着しなくなっていった。あげくの果てには、人が死ぬのは、疾病や過労によって肉体的生命が涸渇するからではなく、想像の世界が縮小し消失した時、なにものかに殺されるのであるという私かな確信すら懐くようになってしまったのである。

(3)これはむろん読書の態度としては、いわば〈邪読〉であって、読書はまず*即自有としての自己を一たん無にして、他者の精神に接するべきものであり、あるいは確実な、あるいは体系的な知識を身につけるために読むべきものであることは知っている。また客観的精神というものは、そうした過程を経なければ形成されず、また、そうでなければ、認識と実践の統一という美しい神話も成り立たない。

しかしすべて邪なるものには、悪魔的魅力があるものであって、常に正しく健全であり続けることは、おそらくは索漠として淋しいものなのではあるまいか。

私見によれば、ある領域に関して長ずるための唯一の方法は、半ば無自覚にそれに耽溺することであって、中庸というのはあくまで晩年の理想にすぎない。読書に関してもまた同じ。厠の中で何か読みはじめたために厠から出るのを忘れ、飯を食っている間ぐらい、考えごとをするのをやめなさいと両親にさとされても、生返事をしてあい変らず妄想し、なおさっきの続きを読んでいるといった耽溺がなければ、なんらかの認識の受肉はありえないという気がする。そして、それは客観的精神がある時期に芽ばえ育つこととは必ずしも矛盾しない。

あえて〈邪読〉について書きつづければ、こうした耽溺のあとには必ず〈忘却〉がやってくる。何を読んだのだったか、題名の記憶はありながらもその内容の痕跡がほとんど残らず、あたかもその時間が無駄であったように印象される。読んだ内容を可能な限り記憶にとどめているべき学問的読書や実務型の読書、あるいは次の実践や宣伝の武器としても、章句を記憶にとじこめておくべき行動型の読書から言っても、この〈忘却〉は、はなはだしく迂遠である。せっかく読んで忘れてしまうくらいなら読まない方がまし、とも言える。だがしかし、(4)その〈忘却〉にも、意味があると私は言いたい気もする。

これは経験的に確かなこととして言えると思うが、もし創造的読書というものがあるとすれば、それは必ずこの忘却を一つの契機とするからである。

かつて*ショーペンハウエルが思考なき多読の弊害を説き、*ニイチェが文献学者から哲学者への転身に、その〈忘却〉の契機を積極的に生かしたことは周知のことに属するが、まこと読書は各自の精神の濾過器を経て、その大部分が少くとも顕在的な意識の上からは、一たん消失するということがなければ、精神に自立というものはなくなるかもしれない。

ものごとはすべて失いかけた時に、そのことの重大さを意識する。いま私が〈邪読〉についてしるすのも、率直に言えば、私自身がすでにその〈邪読〉の条件を大はばに失ってしまっているからである。*職業上の読書、下調べのための走り読み……。もっとも書物と縁が深いようで、少し心を許せば(5)読書の本質から遠くなる危険をもった生活が、おそらく私にかつてあった豊饒な時間を無限に愛惜させるのであろう。

むろん、そうであっても、なお〈邪読〉は〈邪読〉であり、一つの読書のあり方ではあり得ても、他の読書のあり方を排除すべき権利も理由もない。むしろ、人の顔がそれぞれ違うように、無限に多様な読書の態度がありえていいのである。

一冊の書物にほとんど救いを求めるようにして接する求道型の読書、具体的な生活上の知識や知恵を得るための読書、あるいは無目標なしかし存在の奥底からの渇望から発する読書等々。各人がその人の個性にあった読書のかたちを造り出せばいいのであろう。

そして人生がそうであるように、誰しもあれもこれもと欲し、理想はさまざまの読書の型をそれぞれの人生の時期に経過することにあるのだろうが、しかしまた人生そのものがそうであるように、人は一つの読書のあり方に比重をかけたまま、その生を終らざるをえないのであろう。

（高橋和巳「〈邪読〉について」による）

（語注）＊『千一夜物語』＝『千夜一夜物語』や『アラビアン・ナイト』の名称でも知られるアラビアの説話集。
＊パスカル＝フランスの数学者、自然哲学者、神学者（一六二三〜一六六二）。遺稿集『パンセ』の中で、悲惨な境遇を考えることから意識をそらすことを「気晴し」と呼んでいる。
＊即自有＝ドイツの哲学者ヘーゲル（一七七〇〜一八三一）の用語。「即自存在」ともいい、他者との関係によらずに、それ自体として存在するもの。以下の本文にある「客観的精神」、「認識と実践の統一」もヘーゲル哲学を意識したもの。
＊ショーペンハウエル＝ドイツの哲学者（一七八八〜一八六〇）。
＊ニイチェ＝ドイツ出身の文献学者、哲学者（一八四四〜一九〇〇）。
＊職業上の＝当時、筆者は大学で中国文学を講じつつ、作家として活動していた。

問1 傍線部（1）はどのような発想法か、説明せよ。（編集部注：解答欄は140ミリ×10ミリ×二行）

問2 傍線部（2）について、筆者が「ある後ろめたさ」を感じたのはなぜか、説明せよ。（編集部注：解答欄は140ミリ×10ミリ×三行）

問3 傍線部（3）のように筆者が言うのはなぜか、説明せよ。（編集部注：解答欄は140ミリ×10ミリ×四行）

問4 傍線部（4）のように筆者が言うのはなぜか、説明せよ。（編集部注：解答欄は140ミリ×10ミリ×四行）

問5 傍線部（5）について、筆者にとっての「読書の本質」とはどのようなものか、本文全体を踏まえて説明せよ。（編集部注：解答欄は140ミリ×10ミリ×四行）

読解作業＋要旨把握のプロセス

例によって**客観的速読法**を適用しつつ、本文の要旨把握に努めよう。第三段落まで読み進めれば、筆者の私的体験に即した文章、すなわち、**随想ジャンルの文章**であることが明らかになる。

▼❶（*『千一夜物語』は周知のように、大臣の娘姉妹が宮廷におもむき、夜ごと興味尽きぬ話を王にきかせてゆくという発想からなっている。そして、そのシャハラザードなる姉娘の話は、いわば萌芽（ほうが）増殖とでもいうべき形態をとり、たとえば旅をする一人の商人が道中不思議な三人の老人に会うと、その三人の老人がめいめいに自己の境遇を話し出して独立の物語となり、あるいは一人の登場人物がある状況に出くわして、「これは嘗（か）つてあったある大臣と医者の話そっくりじゃ」と歎息（たんそく）すると、その大臣と医者の物語が不意に膨脹（ぼうちょう）して独立の一篇（いっぺん）をなすといった具合である。〈物語が物語を生み、登場人物が語り出した物語の中の人物がまた一つの物語を語り出す。〉土地に接触した茎から根がはえ、そこからまた茎を出し、その茎の一部からまた根がはえて独立する、ある種の植物の繁殖にそれは似ている。

▼①察するに（1）〈こうした〉発想法の背後には、従来あまり問題にされないアラビア文化圏特有の存在論が秘められているのであ

り、それは彼らの生命観や歴史意識ともおそらくは無縁ではない。仏教に地獄の中に極楽がふくまれていて、その極楽の中にまた地獄があるといった思念があって、それが仏教文学の発想や存在論とかかわりがあるのと、多分同じことであろう。）

◀これ以降、主題が明確になる

いまここで私は存在論を問題にしようとしているのではなく、考えてみたいのは「読書について」であるが、『千一夜物語』をふと思い出したのは、かつて青春の一時期、私はこの物語の発想に近い読書の仕方をしていたことのあったのを想起したからである。

本文第一節の読解作業の結果を抽出していこう。

客観的速読法 1 『千一夜物語』の例示・2 「ではなく」・8 「考えてみたい」「思い出した」「想起した」などにより、

▼本文主題＝「読書について」……K1

▼青春の一時期、筆者は『千一夜物語』の発想に近い読書の仕方をしていた……K2

というマーキングができ、主題と例示の関係も明白となる。なお、傍線部（1）中の指示語「こうした〈発想法〉」の指示対象は、読解作業中に押さえておこう。続いて、第二節のマーキングを確認しよう。

一時、痩身病弱だったことのある私は、暗い下降思念のはてに死の誘惑にとりつかれ、それから逃れるために〈手当りしだいに書物を読んだ〉ものだったが、〈それ〉が何か確実な、具体的認識をうるためというよりは、（＊パスカルの言う〈悲惨なる気晴し〉に近かったために）、逆に一冊の書物を読んでいる過程での思念の動きは、（あたかも『千一夜物語』のように、一つの瘤の上にまた一つ瘤が出来るといった）気ままな膨脹をした。

当時友人の一人に一冊の書物を読みきれば、その理解したところを見事に要約してみせねばやまない〈要約魔〉がいて、電車の中や街頭で彼の的確精密な要約を聞きながら、(2)しばしば自分の読書の仕方に対するある◀8後ろめたさの念におそわれたものである。「あの本を読んだか」と聞かれ、嘘ではなく読んだ記憶があって、「ああ」と答えるのだが◀10、想念を刺戟された部分や、小説ならば作中人物のある造形に共感を伴うイメージはあるのだが◀10、どうしてもその友人がしてみせるようには、◀1（内容を整然と紹介したり説明したり）できないのだった。後年、生活の糧をうるべく某新聞の無記名書評を担当したりしていた時、必要上、そうした技術も身につけたが◀10、当時には、どうもその気にはなれず、また周囲にある事柄に関して及びがたい人物がいると、却って逆の性質を増長させてしまう交友心理もはたらいてか、私はますます◀3妄想的読書にのめり込んでいった。やがて病は昂じ、〈一つの思念や想像が刺戟された時には、その思念や想像のがわに身を委ねて、あえて一つの書物を早急に読み切ることに執着しなくなっていった〉。あげくの果てには、人が死ぬのは、疾病や過労によって肉体的生命が涸渇するから◀2ではなく、想像の世界が縮小し消失した時、なにものかに殺されるのであるという私かな◀8確信すら懐くようになってしまったのである。

(3)〈これ〉は◀5むろん読書の態度としては、（いわば〈邪読〉であって）、読書は◀譲歩内容の可能性が高いのでマークしない＊まず即自有としての自己を一たん無にして、他者の精神に接するべきものであり、あるいは確実な、あるいは体系的な知識を身につけるために読むべきものであることは◀8知っている。また客観的精神というものは、そうした過程を経なければ形成されず、また、そうでなければ、認識と実践の統一という美しい神話も成り立たない。

しかしすべて邪なるものには、悪魔的魅力があるものであって、常に正しく健全であり続けることは、おそらくは索漠として淋しいもの◀9なのではあるまいか。

客観的速読法 2「というよりは」・1「パスカルの言う〜」「あたかも〜といった」により、

▼**手当りしだい書物を読んだが、一冊の書物を読む過程での思念の動きは、気ままに膨張した**……K3

8「後ろめたさの念」（傍線部（2））により、

▼**自分の読書の仕方は後ろめたかった**……K4

2「ではなく」・8「確信すら懐く」により、

▼**人が死ぬのは想像の世界が縮小し消失した時にであるとすら思う**……K5

と読解を進め、ここで傍線部（3）中の**指示語「これ」の〈指示対象〉の確認**を済ませておく。さらに、5「むろん」以下（→「しかし」まで）は**譲歩内容となる可能性が高い**ので、読解法の◯を付すだけにしておけば、無駄な線を引かなくて済む。なお、随想の読解法3で「妄想的読書」もマーキングできる。

5「（むろん〜）しかし」・9「ではあるまいか」により、

▼**邪なるものには悪魔的魅力があり、常に正しく健全であり続けることは索漠として淋しい**……K6

というキーセンテンスを発見できる。

以上は、第一節で言及された「この物語の発想に近い（筆者のしていた）読書の仕方」について、それが「〈邪読〉＝（「正しく健全」ではない読み方）」であることの説明である。引き続き、第三節の読解作業に進む。

▼8 私見によれば、ある領域に関して長ずるための唯一の方法は、半ば無自覚にそれに耽溺（たんでき）することであって、中庸というのはあくまで晩年の理想にすぎない。読書に関してもまた同じ。▼1（厠の中で何か読みはじめたために厠から出るのを忘れ、飯を食っている間ぐらい、考えごとをするのをやめなさいと両親にさとされても、生返事をしてあい変（かわ）らず妄想し、なおさっきの続きを

読んでいるといった）耽溺がなければ、なんらかの認識の受肉はありえないという気がする。そして、それは客観的精神がある時期に芽ばえ育つこととは必ずしも矛盾しない。

あえて〈邪読〉について書きつづければ、〈こうした耽溺のあとには必ず〈忘却〉がやってくる〉。（何を読んだのだったか、題名の記憶はありながらもその内容の痕跡がほとんど残らず、あたかもその時間が無駄であったように印象される。）読んだ内容を可能な限り記憶にとどめているべき学問的読書や実務型の読書、あるいは次の実践や宣伝の武器としても、章句を記憶にとじこめておくべき行動型の読書から言っても、この〈忘却〉は、はなはだしく迂遠である。せっかく読んで忘れてしまうくらいなら読まない方がまし、とも言える。だがしかし、(4)〈その〉〈忘却〉にも、意味があると私は言いたい気もする。

◀本文の主題が明示されている

これは経験的に確かなこととして言えると思うが、もし創造的読書というものがあるとすれば、それは必ずこの忘却を一つの契機とするからである。

（かつて*ショーペンハウエルが思考なき多読の弊害を説き、*ニイチェが文献学者から哲学者への転身に、その〈忘却〉の契機を積極的に生かしたことは周知のことに属するが）、まこと読書は（各自の精神の濾過器を経て）、その大部分が少なくとも顕在的な意識の上からは、一たん消失するということがなければ、精神に自立というものはなくなるかもしれない。

8「私見によれば」・1「厠の中で～といった」・8「気がする」により、

▼ある領域に長じる唯一の方法は、半ば無自覚に耽溺することであり、読書も同じである……K7

1「何を読んだのだったか、～印象される」により、

▼耽溺がなければ、なんらかの認識の受肉はありえない……K8

▼（こうした）耽溺のあとには必ず〈忘却〉がやってくる……K9

10「だがしかし」・8「言いたい気もする」により、傍線部(4)

▼その〈忘却〉にも、意味がある……K10

などのキーセンテンスが発見できる。第三節では「〈邪読〉」が読書における「耽溺」と捉え直され、「ある領域に関して長ずる唯一の方法」「認識の受肉」のための必要条件として肯定的評価に転じている。

さらに、8「思う」・1「かつてショーペンハウエルが〜」・7「まこと」・1「精神の濾過器」により、

▼創造的読書は必ずこの忘却を一つの契機とする……K11

▼読書は、各自の精神の純化を経て大部分が意識から一たん消失しなければ、精神の自立はない……K12

というキーセンテンスが得られる。読書における「耽溺と〈忘却〉」には重大な意義があることになる。

それでは、最終節の読解作業に入ろう。

ものごとはすべて失いかけた時に、そのことの重大さを意識する。いま私が〈邪読〉についてしるすのも、率直に言えば、私自身がすでにその〈邪読〉の条件を大はばに失ってしまっているからである。（＊職業上の読書、下調べのための走り読み……。）もっとも書物と縁が深いようで、少し心を許せば読書の本質から遠くなる危険をもった生活が、おそらく私にかつてあった豊饒（ほうじょう）な時間を無限に愛惜させるのであろう。

むろん、そうであっても、なお〈邪読〉は〈邪読〉であり、一つの読書のあり方ではあり得ても、他の読書のあり方を排除すべき権利も理由もない。むしろ、（人の顔がそれぞれ違うように、）無限に多様な読書の態度がありえていいのである。（一冊の書物にほとんど救いを求めるようにして接する求道型の読書、具体的な生活上の知識や知恵を得るための読書、あるいは無目標なしかし存在の奥底からの渇望から発する読書等々。）各人がその人の個性にあった読書のかたちを造り出せばいいのであろう。

そして（人生がそうであるように、）誰しもあれもこれもと欲し、理想はさまざまの読書の型をそれぞれの人生の時期に経過

することにあるのだろうが、しかし◀10 また（人生そのものがそうであるように、）◀1 人は一つの読書のあり方に比重をかけたまま、その生を終（おわ）らざるをえないのであろう。

6「率直に言えば」・1「職業上の～、下調べの～」・8「愛惜させる」により、

▼**筆者自身が〈邪読〉の条件を大はばに失っている**……K13

▼**読書の本質から遠くなる危険をもつ生活が、かつての豊饒な時間を無限に愛惜させる**……K14

とされ、この後は、5「むろん～ても」・10「～（あり得）ても」・2「むしろ」・1「人の顔が～」などよって、

▼**〈邪読〉は〈邪読〉であって、無限に多様な読書の態度がありえていい**……K15

と、〈邪読〉＝「耽溺と〈忘却〉による読書」が相対化される。さらに、1「一冊の書物に～」により、

▼**各人がその人の個性にあった読書のかたちを造り出せばいいのであろう**……K16

と同内容を重ねている。しかし、最終段落（最終センテンス）では、1「人生が～」・10「しかし」・1「人生そのものが～」によって、

▼**理想はさまざまの読書の型をそれぞれの人生の時期に経過することだろうが、人は一つの読書のあり方に比重をかけたまま、生を終らざるをえないのであろう**……K17

というキーセンテンスで本文が締めくくられる。やはり筆者にとっては、「〈邪読〉はその人生にも比すべき重みがあるということなのであろう。

要旨要約

青春の一時期、筆者は思念の動きが気ままに想像を広げる〈邪読〉と言うべき読書の仕方をし、後ろめたく思うこともあった。しかし、常に正しく健全であり続けることは索漠として淋しい。ある領域に長じ、認識を受肉する唯一の方法は、半ば無自覚な耽溺であり、読書も同じである。耽溺のあとには必ず大部分が意識から一たん消失する。読書では、この各自の精神による取捨なしに精神の自立はない。現在の筆者は〈邪読〉の条件を大はばに失い、読書の本質から遠くなり、かつての豊饒な時間を無限に愛惜する。無限に多様な読書の態度がありえ、各人がその人の個性にあった読書のかたちを造り出せばよく、理想はさまざまの読書の型をそれぞれの人生の時期に経過することだろうが、人は一つの読書のあり方に比重をかけたまま、生を終わらざるをえないであろう。（三五〇字）

読解から解答へ

問1 傍線部（1）はどのような発想法か、説明せよ。

（編集部注：解答欄は140ミリ×10ミリ×二行）

本問は、傍線部が名詞句タイプの**同義置換型設問**であるが、その中で最も平易な「〜という発想法。」などで結ぶタイプである。しかも設問解答の実質は「こうした〈発想法〉」の指示内容とほぼ一致するので、解答手順を追う必要はないであろう。指示対象は「〈物語が物語を生み、登場人物が語り出した物語の中の人物がまた一つの物語を語り出す〉（というような発想法）」である。解答欄は二行、五〇字程度であるから、このままでもほぼ解答欄は埋まる。選択式であれば、まずはこの内容で選択肢を絞ってもよい。

しかし、ここからが**高得点への道、失点を回避する配慮**になる。このまま「物語が物語を生み、登場人物が語り出した物語の中の人物がまた一つの物語を語り出すという発想法。」（句読点を除き四四字）としても、致命的な誤りではないが、傍線部直前の「土地に接触した茎から～ある種の植物の繁殖にそれは似ている」という比喩との**類似性が解答に十分反映されていない**。正解内容は、「ある種の植物」の比喩からも、また後の「一つの瘤の上にまた一つ瘤が出来るといった（気ままな膨張）」からも明らかなように、物語は（根茎のように）**次々と分岐し増殖していく**のである。この**比喩表現のニュアンスを解答表現に反映させる必要がある。**

失点を回避し、高得点に至るには、右のような内容上の正確さを追うことに加えて、**論理的な誤りに陥らないこと**も重要である。その誤りとは、「アラビア文化圏特有の存在論」などに言及してしまうという、よく見受けられるタイプの誤りである。傍線部を含む一文で「こうしたAの背後には、Bが秘められている」と述べられていて、「『こうしたA』とはどのようなAか」という設問に対して、「Bを背後に秘めた、〇〇なA」などと解答したとする。その解答をもう一度、元の「こうした」に代入してみるとよい。正解ならば何の問題もないはずだが、「Bを背後に秘めた〇〇なAの背後には、Bが秘められている」という**論理的な誤り（トートロジー）**に陥っていることは明白である。

以上から、解答をまとめよう。最も厳密な解答例を示す。（「物語」に言及しても失格というほどではない。）

解答　**ある事柄から同種の他の事柄が分岐して生じることを次から次へと繰り返し、事柄が増殖しつづけるという発想法。**（6点）

採点基準

・主題＝「（こうした）発想法」の説明（加点はなし）（「発想法。」以外の結びの表現は、1点減点とする）
・「こうした」の指示内容
　a　ある事柄が／同種の／他の事柄を生じる（各1点）
　＊「同種の」のニュアンスを欠けば1点減点。「物語が物語を生む」などは1点のみ。
　b　「また一つ」のニュアンス＝次々と、の意（1点）
　c　「膨張」「植物の比喩」のニュアンス＝増殖、の意（2点）

＊aでの加点は必須ポイント（1点でもよい）。
＊加点内容の表現が具体例のまま、あるいは傍線部のままなどは、内容的には正しくとも加点はしない。
＊解答字数は六〇字までとする（なるべく五〇字程度に収める。字数過剰は失格・字数不足は不問）。

問2　傍線部（2）について、筆者が「ある後ろめたさ」を感じたのはなぜか、説明せよ。
（編集部注：解答欄は140ミリ×10ミリ×三行）

理由説明型設問の最初の例題である。丁寧に解答手順を追っていこう。

1　設問の要求確認と傍線部を含む一文の構文確認を行う。

設問の要求は、「筆者が（Sが）ある後ろめたさを感じた（Pする）理由」であるから、**動機・意図タイプ**、すなわち、**心理的・主観的な理由（Qだから）**であると特定できる。

次に、傍線部を含む一文を確認する。

「当時友人の一人に一冊の書物を読みきれば、その理解したところを見事に要約してみせねばやまない〈要約魔〉がいて、電車の中や街頭で彼の的確精密な要約を聞きながら、(2)しばしば自分の読書の仕方に対するある後ろめたさの念におそわれたものである。」

このままでは長くて構文が不明瞭であるので、簡略化し、「友人の的確精密な要約を聞きながら、筆者は(S)ある後ろめたさを感じた(P)。」とする。「友人の的確精密な要約を聞きながら」は**限定条件**（**基礎講義4「論理的解答法2」・注意事項②**）に該当する。解答の述部は筆者の主観（Q）の形で記すが、**解答の実質的な内容は、限定条件から必然的に導かれる**。すなわち、「友人の的確精密な読書の仕方を聞きながら、それとは異なる筆者自身の読書の仕方は、○○であると思われたから（後ろめたく感じた）」というものになる。

2　解答の構文を確立（主述を明瞭に意識化）する。

傍線部の構文がS－Pタイプであるから、前述のように、解答の構文は「SはQだから」である。もちろん「Q」は筆者（S）の主観・心情である。筆者の心情（P）「後ろめたく感じた」ことの理由（Q）もまた、その「後ろめたさ」へと至る直前の心理・主観であることに注意したい。具体的な感情などが本文中に存在しない場合は、**「○○と思われるから。」**などという主観説明の形で結ぶとよい。

また、解答の述部（Qだから）を最終的に確定する前に、本文内容としての正しさばかりではなく、傍線部の述部（Pする）へとつなぎ、「Qだから、Pである」と続けて読んだときに、実際に説得的な理由になっているかどうか、必ず確認しておこう（**基礎講義4「論理的解答法2」・注意事項③**）。本問では、「いい加減な（正しくない）読書の仕方と思われたから、後ろめたく感じた」などといった関連づけになるだろう。

一方、**限定条件は、そのまま解答要素の一つとなる。**なるべく簡潔化して解答に含める。

解答の構文　友人の的確精密な読書結果の要約を聞きながら、それと筆者の読書の仕方を比べてみると、筆者の方は〇〇であり、友人のような正しい読書の仕方ではないと（筆者には）思われたから。

3　確立した解答の構文中の述部箇所（〇〇と思われるから）に、キーセンテンス中の適切な表現を暫定的に代入する。

ここでは「筆者の読書の仕方」に関する K3 **「手当りしだい書物を読んだが、一冊の書物を読む過程での思念の動きは、気ままに膨張した」**が適切である。

暫定的な解答案　友人の的確精密な読書結果の要約を聞きながら、それと筆者の読書の仕方を比べてみると、筆者の方は一冊の書物を読む過程での思念の動きが気ままに膨張するものであり、友人のような正しい読書の仕方ではないと（筆者には）思われたから。

4　3の暫定的な解答案の字数を概算する。（右の解答案は一〇四字。）

字数が解答欄三行（約七五字〜最大九〇字）を超過しているので、許容範囲（制限字数）まで、解答表現を簡潔化する。その際、要素は極力維持する。

解答　**友人の的確精密な読書結果の要約を聞き、それと比べて筆者の読書の仕方は読む過程で思念の動きが気ままに膨張しており、正しい読書の仕方ではないと思われたから。**（8点）

採点基準

・構文

a　主語（筆者）の動機・意図（主観的理由）の説明という形式になっている（1点）

b　限定条件「友人の的確精密な要約を聞くと」の意を明記している（2点）

c　（bと比較すると）筆者の読書の仕方は／正しくない（と思われるから）（各1点）

・述部内容（c）の意味・理由の説明

d　思念の動きが／気ままに／膨張する（各1点）

＊a・cという構文の成立は、必須ポイント。

＊解答字数は七五字〜九〇字程度（なるべく八〇字までに抑える。字数過剰は失格・字数不足は不問）。

問3　傍線部（3）のように筆者が言うのはなぜか、説明せよ。（編集部注：解答欄は140ミリ×10ミリ×四行）

前問に続いて、**理由説明型設問**である。

1　設問の要求確認と傍線部を含む一文の構文確認を行う。

本問も、設問の要求は、「〜のように筆者が（Sが）言う（Pする）のはなぜか、説明せよ」であるから、形式の上では**動機・意図タイプ**、すなわち、**心理的・主観的な理由（Qだから）**であると特定できる。

ただし、設問要求の実質的内容は、むしろ「これは（Aは）〜〈邪読〉である（Bである）」ことの「理由」、すなわち、論拠タイプの理由説明問題である。出題者がわざわざ「筆者が言うのはなぜか」と心理的・主観的理由の形式で問うのは、本文が典型的な論理的文章ではなく、**随想**であり、筆者の判断は「論拠」というより**「直観」**によるものだからである。このような場合、解答の構文は、「AはCであると思われる、から。」などとしておくとよい（**基礎講義4「論理的解答法2」・注意事項④**）。

そこで、改めて傍線部を含む一文の実質的な構文を考えよう。「**これは（Aは）**（読書の態度としては、いわば）**〈邪読〉である（Bである）**」という構文であるから、解答内容の実質は、「これ」の指示内容が「〈邪読〉である」と言われる**理由（Cだから）**を本文中で発見すればよいことがはっきりした。

2 解答の構文を確立（主述を明瞭に意識化）する。

傍線部（3）の主題「これは」の指示対象を確認しよう。

〈一つの思念や想像が刺戟された時には、その思念や想像のがわに身を委ねて、あえて一つの書物を早急に読み切ることに執着しなくなっていった〉

という「読書の態度」を指す。本文をそのまま解答に用いることができるというケースは少ない。長すぎたり、具体例・比喩などの不適切な表現であったりする。**重要な語句（キーワードなど）を残しつつ、過不足のない、適切な表現へ改めることが、現代文の入試で求められている「表現力」である。**ここでは、

〈刺戟された思念や想像のがわに身を委ね、一つの書物を早急に読み切ることに執着しない読書態度は〉

というように簡潔化する。これで解答の構文は確立できた。「これは、Cだから」とする。

解答の構文　読書において刺戟された思念や想像のがわに身を委ね、一つの書物を早急に読み切ることに執着しない読書態度は、○○であると思われるから。

3 確立した解答の構文中の述部箇所（Cだから＝○○と思われるから）に、マーキングしたキーワード、

キーセンテンス中の適切な表現を暫定的に代入する。

ここで、傍線部中の**「むろん」**に着眼しよう。筆者は「〈邪読〉」すなわち「邪な読書態度」「不正な読み方」という、一般的、常識的には否定的評価の表現を、「むろん〜しかし」という譲歩の形 **5** で用いているので、本音はむしろ肯定的評価と考えてよい。それゆえ、単なる「邪読」ではなく、「〈邪読〉」として〈 〉を付しているのであろう。とすれば、「なぜ〈邪読〉なのか」という設問の解答内容に筆者の積極的な主張(キーセンテンス)がそのまま当てはまる見込みは低い。むしろ本文中で「常識」「社会通念」としての「正しい読書の態度」を探すことになるが、本問では**傍線部を含む一文以下**で述べられている。

「読書はまず即自有としての自己を一たん無にして、〜読むべきものであることは知っている。**また**客観的精神というものは、〜美しい神話も成り立たない」(並列「また」により、二文が解答要素となる。)

これを**適切に簡潔化**し、さらに、「Cだから、Bである」が理由として説得的かどうか、確認しよう。

暫定的な解答案　読書において刺戟された思念や想像のがわに身を委ね、一つの書物を早急に読み切ることに執着しない読書態度は、自己を一たん無にして他者の精神に接し、確実な、体系的な知識を身につけ、また客観的精神を形成し、認識と実践の統一を成り立たせるための、正しく健全な読書態度ではないと思われるから。

4　3の暫定的な解答案の字数を概算する。(右の解答案は一四〇字。)

字数が解答欄四行(約一〇〇字〜最大一二〇字)を超過している。許容範囲まで、解答表現を簡潔化する。その際、要素は極力維持する。なるべく一〇〇字程度に収めよう。

解答　**読書において刺戟された思念や想像の働くまま、早急に読み切ろうと執着しないことは、無心で他者の精神に接し、確実で体系的な知識の修得、客観的精神や認識と実践の統一へと至る、正しく健全な読書態度ではないと思われるから。**（12点）

採点基準

・構文

a　〈筆者〉の読書態度（「これ」）が〈邪読〉とされる理由を説明する構文である（1点）

b　心理的・主観的理由説明の形式（～と思われるから　など）（1点）

・主題＝「これは」の指示内容

c　刺戟された思念や想像のがわに身を委ね（1点）

d　一つの書物を早急に読み切ることに執着しない（1点）

e　読書の態度（読み方）（1点）

・述部

f　正しく健全な読書態度ではない（と思われる）から（2点）

　＊「邪」であることに直結する内容「正しい読み方ではない（と思われる）から」程度で可とする。

・述部の意味もしくは理由の説明

g　自己を無にして／他者の精神に接する（べきなのに、そうしていない）（各1点）

h　確実な、体系的な知識を身につけるために読む（べきなのに、そうしていない）（1点）

i　客観的精神の形成／認識と実践の統一（の神話が成り立たない）（各1点）

＊a・cもしくはd・f（実質的な構文の成立）は、必須ポイント。
＊解答字数は一〇〇字～一二〇字程度（なるべく一〇〇字程度とする。字数過剰は失格・字数不足は不問）。

問4　傍線部（4）のように筆者が言うのはなぜか、説明せよ。（編集部注：解答欄は140ミリ10ミリ×四行）

1　設問の要求確認と傍線部を含む一文の構文確認を行う。

前問と同じ設問要求による**理由説明型設問**である。本問も**動機・意図タイプ、心理的・主観的な理由の説明（Qだから）**であり、筆者の主観の形で結ぶ。「経験的に確かなこととして言える**と思う**」が活用できる。

次に、傍線部を含む一文の実質的な構文を確認しよう。「その〈忘却〉にも（Aは）意味がある（Bである）」となるので、解答内容の実質は、主題「その」の指示内容と「〈忘却〉」の置換（〈　〉の付されたままでは、解答表現として適切ではない）、そして述部「意味がある」（と「筆者が言う」）**理由（Cは確かであると思われるから）**を本文中に求めることになる。傍線部を含む一文は「だがしかし」という逆接で始まるので、その**述部の理由は傍線部よりも後にある**と考えられる。

2　解答の構文を確立（主述を明瞭に意識化）する。

傍線部（4）中の指示語「その（〈忘却〉）」の指示対象を確認しよう。この段落の冒頭の一文に、「こうした耽溺のあとには必ず〈忘却〉がやってくる」とあり、指示対象は「こうした耽溺のあとに必ずやってくる〈忘却〉」だが、そのなかにまた「こうした（耽溺）」という指示語が含まれている。「こうした」の指示内容については、解答字数によって「耽溺後の（〈忘却〉）」などと簡略化するときもあるが、今は字数を気にせず、指示対象を追ってみよう。一つ前の段落冒頭に「～ある領域に関して長ずるための唯一の方法は、半ば無自覚にそれに**耽溺**することであって」とあるのをもとにして、「読書の過程で気ままに膨張する思念の動きに半ば無自覚に耽溺すること」という程度の指示内容にまとめることができる。要するに、「耽溺」とは「〈邪読〉」「妄想的読書」である。

また、「〈忘却〉」自体の置換説明は、傍線部（4）を含む段落の二文目の具体例を参照して、「読書をした内容の記憶がほとんど残らないこと」とまとめることができる。以上から、解答の構文を確立できる。

解答の構文　読書の過程で気ままに膨張する思念の動きに半ば無自覚に耽溺したあとに、読書内容の記憶が必ずほとんど残らないことは、〇〇であることが経験的に確かであると思われるから。

3　確立した解答の構文中の述部箇所（Cだから＝〇〇と思われるから）に、マーキングしたキーワード、キーセンテンス中の適切な表現を暫定的に代入する。

「〈忘却〉」の「意味」、すなわち肯定的な意義を指摘できれば、実質的な解答の述部内容となる。逆接「だがしかし」を踏まえ、**傍線部以降のキーワード、キーセンテンスを参照**しよう。

▼**創造的読書は必ずこの忘却を一つの契機とする**……K11

▼**読書は、各自の精神の純化を経て大部分が意識から一たん消失しなければ、精神の自立はない**……K12

これらにより、**「創造的読書の契機となる」「各自の精神による純化を経て、精神の自立をもたらす」**という述部の解答要素が入手できた。今回も、右の要素を解答の述部（Cだから）と確定する前に、傍線部の述部（Bである）へとつなぎ、「Cだから、Bである」が説得的な理由になっているかどうか、確認しておこう。

暫定的な解答案　読書の過程で気ままに膨張する思念の動きに半ば無自覚に耽溺したあとに、各自の精神の純化を経ることで読書内容の記憶が必ずほとんど残らないことは、創造的読書の契機となり、精神の自立をもたらすことが経験的に確かであると思われるから。

4　3の暫定的な解答案の字数を概算する。（右の解答案は一一二字。）字数が解答欄四行（約一〇〇字〜最大一二〇字）にほぼ適合する。そのままでもよいが、可能であれば、さらに表現の簡潔化と微調整を行い、完成答案とする。

解答　**読書の過程で気ままに膨張する思念の動きに半ば無自覚に耽溺したあとで、各自の精神の純化を経て読書内容の記憶が必ずほとんど失われることは、創造的読書の契機となり、精神の自立をもたらすと経験的に確信されるから。**（12点）

採点基準

・主題＝その〈忘却〉について

a　「〈忘却〉」の説明＝読書で／ほとんど／（読んだ）内容の記憶が残らないことは（各1点）

b　「その」の指示内容＝（こうした）耽溺のあとに／必ず（やってくる）（各1点）

c　「こうした（耽溺）」の指示内容＝半ば無自覚な（耽溺）／思念の動きが気ままに膨張する（各1点）

・述部

d　創造的読書の契機となる（1点）

e　各自の精神の／「濾過器」を経て（適切な置換）／精神の自立を可能にする（各1点）

f　心理的・主観的理由説明の結び方（1点）

＊「〜と思われるから。」程度でも、可とする。

＊a・dもしくはe（実質的な構文の成立）は、必須ポイント。

＊解答字数は一〇〇字〜一二〇字程度（なるべく一〇〇字程度とする。字数過剰は失格・字数不足は不問）。

問5　傍線部（5）について、筆者にとっての「読書の本質」とはどのようなものか、本文全体を踏まえて説明せよ。

（編集部注：解答欄は140ミリ×10ミリ×四行）

1　設問の要求確認（設問＋全体要旨の付帯）と傍線部を含む一文の構文確認を行う。

本問は、最終設問であること、「本文全体を踏まえて」という付帯条件があること、解答欄の行数は四行あり、比較的に大きな解答字数であることなどから、**要旨要約型設問**であると判断できる。そして、メインの設問要求は「筆者にとっての『読書の本質』とはどのようなものか」であるから、名詞句タイプの**同義置換型**である。

本文の主題「〈邪読〉」は、そのまま「筆者にとっての読書の本質」である。したがって、本問は、主題について、定義・論拠・結論を中心に本文全体をまとめるという、**要旨要約そのもの**に近いと考えられる。念のため、この点を傍線部を含む一文からも確認しよう。

「もっとも書物と縁が深いようで、少し心を許せば読書の本質から遠くなる危険をもった生活が、おそらく私にかつてあった豊饒な時間を無限に愛惜させるのであろう。」

これによって、傍線部（5）**「読書の本質」とは**、筆者に「かつてあった豊饒な時間」における「読書」の仕方に備わっていた、「愛惜」すべきものであると分かる。それは**「〈邪読〉」の特質そのもの**であろう。

2　解答・後半の構文を確立（主述を明瞭に意識化）する。

傍線部（5）「（筆者にとっての）読書の本質」は名詞句であり、設問要求が「どのようなものか」なので、妥当な解答形式は「〜なN（適切な名詞）。」もしくは「〜なもの。」である。ただ、本問は要旨要約型設問でもあるから、解答を二文に分けて、後半のセンテンスを「〜なものである。」などとしても問題はない。

解答・後半の構文

読書における○○なN。（もしくは、筆者にとって、読書の本質とは、○○である。）

3　確立した解答・後半の構文に、主として前問の解答内容より後にあるキーワード・キーセンテンス（中の適切な語句）を代入する。

（筆者にとっての読書の本質は、）

① **豊饒な時間をもたらすものである**

② **各人の個性にあった、無限に多様な読書の態度があってよい**

③ **人は一つの読書のあり方に比重をかけたまま、生を終わらざるをえない**

このような「読書の本質」が、一般的には抽出される。しかし、ここで問題なのは、わざわざ設問の付帯条件として**出題者が「筆者にとっての」と限定している**ことである。どのような現代文の問題であれ、主題の定義や結論その他、問われている本文内容は「筆者にとっての」ものであるに違いない。つまり、それは言うまでもないことである。ではなぜこの設問だけ、あえて「筆者にとっての」と断るのか、考える必要がある。

一般に、**本文の最終センテンス**は、結論やそれに近い内容が述べられることが多く、少なくとも**出題者にとって、問題本文の結びとするにふさわしい箇所**であったに違いない。したがって、**読解時にしっかりと読むだけではなく、本問のような最終設問で、再度確認すべきである。**

最終センテンスで筆者は、**10**・**1**の表現を用いつつ、「しかしまた人生そのものがそうであるように、人は一つの読書のあり方に比重をかけたまま、その生を終らざるをえないのであろう。」という、重い語り方をしている。ここで、少し長くなるが、この前段落の具体例も再確認してみよう。

「(一冊の書物にほとんど救いを求めるようにして接する求道型の読書、具体的な生活上の知識や知恵を得るための読書、あるいは無目標なしかし存在の奥底からの渇望から発する読書等々。)各人がその人の個性にあった読書のかたちを造り出せばいいのであろう。」

これは、一般論「各人がその人の個性にあった読書のかたちを造り出せばいい」を述べるために、三つの具体例を挙げているわけだが、その内実を考えてみよう。

〈具体例1〉書物に救いを求める求道型の読書
〈具体例2〉具体的な生活上の知識や知恵を得るための読書
〈具体例3〉無目標なしかし存在の奥底からの渇望から発する読書

これらは、単なる多数の事例中のたまたま三例として挙げられているのであろうか?「妄想的読書」「思念や想像のがわに身を委ねて」「半ば無自覚に耽溺すること」「はなはだしく迂遠」……。右の〈具体例3〉は、**「〈邪読〉」そのもの**である。そして、最終センテンスを踏まえれば、出題者の問う「筆者にとっての読書の本質」としては、他にどのような多様な読書の仕方があったとしても、「〈邪読〉」に「比重をかけたまま、その生を終らざるをえない」ことになる。そこで、（これは随想の難問に特有の、入試本番では比較的に稀なことではあるから、書けていなくてもさして心配するほどではないが、）解答要素として以下の点を付け加えよう。

④ **無目標な、しかし存在の奥底からの渇望から発する読書**

暫定的な解答案・後半　（筆者にとっての読書の本質は、）筆者の個性にあう、人生上の重要性が高い読書の型における、無目標だが存在の根底からの渇望から発する人生の豊饒さ（というものである）。

＊右の解答案は、（　）内を除くと、約五五字（解答欄二行分）であるから、そのまま**解答・後半**とする。

4　3の解答・後半の字数を概算し、残りの解答字数・行数を明確にする。（ここでは残り約二行分。）

5　3の解答案・後半へと接続すべき前半の要旨としてとくに重要な内容のキーワード・キーセンテンスを、本文前半中から取捨選択し、残り字数内でまとめ、〈解答案・前半〉とする。

後半の解答内容には含まれていない「〈邪読〉」の定義やその意義について、解答欄二行分（約五〇字程度）でキーワード、キーセンテンスをピックアップするとよい。K3・K7・K11・K12が適切である。

暫定的な解答案・前半　（筆者は、）刺戟された思念や想像が分岐膨張するに任せ、半ば無自覚に読書に耽溺しては忘れ去り、それによって精神の自立をもたらす創造性がえられる（と考えている）。

この解答案も約六〇字（解答欄二行分）なので、このまま**解答・前半**とする。

6　3・5の解答（前半＋後半）の接続を意識し、さらに表現を調整して、解答欄四行以内に収める。

解答

筆者は刺戟された思念や想像が分岐膨張するに任せ、半ば無自覚に読書に耽溺し、内容を失念した。自らの個性に適し、人生に重要な読書の態度における、無目標だが存在の根底からの渇望に発する、精神の自立をもたらす豊饒な創造性。（12点）

採点基準

・主題＝「筆者にとっての読書の本質」（内容的に必須であるが、設問要求そのままであるから、加点はなし）

＊名詞句の同義置換であるから、「読書の本質」という語句そのものの有無は不問とする

・実質的な述部の内容＝「〈邪読〉」の定義・意義

a　（読書中の）思念の動きが気ままに膨張する（1点）

b　（半ば）無自覚に／耽溺し／〈忘却〉（置換）する（各1点）

c　精神の自立（「認識の受肉」も可とする）をもたらす（1点）

d　創造的（読書）である（1点）

e　豊饒な（時間をもたらす）（1点）

f　筆者（「各人」なども可とする）の個性にあう（1点）

g　筆者（「各人」なども可とする）の人生において比重が大きい、の意（2点）

h　無目標だが／存在の根底からの渇望に発する（各1点）

発展的考察のために

「学問的読書」「実務型の読書」「行動型の読書」など、特定目的に資する合理的な手段としての読書は〈正読〉であろう。これらは、筆者によれば、「創造的読書」たりえない。もしある行為が何らかの明確な目的達成のための合理的な手段として実行されるとすれば、たとえば学校に行くためにいつもの電車に乗るように、その結果が既知の行為であるから、たしかに創造的ではない。これに対して、「何のために」という合目的的な問いには答えられない、ただただ「耽溺」「妄想」するといった自己目的的な行為は、結果的に、すなわち、偶然に何事かを創造するかもしれない。（だって、「何かを創造するために、邪読しています」というのは矛盾でしょう？）これは科学的発見などについて言われる「セレンディピティ」に近い。学問の語源が「暇（スコレー）」であり、芸術の特質が「利害のなさ（ディスインタレスト）」であると言われることも、筆者の〈邪読〉と関連が深い。さらに「人生そのものがそうであるように」、〈邪読〉は「何のために生きるのか」という問い自体の再考をも促しているのかもしれない。

5 選択式問題の解答法

基礎講義5では、選択式問題の論理的な解答法や注意事項を解説する。基礎講義4で述べたように、**記述式も選択式も、解答法の基礎は同じ**である。したがって、基礎講義5の目指すところは、**本文の客観的な読解結果と設問に対する論理的な解答手順を選択式問題の解答法へと応用・洗練する**ことにある。ときに誤解されるむきもあるので念のために記すが、上記は、たとえば選択肢だけを見て正解を当てようとするといった、学習努力の軽視や回避とはまったく無関係である。設問の形式が何であれ、入試対策は基礎学力の養成以外にはない。「現代文は選択式問題しか入試では出題されない」という人も、必ず基礎講義4を先に読んでおこう。

「選択式問題を解く」とは、何をどうすることか ――「書くように選ぶ」

ここまで本書を読んできた人は、「(選択式)問題を解く」にはどうすればよいか、もう分かっているはずである。FAQ A8でも述べたが、「書くように選ぶ」。すなわち、**記述解答を考えるのと同じ手順で、正解の条件を満たす選択肢を絞り込んでいけばよい**。これは、いわゆる「消去法」によって誤答選択肢を排除していこうとすることとはまったく異なる行為である。両者の違いを解説しておく。

消去法は、「正答以外の選択肢には本文内容に反する誤りが含まれている」ので、「その誤りを見つけて誤答選択肢を消去していけば、最後に誤りのない正答選択肢が一つ残るはずである」という前提に立って、問題を解こうとするものである。いや、必ずしも「問題を解こうとする」とは言えない。消去法を採用する人は、**「正解選択肢を特定しよう」としているだけ**である。だから、「共通テストが終わってから二次試験対策を始めるのは遅いのでは？」などという不毛な疑問や不安が生じもする。記述式問題では消去する対象がない……。

そもそも消去法は正しい「方法」であろうか。また、かりに正しいとしても、有効であろうか。具体例を用いて、この二点を考察してみよう。

設問　傍線部「人間は社会的動物である」とは、どういうことか。

選択肢　文化は動物の本能に代わる機能をもつということ。

今、本文中には右の選択肢そのままに「文化は動物の本能に代わる機能をもつ」と間違いなく述べられているとする。それでも、多くの人は右の選択肢を正解とは思わないのではないか。その理由は、もちろん選択肢が「本文内容に反するから」ではなく、「(たとえ本文中にそう述べられていても) 傍線部自身とはかけ離れていると思われるから」などであろう。そのとおりである。「本文に反する内容（誤り）を含むから」誤答なのではなく（「誤りを含むから、誤答である」というのは当たり前のトートロジーである)、「正解としてあるべき主―述の構文ではないから」誤答なのである。つまり、**「正解としてあるべき」事柄がある程度でも分かれば、それに合致する選択肢に絞っていけばよい**のであって、右の例だけでも、消去法が成立する前提は崩れている。

次の例に移る。問いは同じであるが、やや難度の高い、長文の選択肢を二つ用意した。

設問 傍線部「人間は社会的動物である」とは、どういうことか。

選択肢
ア　高度なシンボルを使用して情報を知識へと固定し、同種の個体と共有することで環境に適応し、生存確率を高めるように進化してきたヒトは、複数個体の共生を生存の前提とするということ。
イ　人類は高度なシンボルの使用によって動物の本能に代わる機能をもつ文化的システムを発達させ、文化が各人間集団を差異化したため、共生するには異文化理解が不可避となったということ。

先ほどと同様、本文中で「文化は動物の本能に代わる機能をもつ」と述べられているとする。「高度なシンボルの使用」「共生」なども同様とする。しかし、そういう部分部分の「ウソ／ホント」をいちいち本文と選択肢とを行ったり来たりしながら照合することは、解答時間（約1分半）だけを考えても、有効とは言えまい。

そこで、選択肢に振り回されず、基本に戻り、（実際書くわけではないが）「正解」を自分で考えてみよう。設問の要求は**同義置換型**である。**傍線部を含む一文の構文を確認**し、**解答の構文を確立**する（「人間は社会的動物（の置換）であるということ。」）。これに**客観的速読法**で発見した**キーワード**、**キーセンテンスを代入**し、……。以上は**基礎講義4**や例題2－1、例題2－2でおなじみの、**記述式問題の解答法**で暫定的な解答案へと至るまでの、ごく一般的な解答手順である。

一方、選択肢ア、選択肢イの**「解答の構文（主―述）」**をそれぞれ確認してみよう。

ア　ヒトは（複数個体の）共生を生存の前提とするということ。
イ　（共生するには）異文化理解が不可避となったということ。

自分が（頭の中で）確立した**「解答の構文（主─述）」と、各選択肢の構文（主─述）とを比較**すれば、選択肢アが正解であることは、最初の例と同様、明白である。選択肢イに「内容上の誤り」が一切含まれていなくとも、正解はアである。ここでも消去法の前提は崩れている。つまり、消去法は非論理的なのである。

では、正答選択肢以外には必ず「本文の内容に反する誤り」が含まれていると仮定すればどうか。その場合は、たしかに各選択肢を順次本文と比較照合していき、「誤り」を発見するたびにその選択肢を排除していけば、いずれは消去できない「正答選択肢」だけが残ることになるであろう。しかし、「本文の内容に反する誤り」が必ず存在するとしても、それを必ず自力で発見できるのであろうか。正答が分からないのに、誤答なら分かるとなぜ言えるのか。さらに、平均1分半以内で全選択肢の誤りの有無をチェックできるのだろうか。

消去法が成立するには、（1）「正答以外の選択肢には必ず本文内容に反する誤りが含まれる」、（2）「正答以外のすべての選択肢に関して誤りを自力で見つけることが可能である」、（3）「（2）のチェックを1分半以内で完了できる」という条件がすべて満たされる必要がある。しかし実際には、（1）は誤った仮定であり、（2）・（3）は、内容の難しい、長文の選択肢では、しばしば困難である。結局、**消去法は非論理的かつ非効率的なのである**。しかも、繰り返すが、消去法は単に「正解選択肢を特定すること」のみを目的としているので、それを問題集などでいくら練習しても、**問題を解くための基礎学力を身につける努力にはならない**。

他方、自分で問いに向き合い、正解答を考えようとする、当然とも言える**主体的態度**さえあれば、難度の高い選択式問題でも、論理的かつ効率的に、つまり、**正しく速く解くための学力を養成できる**。既に見たように、「設問の要求と傍線部を含む一文を確認する」「解答の構文（「主─述」）を確立する」「本文中のマーキング箇所からキーワード、キーセンテンスを選んで代入する」など、**論理的解答法の手順を適用し、正答条件を満たす選択肢を絞り込んでいけばよい**のである。それはもちろん、記述式問題への学習努力にもなっている。

選択式問題の解答法（基本）

選択式問題を解くとは、「書くように選ぶ」ことである。とすれば、「選択式問題の解答法などべつに必要ないではないか」という疑問が生じるであろう。たしかに、正答に近い記述答案が書けるのであれば、正答選択肢は当然選べるであろう。しかし、実践上の問題がある。選択式問題の解答時間は一設問当たり1分半平均であり、それより短い場合もある。大学入学共通テストの現代文問題も、時間的には大変厳しい入試問題になっている。したがって、基礎を踏まえたうえで、**より速く解くための効率的な方法論と、それに基づく適切な訓練**が求められる。ここからは、選択式問題に特有の「解答法」と諸注意事項を解説する。

基本的なところは**記述式問題の解答法**のとくに前半部分と同じである。字数の調整などは不要であるから、以下の手順を実践しよう。**①～③をまず実行する。④・⑤は順不同**。可能なものを適用する。

選択式問題の解答法（基本）

① 設問の要求確認と傍線部を含む一文の構文確認を行う。
② 解答の構文を確立（解答の主—述を意識）する。
③ 各選択肢の構文と、②で確立した解答の構文とを照合し、一致する選択肢に絞る。
④ 傍線部を含む一文に指示語があれば、指示対象を確認し、指示内容が適切に含まれる選択肢に絞る。
⑤ 主として選択肢の述部箇所で、本文中のキーワードを適切に用いた選択肢に絞る。

各設問において**出題者が受験生のどのような学力を確認（測定）しようと意図しているのかは、問題や設問ごとに異なる。**したがって、同じ入試問題だからといって、どのような設問でも同じポイントで解けるわけではない。右の解答法で①・②の手順を踏んだ後、ある設問は③（構文）だけであっけなく一つに絞られる（解ける）こともあり、少なくとも二～三の選択肢に絞ることができる場合は珍しくない。しかし、③がすべての選択肢に当てはまり、これでは差がつかないこともあり、そこで④（指示内容）を適用すると、またあっけなく解けてしまうこともある。あくまでも1分半以内に解くという入試の現実に即して考えると、

・**③～⑤の二組で正解選択肢一つへと絞られる**
・**③～⑤の一つか二つで選択肢二つまで絞られ、その一方の誤りが比較的に明白なので正解が特定できる**

というケースが非常に多い。後者の「その一方の誤り」によって他方を正解とすることは、そこだけ見れば「消去法」に該当し、推奨すべきことではないが、**まず積極的、主体的に絞って二択になった**のであれば、残る一方の選択肢の**誤りが明白であるなら、それを無理に残す必要はない。**「消去法に頼らない」ということは、「誤りをあえて見逃す」ことではない。（それでも、なるべくは正答条件で積極的に絞るように努めよう。）

そもそも「選択肢」とは何か

ここで、**選択肢の一般的な作られ方**について理解しておこう。その理解が解答上役に立つからである。

選択肢は、いきなり「選択肢①」や「選択肢ア」などから作成されるわけではない。出題者は、まず問題本

文の要点箇所（要旨内容や登場人物の心情など）を客観的に特定し、その内容と他に問いたい学力事項とを踏まえて、それらが正解要素となるように傍線箇所や設問の要求を決定する。次いで、**出題者自身による「正解答案」**が作成され、記述式問題であれば、解答欄（解答字数）と採点基準が確定され、選択式問題であれば、正解答案と比べる形で**誤答選択肢**が作成される。全選択肢の長さや形式がほぼそろっていること、しばしば全選択肢に共通の部分が見受けられること、一つの正答条件で絞ると二択になりがちであることなど、すべては、まず正解選択肢を作成し、これに倣(なら)って誤答選択肢を作成していく結果である。前述の「選択式問題の解答法（基本）」を端的に言えば、**正解の決め手は「主語―述語、指示語、キーワード」**である。それらが正しく理解できているかどうかのテストであるから、出題者は**正解の要素・条件をより多く理解できる受験生がより速く正解へと近づけるように配慮して選択肢を作成する。**その際、正答に近い誤答選択肢には、念のために明白な誤りを含ませて「正解が確定できない悪問」になることを回避する。消去法はこの点のみに依拠している。

以上を図示しよう（○は正解要素、×は誤り、△は本文中にあるが不要な内容、K は必要なキーワード）。

選択肢						
ア	主語・主題（○）	〈指示内容〉（○）	K1	述部（×）	末尾の表現○	
イ	主語・主題（○）	〈指示内容〉（×）	K1	述部（△）	末尾の表現○	
ウ	主語・主題（○）	〈指示内容〉（○）	K1	述部 K2	末尾の表現○	**（正答）**
エ	主語・主題（○）	〈指示内容〉（○）	×	述部 K2	末尾の表現○	
オ	主語・主題（○）	〈な　し〉	△	述部（△）	末尾の表現○	

右図で、まず解答の構文（主―述）を確認すると、ア以外は、形式上は不可とは言えず、各選択肢末尾の表現も問題はない。（しかし、前述のように、これらだけで一つ～三つに絞り込めるケースもある。）

次に、傍線部を含む一文中の指示語の指示内容が適切に用いられている選択肢に絞ると、ア・ウ・エの三つになる。この時点で、「イはともかく、オのどこが間違っているのか？」といった消去法的な疑問は無意味になる。イ・オは「指示内容の適切な使用」という**正答の必要条件を満たしていないのだから、誤りがなくとも、正解ではない**。あるいは、正解の述部に用いるべき本文中のキーワード（K2）を適切に含む選択肢に絞ると、ウ・エの二択となる。こちらも、「アはともかく、イ・オのどこが間違っているのか？」と問うことは無意味である。「もし**自分が解答を書くとすれば**、この〈指示内容〉やK2を用いる」と考えるだけでよいのだ。

このように、**「主語―述語、指示語、キーワード（K2）」**によって、右図の選択肢はウ・エに絞られる。この段階でもまだ正答一つに絞り切れないということは、かなりの難問だということである。それでも、この前後の段階で、もし「K1も解答には必要だ」あるいは「選択肢エには誤り（×）がある」のいずれか一方に気づくことができれば、もう正答ウは選択できる。実際の試験中では、選択肢ウ・エに少しでも速く絞り込むことさえできれば、残り時間に余裕ができる。そこでウとエをさっと見比べれば、「K1」および「×」の位置に両者の違いがあることにはすぐ気がつく。その違いを比較検討し、先ほどの「K1も解答には必要だ」あるいは「選択肢エには誤り（×）がある」のいずれかにより、ウを正解として選択すればよい。

なお、選択肢オは、どこにも明白な「誤り（×）」はないが、正解でもない。つまり、消去できない選択肢のモデルである。

以上、選択肢とは、**正解の必要条件を少しでも多く理解・発見できている人が、正答をより明瞭に、より速く見出せるように出題者によって作成されている問題形式**なのである。

選択式問題の解答法（応用）① 共通項に着眼する

さてここからは、選択式問題特有の事柄について、より詳しく学習しよう。少しでも速く正答を選択するための実践的な留意事項である。

第一に、先ほどの図でもそうであったが、すべての選択肢に**共通の部分（項）**が見られることは珍しくない。次のような形である。設問は、「傍線部『AはXをBする』とはどういうことか」としておこう。

選択肢
ア　Aは、　pであるwを　Bするということ。
イ　Aは、　qであるwを　Bするということ。
ウ　Aは、　rであるwを　Bするということ。
エ　Aは、　sであるwを　Bするということ。　**（正答）**
オ　Aは、　tであるwを　Bするということ。

右を見てすぐ分かることは、「Aは、Bするということ」と「～であるwを」とが、全選択肢の共通項になっていることである。かりに正解をエとすると、当然この二項は正解エにも含まれる。つまり、**全選択肢の共通項とは、正解の一部である。**共通する二項のうち、「Aは、Bする」は傍線部そのままであり、置換する必要のない形式的な解答要素とする。これは、**解答として必要ではあるが当然もしくは簡単すぎることを共通項にすることで、正解が簡単に特定されないように配慮されている**のである。たとえば、小説の主人公「私」の心情を問う設問で、選択肢の主語が「私」以外の人物であったら、誤答であるとあまりにも簡単に分かってしまう。したがって、全選択肢の主語は「私は」で統一されるであろう。共通項が作られる理由の一方である。

他方、同じ共通項でも、「〜であるwを」は、傍線部中の「Xを」の置換であるのは分かるが、「w」が**なぜ共通項なのか、傍線部や選択肢自体からは分からない**。「p、q、r、s、t」という内容的な差異を伴う共通項であるから、「AはBする」のような単なる形式的要素ではない。つまり、「当然もしくは簡単すぎること」ではなく、むしろ難しい事柄である。しかし、「〜であるwを」が共通項である以上、**正解の一要素**であることは確かであり、しかもその**難しい正解要素を出題者が受験者に公開してくれている**ことにもなるのである。

そこで、**共通項に着眼する**際には、以下の二点に留意しよう。

a　設問の要求や傍線部を含む一文から当然と考えられる共通項（平易な要素）

↓　共通項以外の要素を考えて解く

b　なぜその要素が共通項になっているのか分かりにくい共通項（難度の高い要素）

↓　共通項に言及している本文中の箇所を確認し、共通項を含む一文などから他の解答要素を探る

右のbについて、先の例で言えば、「〜であるwを」という共通項に着眼し、**本文中で「w」に言及している箇所を確認**する。それが客観的速読法によるマーキング箇所であれば言うことはなく、そうでなくとも設問の傍線部と同じ節に含まれている可能性が高いので、発見は困難ではないであろう。次に、その**「w」を含む一文を確認し、新たな解答要素「s（であるw）」を発見**する。後は、その**「s」で選択肢を絞る**とよい。

なお、選択肢の共通項は、語句とはかぎらない。「〜ではなく、……である」「〜というより、……である」「〜とは異なり、……である」など、各選択肢の構文そのものが（ほぼ）共通していることもある。隅々まで完全に共通していなくとも、「ほぼ同内容である」ことや、「実質は同じ構文である」といった形での、いわば

「緩い共通項」もある。さらに、五つの選択肢すべてが共通ではなくとも、明らかに誤答と見える一つか二つの選択肢を除くと、残った選択肢に共通項が成立するといったこともある。**共通項は、出題者が意図的に与えてくれた正解へのヒントでもある**から、少しでも正しく速く正解へと至るためには、有効に活用すべきであろう。（共通項に着眼しなくとも正しく速く選択できるのであれば、もちろんそれが理想的ではある。）

選択式問題の解答法（応用）② 対照的構成の選択肢

「共通項」とも重なるのであるが、選択肢が「AはXであるのに対して、BはYである」といった**対照的構成**をとっていることも、やはり珍しくはない。つまり、**「AX←→BY」の構文が共通項なのである。**これを図示しよう（○は正解要素、×は誤り、△は本文中にあるが不要な、正誤判定の困難な内容）。

選択肢

ア　Aはpである（○）のに対して、Bはqである（△）。
イ　Aはrである（△）のに比べて、Bはsである（×）。
ウ　Aはtである（×）のに対して、Bはuである（○）。
エ　Aはrである（△）のに対して、Bはpである（×）。
オ　Aはpである（○）のに比べて、Bはuである（○）。**（正答）**

このような選択肢の構成は、客観的速読法 **3**「対照・対比」と同じ形式である。あるいは、**2**「否定・比較」や **5**「譲歩」・**10**「逆接」も、基本的には「AX←→BY」の構成・形式をとっている。**「AX←→BY」**

の構成・形式が選択肢の共通項であれば、それは正解の必要条件であるから、本文中の重要な内容として「AX↔BY」を述べた箇所が存在することになり、したがってまた、その箇所は**本文中で「AX↔BY」タイプの客観的速読法によってマーキングできているはず**である。さらに、このタイプの読解法はすべて、単なる二項対立ではなく、「AX」か「BY」のいずれか一方を「メインテーマ」「より肯定的な内容」「筆者の本音」とするものであるから、**読解段階でマーキングしたキーワードによって、選択肢中の重要な側を先に絞ってしまうと解きやすい**。右の図で言うと、「メインテーマ」もしくは「より重要な側」を後半「BはYである」の方であるとする。正解のキーワード「u」で絞れば、すぐにウ・オの二択になり、後は前半「AはXである」の正答条件「p」で確定する（か、次善の策として、誤り「t」で消去する）とよい。

一般に、筆者は「BはYである」ことの説明を主目的として、その説明をより説得的にするために、「AはXである」ことと対照させる。説明の手段に過ぎない「AはXである」については、しばしば筆者にとって重要ではないので、丁寧に説明されないことが多い。つまり、**メインではない側の正誤判定はしづらい**のが通例である。したがって、**筆者の主張に即してメイン側で先に選択肢を絞ってしまうのが合理的**なのである。

対照的構成の選択肢では、

a　**まず、筆者の主張としてより重要な側（メイン項・肯定的内容）のみで選択肢を絞る**

b　**次に、残った選択肢をさらに対照項（サブ項・否定的内容）で絞って正解を確定する**

以上二点に留意して解くとよい。

選択式問題の解答法（応用）③ 「誤答」選択肢の特質を理解する

最後に、選択式問題の大きな特徴である**誤答選択肢**について理解を深めておこう。消去法を効率的に行うために、ではない。より速く解くという実践上の観点からは、正答へと積極的に絞る過程で紛らわしい選択肢に含まれる誤答要素をすばやく見抜くことも、できるにこしたことはない。しかし、ここで誤答選択肢について考えるのは、そうしたことより、**選択式問題の対策学習においても、記述式問題と同様に、表現面の基礎学力を可能なかぎり修得したい**からである。記述式がほとんど（まったく）出題されないという受験パターンでは、過去問題中心で学習していると、記述力もしくは表現力の面が学習不足になる可能性が高い。「書くように選ぶ」とは言っても、細部の表現まで意識して本当に最後まで書ききるわけではないからである。ところが、**選択式問題にも記述力・表現力を問う設問や正答要素はある。**とりわけ**大学入学共通テスト**はその傾向が顕著であるが、他の選択式入試問題でも、「国語」「現代文」のテストであるかぎり、多かれ少なかれ、**記述要素・表現力のテストという側面はあり、それには誤答選択肢が大きく関係している**のである。「虚偽を含む」「本文とずれている」といった単純素朴な「誤答」観や、「ひっかけである」などという通俗的な「誤答」観には、問題を作成する側の視点が欠けている。では、その誤答選択肢はどのように作成されているのであろうか。

ある選択肢を「正解」として選ぶ人は、それがたとえ消去法で最後に残った選択肢だったにすぎないとしても、少なくともその選択肢に明白な難点はないと思っている。たとえば、傍線部の前後だけ見て解答しようとする人は、傍線部の前後に書いてあることを記した選択肢を消去せず、むしろ「正解」と思うであろう。また、記述式問題で本文中の比喩表現を平気でそのまま書いてしまう人は、選択肢中に本文中の比喩が用いられていても、不正解とは思わず、むしろ「本文と合致するから正しい」と考えるであろう。**受験生は、すすんで**

（もしくは結果的に）各自の読解力や表現力に応じた選択肢を選ぶ可能性が高い。出題者は受験生が陥りがちな、誤った読解の仕方や記述の仕方を熟知しており、そのような受験生が「正解である」と考えてしまいそうな、すなわち書いてしまいそうな「誤答選択肢」を作成することで、受験生の基礎学力の有無、度合いを判定しようとする。**選択式問題では、正答によって読解力や記述力が判定されるだけではなく、誤答によっても読解力や記述力が判定されるのである。誤答選択肢の特質とは、書いてはいけない答案モデルなのである。**

現代文入試問題における**誤答選択肢の特質**を以下に列記しておこう。

> **誤答選択肢の特質**
>
> a　主―述の構文の誤り、指示内容とその用い方の誤り、キーワードの誤用や不使用（基本事項）
> b　本文中の具体例・比喩などの不適切な表現が、一般的な表現のように混用されている
> c　本文中の並列構造や修飾―被修飾の関係が、本文と異なっている
> d　主に「ので、から、ため」のような、理由を表す接続関係（助詞・接続詞の用法）が誤っている
> e　常識的な内容、連想しやすい表現など、本文を逸脱した内容や表現が含まれている

右のうち、aは最も基本的な事柄についての誤りであり、根本的な「誤答」であるが、だからこそ、最も多い。これらは論理的解答法の基礎を適用して「書くように選ぶ」ことを実践していれば、回避できる。eは主観的な誤読であるから、客観的速読法を用いていれば、回避できる。b〜dこそが、**記述答案に多く見受けられる誤りと同タイプの「表現上の誤り」**であり、選択式問題で注意すべき、特徴的な誤答パターンである。

以上、選択式問題の解答法について、解説した。

例題
2-3

選択式問題の解答実践

田辺明生「グローバル市民社会」(早稲田大)

時間
30分

今回の例題は、最も難度の高い選択式問題が例年出題される早稲田大・法学部の問題である。まず基本的な練習をしたい人は、例題3-1 を先に解いてみるとよい。

次の文章を読んで、後の設問に答えよ。

人間の生き方とは、畢竟(ひっきょう)、ほかの人や生物やモノといかなる関係性をもつかということであろう。そこではまず個人があって関係をつくるのではなく、まず関係性のネットワークがある。人間主体は関係性のネットワークのなかの結節点としてあり、その自他の関係性に応じて、その主体のあり方も変化する。現代社会の課題には巨視的にみれば、貧困・差別・紛争・暴力といった社会問題と、資源エネルギー問題や地球温暖化といった環境問題の二つがあるが、それらはつきつめればそれぞれ人と人そして人とモノの関係性の問題である。そして、こうした問題を解決するためのよりよき関係性の探究は、社会経済と技術そして政治の問題である。このなかで、個々のセクシュアリティから地球環境までを含み込んだ、グローカルな「関係性の政治」をいかに活力に満ちた効果的なものとできるかが問われている。

この問題を検討するにあたって着目すべきは、市民権に、人間の同一性にもとづく平等だけではなく、人間の差異にもとづく多様性をとりいれようとする「差異づけられた市民権」という考え方である。ここで実践的に大切なのは、[1]多様なる人びとが差異を相互尊重しつつ、その差異づけを越えてお互いに交渉し、理解し、変容する機会を設けることであろう。つまり真に重要なのは、差異づけられた主体を通じて、他者と出会うことなのである。こうした他者との出会いこそが、差異づけを、権力的統治の道具ではなく、深い多元性を獲得するための社会的資源へと転換するために求められる。

　こうした可能性を考えるために、ここでは「方法としての主体」を立ち上げ、「可能性としての他者」に出会うことを提起したい。これこそが現代世界において有意義な「関係性の政治」を可能にする作法であると考えるからである。

　現在のポスト・ポストコロニアル時代に、支配的な市民主体から差異づけられた「異質なるもの」としての位置づけをあえて引き受け、「方法としての主体」を立ち上げることにはどのような意味があるのだろうか。その意義は、ヨーロッパ・都市・ブルジョワ・男性・キリスト教徒を中心とする帝国的・植民地的な支配構造を脱構築し、新たな関係性と主体性を打ち立てることである。ただしこれはあらかじめ定められた目的を達成するための手段ではなく、あくまで、自己が自己のおかれた関係性に働きかけていく開かれた過程であることには注意しなければならない。目的を達成することではなく、自己のあり方そして自他の関係性が生成変化していくことこそが重要である。いいかえれば、「方法としての主体」は、常に自己変容を含んだ運動あるいは過程そのものとしてある。

「異質なるもの」として名指された受動的な位置づけは、自らが選び取ったものではない。しかし、そもそも（ポスト）帝国的・植民地的な状況において、主権的な市民的主体の構築でさえ、人種・階級・ジェンダー・宗教等を通じた非対称的権力関係によって支えられていたのである。現状の支配関係のなかで与えられたカテゴリーをとりあえず引き受け、「方法としての主体」に反転することによって、その立ち位置から、そうしたカテゴリーのおかれた主客の関係性自体に働きかけていくことが可能になる。これは例えば、植民地インドにおいて、権力から与えられたカーストや宗教にかかる諸カテゴリーが、「統治される人びとの政治」の基盤となっていったようにである。

ただしその可能性は、チャタジーのいうような「要求の政治」——自らの特殊性にもとづいて国家に政治的要求をすること——にとどまるものではない。主体を「方法として」立ち上げることの意味は、それを権益分配の受け皿とすることではなく、権力主体とその統治の客体という植民地的二項対立のあり方自体を揺るがすことにある。別言すればそれは、非対称的権力関係によって分断された自己と他者の〈あいだ〉に存在する潜在的なオルタナティブの可能性を顕わにしていくことである。それこそが、非対称的権力関係を再生産することなく、本当の意味で他者に出会うことであり、二分法に還元されえないような異質性のもつ豊饒さを発見することである。畢竟、権力関係は、外在的なものであるだけでなく、ひとりひとりの主体性そのものに内在的に潜むものである。自らの内なる帝国と植民地主義を揺るがし、自己変容するためにこそ、「方法としての主体」を立ち上げることは必要なのである。

ポスト・ポストコロニアル世界における「方法としての主体」の重要なカテゴリーの一つとして、[2]「方法としてのアジア」は理解できるだろう。近代的理念の実現を全きものとするためには、ヨーロッパがアジア・アフリカに対して一方向的な支配を押し付けるということではだめだ。といって、西洋の侵略に対して、東洋が抵抗するという、従来あったような図式も成り立たない。竹内好は、「西洋をもう一度東洋によって包み直す、逆に西洋自身をこちらから変革する、この文化的な巻返し、あるいは価値の上の巻返しによって普遍性をつくり出す」ことを提言する。いうまでもなく「アジア」は、「ヨーロッパ」の他者として恣意的に切り取られた単位であり、そこに何か実体として独自なものがあるわけではない。しかし、アジアを「方法として」立ち上げたうえで、ヨーロッパを「包み直す」こと、そして「巻き返す」ことは、「ヨーロッパとアジア」という二分法的枠組を崩しつつ、その双方を含みこんだような、より豊饒で普遍的なる新たな関係性の位相に至ろうとすることである。そのような意味で、「方法として」のアジアは、同時に自らの「主体形成の過程として」ある。

近代の形成においてヨーロッパが主導的な役割を果たしたとしても、世界史的近代はヨーロッパが自律的につくったものではない。近代はグローバルな舞台においてつくられたのであり、それを可能にしたのは異種混淆的な出会いである。ヨーロッパはそうした異種混淆的な過程のなかから、アジアやアフリカを他者化することによって、主権的主体としての自己を構築したのであった。よって、ヨーロッパとアジアという二項対立的枠組を突き崩し、巻き返すことは、グローバル近代の異種混淆性に内包された潜在的可能性に立ち戻り、そこから新たな主体構築の可能性を輝かしめることである。「方法としてのアジア」の独自性は、それが、支配的な主体から与えられた「異質なるもの」としての客体的位置づけをあえて主体構築の場として引き受けること、そして、そこから自他の関係性自体に働きかけることによって、常に自己変容を含んだ運動あるいは動態そのものとしてあることではなかろうか。

＊

こうした自己変容のための「方法としての主体」を立ち上げることは、「ヨーロッパとアジア」という文脈だけではなく、「男性と女性」「エリートとサバルタン」「白人と黒人」などの、さまざまな権力的二分法の解体と主体の再構築において有用であろう。これらの二分法的枠組も、帝国的・植民地的な支配構造と深く結びついたものであることはいうまでもない。

例えば「女性」という「方法としての主体」を立ち上げることは、「女性」というカテゴリーを実体化することではなく、むしろ「女性」という方法によって「男性」を巻き返し、包み直すことで、「男性と女性」というジェンダー・セクシュアリティの枠組そのものを解体し、人間の性的な異種混淆性を十分に認識したうえでの、より普遍的な人間理解と、自らの固有性に立った主体構築を可能にすることである。その過程においては、女性というカテゴリー内の多種多様性に目を向けるだけでなく、自他の関係性への働きかけを通じた自己変容が可能となり、「方法としての女性」を通じた自己認識と主体構築はより豊饒化するであろう。同じことは、「エリートとサバルタン」という階層的枠組、また「白人と黒人」といった人種的枠組において、「方法としてのサバルタン」や「方法としての黒人」を立ち上げる際にいえる。

こうした「方法としての主体」を立ち上げる際には、[3]「可能性としての他者」に注意深くあらねばならない。自己構築・自己変容の過程は、常に自他の関係性の再編を基盤とするのであり、そのために他者の存在は決定的に重要である。ただ問題は、他者をどのような存在としてみるかである。

西洋の主権的主体を可能にしたのは、自己の反対物として措定された「他者」の存在であったことを前に指摘した。そうした「他者」は、自己ではないものとして否定的に固定化されたものである。それに対して、「可能性としての他者」とは、自己の反対物ではなく、自己もそうであったかもしれない、しかし自己とは異なる、別様の存在者なのである。そうした〈他者〉は、現存の枠組における主体でも客体でもない。具体的な何者であるより先に、世界における可能なパースペクティブを示すもの、つまり「ひとつの可能世界の表現」なのである。

ここでいうパースペクティブとは、精神に属するものではなく、身体に属するものである。ヴィヴェイロス・デ・カストロが指摘するごとく、「すべての存在者は、世界を同じ仕方でみている。変化するのは、それがみている世界なのである」。ここには、一つの自然をさまざまに異なるように解釈する「多文化主義」ではなく、多様なる身体に応じた多様なる自然が現れる「多自然主義」がある。〈他者〉は、自己とは別様の身体――ハビトゥスを構成するある情動の束――をもつ。何を食べ、どこに住み、どのようにコミュニケートし、何に喜びを感じるかといった情動や指向において、〈他者〉の身体は特異・固有である。民族、宗教、ジェンダー、セクシュアリティとは、さまざまな身体の差異を表現しようとするカテゴリーである。こうした異なる身体をもつ〈他者〉の前に現れる世界は別様である。それぞれの身体の経験する情動や感覚、つまり生きる世界が異なるからだ。このような意味で、〈他者〉は、この世界の潜在的可能性が一つのかたちをとって現れたものなのである。

こうした〈他者〉に出会うことを通じて、わたしたちは、生の別様の可能性の存在を学ぶことができる。そこにわたしたちの世界はより多元化し、豊饒化する。ただし、こうした〈他者〉は、自己の有する既存の意味枠組の内部では理解不可能であることに十分に注意しなければならない。わたしたちがなすべきことは、「他者を説明することではなく、わたしたちの世界を多元化することである」。それは、他者を解釈することでも、他者のように思考することでもなく、他者の他者性を尊重しつつ、[4]他者と共に生きようとすることによって可能となる。

（田辺明生「グローバル市民社会」による）

問1　傍線部1「多様なる人びとが差異を相互尊重しつつ、その差異づけを越えてお互いに交渉し、理解し、変容する機会を設けること」とあるが、その具体的実践例として著者の主張に最も沿うものを次の中から一つ選べ。

イ　人事考課に際して、同等の評価を受けた者が複数いる場合には女性を優先して昇進させる方針を打ち出した会社において、この方針に疑問を抱いた数名の従業員が、この方針の妥当性を問い直すことを通じて両性というジェンダー・セクシュアリティの固定観念そのものを議論する場の設置を会社に要請し、これへの参加を同僚に呼び掛けた。

ロ　西欧近代が創出した人権の理念は、西欧社会の中でもなお確立されているわけではなく、不断に追求されるべき規範性と普遍的妥当力を持つという認識のもとに、学生たちが、アジア世界に属する日本においても西欧との歴史的経路の違いや文化的政治的相違を克服して、人権を尊重し確立する主体を形成すべく、人権NGOを立ち上げた。

ハ　「外国人入店お断り」という注意書きを出している飲食店を目にした地元住民が、人・物・サービスの自由な移動を核とするグローバル市場化の動向と逆行するものとしてこれを問題視し、平等な経済主体同士という「方法としての主体」を立ち上げ、日本人の内なる差別意識の払拭を通じて、自由な市場取引関係を確立すべきだと商店街に訴えた。

ニ　政治的課題の優先度を経済成長に置くか、環境保護に置くかで対立する政治家が、二〇五〇年までに温室効果ガスの排出を全体としてゼロにしないと、その後どのような温暖化対策を講じても手遅れとなる、という科学的知見を共有することにより、政治的立場の差異を尊重しつつもそれを乗り越えて、超党派の気候変動対策連盟を結成した。

ホ　政・官・財界のリーダーとして社会を教導するエリート層が、彼らの社会的地位を資産として次世代へ相続することによりその支配構造を再生産しようとする中で、これに批判的な非エリート層が、自分たちの欲求を分かり易く代弁する政治家を支持することを通じて政治の世界に対立構造を持ち込み、非対称的権力関係を反転させようとした。

問2

本文で論じられる「方法としての主体」の説明として最も適切なものを次の中から一つ選べ。

イ　「異質なるもの」として差異づけられた他者と、その差異づけを支えている支配的主体としての自らの位置づけを直視し、自己批判を介することで、豊饒な異質性の一部として自己を肯定しようとする運動・過程。

ロ　これまでの歴史のなかで築き上げられてきた非対称的権力関係それ自体に働きかけ脱構築するために、まず自らの異質性を引き受け、それを政治的主張の根拠とすることで主体と客体を反転させるような運動・過程。

ハ　自己の特殊性を、統治者と被統治者の不平等な関係における政治的交渉の資源として活用することで、深い多元性を打ち立てるための新たな主体性を獲得し、より対等な自他関係を切り拓こうとする運動・過程。

ニ　人間の多様性・異質性のもつ豊饒さを発見するため、支配――被支配を前提とした既存の植民地的枠組を放棄し、過去に囚われない新たな自己を発見することで本当の意味での他者に出会うことを模索する運動・過程。

ホ　権力関係は外在的なだけでなくひとりひとりの主体性にも内在し得るものであると認識し、その関係を克服するためにその一部をなしている自分自身をまず変え、自他関係の新たな可能性を開こうとする運動・過程。

問3 傍線部2「方法としてのアジア」の説明として最も適切なものを次の中から一つ選べ。

イ　近代の形成において決定的な要素であったはずの異種混淆性の意義を振り返り、その過程に根差した潜在的可能性に働きかけることで新たな主体構築へと自己を開くためには、支配的主体としての西洋とその客体としての東洋という歴史性を捨て去る必要があるということ。

ロ　西洋を中心に置く近代的価値観に照らしてアジアは遅れた存在として位置づけられてきたが、そのような与えられた価値に抵抗するのではなく、西洋的価値をも含み込むようなより普遍的な価値の可能性をアジアの歴史に見出すことで世界の認識枠組を刷新し得るということ。

ハ　近代世界の成立に主要な役割を果たしたのは西洋であり、現代世界の暴力や貧困、差別などの問題は西洋的価値と近代的主体の解体なしにはあり得ない以上、西洋の対比的存在として位置づけられてきた東洋を思考の基盤とすることが二分法的枠組だけでなく西洋自体の変革にも不可欠だということ。

ニ　ひとりひとりの主体性にも織り込まれているヨーロッパ中心の近代史観に基づく権力関係の再生産から自己を解放するには、ヨーロッパの他者というアジアを前提とするのではなく、グローバルな舞台からアジアを捉え直すことでヨーロッパを客体化するという視点の転換が重要な契機となるということ。

ホ　アジアとヨーロッパという区別は実体として非歴史的に存在するのではなく、異種混淆的な出会いを通じてヨーロッパの覇権的地位とともに構築されたものであり、その異種混淆性がもつ潜在力を再認識することで、アジアは従来の関係性を覆し全く別の主体を模索するための足場となり得るということ。

問4 傍線部3「「可能性としての他者」に注意深くあらねばならない」とあるが、それはなぜか。その説明として最も適切なものを次の中から一つ選べ。

イ　主権的主体としての自己を支えるために他者を否定性に閉じ込めてしまうのではなく、具体的な他者の情動や指向を尊重しその生に接近することでより直接的な他者理解や共感が可能となるような自己変容に自らを開くことが重要だから。

ロ　自己のネガティブな側面を他者に転嫁することで自己の優位性を捏造し支配関係を維持するという営みから脱し、他者の視点から自己の世界をいまいちど捉え直すことで自己の情動や感覚を再構成することが重要だから。

ハ　他者の存在を自己の鏡像とすることで他者を単なる客体の位置に固定してしまうのではなく、特異で固有の身体を持つ他者に出会いその生を追体験する機会を得ることで、世界の多元化の可能性を追求することが重要だから。

ニ　支配的主体との差異化を通じてあらかじめ固定された枠組のなかで他者を認識することから距離をとり、異なる身体を持ち異なる世界を生きる異質なものとの出会いによって、世界の別の在りようを学ぶことが重要だから。

ホ　自己同一性の根拠とするため他者の存在を自己の反対物として限定し、他者を社会的に抑圧してしまうのではなく、抑圧され不可視化された自己と他者との共通点を具体的に見出すことで、新たな自他関係の可能性を構築することが重要だから。

問5　傍線部４「他者と共に生きようとすること」とあるが、それはどういうことか、またそれによって何が期待されるか。本文中で区別されている「他者」と〈他者〉を用いて、一二〇字以上一八〇字以内で説明せよ（句読点や括弧・記号などもそれぞれ一字分に数え、必ず一マス用いること）。

読解作業＋要旨把握のプロセス

難度の高い選択式問題四問と字数の大きな記述式問題があるので、読解は一〇分程度である。

〈人間の生き方〉とは、畢竟、ほかの人や生物やモノといかなる関係性をもつかということであろう。〈そこ〉ではまず個人があって関係をつくるのではなく、まず関係性のネットワークがある。人間主体は関係性のネットワークのなかの結節点としてあり、その自他の関係性に応じて、その主体のあり方も変化する。現代社会の課題には巨視的にみれば、（貧困・差別・紛争・暴力といった）社会問題と、（資源エネルギー問題や地球温暖化といった）環境問題の二つがあるが、それらはつきつめればそれぞれ人と人そして人とモノの関係性の問題である。そして、こうした問題を解決するためのよりよき関係性の探究は、社会経済と技術そして政治の問題である。このなかで、（個々のセクシュアリティから地球環境までを含み込んだ）、グローカルな「関係性の政治」をいかに活力に満ちた効果的なものとできるかが問われている。

この問題を検討するにあたって着目すべきは、市民権に、人間の同一性にもとづく平等だけではなく、人間の差異にもとづく多様性をとりいれようとする〈「差異づけられた市民権」という考え方〉である。〈ここ〉で実践的に大切なのは、多様なる人びとが差異を相互尊重しつつ、その差異づけを越えてお互いに交渉し、理解し、変容する機会を設けることであろう。つまり真に重要なのは、差異づけられた主体を通じて、他者と出会うことなのである。こうした他者との出会いこそが、差異づけを、権力的統治の道具ではなく、深い多元性を獲得するための社会的資源へと転換するために求められる。

こうした可能性を考えるために、ここでは〈「方法としての主体」を立ち上げ、「可能性としての他者」に出会うこと〉を提起したい。〈これ〉こそが現代世界において有意義な「関係性の政治」を可能にする作法であると考えるからである。

　第一節では本文の主題は何かと意識して読み進めよう。マーキング箇所がやや多い。密度が濃く、要点が集中して述べられているということである。客観的速読法 11「とは」・6「畢竟（「つまり」の意）」・2「〜ではなく」・7「まず」により、

▼人間の生き方には、まずほかの人や生物やモノとの関係性のネットワークがある……K1

　また、二箇所の具体例 1「といった」・6「つきつめれば」により、

▼社会問題と環境問題は、人と人、人とモノの関係性の問題である……K2

というキーセンテンスがマーキングできる。個々の「個人」や「モノ」のような単独で自立した「実体」ではなく、それらの「関係（性）」が重要であるというのは、ポストモダン論では定番の主張である。

　そして、1「個々の〜までを含み込んだ」により、

▼グローカルな「関係性の政治」をいかに活力に満ちた効果的なものにするかが問われている……K3

として一般的な課題が示され、そこから、7「着目すべきは」・2「だけではなく」と踏み込んで、

▼市民権に人間の差異にもとづく多様性をとりいれる「差異づけられた市民権」という考え方……K4

という本文独自の観点が示される。本題に入ったということである。さらに傍線部1の前後で筆者は主題内容を絞り込んでいく。7「大切なのは」・6「つまり」・7「真に」「重要なのは」「こそ」・2「ではなく」により、

▼差異づけられた主体を通じて他者と出会うことが、差異づけを、深い多元性を獲得するための社会的資源へと転換する……K5

として「深い多元性の獲得」という筆者の目指すところが明示された。

　そして、「こうした可能性を考えるために」、すなわち、そのための手段・方法が提起される。8「提起したい」・7「（これ）こそ」・8「と考える」により、

▼「関係性の政治」を可能にする作法として、「方法としての主体」を立ち上げ、「可能性としての他者」に出会うことを提起する……K6

以上、第一節の客観的読解により、本文の主題（K6）が判明した。

現在のポスト・ポストコロニアル時代に、支配的な市民主体から差異づけられた「異質なるもの」としての位置づけをあえて引き受け、「方法としての主体」を立ち上げることにはどのような意味があるのだろうか。その意義は、ヨーロッパ・都市・ブルジョワ・男性・キリスト教徒を中心とする帝国的・植民地的な支配構造を脱構築し、〈新たな関係性と主体性を打ち立てること〉である。ただし〈これ〉はあらかじめ定められた目的を達成するための手段ではなく、あくまで、自己が自己のおかれた関係性に働きかけていく開かれた過程であることには注意しなければならない。目的を達成することではなく、自己のあり方そして自他の関係性が生成変化していくことこそが重要である。いいかえれば、「方法としての主体」は、常に自己変容を含んだ運動あるいは過程そのものとしてある。

「異質なるもの」として名指された受動的な位置づけは、自らが選び取ったものではない。しかし、そもそも（ポスト）帝国的・植民地的な状況において、主権的な市民的主体の構築でさえ、（人種・階級・ジェンダー・宗教等）を通じた非対称的権力関係によって支えられていたのである。〈現状の支配関係のなかで与えられたカテゴリーをとりあえず引き受け、「方法としての主体」に反転することによって、その立ち位置から、そうしたカテゴリーのおかれた主客の関係性自体に働きかけていくことが可能になる。〉〈これ〉は（例えば、植民地インドにおいて、権力から与えられたカーストや宗教にかかる諸カテゴリーが、「統治される人びとの政治」の基盤となっていったようにである。）

ただしその可能性は、チャタジーのいうような「要求の政治」——自らの特殊性にもとづいて国家に政治的要求をすること——にとどまるものではない。主体を「方法として」立ち上げることの意味は、それを権益分配の受け皿とすることではなく、権力主体とその統治の客体という植民地的二項対立のあり方自体を揺るがすことにある。別言すれば（◀「イコール」表現）それは、〈非対称的権力関係によって分断された自己と他者の〈あいだ〉に存在する潜在的なオルタナティブの可能性を顕わにしていくこと〉である。〈それ〉こそ（◀7）が、非対称的権力関係を再生産することなく（◀2）、本当の意味で（◀7）他者に出会うことであり、二分法に還元されえないような異質性のもつ豊饒さを発見することである。畢竟（◀6）、権力関係は、外在的なものであるだけでなく（◀2）、ひとりひとりの主体性そのものに内在的に潜むものである。自らの内なる帝国と植民地主義を揺るがし、自己変容するためにこそ（◀7）、「方法としての主体」を立ち上げることは必要なのである。

第二節では、第一節の末尾で「提起」された「方法としての主体」に関する定義・意義説明が行われるはずである。要旨の主たる構成要素は「主題・定義・論拠・結論」の四つだからである。

修辞疑問 4「どのような」によって筆者は読者の注意を喚起している。その問いかけと答えとにより、

▼**「方法としての主体」を立ち上げることにより、帝国的・植民地的な支配構造を脱構築し、新たな関係性と主体性を打ち立てる**……K7

と説明され、さらに、2「ではなく」・7「注意」・2「ではなく」・7「こそ」「重要」により、

▼**自己が自己のおかれた関係性に働きかけていく開かれた過程、自己のあり方と自他の関係性が生成変化していくこと（いいかえれば、常に自己変容を含んだ運動あるいは過程であること）が重要である**……K8

として、「方法としての主体」は静的で固定した関係ではなく、動的な変容過程であることが述べられる。

さらに、10「しかし」・1「～等」・7「支えられていた」により、

▼**主権的な市民的主体の構築でさえ非対称的権力関係によって支えられていた**……K9

また、1「例えば」により、

▼**〈これ〉＝〈現状の支配関係のなかで与えられたカテゴリーを引き受け、「方法としての主体」に反転し、その立ち位置から主客の関係性自体に働きかけることが可能になる〉**……K10

というキーセンテンスがマーキングできる。

さらに、2「ではない」「ではなく」・7「（それ）こそ」・2「（すること）なく」・7「本当の意味で」などにより、

▼**主体を「方法として」立ち上げる意味は、権力主体とその統治の客体という植民地的二項対立のあり方自体を揺るがすことにある**……K11

▼**非対称的権力関係によって分断された自己と他者の〈あいだ〉に存在する潜在的なオルタナティブの可能性を顕わにしていくことが、他者に出会うことであり、異質性のもつ豊饒さを発見することである**……K12

という箇所をマーキングでき、「方法としての主体」を立ち上げることで「可能性としての他者」に出会うという、第一節での「提起」につながる。最後に、6「畢竟」・2「だけでなく」・7「こそ」により、

▼**主体に内在的に潜む権力関係を揺るがし、自己変容するために「方法としての主体」は必要である**……K13

というキーセンテンスで第二節は結ばれている。第三節に進もう。

ポスト・ポストコロニアル世界における「方法としての主体」の重要なカテゴリーの一つとして、「方法としてのアジア」[2]は理解できるだろう。近代的理念の実現を全きものとするためには、ヨーロッパがアジア・アフリカに対して一方向的な支配を押し付けるということではだめだ。といって、西洋の侵略に対して、東洋が抵抗するという、従来あったような図式も成り立たない。（竹内好は、「西洋をもう一度東洋によって包み直す、逆に西洋自身をこちらから変革する、この文化的な巻返し、あるいは価値の上の巻返しによって普遍性をつくり出す」ことを提言する。）いうまでもなく「アジア」は、「ヨーロッパ」の他者

として恣意的に切り取られた単位であり、そこに何か実体として独自なものがあるわけではない。しかし、アジアを「方法として」立ち上げたうえで、（ヨーロッパを「包み直す」こと、そして「巻き返す」こと）は、「ヨーロッパとアジア」という二分法的枠組を崩しつつ、その双方を含みこんだような、より豊饒で普遍的なる新たな関係性の位相に至ろうとすることである。そのような意味で、「方法として」のアジアは、同時に自らの「主体形成の過程として」ある。

▼本来は「方法としての主体」の一部であるため、「方法としての主体」と本質的には同内容

近代の形成においてヨーロッパが主導的な役割を果したとしても、世界史的近代はヨーロッパが自律的につくったものではない。近代はグローバルな舞台においてつくられたのであり、それを可能にしたのは異種混淆的な出会いである。ヨーロッパはそうした異種混淆的な過程のなかから、アジアやアフリカを他者化することによって、主権的主体としての自己を構築したのであった。よって、ヨーロッパとアジアという二項対立的枠組を突き崩し、巻き返すことは、グローバル近代の異種混淆性に内包された潜在的可能性に立ち戻り、そこから新たな主体構築の可能性を輝かしめることである。「方法としてのアジア」の独自性は、それが、支配的な主体から与えられた「異質なるもの」としての客体的位置づけをあえて主体構築の場として引き受けること、そして、そこから自他の関係性自体に働きかけることによって、常に自己変容を含んだ運動あるいは動態そのものとしてあることではなかろうか。

第三節の主題である「方法としてのアジア」は、本文全体の主題（K6における）「方法としての主体」の「カテゴリーの一つ」であるから、具体例の一つと考えられる。客観的速読法 1 により第三節の全体を（　）で閉じても間違いではない。第三節全体を具体例と判断した人は、「どういうことの具体例なのか」「マーキングすべき一般論との内容上の一致はどこに見出せるのか」などについて、なるべく意識しながら読み進めよう。

さて、ここからの「読解作業」は、**第三節が具体例ではないと判断（留保）した場合**のものである。

客観的速読法 7「重要な」により、傍線部2自身がキーセンテンスであると分かる。

▼**「方法としてのアジア」は、「方法としての主体」のカテゴリーの一つである**……K14

2「だめだ」「（成り立たない）」・1「竹内好は」・2「ではない」・10「しかし」により、

▼**「方法としてのアジア」は、より豊饒で普遍的な、新たな関係性の位相に至ろうとすることである**……K15

というキーセンテンスが得られ、次いで、10「ても」・2「ではない」により、

▼**近代はグローバルな舞台でつくられたのであり、異種混淆的な出会いによって可能になった**……K16

というキーセンテンスがマーキングでき、最後に、7「独自性」・9「ではなかろうか」により、

▼**「方法としてのアジア」は支配的な主体から与えられた「異質なるもの」としての客体的位置づけを主体構築の場として引き受け、自他の関係性に働きかけることにより、常に自己変容を含んだ運動、動態としてある**……K17

という、**「方法としての主体」とほぼ同内容**の主張で結ばれる。では、最終第四節に入ろう。

◀1こうした自己変容のための「方法としての主体」を立ち上げることは、「ヨーロッパとアジア」という文脈◀2だけではなく、（◀1「男性と女性」「エリートとサバルタン」「白人と黒人」などの、）さまざまな権力的二分法の解体と主体の再構築において有用であろう。これらの二分法的枠組も、帝国的・植民地的な支配構造と深く結びついたものであることはいうまでもない。（◀1例えば「女性」という「方法としての主体」を立ち上げることは、「女性」というカテゴリーを実体化することではなく、むしろ「女性」という方法によって「男性」を巻き返し、包み直すことで、「男性と女性」というジェンダー・セクシュアリティの枠組そのものを解体し、人間の性的な異種混淆性を十分に認識したうえでの、より普遍的な人間理解と、自らの固有性に立っ

た主体構築を可能にすることである。その過程においては、女性というカテゴリー内の多種多様性に目を向けるだけでなく、自他の関係性への働きかけを通じた自己変容が可能となり、「方法としての女性」を通じた自己認識と主体構築はより豊饒化するであろう。同じことは、「エリートとサバルタン」という階層的枠組、また「白人と黒人」といった人種的枠組において、「方法としてのサバルタン」や「方法としての黒人」を立ち上げる際にいえる。）

こうした「方法としての主体」を立ち上げる際には、「可能性としての他者」に注意深くあらねばならない。自己構築・自己変容の過程は、常に自他の関係性の再編を基盤とするのであり、そのために他者の存在は決定的に重要である。ただ問題は、他者をどのような存在としてみるかである。

西洋の主権的主体を可能にしたのは、自己の反対物として措定された「他者」の存在であったことを前に指摘した。そうした「他者」は、自己ではないものとして否定的に固定化されたものである。それに対して、「可能性としての他者」とは、自己の反対物ではなく、自己もそうであったかもしれない、しかし自己とは異なる、別様の存在者なのである。そうした〈他者〉は、現存の枠組における主体でも客体でもない。具体的な何者であるより先に、世界における可能なパースペクティブを示すもの、つまり「ひとつの可能世界の表現」なのである。

ここでいうパースペクティブとは、精神に属するものではなく、身体に属するものである。（ヴィヴェイロス・デ・カストロが指摘するごとく、「すべての存在者は、世界を同じ仕方でみている。変化するのは、それがみている世界なのである」。）ここには、一つの自然をさまざまに異なるように解釈する「多文化主義」ではなく、多様なる身体に応じた多様なる自然が現れる「多自然主義」がある。〈他者〉は、自己とは別様の身体――ハビトゥスを構成するある情動の束――をもつ。（何を食べ、どこに住み、どのようにコミュニケートし、何に喜びを感じるかといった）情動や指向において、〈他者〉の身体は特異・固有である。（民族、宗教、ジェンダー、セクシュアリティとは、さまざまな身体の差異を表現しようとするカテゴリーである。）こうした異なる身体をもつ〈他者〉の前に現れる世界は別様である。それぞれの身体の経験する情動や感覚、つまり生きる世界が異なるからだ。このような意味で、〈他者〉は、〈この世界の潜在的可能性が一つのかたちをとって現れたもの〉なのである。

こうした〈他者〉に出会うことを通じて、わたしたちは、生の別様の可能性の存在を学ぶことができる。そこにわたしたちの世界はより多元化し、豊饒化する。ただし、〈こうした〉〈他者〉は、自己の有する既存の意味枠組の内部では理解不可能であることに十分に注意しなければならない。わたしたちがなすべきことは、「他者を説明することではなく、わたしたちの世界を多元化することである」。それは、他者を解釈することでも、他者のように思考することでもなく、他者の他者性を尊重しつつ、4 他者と共に生きようとすることによって可能となる。

客観的速読法 **1**「こうした」・**2**「だけではなく」・**1**「などの」「例えば」により、まず、

▼**自己変容のための「方法としての主体」を立ち上げることは、権力的二分法の解体と主体の再構築において有用であろう**……K18

▼**二分法的枠組も、帝国的・植民地的な支配構造と深く結びついたものである**……K19

というキーセンテンスが述べられる。大きな具体例の後で、**1**「こうした」・**7**「注意深く」「基盤」「決定的に重要」「問題は」・**4**「どのような」により、傍線部3自身を含めて、「可能性としての他者」への言及が始まる。

▼**「方法としての主体」を立ち上げる際には、「可能性としての他者」に注意深くあらねばならない**……K20

▼**自己構築・自己変容の過程は、常に自他の関係性の再編を基盤とし、他者の存在が重要である**……K21

▼**問題は、他者をどのような存在とみるかである**……K22

ここから、キーワード「(可能性としての)他者」の定義・意義説明が始まる。

3「それに対して」・**11**「とは」・**2**「ではなく」・**10**「しかし」・**2**「〜でも〜でもない」「より先に」・**6**

「つまり」などにより、

▼**「可能性としての他者」とは、自己もそうであったかもしれない、しかし自己とは異なる、別様の存在者であり、世界における可能なパースペクティブを示す、「ひとつの可能世界の表現」である**……K23

というキーセンテンスが得られる。

さらに、11「とは」・2「ではなく」・1「ヴィヴェイロス～」「ここには」・2「ではなく」により、

▼**パースペクティブとは身体に属するものであり、多様な身体に応じた多様な自然が現れる「多自然主義」がある**……K24

として「他者」と「身体」とが関連付けられ、1「といった」「民族～」「こうした」・6「つまり」により、

▼**〈他者〉の身体は情動や指向において特異・固有であり、さまざまなカテゴリーで表現されるのは、生きる世界がそれぞれ異なっているからである**……K25

とマーキングできる。最終段落では、「ただし」と補足されたうえで、7「十分に注意」・2「ではなく」「～でも～でもなく」により、二つの指示語「こうした〈他者〉」「それは」と傍線部4自身も含めて、

▼**この世界の潜在的可能性が一つのかたちをとって現れた〈他者〉は、自己の有する既存の意味枠組の内部では理解不可能である**……K26

▼**なすべきことは世界を多元化することであり、それは他者と共に生きようとすることで可能となる**……K27

と結ばれている。長文であったが、「方法としての主体」を立ち上げ、「可能性としての他者」に出会うことを提起した第一節との関連性（主題と結論）は明白となったであろう。

要旨要約

グローカルな「関係性の政治」を可能にする作法として「方法としての主体」を立ち上げ、「可能性としての他者」に出会うことを提起する。「方法としての主体」は、帝国的・植民地的な支配構造を脱構築し、新たな関係性と主体性を打ち立てる、常に自己変容を含んだ運動あるいは過程である。非対称的権力関係によって分断された自他間の潜在的なオルタナティブの可能性を顕わにしていくことが、他者に出会い、異質性のもつ豊饒さを発見することである。「可能性としての他者」とは、自己とは別様の存在者であり、世界における可能なパースペクティブを示す「ひとつの可能世界の表現」としての〈他者〉であり、その多様な身体の差異に応じて情動や指向は特異・固有である。世界は多元化されるべきであり、それは他者と共に生きようとすることで可能となる。（三五〇字）

読解から解答へ

問1 傍線部１「多様なる人びとが差異を相互尊重しつつ、その差異づけを越えてお互いに交渉し、理解し、変容する機会を設けること」とあるが、その具体的実践例として著者の主張に最も沿うものを次の中から一つ選べ。

本問の要求は **「具体的実践例」の選択** である。具体例として成立していれば正解となるので、**「構文の一致」**

「内容の一致」を柔軟に応用する必要がある。それでも、**各選択肢の構文を捉える解答過程は変わらない**。

傍線部1を含む一文には指示語〈　〉があり、直後には 6 「つまり」によるキーセンテンスも確認できる。

〈「差異づけられた市民権」という考え方〉＝〈ここ〉で実践的に大切なのは、多様なる人びとが差異を相互尊重しつつ、その差異づけを越えてお互いに交渉し、理解し、変容する機会を設けることであろう。つまり真に重要なのは、差異づけられた主体を通じて、他者と出会うことなのである。

右を踏まえると、**正答の要素**は、次の五つとなる。

a 「差異の尊重」かつ「差異づけを越える」
b 「互いに交渉・理解する」
c 「互いに変容する」
d 「（b・c のための）機会を設ける」
e 「（差異づけを通じて）他者と出会う」

各選択肢を**大きく構文化・簡潔化**し、a〜e を判定可能な範囲で確認していく（微妙な選択肢は保留とする）。

＊各選択肢中、傍線下の（　）内は該当する正答要素。×・△は正答要素に反する・曖昧という意。

イ　疑問を抱いた数名の従業員が、この方針の妥当性を問い直すことを通じて固定観念そのものを議論する（a・b）場の設置を会社に要請し（b・d）、これへの参加を同僚に呼び掛けた（b・d・e）。

ロ　人権の理念は規範性と普遍的妥当力を持つという認識（c×）のもとに、学生たちが、歴史的経路の違いや文化的政治的相違を克服し（a△・c×）、人権を尊重し確立する主体を形成すべく、人権NGOを立ち上げた。

ハ　地元住民が、グローバル市場化の動向と逆行するものとしてこれを問題視し、平等な経済主体同士（a×）という「方法としての主体」を立ち上げ、内なる差別意識の払拭を通じて、自由な市場取引関係を確立すべきだと商店街に訴えた（d）。

ニ　対立する政治家が、科学的知見を共有する（a×・c×）ことにより、政治的立場の差異を尊重しつつもそれを乗り越えて（a・b）、超党派の気候変動対策連盟を結成した（d・e）。

ホ　エリート層が支配構造を再生産しようとすることに批判的な非エリート層が、自分たちの欲求を代弁する政治家を支持することを通じて政治の世界に対立構造を持ち込み（a×・b×・d×）、非対称的権力関係を反転させようとした。（a×）

以上、正解はイとなる。**誤答選択肢は「方法としての主体」のありように反している。**「普遍的妥当力」「経済主体同士」「科学的知見を共有」「対立構造を持ち込み」などには、「差異」「相互理解」の否定が顕著である。また、「相違を克服」などは、「差異を尊重」するのかしないのか判定しづらい。微妙なものは保留しておこう。

解答　イ　（3点）

問2　本文で論じられる「方法としての主体」の説明として最も適切なものを次の中から一つ選べ。

本問は、「方法としての主体」の説明であるから、**第二節の主題の定義確認**である。選択肢の述部箇所で、**キーワードを適切に用いた選択肢に絞る**（**基礎講義5「選択式問題の解答法（基本）⑤」**）。各選択肢の述部には、**「～運動・過程。」という名詞句の共通項**がある。そこで、**基礎講義5「選択式問題の解答法（応用）①共通項に着眼する」**の**「共通項に言及している本文中の箇所を確認し、共通項を含む一文などから他の解答要素を探る」**もあわせて適用する。共通項「運動・過程」に関しては K8 **「自己と自他関係の生成変化の過程、常に自己変容する運動・過程」**が対応している。これを**正答の要素**として各選択肢の末尾を確認していこう。

イ　～自己批判を介することで、～自己を肯定しようとする運動・過程。
ロ　～自らの異質性を引き受け、～主体と客体を反転させるような運動・過程。
ハ　自己の特殊性を～　新たな主体性を獲得し、　より対等な自他関係を切り拓こうとする運動・過程。
ニ　～新たな自己を発見することで　本当の意味での他者に出会うことを模索する運動・過程。
ホ　～自分自身をまず変え、　自他関係の新たな可能性を開こうとする運動・過程。

正答の条件「自己変容」「自他の関係性の生成変化」を満たし、誤りを含まない選択肢はホのみである。

解答　ホ　（2点）

問3 傍線部2「方法としてのアジア」の説明として最も適切なものを次の中から一つ選べ。

本問で問われている「方法としてのアジア」は、**「方法としての主体」の一具体例**と考えてよい。したがって、**具体例の意味を問う設問**と考え、客観的速読法 **1** を応用すればよい。次の **a**〜**c** が**正答の要素**である。

a 主体に内在的に潜む権力関係を揺るがし、自己変容するために、「方法としての主体」は必要である

b 「方法としてのアジア」は支配的な主体から与えられた「異質なるもの」としての客体的位置づけを主体構築の場として引き受け、自他の関係性に働きかけることにより、常に自己変容を含んだ運動、動態としてある

c 自己変容のための「方法としての主体」を立ち上げることは、権力的二分法の解体と主体の再構築において有用であろう

いずれの要素にも含まれている**「自己変容」をキーワードとして、各選択肢の構文を検討**していくとよい。

イ　○新たな主体構築へと自己を開くためには、西洋とその客体としての×東洋という歴史性を捨て去る必要がある

ロ　西洋的価値をも含み込むようなより普遍的な価値の可能性をアジアの歴史に見出すことで世界の認識枠組を刷新し得る

ハ　西洋の対比的存在として位置づけられてきた東洋を思考の基盤とすることが西洋自体の変革にも不可欠だ

ニ　グローバルな舞台から△アジアを捉え直すことで×ヨーロッパを客体化するという視点の転換が重要な契

機となる

ホ　異種混淆性がもつ潜在力を再認識することで、アジアは従来の関係性を覆し全く別の主体を模索するための足場となり得る

「方法としての主体」を「アジア」に適用した、「(アジア自体の)自己変容」を含む選択肢イ・ホに絞られる。そして、**「主として選択肢の述部箇所」**に着眼していれば、イ「東洋という歴史性を捨て去る必要がある」は、K17 によって誤内容であると気づきうるし、「異種混淆」によってホに絞ることもできるであろう。

ホ　(2点)

問4　傍線部3「「可能性としての他者」に注意深くあらねばならない」とあるが、それはなぜか。その説明として最も適切なものを次の中から一つ選べ。

本問は選択式の**理由説明型設問**である。「可能性としての他者」について、「注意深くあらねばならない」理由の説明であり、**論拠タイプ(AはBである)**ということはすぐに分かる。解答の形式(構文)は、「(なぜなら)可能性としての他者は　○○だから」**(AはCだから)**が妥当である。ただ、**「可能性としての他者」**は、その定義がここまで述べられておらず、この傍線部3の次段落ではじめて定義されている。

▼**「可能性としての他者」とは、自己もそうであったかもしれない、しかし自己とは異なる、別様の存在者であり、世界における可能なパースペクティブを示す、「ひとつの可能世界の表現」である**……K23

したがって、本問は、実質的には**「可能性としての他者」の定義**を問うていると考えられる。「可能性としての他者」に言及している K23 のようなキーセンテンス（K25〜K27）に着眼し、そこに見出される「重要な」キーワードによって選択肢を絞ることが基本的な解答作業となる。

▼**なすべきことは世界の多元化であり、それは他者と共に生きようとすることで可能となる**

▼**世界の潜在的可能性が一つのかたちをとって現れた〈他者〉は、既存の意味枠組では理解不可能である**

▼**〈他者〉の身体は情動や指向において特異・固有であり、生きる世界がそれぞれ異なっている**

他方、選択肢の共通項には、語句のみではなく、**構文としての共通性**も含まれている。各選択肢は、順に「ではなく」「から脱し」「ではなく」「から距離をとり」「ではなく」という、「A↔B」型の構成をとっている。この**共通項**に気づけば、客観的速読法 2・3 によってマーキングされた**「A↔B」型のキーセンテンス**に着眼できる。やはり K23 が「**それに対して、**『可能性としての他者』とは、〜」という構成をとっており、否定的に述べられている内容（A）は、**「自己の反対物として措定された「他者」は、自己ではないものとして否定的に固定化されたものである。それに対して、（「可能性としての他者」とは、〜）」**となる。

これらを踏まえ、「可能性としての他者」について、**正答の要素**は、以下の五つになる。とりわけ、述部の内容（b〜e）を重視しよう。

a「自己の反対物として措定された、自己ではないものとして否定的に固定化されたものではない」

b「自己とは異なる別様の存在者」

c「世界における可能なパースペクティブを示す」「ひとつの可能世界の表現」

d「身体に属し」「多様な身体に応じた多様な自然」

e「他者と共に生きようとすることで世界の多元化は可能になる」

では、例によって**各選択肢の構文を大きく簡潔に捉えたうえで、正答の要素の有無を確認**していこう。

イ　他者を否定性に閉じ込めてしまうのではなく、他者の生に接近することで他者理解や共感が可能となるような自己変容に自らを開くことが重要だから。

ロ　自己の優位性を捏造し支配関係を維持するという営みから脱し、他者の視点から自己の世界を捉え直すことで自己の情動や感覚を再構成することが重要だから。

ハ　他者を単なる客体の位置に固定してしまうのではなく、特異で固有の身体を持つ他者の生を追体験する機会を得ることで、世界の多元化の可能性を追求することが重要だから。

ニ　あらかじめ固定された枠組のなかで他者を認識することから距離をとり、異なる身体を持ち異なる世界を生きるものと出会い、世界の別の在りようを学ぶことが重要だから。

ホ　他者の存在を自己の反対物として限定し、抑圧してしまうのではなく、共通点を具体的に見出すことで、新たな自他関係の可能性を構築することが重要だから。

「～ではなく」など否定的内容の適切な選択肢は明確には特定できない。（ハは、ここでは略した「他者の存在を自己の鏡像とする」が誤りである。）他方、述部の「重要だ」とされる内容では、最も適切な選択肢は明らかにニであり、次いでハとなる。したがって、「最も適切なもの」はニである。このような水準の設問では、**「自ら解答を書くとしたら、どのような構文と内容で書くか」という主体的姿勢が必須となる。**

解答　ニ　（3点）

問5 傍線部4「他者と共に生きようとすること」とあるが、それはどういうことか、またそれによって何が期待されるか。本文中で区別されている「他者」と〈他者〉を用いて、一二〇字以上一八〇字以内で説明せよ（句読点や括弧・記号などもそれぞれ一字分に数え、必ず一マス用いること）。

本問は、**要旨要約型設問**である。設問の要求は、**「どういうことか」**と、**「それによって何が期待されるか」**である。付帯条件は、**「他者」と〈他者〉とを「区別」して用いて**説明することである。したがって、

① **「傍線部の同義置換説明」（解答・後半1）**
② **「傍線部によって期待されることの説明」（解答・後半2）**
③ **「『他者』と〈他者〉との相違点の説明」（付帯条件）**
④ **「上記以外の全体要旨内容の説明」（解答・前半）**

という四点を、最大一八〇字という制限も意識しつつ、考えることになる。

① 傍線部を含む一文の確認と同義置換型の設問要求とから、**「暫定的な解答案・後半1」**を確立する。その際、〈他者〉に言及した**キーセンテンス**（K25・K26）を参照し、適切な置換説明を図る。

▼**世界を多元化することは、他者の他者性を尊重しつつ、他者と共に生きようとすることによって可能となる。**

暫定的な解答案・後半1　世界の潜在的可能性としての〈他者〉と出会い、常に自他の関係性の再編を基盤として、自己構築・自己変容の過程そのものであろうとするということ。（約七〇字）

② ①によって「何が期待されるか」について解答要素を求める。その際、**傍線部を含む一文と本文全体の要旨も検討する。**傍線部は本文全体の**最終センテンス**であり、**結論内容**をも示しているからである。

暫定的な解答案・後半2　人と人、人とモノとの関係性の政治を活力に満ちた効果的なものにし、世界の多元化が可能になると期待される。（約五〇字）

③ 「他者」と〈他者〉との相違点の説明を試みる。**「A⟷B」型のキーセンテンスに着眼**すればよい。

「他者」＝非対称的権力関係によって否定的に固定化されたもの

〈他者〉＝ひとつの可能世界の表現として多様な身体の差異を現す、自己とは別様の存在者（約七〇字）

④ ①、②、③以外の全体要旨を、主として本文前半に求める。前半のキーセンテンスに着眼する。

暫定的な解答案・前半　自己変容を含んだ運動・過程である「方法としての主体」を立ち上げ、「可能性としての他者」に出会うことを提起する。（約五〇字）

以上、①〜④を概算し、制限字数を超過する分を削減する。簡潔化しても要素は極力維持するように努める。

解答　**非対称的権力関係による差異づけをあえて引き受ける「方法としての主体」を立ち上げ、否定的に固定化された「他者」ではなく、世界の潜在的可能性として自己と別様の多様な身体を現す〈他者〉と出会い、共に生きようとすることは、自他の関係性の再編を基盤とする自己変容の過程である。これによって関係性の政治を活力に満ちた効果的なものとし、世界の多元化を可能にすると期待される。**（一八〇字）（10点）

採点基準

・主題＝「他者と共に生きようとすること」について（加点はなし）

a　自他の関係性の再編（新たにすること　など）（1点）

b　自己変容（自己構築）の／過程（運動）（各1点）

・述部＝「それによって何が期待されるか」

c　（現在の）世界を多元化することが可能となる（ことが期待される）（1点）

・「他者」と〈他者〉との区別

d　「他者」＝（非対称的、支配的）権力により／否定的に（自己ではないと）固定化されたもの（各1点）

e　〈他者〉＝世界の可能性（可能性としての他者、自己とは別様の存在者）／多様な身体を現す（各1点）

・前半の要旨

f　「方法としての主体」を立ち上げる（1点）

g　関係性の政治に活力や効果をもたらす（1点）

＊a〜cのいずれかでの加点は必須ポイント。

＊dもしくはeのいずれかでの加点は必須ポイント。

＊加点内容の表現が具体例のまま、あるいは傍線部のままなどは、内容的には正しくとも加点はしない。

＊字数不足・字数過剰は失格。

発展的考察のために

「差異が価値（意味）を生み出す」と言われる。その意味は、「英語の'water'とは異なり、日本語では「水」／「湯」の区別が存在する」などという例示でしばしば説明される。「熱い水」ではなく「湯」という語（記号）が、「水」という語（記号）と区別されて日常的に用いられていると、あたかも自然界に水や湯という固定的なモノ（実体）がそれぞれ別個に存在しているかのように感じられる。物理的には温度の差、分子運動の程度差にすぎない同質の事物が、人間の言語や思考によって「差異化」されると、固定的に実在するかのように錯誤される。このとき、「水」は「湯ではないもの」であり、「湯」は「水ではないもの」として、「自他の否定的な関係性」に基づいて、相互に規定される。これと同様に、問題本文の筆者の言う「ヨーロッパではないアジア」「男性ではない女性」「白人ではない黒人」といった「非対称的権力によって分断された（自己と）他者」は、「自己の主権的主体を可能にする」ために、「自己の反対物として措定された他者」なのである。かつてパレスチナ出身のアメリカ人エドワード・サイードは、主著『オリエンタリズム』において、「東洋」のイメージが「西洋／東洋」というヨーロッパ人の二項対立的思考によって創られた非現実的なものであることを指摘した。この仕組みは、「彼ら＝敵」を仮構することによって「我々＝味方」をフィクショナルに作り上げようとする「二項対立」的支配構造とも通じている。現代社会・日常世界においても、いじめから戦争まで、そうした構造を保っている事例には依然として事欠かないのであるが、問題本文の筆者は、こうした「問題」群に対して閉塞感に陥ることなく、「開かれた可能性」を語ってくれる。鍵となるのは、「変容」「動態」「過程」といった動的諸概念であろう。そこには、「一方的支配」でもなく、「抵抗」でもない、「より豊饒で普遍的なる新たな関係性の位相に至ろうとする」という意味で、「方法として」の主体形成の過程が説かれている。自分自身や他者を「〜なもの」として固定的に理解することは、安易なのであろう。「個性神話」を崇拝せず、「アイデンティティ危機」を恐れず、自他の関係性をダイナミックに捉えつつ他者と共に生きていくという「作法」が提起されているのである。

6 心情・表現説明型設問の解答法

基礎講義6では、主に小説で出題される**心情説明型設問**と**表現説明型設問**について、**論理的解答法**の解説を行う。あえて「小説問題」と呼ばないのは、随想でも「筆者の心情」が問われるケースがあり、また、「表現の説明」は比喩などの修辞が使われていれば、文章ジャンルを問わず、設問に関係しうるからである。

本論に入る前に、**心情・表現の説明に特有の誤解されやすい問題点**について、ＦＡＱ A2 や**基礎講義2『小説の読解法』**で述べたこととも重なるが、ここでは設問を解くという観点から、改めて誤解の可能性を解消しておこう。（誤解の心配がないと思う人は、次の節を読み飛ばしても構わない。）

想像力や感受性で「解く」のではない ――入試は評価・判定の可能な「学力」のテストである

まず、「心情説明は（登場人物などの）気持ちが分かることだ」という素朴な誤解について。「気持ちが分かる」、いや、「分かる」という言葉だけでも、その意味によって結果が異なるが、ここでは「あの人のつらさは、よく分かる」といった、ごく日常的な「共感(シンパシー)・同情的理解」であるとしよう。大学入試の小説問題で「主人公の心情を説明せよ」と問われて、自分が「主人公に共感できるか？」と問われていると考えるのはナンセンスであるが、これを「主人公の気持ちが想像できるか？」と言い換えても、ナンセンスさは変わらない。なぜなら、我々の**「感情・想像」などはすべて多様かつ流動的であり、「正解」という単一かつ固定的なものの根拠たりえない**からである。試験中に共感や想像に基づいて正解と思う答案を書いたり、正答に最も近いと思う選択肢を選んだりしても、それは、小説という虚構作品内の特定の言語表現に対する「正しい説明（正答）」ではなく、受験者という現実の一個人の多様かつ流動的な内面中の偶発的な一部を記述し、あるいはその近似物を選択したにすぎない。設問の解答は各人の想像力や感受性（の多寡）とは無関係である。一方、そもそも**受験者の学力ではなく「内面」をテストし、「正解／不正解」によって評価・判定することなど原理的に不可能である。**テストを受ける側ではなく、作成・実施する側の立場でも考えてみよう。もし出題者が正解選択肢や採点基準を出題者自身の想像力や感受性に基づいて作成し、自分と似た想像や感じ方をする人を合格させるためにテストを作成・実施しているとすれば、少なくともそれは公正な「入試問題」とは言えないだろう。

以上は「小説の鑑賞に想像力や感受性など不要だ」と述べているのではない。ある絵画を鑑賞して深い感動を覚えるには、それにふさわしい感受性の深さも必要であろう。しかし、個人的感動をどう言葉で説明しようと、それは絵画自体やその描かれ方の説明とはまったく異なる、鑑賞者個人の内面の表白なのである。

次に、表現の説明に関する誤解についても解消を図ろう。表現の説明には修辞に関する知識を要する。たとえば、直喩と隠喩の違いを知らなければ、「これは直喩だ」と書いてある選択肢の正誤判定はできない。他方、小説の本文中に「これは直喩だ」「この表現は隠喩ではない」などと書かれているわけではない。したがって、**ある表現を説明するには、そのタイプの表現技法に関する受験者側の知識が必要**であり、それを学習することがこの基礎講義6の目的の一つとなる。

さらに、後述するように、表現の説明には「表現の効果・意図」の説明も含まれている。たとえば、隠喩について、その「(隠喩による) 表現の効果を説明せよ」という記述式設問に答えたり、選択式設問で「～を読者に強調して伝えるためである」「～に対する読者の想像が喚起されやすくなっている」などという選択肢の正誤判定をしたりする際には、どのようにすればよいのであろうか。選択式設問の例を用いて考えよう。

選択肢　本文は、傍線部A「……」のように隠喩を用いることで、読者の想像を喚起するように描かれている。

まず、右のA「……」の表現が「隠喩」なのかどうか**(表現技法の種別)**を問い、それが正しいとして、さらにA「……」の隠喩によって「読者の想像を喚起する」ことが可能かどうか**(表現効果)**が問われている。この二点のいずれも**本文中に記述されていないのが当然であるから、表現法(修辞)に関する受験者側の知識・理解を問う設問である**ことになる。それはもちろん「読者の想像力や感受性」を根拠とすることではない。設問箇所を眺めてあれこれ「想像」しても、正解要素は得られない。たとえば、右の設問の傍線部を読んだ受験者が「自分は別に何の想像も喚起されない」と感じたからといって、それを根拠に「想像の喚起は誤答だ」とは判断できない。逆に、受験者の脳裏に何事か想像が生き生きと喚起されたからといって、それを根拠に正解であるとも言えない。正解の判定は「隠喩には読者の想像を喚起する働きがある」という一般的な知識を受験者が保持・理解し、活用できるかどうかにかかっているのであって、**受験者が個人的にある表現の効果を実感するかどうかは、一般的にそのような効果があると言えるかどうかとは、関係がない。**(「個人の感想です」とあれば、それはサプリメントの効能の論理的証明ではない。それと同様である。)

以上、**心情説明は本文の客観的な読解に基づき、表現説明は表現技法の正しい知識に基づいて解く**のである。

それでは、本論である解答法の解説に進もう。

心情の説明1　心情表現の明示とその「説明（対象・理由・状態）」

心情説明型設問の解答は、「〜という悲しみ。」「〜に憤っている。」「〜を喜ぶ心情。」など、基本的に**心情表現を必須要素として述部に置く**。設問の要求が形式的には「どういうことか」「なぜか」という同義置換型や理由説明型であっても、解答の実質は「〜を悲しんでいるということ。」「〜に憤ったから。」など、結局心情表現が解答述部の実質的内容となる。したがって、**心情説明型設問の論理的解答法**は、端的に、

・**本文中のキーワードである心情表現を解答の述部に配する（記述式）**
・**本文中のキーワードである心情表現と各選択肢中の心情表現とを照合して選択肢を絞る（選択式）**

右の作業を第一に行う。もちろん「キーワードである心情表現」とは、**客観的読解法でマーキングした箇所**である。しかし、記述式であれば、たとえば「八〇字以内で説明せよ」という設問で、解答の必須要素が「悲しみ」であるとしても、残りの約七〇字はどうすればよいのであろうか。

心情表現を記すだけでは、心情を説明したとは言えない。「悲しみ」のような心情表現が本文中の心情表現と適合し、正答として述部に適切な形で書かれていれば、正解の最も重要な要素となる。しかし、それだけでは、選択肢を絞ることはできても正解の最終確定には至らないし、記述であれば解答欄が埋まらない。

そこで、第二の作業として、**第一段階で捉えた心情表現（解答の述部）について、より詳しい「説明」を本文中から読み取り、解答要素として追加する**。たとえば、「悲しい」という心情を「説明する」には、「何が悲しいのか」「なぜ悲しいのか」「どのように悲しいのか」を語ることが、要素として求められるであろう。

心情の説明

- **心情の対象**（何が悲しいのかについての説明）
- **心情の理由**（なぜ悲しいのかについての説明）
- **心情の状態**（どう悲しいのかについての説明）

記述式問題であれば、本文中に記された**「対象・理由・状態」に関する客観的な情報**を、解答字数に合わせて説明として追加していけばよい。たとえば、本文中の心情表現が「憤り（憤慨）」であったとしよう。

・友人が約束を破ったことに憤慨する心情。（二〇字以内）
・友人が約束を破ったことに、特別な親友と思って抱いてきた信頼が裏切られたと感じたので、憤慨する心情。（五〇字以内）
・友人が約束を破ったことに、特別な親友と思って抱いてきた信頼が裏切られたと感じたので、相手にやむを得ない事情があったと推測する余裕もなくすほど激しく憤慨する心情。（八〇字以内）

このように、**「心情の説明（対象・理由・状態）」＋「心情表現」という形式を心情説明の基本形とする**ことで、部分点の獲得や字数の調整も可能となる。

右の記述式問題に対する解答手続き（基礎）を、選択式問題へと適用する場合、まず**心情表現で選択肢を絞り**、次に**残った選択肢を「心情の説明（対象・理由・状態）」の情報でさらに絞る**とよい。

心情の説明2　（文学的）表現のニュアンスを正確に反映させる

「傍線部はどういうことか」と問われて、ただ傍線部の逐語訳のような「置換」を行っても、それは「説明した」とは言えない。本文中のコンテクストにおいて傍線部の意味するところを「説明」しないといけないし、逆に、必ずしも傍線部を一語ずつ言い換える必要はない（詳細は**基礎講義4**を参照のこと）。

しかし、それは傍線部自身の表現を軽視してよいということではない。例を用いて説明しよう。

設問　傍線部「その言葉は永く彼を悩ませる刻印となった」とはどういうことか、説明せよ。

解答例1　「あなたさえいなければ」という何気ない彼女の言葉が、長い間、彼に罪悪感を抱かせて苦しめたということ。

解答例1は、「その言葉」の指示内容、「悩ませる」の心情表現の置換などについて、本文に照らして内容面では正しいものとしよう。しかし、表現面は不十分である。まず、**「刻印」（刻みつける）のニュアンス**が反映されていない。また、傍線部では**「永く」という漢字表記**が用いられているので、「長く」という表記とは異なる（永遠に近い）印象を読者に与える。これらを正確に反映させた解答表現にする必要がある。さらに、「彼女の言葉が～抱かせて」という**擬人的な表現も解答としては避けたい**。

解答例2　「あなたさえいなければ」という何気ない**彼女の言葉によって**彼が抱いた罪悪感は**心に深くとどまり**、そのせいで彼は**いつまでも**苦しみ続けたということ。

解答例2は、以上の点で表現面を改善したものである。解答例1と比べて、かなりの得点差になるであろう。表現面まできちんと反映した解答表現を心がける。それではじめて**「構文・内容・表現」という正解の三要件を満たす高得点の答案**と言える。「正解」の条件の一つである表現のニュアンスまで配慮できれば、部分点の獲得や、正答選択肢の判別が容易になるのである。

「表現のニュアンスに対する配慮」の重要性は、小説などの文学的文章では、論理的文章の比ではなく大きい。なぜなら、小説（や随想の一部）のような文学的文章は**言語による表現芸術の作品**であり、その表現一つひとつに文学的な芸術的価値が備わっているからである。そして、そのような**文学的表現に関する専門研究者があえて特定の文学的表現を設問箇所として選び、受験生に問いかけてくるのが大学入試の現代文問題である**ということを忘れないようにしよう。

心情の説明

- 傍線部（を含む一文）の表現ニュアンスを正確に解答へと反映させる（一般的な基礎）
- 心情の説明などの設問では、とりわけその表現ニュアンスに留意する（文学的文章の場合）

心情の説明3　心理変化と時系列に留意する

心情説明型設問にとって最も重要な心情表現は、客観的速読法によってマーキングできる。ただ、マーキング箇所は一つではない。小説本文ではしばしば主人公の心情表現が至るところにある。そこで、ある特定の設問に対応する心情表現はどれなのか、マーキング箇所の中からその設問の正解のためのキーワードを絞り込む必要が生じる。選択式問題で消去法などに頼っていると、「その選択肢中の心情表現は、たしかに本文中に存在するが、設問で問われている時の心情を表してはいない」という、**時系列の誤り**に陥ることが少なくない。

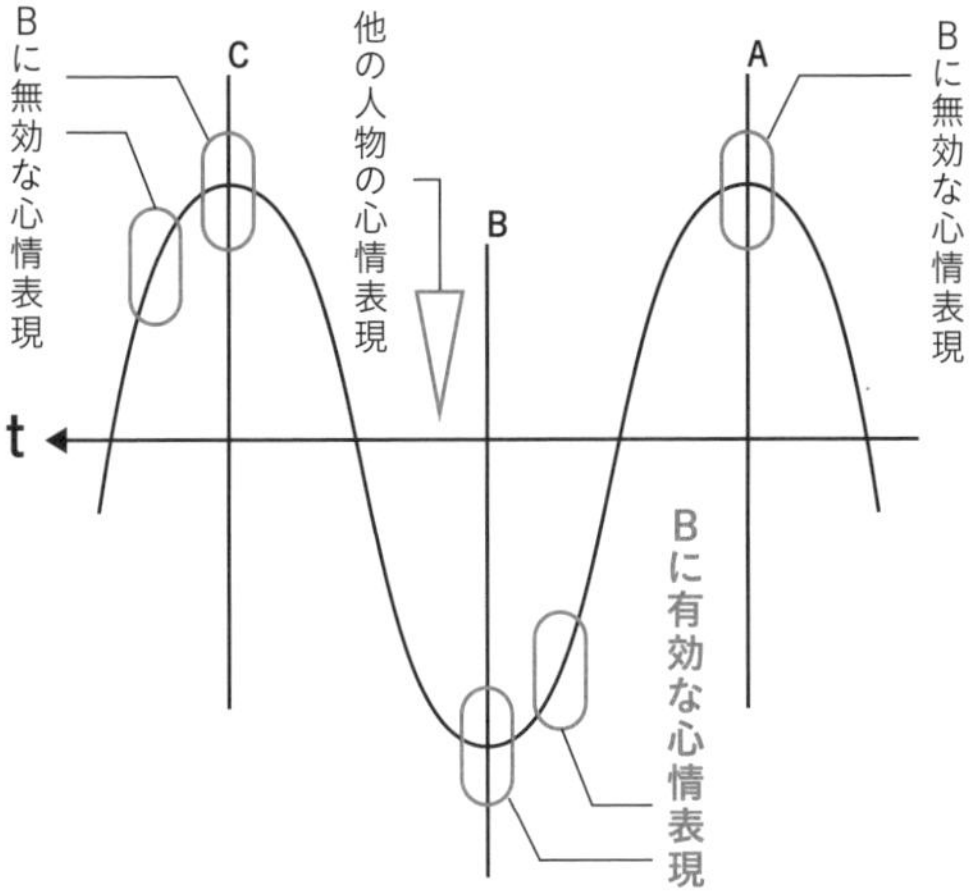

上図で、**傍線部B**のときの心情説明が問われているとしよう。サインカーブのような**曲線は登場人物の心理変化、心情の推移**を表している（ここでは主人公の心理変化を表すので、心情表現のマーキングは〇で記している）。**時間tの経過につれて、ストーリーの進行や場面の転換が生じ、人物の心情は変化していく。**しかも、上図はごくシンプルなイメージであって、実際の作品中では同一場面内であっても、人物の心理変化は刻一刻と生じているのが通例である。したがって、たとえば、「この場面では主人公は不安になっている」という程度の認識では不十分なことも珍しくはない。不安を感じ始めてからの推移、微妙な動揺などがあるからである。この点を次の図で説明しよう。

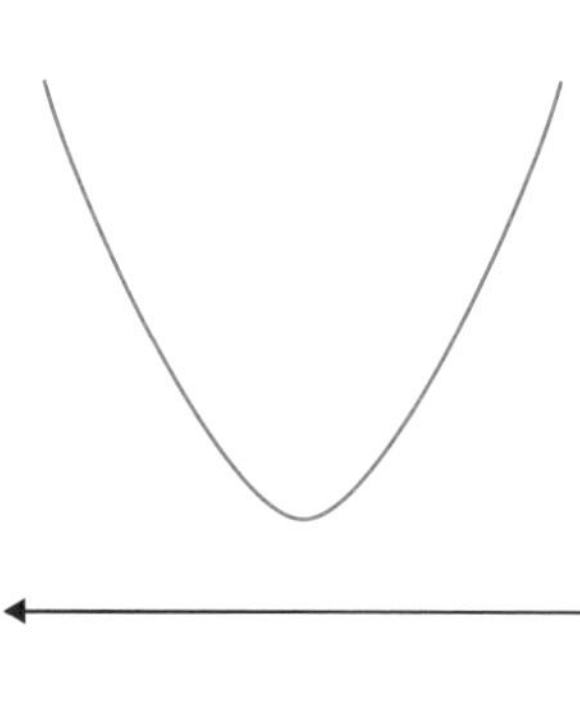

t_1 まだ不安ではない
t_2 ふと、不安がきざす
t_3 不安になる
t_4 不安が募り、より強い不安にとらわれる
t_5 不安が少し減退する
t_6 いまだに不安が解消しきらない
t_7 不安でなくなる（他の心情が生じる）

右図のように、設問が問うている箇所（傍線部）が厳密には t_1 ～ t_7 のどこなのかによって、**「心情の説明＝解答の表現」**は細部が異なるのである。

それでも、先の二つの図はいずれも時系列が連続的で単調であるから、まだ分かりやすい。すなわち、時間の経過が時計の時間どおりに進行しており（t_1 → t_2 → …… → t_7）、複雑化・重層化されていない。しかし、小説ではおなじみの**回想場面の挿入**などがあると、「書かれている順序」と「小説内で生じた心情や出来事の順序」とが、異なってくる。回想場面以外にも、人物の空想や夢、手紙や日記、主人公の書いた小説などの文面の挿入、他の人物の視点への転換など、**小説ではしばしば現実世界の時系列とは異なる順序、非連続な配置による展開・構成が工夫される。**したがって、「傍線部のときの心情」が、必ずしも傍線部の近くに記されているとは限らず、逆に、傍線部の近くにある心情表現が、常に「傍線部のときの心情」の解答要素として適しているともかぎらないのである。**心情説明型設問では、心理変化と時系列に対する慎重な見極めが必要となる。**

それでは、心情説明型設問の解答法と注意事項を以下にまとめよう。

心情説明型設問の解答法（まとめ）

① 本文中のキーワードである心情表現を解答の述部に適切な形で配する（記述式）
本文中のキーワードである心情表現と各選択肢中の心情表現とを照合して選択肢を絞る（選択式）
＊このとき、心理変化・時系列に十分注意して、本文中の適切な心情表現を確定すること

② ①の心情表現の説明（対象・理由・状態）を本文中で確認し、解答字数に応じて追加する（記述式）
①の心情表現の説明（対象・理由・状態）を本文中で確認し、さらに選択肢を絞る（選択式）

③ 傍線部（を含む一文）の表現ニュアンスを答案に正確に反映させる（記述式）
①・②で正答選択肢が確定しない場合、傍線部の表現ニュアンスを正確に反映する選択肢に絞る（選択式）

表現の説明1　表現説明の三要素

ここからは、**表現説明型設問**の解説に移る。まず、「表現の説明」とは、何をどうすることなのだろうか。たとえば、ある文章中に次の表現があり、その「表現の説明」を行うものとする。

本文　議員の発言により経済界に波紋が広がった。

「波紋」とは、通常「水面に同心円状に次々と広がる波の模様」を意味する言葉である。しかしここでは、水面にではなく「経済界に」であるから、これは**比喩**（かりそめの表現、文字どおりとは異なる内容を意味する表現）である。比喩の中でも、たとえであることを明示する表現（「ようだ」「ごとし」「あたかも」など）を伴わないので、これは**隠喩**である。これは、**解答の要素**として、まずは「隠喩である」という**「表現技法の種別」を正しく指摘する**ことが挙げられる。

次に、その隠喩「波紋が広がった」によって**「表現された内容」**を読み取る。もちろん「(まるで波紋が水面に広がるかのように) 何事かが次々と拡散していく様子、影響を与えていくさま」を表しているのだが、その「何事か」の具体的な内容は、たとえば「近々建築基準が法改正され、建設コストが大幅に増す（という議員の発言の影響）」などの内容であり、これは本文を読まないと分からない（本文さえ読めば分かる）。この**解答の要素「表現された内容」**は、解答者・受験者の知識ではなく、**客観的読解が解答の正しさの根拠**となる。

最後に、右の二点**「表現技法の種別」**（隠喩）、**「表現された内容」**（経済界への影響の様子）に加えて、**「表現の効果・意図」**（隠喩を用いて表現する効果や狙い）が、**表現の説明の第三の解答要素**である。これは第一の要素と同様、表現効果に関する基本的な知識が必要となる。この例では、隠喩を用いる効果・意図であり、すぐ後で学習するように、それは「(読者に) 具体的な想像を喚起する」ことである。

表現の説明の解答例　「波紋が広がった」という**隠喩を用いることによって、**近々建築基準が法改正され、建設コストが大幅に増すという議員の発言の**影響が経済界に次々と拡散する様子を、**読者が**具体的に想像しやすくなるように**描写している。

表現の説明の三要素

要素1 表現技法の種別の説明
要素2 表現された内容の説明
要素3 表現効果・意図の説明

表現の説明2　主な表現技法の基礎知識

すでに述べたように、「表現の説明」の基本は**修辞に関する知識**にある。右に説明した**要素1**「表現技法の種別の説明」と**要素3**「表現効果・意図の説明」の二点は**受験者の知識に基づく**解答となる。たとえば、擬人法を知らずに「擬人法である」と説明することはできないし、「擬人法である」と記された選択肢の正誤判定もできない。もちろん、「直喩」「隠喩」「擬人法」「声喩（擬音語・擬態語）」などについては小学校・中学校で学習しているであろう。しかし、それで大学入試にも通用するとはかぎらない。次の二つの例文を見てもらいたい。

例文1　雪が舞い降りはじめた。
例文2　郵便局がやってきた。

例文1は、「雪」という自然現象＝**人間ではない表現対象について**（「雪」という名前の人だなどというケースは除外）、「舞い降りる」という**人間に見立てた表現を用いて描写している**ので、擬人法であり、比喩の一種である。それが擬人法という**表現技法に関する定義、すなわち理解しておくべき知識**なのである。その知識に基づき、例文2について「表現の説明」を考えてみよう。もし、「郵便局」という人間ではない表現対象について、「やってきた」という人間に見立てた表現を用いて描写しているのであれば、これも擬人法であり、比喩の一種である。それでは、この場合は「郵便局がやってきた」によって**表現された内容**は、どう説明されるのだろう。おそらく「郵便局が（我が家の近くに）移転してきた（新設された）」などという意味であろう。

しかし、他の解釈も可能である。たとえば、「今日学校にテレビが来ていたよ」とか「職場に国税庁が査察にやってきた」といった表現は珍しくない。これらは例文1とは違い、人間（テレビ局のカメラマンや国税庁の査察官）が「やってきた」ということになるので、**「人間」が表現対象であるから、擬人法のはずがない。**例文2においては、比喩表現であるのは「やってきた」ではなく、「郵便局が」の方であるとも考えられる。その場合、「郵便局」という組織や建物が「やってきた」（擬人法）のではなく、**「郵便局員」という人間を「郵便局」という比喩で表現した**のである。このような比喩を**換喩（メトニミー）**という。後ほどまとめて説明するが、このように**表現技法の種別に関する基本的な理解**は、少なくとも大学入試の水準であれば、きちんと学習しないで何とかなるほど簡単なことではなく、**その知識・理解がなければ、「表現の説明」ができないだけではなく、表現された内容の解釈を誤ることにもなりかねない**のである。

それでは、ここからは、よく設問化される主な表現技法についての基礎理解を図ろう。扱うのは、**「比喩」「象徴」「感覚的描写」「語りと視点」「記号・表記」「構成」**である。

1 比喩

比喩の基本的な意味は、**「ある表現の対象について、文字どおりではない表現を用いる技法」**である。つまり、ある物事を表すのに、それとは本来異なる言葉を用いて表すことである。たとえば、ある人物の性格を表現しようとして「彼は猫のような性格だ」と直喩で表現したとすると、表現対象「彼の性格」（A）を、それとはまったく異なる表現「猫」（A′）に見立てたことになる。おそらく彼は、「気まま」とか「甘える」とか、猫に似た性格なのであろう。したがって、ある表現・描写が**比喩であるかどうかの見分け方**として、**「文字どおりの意味ではない」**（本当に「猫」なのではない）から、比喩であろう」と推定することができる。多くの場合、ある表現の対象について、わざわざそれとは本来異なる言葉＝比喩を用いるのは、そこに何らかの類似性があり（猫と似ている）、しかも具体的な表現（猫）なので**想像しやすい**（すぐイメージできる）という**表現の効果**があるからである。すなわち、分かりにくい事柄（A）を、それと似た分かりやすいもの（A′）にたとえる表現が比喩なのである。

A　**は（まるで）**　比喩内容（コト＝抽象的・精神的・観念的・心理的……想像しづらい）

≒　↑**類似性**

A′　**（のよう）だ**　比喩表現（モノ＝具体的・物質的・感覚的・生理的……想像を喚起する）

一般に比喩によって表現される事柄は、先ほどの例（彼の性格）のように、分かりにくく、イメージしづらい事柄である。そこで、話し手や作者は分かりやすく、イメージしやすい表現（猫）を用いるのである。したがって、**比喩は類似性（共通点）に基づいて、分かりにくく想像しづらい表現内容（伝えたい意味）を、分かりやすく想像を喚起する比喩表現によって描写する**のである。抽象的、観念的なコトは分かりづらいが、具体的、感覚的なモノであればイメージしやすい。では次に、比喩の種別を確認しておこう。

- **直喩（明喩）**……比喩であることを明示する表現（「まるで」「あたかも」「ようだ」「ごとし」など）を伴う。「烈火のごとく怒る」「彼はまるで猫みたいだ」
- **隠喩（暗喩・メタファー）**……比喩であることを明示しない。「怒りの炎に身をまかせる」「彼は猫だ」
- **擬人法（活喩）**……人間ではない物事を人間に見立て表現する。「雪が舞い降りはじめた」「カエルの歌」
- **声喩（オノマトペ）**……**擬音語と擬態語**。実際の音声（物理音）を言語音で表現したもの（擬音語）と、物事の状態（物理音は発していない）を言語音で表現したもの（擬態語）。「トントン（ノックの音）」「ひゅーひゅー（風の音）」（擬音語）、「ふわふわ」「ゆったり」（擬態語）

以上が最も設問で問われやすい比喩であり、すべて**類似性に基づいて成立する比喩**である。ただし、比喩には類似性に基づくものばかりではなく、前述の換喩や提喩のように、他の成立基盤をもつものもある。

- **換喩（メトニミー）**……**関係の密接さ、近接性に基づいて成立する比喩**。「郵便局がやってきた」は、「郵便局員」のことを、その人がいつも郵便局にいる（勤務している）ことから二項の関係の密接さに基づいて、「郵便局」と表現する比喩である。当然ながら、郵便局員が郵便局に似ているのではない。
- **提喩（シネクドキ）**……**全体と部分の関係、包含関係に基づいて成立する比喩**。「ごはんを食べに行く」は、「ごはん＝お米」（部分）で「食事・料理」（全体）を表している。逆に、「花見」などは、「花」（全体）で「サクラ」（部分）を表している。換喩と同様、二項が似ているわけではないが、比喩である。

2 象徴（シンボル）

象徴は、比喩と並んで詩や小説など文学的表現の核である。比喩との共通点が多く、区別が難しく感じる人も多いだろう。比喩と同様、多くの場合に**類似性（共通点）に基づいて、分かりにくく想像しづらい表現内容（伝えたい意味）を、分かりやすく想像を喚起する表現によって描写する**。たとえば、「鳩は平和のシンボルだ」というのは、「平和」という抽象的・観念的なコトを、「ハト」という具体的・感覚的なモノによって象徴させている。あるいは、「日本」という国家の存在（コト）を、誰にでも見える「日の丸（国旗）」（モノ）によってシンボル化する。このように、象徴はしばしば隠喩と似ており、区別がつきにくく感じられるだろう。

Ⓐ′は　象徴表現（モノ＝具体的・物質的・感覚的・生理的……想像を喚起する）

≒　↑類似性

Ａの象徴である　象徴内容（コト＝抽象的・精神的・観念的・心理的……想像しづらい）

右図は、比喩の説明の図と左右が入れ替わっているので注意してもらいたいが、その点を除くと本質的には同じことである。しかし、**象徴表現は単なるたとえではなく、モノが場に実在している点で、比喩とは異なる。**「鳩みたいな人」がいたとして、それは「人」であって「鳩」ではない。そこに鳥の鳩は存在しない。それゆえ、「鳩みたいな」は比喩である。一方、たとえばオリンピックの開会式で本当に羽ばたいている「鳩」は、文字どおりの「鳩」であるとともに、平和の象徴でもある。「鳩」は実際に表現された場に存在している。あるいは、眼前には「日の丸」が日本の国旗として掲げられていて、同時にそれが「日本国」を表してもいるように、**象徴（シンボル）は、シンボルそれ自体を表現しており、かつ、シンボルによって表された内容でもある**（同時に複数の意味を表す）。たとえば、小説の作中人物が涙を流すとしよう。「涙」は、文字どおりの涙それ自体（生理現象として目から流れ出る液体(モノ)）であるとともに、その人物の「悲しみ(コト)」（心理的内容）の象徴でもある。このように考えれば、詩や小説のような文学作品が象徴表現に満ちていることが分かるであろう。

3 感覚的描写

比喩・象徴は、いずれも具体的なモノの描写を主とする感覚的な表現である。そのため、読者の想像を喚起しやすいという効果がある。ここで、その場合の**「感覚」**という言葉について、正確な意味を確認しておこう。日常語の用法では、「感じ」「フィーリング」といった精神面の意味合いが混入していることが多いが、ここでは**「視覚・聴覚・嗅覚・触覚・味覚」すなわち「五感」のこと**として限定的に用いよう。表現技法としての「感覚的描写」「感覚に訴える表現」とは、**五感に訴える描写**のことである。

・**青空**に映える**赤とんぼ**（視覚）
・**コトコトと**具材を煮る（聴覚）
・清々(すがすが)しい**ヒノキの香り**（嗅覚）
・彫刻の**滑らかな手触り**（触覚）
・果肉の**甘酸っぱい**刺激（味覚）

これらの表現は、あくまでも言葉・文字による表現でありながら、**具体的な物質と感覚器官（モノ）を意味内容とすることで、読者の想像を容易に喚起する。**まさに「目に浮かぶような」「耳にしているかのような」イメージが生じるのである。

以上、**「比喩」「象徴」「感覚的描写」**の三種は、基本的には具体的、物質的、感覚的な**「モノ」系の表現**であるから、いずれも読者の想像を喚起する効果を持ち、また、それを意図して用いられるものである。

4　語りと視点

小説の客観的読解法の解説（基礎講義2）でも少し述べたように、小説の**地の文**（会話・セリフではないところ）は、しばしば**特定の人物（多くは主人公）の視点に立って語られている**。たとえば、**主人公**「彼女」がある登場人物（「**他の人物**」という）「彼」の方を見ているという想定で語るとしよう。

例文1　彼は悲しげな目をしていた。

地の文中の右の一文に、違和感はないであろう。これは、主人公「彼女」の立場から（**主人公視点**）、他の人物「彼」の表情を**外部から（客観的に）**見て、その内面を推し量って（「悲しげ」だと）**語られている（書かれている）**ことを意味する。

では、次の例文はどうか。主人公などの設定は例文1とまったく同じであるとする。

例文2　彼は悲しかった。

通常の日本語としては何の変哲もない主観的な描写だが、これでは**主人公**「彼女」が**他の人物**「彼」を見ているようには受け取れない。**登場人物である「彼女」は、他の登場人物である「彼」の心の中（主観）を「見る」ことはできない**からである。例文1は**主人公の視点による語り**であり、例文2はそうではない。**主人公から他の人物へと視点が移動**したか、もしくは人物たちではなく、小説の**語り手自身の立場・視点からの語り**である。

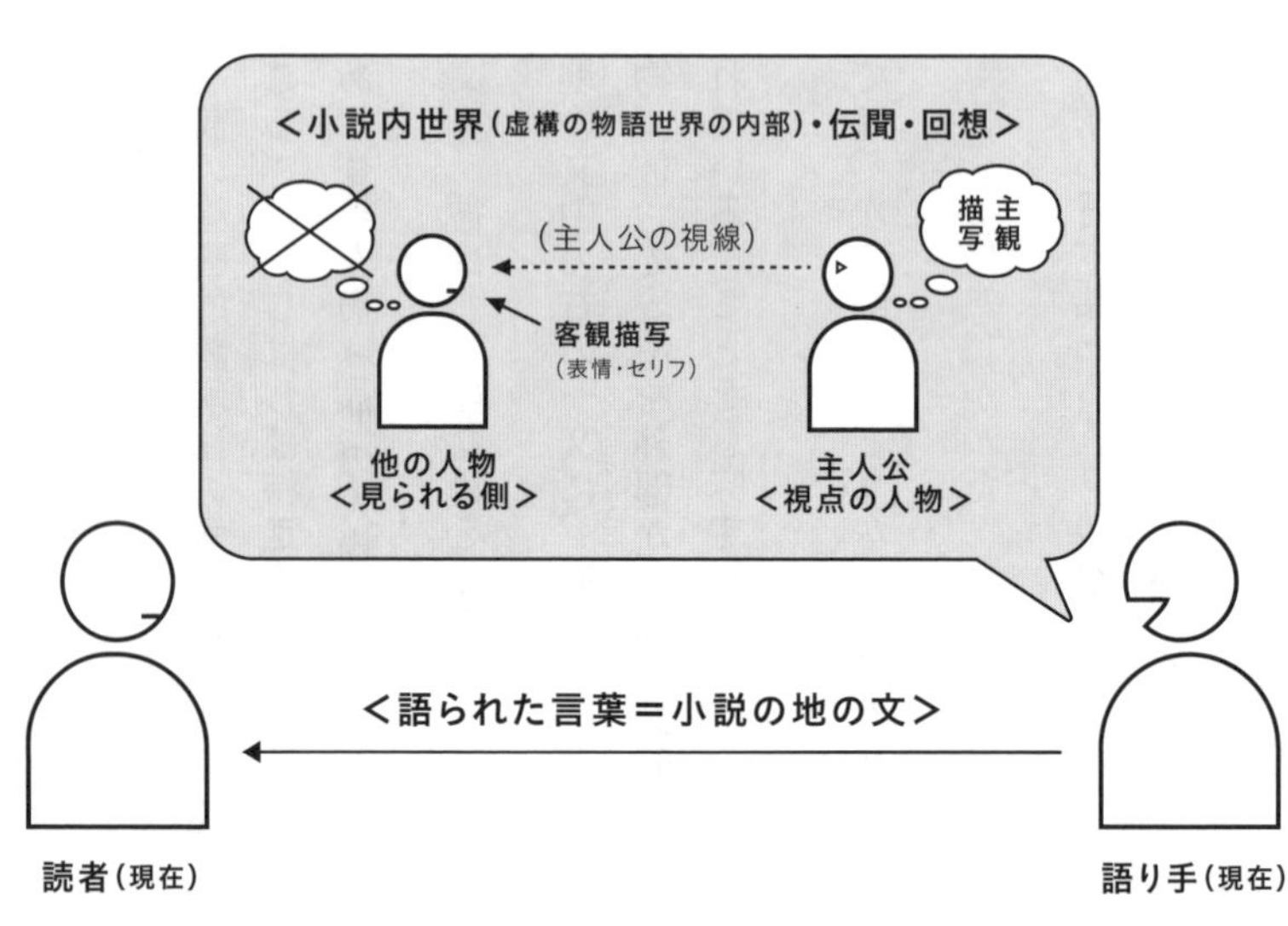

語りと視点をめぐる基本的な事柄について、図を参照しつつ、解説していこう。

上図で、**「語り手」**については実在の人間（作者など）と考えず、いわば小説を朗読する声を擬人化したものとでも考えよう。「むかしむかし、あるところに……」と物語を聞かせてくれている存在＝声（目には見えない語り手）というイメージであり、現実的には小説の「地の文」（の書かれる姿勢、語られ方）を指すと考えてよい。図の下部の左右に**「（現在）」**とあるのは、我々**読者が小説を読んでいるまさに今、その眼前で語り手から読者へと語られているまさに今、**という意味である（**「語り手の現前（プレゼンス）」**）。

一方、**〈小説内世界〉**は、語り手によって語られている内容であり、普通に言えば、小説の内容、虚構の物語内部である。基本的には、小説内世界の事柄は、「……であった」「……した」という**過去形の語り**になる。読者が読み、聞き手が聞く時点がまさに「今・現在」であり、それはまた、語り手が語っている「今・現在」（語り手の現前）であるから、**語られている小説内部の物語については、語っている今・現在の時点ではなく、それよりも過去のこととして、対象化さ**

れて語られる形（伝聞・回想）になるのがきわめて自然である。時制に関する表現の説明は出題されやすいので注意しよう。

小説内世界の登場人物のうち、図の右手が**「主人公」**であり、左手が**「他の人物」**である。先ほどの例で言えば、**主人公**「彼女」が、**他の人物**「彼」の、「悲しげな目」（**客観描写＝表情**）をしている様を見ている（**主人公の視点**）場面を図示していることになる。図のように、**「主人公の視点」で語られる場合**には、**他の人物の内面・心情は外部から（客観的に）しか語りえない。**主人公には他の人物の心の中が見えないので、当然のこととも言える（図の左上の×印）。それゆえ、通常は「彼は悲しかった」とは語られないのである。

さて、以上の基本的な事柄を踏まえ、設問で問われやすいことも含め、まとめておこう。

「語りと視点」のまとめ

a　小説の地の文は、主人公の視点で（主人公の内面に寄り添って）語られることが多い。（例外に注意。）

b　aの場合、他の人物の内面は、主人公の視点から語られるため、直接は語られず、外面的な表情の描写（「悲しげな顔をして」など）や他の人物自身のセリフによる告白（「『僕は悲しいよ』と彼は言った」など）、あるいは主人公の推測（「彼女には彼が悲しんでいるように思えた」など）の形で語られる。

c　小説を読者が読んでいる現在時点で、読者に向けて物語を語る「語り手」という存在を想定する。

d　物語内部の事柄は過去形（「彼は悲しげだった」という形）で、他方、読者に向けて語りかける場合は現在形（「彼女が彼の悲しみを理解するのはまだ先のことである」という形）で、それぞれ語られる。

e　ときには物語内部の事柄であっても、生き生きとしたリアリティーを与える狙いで、過去的な事柄にあえて現在形を用いて描写することもある。（歴史的現在。）

f　主人公が一人称（「私」「僕」など）の場合、語り手（読者に向き合う現在の「私」）と、その語り手によって対象化されて語られる人物（物語内にいる過去の「私」）との違いに留意すること。

g　主人公が三人称の場合、通常の主人公視点ではなく、他の人物の視点で語られることもある。たとえば、他の人物「彼」が、主人公「彼女」の「悲しげな顔」を見て「彼女も僕と同じように悲しいのだ」と思った、というようなケースである。（視点の移動。一人称視点では、このケースは起こらない。）

h　主人公の内面・外面ともに、さらに、他の人物の内面・外面も自在に語られているケースでは、特定の人物の視点ではなく、また、特定の人物に絞った描写（焦点化）もしていない。これはすべてを見通せる、神のように全知の「語り手の視点」から語られているのである。たとえば、「彼女は彼の悲しみを理解しつつあったが、実は彼もまた彼女の悲しみを理解しつつあった。しかし、まだお互いに、相手の変化に気づいてはいなかった。」といった場合である。すべてを知る語り手が読者に語っている。

5　記号・表記

ここで言う**記号**とは、句読点や各種カッコ、ダッシュ（—）や三点リーダー（…）、疑問符（？）や感嘆符（！）のことであり、要するに**文字以外のもの**である。小説など日本語の文章は、一般にほとんどが漢字仮名交じり文であるから、その中に**記号が使用されると、当然目立つ（際立ち、強調されて見える）**。

そもそも**強調**（表現）という**修辞法**は、目立たせるための文章表現法を指す。そして、目立つには、他と異なっていることが条件となる。客観的速読法 3「対照・対比」にしても、A・B二項の差異X・Yを示すことで、その一方（たとえばBの特徴Y）を際立たせる（**強調**して目立たせる）表現技法であることが多く、

「対比・対立の論理構成だ」などと先入観で決めつけて読むべきではない。要旨を核とする本文内容と、表現上の工夫である修辞とを混同しないようにしよう。**「倒置法」**なども、通常とは異なる語順であることによって際立つ（注意を惹く）ので、強調表現の一種である。「彼は、もう戻らないと言った。」という文を、「彼は言った。もう戻らないと。」とすれば、通常の語順ではない（という違和感を読者にもたらす）ことによって、「彼」の発言が強調される。すなわち、読者の注意を喚起するわけである。

さて、記号は、その見た目が文字とは異なることにより、漢字仮名交じり文の中で用いられれば、記号であるだけで必ず目立つ（際立っていることで強調される）。ただ、同じ記号でも、「？」であれば疑問の意も表し、「！」であれば強い感動（感嘆）をも表す。**記号全般の「強調」という効果に加えて、各種記号に応じた意味や効果がある。**さらに注意すべきは、たとえば（　）一つをとってみても、「注釈・言い換え」という意味で用いられているのか、それとも登場人物の内面・内的独白を表す意味で用いられているのか、その他、各文章ごとに使用意図は異なる。当該文章中での**記号の効果や使用意図については、「強調である」という以外には、その記号ごと、その文章ごとに異なる**のであり、設問に応じて**その都度考えねばならない。**

では次に、**表記**について解説する。これは、**「文字の種類」**に関する問題である。「表現」との違いに注意しよう。「おはよう」と「おはようございます」とは、表現（言い方・書き方）は異なるが、**どちらも平仮名によるものであるから、表記法は同じ**である。表記についてしばしば問われるのは、**「カタカナ表記」**である。たとえば、漢字仮名交じりの表記で「寒い」と記せば、読者はごく自然に「気温の低さ」「冷感（触覚・皮膚感覚）」などの意味を想像するであろう。しかし、これを「サムイ」と**セリフのようなカタカナ表記**にすれば、どうであろうか。つまらないギャグなど、その場にふさわしくない、しらけさせる言動に対する評価の言葉と解されるのではないか。このように、**カタカナ表記はセリフのような口語的印象を読者に与える効果があり、しばし**

ばその意図で用いられる。漢字は表意文字であるから、「寒い」は「寒」という文字の意味を読者に意識させるが、これに対して「サムイ」は表音文字であるカタカナ表記であるため、**発音・セリフ・話し言葉を連想させる。**外来語や擬音語も、しばしばカタカナ表記を採用するのは、外来語が「アイデンティティ」「インターネット」「チョコレート」のような、もとは外国語の発音に基づくものであるからであり、擬音語は言うまでもなく「トントン」「ニャーニャー」など、もとはノックする音や猫の鳴き声など、音声を表すものだからである。

したがって、**カタカナ表記は、読者に音声・口語（話し言葉）の印象を与える効果がある。**しかも、漢字仮名交じり文の中で用いられることで目立つ、すなわち**強調効果**もある。

6 構成

最後に、**小説作品の構成**について説明する。ここで言う構成とは、**ストーリー展開、場面の配置、伏線**などのことを指す。ストーリー展開において、「むかしむかし、あるところに……」と冒頭から導入があり、その後は出来事が生じる時間どおりの順序で語られ、最後に「……めでたし、めでたし。」と結末を迎えるような、直線的なストーリー展開・場面の配置は、小説として必ずしも通例ではない。小説の各場面や出来事は、それらが生起した順に、物理的な時間の経過に沿って書かれ、配置されると、読みやすく理解しやすいものにはなる。しかし、そもそも小説のような**文学的文章は、理解の平易さを価値として書かれるものではない。**取扱説明書や新聞記事などの実用的文章とは違う。つまり、文学的文章は意味伝達や理解の手段として評価されるものではなく、すらすらと読み流されれば、むしろ作品として十分に鑑賞されたとは言えない。たとえば読者が解釈に苦しむような隠喩や象徴表現は、まさに解釈の多様性、想像の広がりをもたらすところに文学作品としての意義を発揮しているのである（「分かりやすい芸術作品」とは、褒め言葉ではないであろう）。同様に、小説の叙述においては、物理的な時間の流れ・出来事の先後の順ではなく、随所に**回想場面、空想内容**などをストーリー展開内で混在させ、人物の意識に即した順での叙述を行うことで、一方では生き生きとした**リアリティーをもって人物の心の動きを描写し**、他方では、その**叙述の仕方の複雑さ、重層性による難解さによって、読者に立ち止まってじっくりと鑑賞するように促す**という効果を意図することもある。

最後に、**伏線**について説明しよう。小説作品が**リアリティー（現実味、迫真性、臨場感、生き生きとした印象など）を求める**のは、小説という**虚構本来の必然**である。読者は、小説作品を単なる「ウソ」ではなく、**「フィクション」**であると知りつつ、むしろその前提で読む。だからこそ、「本当らしさ」が求められるのであり、いかにも「お話＝作り物」であると感じられれば、読者は、未熟な演技を見たときのように、しらけてしまう。作品に涙を流し、深く感じ入るとすれば、それは小説内容が「事実」だからではなく、**「事実らしさ（真実性）」をもって描かれている**からである。ところが、作品にリアリティーをもたらすには、あまりにストーリーが都合よく展開しすぎたり（主人公が期待どおりの出来事に、期待してすぐ偶然遭遇するなど）、読者に向けて語り手が説明的な語りを長々としていたりすると、読者は虚構らしさ（わざとらしさ、不自然さ）を感じ取ってしらけてしまう。そこで、作者は**さりげなく、自然な出来事**（たまたまその日が雨であったり、休日出勤していたり）や、**何気ない人物の言動**（登山者どうしの挨拶や通学途上の近道など）を配置し、**その後の展開・出来事が無理のない、自然な（虚構性を感じさせない）ものとなるように工夫する**。それが**伏線**である。したがって、本来の伏線は、それが露骨に伏線であると読者に見破られるようでは、効果を失していることになる。

以上、**基礎講義6**を終わる。

例題
2-4

心情・表現説明型設問の解答実践

島木健作『バナナの皮』（大阪大）

時間
30分

例題は、難度の高い小説問題を出題する大阪大・文学部の入試問題である。まず基本的な練習をしたい人は、例題3-2を先に解いてみるとよい。

次の文章は、島木健作の小説『バナナの皮』（一九三五年発表）の一部である。五月末のある日、上野駅から汽車に乗ろうとしていた「私」は、護送されている囚人を見かける。客車に乗りこむと、「私」と向かい合った席にその囚人が役人（看守）と共にやってくる。これを読んで後の問いに答えよ。なお、本文は一部改変したところがある。

囚人は窓ぎわに座り、役人はその横に座ったから、私と囚人とは膝をつきあわすほどにして顔を合せたわけである。彼は座ると同時に、編笠をとり、朝の光りにみちた窓外に向いてまぶしそうに目をまたたいた。さわやかな風に面を吹かれ、着ものの上からそれとわかるほどに胸をふくらませ、また大きく息を吐き出すのだった。私はそういう境遇にある人にたいする特別な見方をもってではなく、普通の人間にたいするように彼の顔を正視した。まだ若い青年だった。はじめてそのうしろ姿を一瞥したとき、しっかりした骨組にもかかわらず、肩のあたりの線に、どこかまだ一人前になりきらぬ、初々しいものを見たのであるが、それをそのまま裏書するような実際の彼の若さであった。皮膚は荒れ、このような生活にあるものに特有な、澱んだ汚水のような色艶だったが、光り失わぬ黒く澄んだ眼は、＊検査をすぎてまだ間のない頃のものをおもわせた。かすかに口を開き、そのときはもう動き出した汽車の窓外に、刻一刻かわって行く風物にうっとりみとれているさまは、あどけないものをさえ含んでいる。ふいに彼は小刻みに膝をひょいひょいと動かしはじめた。今の彼としてほかには表現し得ない（1）心の喜びなのであろう。太く冷たい鉄の手錠のしかと喰い込んでいる双の手首が、その膝の動きにつれて無心にかすかにふるえている。……

気がついてみると、しかし、彼の存在に心をとられているのは決して私一人ではなかった。この車内にある大半のものがそうであったといえる。彼がはいって来た当座、おびえたように身をすくめたものたちも、自分たちの座席から遠くはなれた今の彼を見るときは、安堵の胸をなでおろすと同時に、好奇心が頭をもちあげて来たようである。用もないのにぶらぶら私たちのそば近くあるいて来、じろじろと彼を見て、それから帰って行くものがあった。多くはただ物珍しそうな、罪のない眼いろであったが、なかにははげしい憎悪に燃えて、生き身の皮まではぎ取りそうな、無慈悲な眼つきで見据えるものもあった。私たちとは別の側に、はすかいに席をしめていた、四十歳前後の親方ふうの男など、そのうちの主な一人であった。おそらくは土木＊請負師などのたぐいであろう、大兵肥満の洋服姿で、赤皮の編上げをはき、ズボンの裾は靴下のなかにおしこんで、靴下止めを上からしていた。右手に一つ、左手に二つ金の指輪をはめ、はっはっと大口あけてわらう時の口のなかもお神楽の獅子にそっくりなら、胸間にぶら下げている金の鎖の太さもなみなみのものとはおもわれぬ。彼は六つか七つぐらいの男の児をひとり連れていた。子供は父親の膝の上にいて、甘えている。かの囚人の方にちらりと眼をくれ、子供らしく誇張した表情で、おびえたように父親の胸に顔をうずめ、足をばたばたさせるのであった。父親は幅広く厚い胸でがっしりと子供をささえ、あたりのもののふりむいてみるほどの大ごえをあげてわらうのである。

「こわくない、こわくない、何がこわいもんかい、お父さんがついてらあな。」

子供は父親の首に両手をまきつけて、耳もとに口をよせ、ひそひそとなにかささやいた。

「うん、うん、わるいことさえせなんだら何もこわいこたアありゃしない。わるいことをすりゃな、おまわりさんがしばってつれてって、あんな着ものを着にゃならんぞ。何？　どんなわるいこと？　はっはっ、そりゃ坊や、いろいろあらあな。どろぼう、火つけ、人ごろし……」

私はおもわずはっとして、なにか、自分に直接関することででもあるように、顔いろをかえた。とっさの間、私は目の前のかの囚人の顔を正視する勇気を失った。しかし、私はおもい切って見たのである。「どろぼう、火つけ、人ごろし……」のこえがひびいたとき、今まで窓の外ばかり見ていたわかものは、ぎくりとしたふうで、こえのする方をちらりと見た。すぐにもとへ顔をかえしたが、一瞬のうちにその顔は、今までとはまるでべつなものになってしまっていた。今までのあどけない、子供らしさは影を消して、急にいくつか年をとった、萎(しぼ)んだものになっていた。暗く陰惨な、典型的な囚人のそれに変(かわ)っていたのである。心を鎮めようとし、依然、窓の外を見ているが、手の指先は、それとあきらかに見えるほど、ぶるぶるふるえているのだった。……

私も亦(また)、(2)読もうとひろげた新聞を持つ手のふるえのどうにもとどまらぬ感情の荒立ちをおぼえたのである。私はかの田舎紳士をにくんだ。その肥えふとった胴体を踏みにじってやりたい切ない衝動に身をおいた。たった一つ、——若い囚人の顔に今が今までうかんでいた、ちょうどこの五月の季節のように、明るく朗らかな表情を、一瞬のうちに萎(な)えしぼませてしまった、——はげしい毒素のような、彼のその一(ひ)と言のためにである。私はこの年若い囚人が、何の罪で、何年の刑期で、どこへ送られて行くかを知らぬ。しかしながら私は、ついさっきまで彼の顔にうかんでいたような表情が、このような生活にあるものの上に、容易に見得るものではないことをよく知っている。それは一年に一度か、二年に一度、何かの折にひょいとやってくる程度のものである。その生活にあるあいだじゅう、何年居ろうと、ついにそういうことのない不幸なものもある。囚われている人間であることを、全く忘れている瞬間でないならば、そういう表情が彼の上にあらわれるということはないのである。

どのくらいか時間がたった。側につきそっていた役人は、その時、時間を見、囚人をうながし立たしめた。ここにあってもちゃんと時間をきめてするらしい不浄場へ行く時が来たのである。囚人は気のすすまぬふうに立ってあるきだした。向うはしの不浄場の前で、手錠の鍵をはずしてもらい、そこにあるあいだ、役人はその前に立って待つのであった。用をすました囚人は、ふたたび手錠に腰縄姿でこっちへあるいて来た。車内の人々は一せいに彼に鋭い視線を放った。③幾十の射るような視線に裸にされ、何よりもさきに蒙った心の痛手があって、若ものはおどおどし、足もともどこかたよりなげだった。

さきの請負師ふうの田舎紳士と、子供は、そのときはもう、一向そしらぬふうに、バスケットを下し、果物やら、菓子やらにさかんにパクついていた。ふりかえって、近づいて来るわかものをじろりと見た男は、今喰い終ったバナナの皮を、通り路にすてたのである。すてられたバナナの皮は、ちょうど通路のまんなかにおちた。紳士はなんの気もなく、ただ無造作にすてたのかも知れぬ。しかし、横をむいてにやりとわらった顔の卑しさにはなにかを期待して心にほくそ笑んでいるところがあり、見ていた私は、おもわずはっと緊張した。何か起りそうな予感にわれ知らず腰をうかせていた。すると、その瞬間だった。ちょうどそこまで来た囚人が、地ひびきするほどの音を立ててのけさまにうしろにひっくりかえった。いうまでもなくバナナの皮に足をとられたのである。あわてて起き上ろうとし、ふたたび中途でひっくりかえった。両手の自由のきかぬ彼は三度四度と身もだえした。どっと、いろとりどりの笑声が、狭い車内にひびきわたった。

「馬鹿野郎！」

冷酷にののしって、看守の手が、帯にかかり、はじめてわかものは立上ることができたのである。

笑声はなおもしばらくつづいていた。しおれたわかものが、席へもどって来てのちも、くっくっと含み笑う、若い女などの、世にこれほどに冷酷なものも少ないであろう笑いがきこえていた。が——間もなく、それらのこえはぴたりとやんでしまった。かつてない静けさに車内はしーんとひそまりかえった。

若いかの囚人の口をもれて、すすり泣きのこえがきこえてきたのである。喰いしばった歯のすきまから、それはもれて来た。はじめはおさえにおさえた低い音だったが、ついにそれはおさえがたくどっとあふれた。子供のような嗚咽のこえがしだいに高くなって行くのであった。涙のしずくが頬をつたわった。ふとみる、彼の頭の耳に近いあたりには、倒れた拍子に座席のかどにうちつけたものだろう、髪の毛の上に血さえにじんでいる。手錠の喰いこんだ手首は、起き上ろうともだえた時に傷ついたものだろう、いたいたしく皮がむけ、ここにも血しおがふきでている。……

汽車は走り、車輪のひびきはごうごうと今しも鉄橋を越えた。そのひびきのあいまに、すすり泣きのこえはなおもきこえる。(4)厳粛なものに打たれて車内にはコトリとの音もしなかった。私は硬ばった真青な顔をして、彼ひとり今なお平然たるかの肥大漢の横顔を喰い入るように見すえていた。富んで無智なるものの、冷酷さ、残忍さを見ること、今までに私は必ずしも少なしとはしない。しかしこの時ほどにはげしいいきどおりに身を灼いたことはいまだかつてなかったのである。

（語注）　＊検査＝二十歳に達した成年男子が義務づけられていた徴兵検査。

＊請負師＝下請けの職人たちを束ねる役目を果たす仕事。

問1　傍線部（1）「心の喜び」とあるが、「私」は若者がどのような「喜び」を感じていると考えているのか、わかりやすく説明せよ。
（編集部注：解答欄は173ミリ×36ミリ）

問2　傍線部（2）「読もうとひろげた新聞を持つ手のふるえのどうにもとどまらぬ感情の荒立ちをおぼえた」とあるが、なぜこのように「私」は感じたのか、その理由をくわしく説明せよ。
（編集部注：解答欄は173ミリ×36ミリ）

問3　傍線部（3）「幾十の射るような視線に裸にされ」とあるが、このような表現にはどのような効果があると考えられるか、説明せよ。
（編集部注：解答欄は173ミリ×36ミリ）

問4　傍線部（4）「厳粛なものに打たれて車内にはコトリとの音もしなかった」とあるが、「私」は多くの乗客たちの心理をどのように考えているのか、「厳粛なもの」という表現に留意して説明せよ。
（編集部注：解答欄は173ミリ×36ミリ）

読解作業＋全体把握のプロセス

まずは小説の**客観的速読法**を適用しつつ、10分以内で通読しよう。**リード文**から読解は始まっている。

次の文章は、島木健作の小説『バナナの皮』（◀タイトル注意）（一九三五年発表）の一部である。五月末のある日、上野駅から汽車に乗ろうとしていた（◀シチュエイション）「私」（◀一人称主人公）は、護送されている囚人（◀人物像）を見かける。客車に乗りこむと、「私」と向かい合った席にその囚人が役人（看守）と共にやってくる。これを読んで後の問いに答えよ。なお、本文は一部改変したところがある。

囚人は窓ぎわに座り、役人はその横に座ったから、私と囚人とは膝をつきあわすほどにして顔を合せたわけである。彼は座ると同時に、編笠をとり、朝の光りにみちた窓外に向いてまぶしそうに目をまたたいた。さわやかな風に面を吹かれ、着ものの上からそれとわかる（◀心情表現）ほどに胸をふくらませ、また大きく息を吐き出すのだった。私はそういう境遇にある人にたいする特別な見方をもってではなく、普通の人間にたいするように彼の顔を正視した。まだ若い青年だった。はじめてそのうしろ姿を一瞥したとき、しっかりした骨組にもかかわらず、肩のあたりの線に、どこかまだ一人前になりきらぬ、初々しいものを見たのであるが、それをそのまま裏書するような実際の彼の若さであった。皮膚は荒れ、このような生活にあるものに特有な、澱んだ汚水のような色艶だったが、光り失わぬ黒く澄んだ眼は、*検査をすぎてまだ間のない頃のものをおもわせた。かすかに口を開き、そのときはもう動き出した汽車の窓外に、刻一刻かわって行く風物にうっとりみとれているさまは、あどけないものをさえ含んでいる。ふいに彼は小刻みに膝をひょいひょいと動かしはじめた。今の彼としてほかには表現し得ない(1)心の喜びなのであろう。太く冷たい鉄の手錠のしかと喰い込んでいる双の手首が、その膝の動きにつれて無心にかすかにふるえている。……

小説の読解では、**まずは主人公の特定**である。**一人称か三人称か**、その人物像はどうか。また、シチュエイションとしての時代背景や場所、人間関係なども、**新たな情報が得られるたびにマーキング**していこう。リード文では**一人称の主人公「私」**がマーキングできる。物語の**語り手も「私」**である。

▼**「私」**（主人公・一人称）かつ（語り手）……K1
▼**「囚人」**（他の人物・三人称　まだ若い青年、初々しい、二十歳程度）……K2
▼**「役人（看守）」**（他の人物）……K3
▼**「上野駅」**（シチュエイション　汽車に乗る）……K4
▼**窓外の風物にうっとりみとれている・心の喜び**（傍線部1）・**無心に**（他の人物の心情）……K5

第一節（第一場面）では、**「私」（主人公）**が列車の座席で護送中の**囚人（他の人物）**と向かい合わせに座るという、やや特殊な状況設定が語られる。そして、**「私」の視点**で、「私」自身ではなく、**他の人物（囚人）の様子が対象化されて語られている**。第一節のポイントは、「囚人」という役どころに由来する先入観ではなく、**「私」の目を通して語られる**「彼（囚人）」の、まだ若く、あどけなさすら含む**人物像**と、列車の窓外の風景に「うっとりみとれ」て「心の喜び」を覚えていると推察されている**無邪気な心情**である。

それでは、第二節へと進む。

気がついてみると、しかし、彼の存在に心をとられているのは決して私一人ではなかった。この車内にある大半のものがそうであったといえる。彼がはいって来た当座、おびえたように身をすくめたものたちも、自分たちの座席から遠くはなれた今の彼を見るときは、安堵（あんど）の胸をなでおろすと同時に、好奇心が頭をもちあげて来たようである。用もないのにぶらぶら私たちのそば近くあるいて来、じろじろと彼を見て、それから帰って行くものがあった。多くはただ物珍しそうな、罪のない眼いろで

あったが、なかにははげしい憎悪に燃えて、生き身の皮まではぎ取りそうな、無慈悲な眼つきで見据えるものもあった。私たちとは別の側に、はすかいに席をしめていた、四十歳前後の親方ふうの男など、そのうちの主な一人であった。おそらくは土木*請負師などのたぐいであろう、大兵（だいひょう）肥満の洋服姿で、赤皮の編上げをはき、ズボンの裾は靴下のなかにおしこんで、靴下止めを上からしていた。右手に一つ、左手に二つ金の指輪をはめ、はっはっと大口あけてわらう時の口のなかもお神楽の獅子（しし）にそっくりなら、胸間にぶら下げている金の鎖の太さもなみなみのものとはおもわれぬ。彼は六つか七つぐらいの男の児をひとり連れていた。子供は父親の膝の上にいて、甘えている。かの囚人の方にちらりと眼をくれ、子供らしく誇張した表情で、おびえたように父親の胸に顔をうずめ、足をばたばたさせるのであった。父親は幅広く厚い胸でがっしりと子供をささえ、あたりのもののふりむいてみるほどの大ごえをあげてわらうのである。

「こわくない、こわくない、何がこわいもんかい、お父さんがついてらあな。」

子供は父親の首に両手をまきつけて、耳もとに口をよせ、ひそひそとなにかささやいた。

「うん、うん、わるいことさえせなんだら何もこわいこたアありゃしない。わるいことをすりゃな、おまわりさんがしばってつれてって、あんな着ものを着にゃならんぞ。何？　どんなわるいこと？　はっはっ、そりゃ坊や、いろいろあらあな。どろぼう、火つけ、人ごろし……」

私はおもわずはっとして、なにか、自分に直接関することでもあるように、顔いろをかえた。とっさの間、私は目の前のかの囚人の顔を正視する勇気を失った。しかし、私はおもい切って見たのである。「どろぼう、火つけ、人ごろし……」のこえがひびいたとき、今まで窓の外ばかり見ていたわかものは、ぎくりとしたふうで、こえのする方をちらりと見た。すぐにもとへ顔をかえしたが、一瞬のうちにその顔は、今までとはまるでべつなものになってしまっていた。今までのあどけない、子供らしさは影を消して、急にいくつか年をとった、萎（しぼ）んだものになっていた。暗く陰惨な、典型的な囚人のそれに変（かわ）っていたのである。心を鎮めようとし、依然、窓の外を見ているが、手の指先は、それとあきらかに見えるほど、ぶるぶるふるえているの

◀外面（客観）描写・語り手の視点

だった。……

私も亦、(2)読もうとひろげた新聞を持つ手のふるえのどうにもとどまらぬ感情の荒立ちをおぼえたのである。私はかの田舎紳士をにくんだ。その肥えふとった胴体を踏みにじってやりたい切ない衝動に身をおいた。たった一つ、――若い囚人の顔に今が今までうかんでいた、ちょうどこの五月の季節のように、明るく朗らかな表情を、一瞬のうちに萎えしぼませてしまった、――はげしい毒素のような、彼のその一と言のためにである。私はこの年若い囚人が、何の罪で、何年の刑期で、どこへ送られて行くかを知らぬ。しかしながら私は、ついさっきまで彼の顔にうかんでいたような表情が、このような生活にあるものの上に、容易に見得るものではないことをよく知っている。それは一年に一度か、二年に一度、何かの折にひょいとやってくる程度のものである。その生活にあるあいだじゅう、何年居ろうと、ついにそういうことのない不幸なものもある。囚われている人間であることを、全く忘れている瞬間でないならば、そういう表情が彼の上にあらわれるということはないのである。

第二節からは、囚人（彼）に対する他の乗客の反応が、第一節と変わらず**「私」の視点**で語られていく。

▼**心をとられている・おびえたように・身をすくめた・安堵・好奇心・物珍しそうな・罪のない眼いろ**……K6

▼**はげしい憎悪・無慈悲な眼つき**……K7

▼**四十歳前後の親方ふうの男**（K7タイプの心情を示す人物）・**六つか七つぐらいの男の児**……K8

この人物「親方ふうの男」が「囚人」に対して抱いている「憎悪」や「無慈悲」さが、「私」の視点による語りと、自分の子供に向けたこの**人物の露骨なセリフ**とを通して、読者に明白に伝えられる。「どろぼう、火つけ、人ごろし……」という男のセリフを、地の文で再度引用する形で語り、その瞬間の人物「私」と、人物「囚人」との様子が描写される。

▼**（私はおもわず）はっとして**（一人称の人物「私」の内面・主観描写……一般的な表現法）……K9

▼**（私は）顔いろをかえた**（一人称の人物「私」の外面・客観描写……一人称では特殊）……K10

▼**（わかもの＝囚人は）ぎくりとしたふう・まるでべつな～萎んだものに・心を鎮めようとし～ぶるぶるふるえているのだった**（他の人物の心情）……K11

この場面は、一般化すれば、他の人物Bの心無い言動に他の人物Aが傷つく様子と、同じ小説内の場面にいる主人公Cがそれを見聞きして動揺する心情とが、現在において語り手Dから読者に語られる、というものである。**基礎講義6**で示した**「語りと視点」の図**を再確認しておこう。K10は、「私」自身のことが、鏡でも見ていたかのように「顔いろをかえた」と語られている。現実では自分で自分の「顔いろ」の変化を見ることはできないので、ここは現在の「語り手の私」が読者に向き合い、小説の場面内での「人物の私」について、まるで他人であるかのように対象化し（距離を置き）、きわめて客観的に語っているというように理解しよう。

さて、ここで**人物「私」は、強く「年若い囚人」に同情を示す**。

▼**（私も亦）～手のふるえのどうにもとどまらぬ感情の荒立ちをおぼえた**……K12

▼**（私は）（親方ふうの男を）にくんだ・切ない衝動**……K13

このような主人公「私」の「囚人」に対する共感が描かれることで、読者も「囚人」と「私」に共感しやすくなる。それ自体が、作者による小説執筆上の工夫である。ここでもう一度、「囚人」について、

▼**明るく朗らかな表情（囚われている人間であることを、全く忘れている瞬間）を、一瞬のうちに萎えしぼませてしまった**……K14

とし、変化の契機である「はげしい毒素のような、彼のその一と言」への非難も語られる。第三節に進もう。

◀典型的な場面転換・時系列の説明

どのくらいか時間がたった。側につきそっていた役人は、その時、時間を見、囚人をうながし立たしめた。ここにあってもちゃんと時間をきめてするらしい不浄場へ行く時が来たのである。囚人は気のすすまぬふうに立ってあるきだした。向うはしの不浄場の前で、手錠の鍵をはずしてもらい、そこにあるあいだ、役人はその前に立って待つのであった。用をすました囚人は、ふたたび手錠に腰縄姿でこっちへあるいて来た。車内の人々は一せいに彼に鋭い視線を放った。(3)幾十の射るような視線に裸にされ、何よりもさきに蒙（こうむ）った心の痛手があって、若ものはおどおどし、足もともどこかたよりなげだった。

さきの請負師ふうの田舎紳士と、子供は、そのときはもう、一向そしらぬふうに、バスケットを下（おろ）し、果物やら、菓子やらにさかんにパクついていた。ふりかえって、近づいて来るわかものをじろりと見た男は、今喰い終（おわ）ったバナナの皮を、通り路にすてたのである。すてられたバナナの皮は、ちょうど通路のまんなかにおちた。紳士はなんの気もなく、ただ無造作にすてたのかも知れぬ。しかし、横をむいてにやりとわらった顔の卑しさにはなにかを期待して心にほくそ笑んでいるところがあり、見ていた私は、おもわずはっと緊張した。何か起（おこ）りそうな予感にわれ知らず腰をうかせていた。すると、その瞬間だった。ちょうどそこまで来た囚人が、地ひびきするほどの音を立ててのけさまにうしろにひっくりかえった。いうまでもなくバナナの皮に足をとられたのである。あわてて起き上（あが）ろうとし、ふたたび中途でひっくりかえった。両手の自由のきかぬ彼は三度四度と身もだえした。どっと、いろとりどりの笑声が、狭い車内にひびきわたった。

「馬鹿野郎！」

冷酷にののしって、看守の手が、帯にかかり、はじめてわかものは立上（たちあが）ることができたのである。

第三節では、ストーリーにおいて大きな「事件」が起こる。小説の**タイトル「バナナの皮」の意味するもの**が明らかにされる。「どのくらいか時間がたった」ことで、第二節の感情的高ぶりがいったん緩和され、しかも「ちゃんと時間をきめてするらしい」と**さりげなく語られる**ことにより、「囚人が列車の通路を歩行する」

という、バナナの皮の事件が生じるためにどうしても必要な状況設定は、**読者に何の不自然さも感じさせない。**

▼**（車内の人々は）一せいに彼（囚人）に鋭い視線を放った**（乗客の心情・囚人の置かれた状況）……K15

▼**（若ものは）何よりもさきに蒙った心の痛手があって・（射るような視線に）おどおどし**……K16

▼**（親方ふうの男）にやりとわらった・心にほくそ笑んでいるところがあり**（悪意の表現）……K17

▼**（私は）はっと緊張した・何か起りそうな予感**……K18

そして、その「予感」どおりに囚人は「バナナの皮に足をとられたのである」と現在形の文末をもって語り手の「私」から事態が読者に語られ、次のように車中の人々の反応が示される。

▼**（車内の人々の）いろとりどりの笑声・（看守）冷酷にののしって**……K19

それでは、最終節に入ろう。

笑声はなおもしばらくつづいていた。しおれたわかものが、席へもどって来てのちも、くっくっと含み笑う、若い女などの、世にこれほどに冷酷なものも少ないであろう笑いがきこえていた。が——間もなく、それらのこえはぴたりとやんでしまった。かつてない静けさに車内はしーんとひそまりかえった。

若いかの囚人の口をもれて、すすり泣きのこえがきこえてきたのである。喰いしばった歯のすきまから、それはもれて来た。はじめはおさえにおさえた低い音だったが、ついにそれはおさえがたくどっとあふれた。子供のような嗚咽（おえつ）のこえがしだいに高くなって行くのであった。涙のしずくが頬をつたわった。ふとみる、彼の頭の耳に近いあたりには、倒れた拍子に座席のかどにうちつけたものだろう、髪の毛の上に血さえにじんでいる。手錠の喰いこんだ手首は、起き上ろうともだえた時に傷ついたものだろう、いたいたしく皮がむけ、ここにも血しおがふきでている。……

汽車は走り、車輪のひびきはごうごうと今しも鉄橋を越えた。そのひびきのあいまに、すすり泣きのこえはなおもきこえる。

(4) 厳粛なものに打たれて車内にはコトリとの音もしなかった。私は硬ばった真青な顔をして、彼ひとり今なお平然たるかの肥大漢の横顔を喰い入るように見すえていた。富んで無智なるものの、冷酷さ、残忍さを見ること、今までに私は必ずしも少なしとはしない。しかしこの時ほどにはげしいいきどおりに身を灼いたことはいまだかってなかったのである。

最終節の冒頭にも、「笑声は**なおもしばらく**つづいていた」という時間経過の描写が置かれている。そして、その「冷酷な」人々の反応が緩く続く中で、**新たな展開を示す表現「が――間もなく」**と、ダッシュ記号を用いて際立たせつつ、やまば（クライマックス）へと語りが進められる。

▼**若いかの囚人の口をもれて、すすり泣きのこえがきこえてきたのである・はじめはおさえにおさえた〜おさえがたくどっとあふれた・嗚咽のこえがしだいに高くなって行くのであった**……K20

これらの**聴覚に訴える心情描写**に加えて、「血さえにじんでいる」「いたいたしく皮がむけ、ここにも血しおがふきでている」という**視覚に訴える描写**もなされ、その痛ましさに強く共感させる効果がある。

▼**（車内の乗客たちの様子）かってない静けさ・厳粛なものに打たれて**（傍線部4）……K21

▼**私は硬ばった真青な顔をして**（K10と同様に例外的な、一人称主人公の外面の客観描写）……K22

▼**（親方ふうの男）彼ひとり今なお平然たる〜横顔・富んで無智なるものの、冷酷さ、残忍さ**……K23

▼**（私は）はげしいいきどおりに身を灼いた**……K24

冷酷な態度で嘲笑していた車内の人々も、若い囚人の泣き声に「厳粛なもの」を感じとり、胸を「打たれて」しまったのであり、その中にあってすら、「今なお平然たる」様子をしている男の「富んで無智なるものの、冷酷さ、残忍さ」に対する「私」の「はげしいいきどおり」が、語られて結ばれる。

これで読解作業と全体把握の解説を終わる。全体把握のまとめを確認の後、設問の解法に進もう。

全体把握のまとめ

主人公「私」は上野駅から列車で護送中の囚人と同席した。囚人はまだ若い青年で、窓外の風物にみとれて心の喜びを覚えているふうであった。乗客たちの大半は囚人の様子に安堵し、好奇心で見るという罪のない態度であったが、男児を連れた四十歳前後の親方ふうの男など、はげしい憎悪と無慈悲な眼つきで見据える者もいた。この男の「どろぼう、火つけ、人ごろし……」という言葉に囚人の明るく朗らかな表情は萎え、指先はふるえた。「私」も感情の荒立ちをおぼえた。やがて囚人は手洗いに席を立ち、連れ戻される際にも、心の痛手と車内の人々の視線におどおどと頼りない足取りであった。そのとき例の男が故意にバナナの皮を通路に捨てた。男のほくそ笑む顔に「私」は緊張し、何か起こりそうな予感がしたが、そのとおりに囚人はバナナの皮を踏んで転倒してしまった。乗客たちはどっと笑い、冷酷な反応を示す者もいたが、間もなく車内に囚人のすすり泣く声がきこえ、それは次第に高い嗚咽となっていった。人々は厳粛なものに打たれて静まり返った。それでもなお平然とした例の男の「富んで無知なるものの、冷酷さ、残忍さ」に「私」はかつてないはげしい憤りをおぼえたのである。（五〇〇字）

読解から解答へ

問1　傍線部（1）「心の喜び」とあるが、「私」は若者がどのような「喜び」を感じていると考えているのか、わかりやすく説明せよ。（編集部注：解答欄は173ミリ×36ミリ）

小説問題で最も基本的な**心情説明型設問**である。解答の結びは設問要求に合わせて「～喜び。」「～喜びを感じている。」とする。（なお、解答欄のサイズから、各問の字数は最大で一二〇字程度とする。）

解答の手順として一般的に、**まず設問の要求（心情説明）を確認したら、次に傍線部を含む一文を確認**する。傍線部を含む一文は「今の彼としてほかには表現し得ない心の喜びなのであろう。」となっている。**小説問題では、時系列への配慮が不可欠**である。**「今の彼」**とは、囚人として護送中の彼である。囚われの身である若者が、今だけは変わり行く窓外の風物を楽しめる。**心情表現**は、傍線部に直結している（K5）、

▼**汽車の窓外に、刻一刻かわって行く風物にうっとりみとれているさま**

がまず発見できるが、第二節にも、第一節からの若者の心理変化を示すキーセンテンス（K11・K14）がある。

▼**今までのあどけない、子供らしさは～**

▼**若い囚人の顔に今が今までうかんでいた、ちょうどこの五月の季節のように、明るく朗らかな表情を～**

▼**囚われている人間であることを、全く忘れている瞬間でないならば、そういう表情が～**

以上から、①**心情表現**を確定し、②**心情の説明（対象・理由・状態）**を追加してまとめる。

解答案　若者は、列車の窓外で眺められる刻一刻とかわる風物に対して、囚人であることを忘れて魅了され、明るく朗らかな気持ちでいられることに喜びを感じている。

この解答案に、**字数上はもう少し余裕がある**ので、**③傍線部を含む一文の表現ニュアンスを正確に反映させる**ことを考え、「今」のニュアンス説明を加える。

解答

若者は、護送中の列車内で窓外を自由に眺めることができ、つかのまの解放感によって囚人であることを忘れ、刻一刻とかわっていく風物を見て無心に魅了される、明るく朗らかな喜びを感じている（と「私」は考えている）。（10点）

採点基準

・構文＝「若者は～喜びを感じている（と「私」は考えている）。」（あるいは、「～喜び。」）（加点はなし）

＊右の形式以外は、得点から1点減点。「わかもの」「若もの」は不問、「彼」「囚人」は得点から1点減点。

・「喜び」の説明

a　刻一刻かわる／窓外の風物に／「うっとり」みとれている（各1点）

＊「うっとり」のママは、1点減点。

b　自由を感じる（解放感をおぼえる、の意）（2点）

c　囚人であることを全く忘れている／無心（あどけない・無邪気　など）（各1点）

d　明るく朗らかな気持ちになっている（2点）

・傍線部を含む一文の表現ニュアンスの反映
e「今の彼」＝汽車（列車）で護送中の囚人、の意（1点）

＊構文の基本的な正しさは必須ポイント。
＊a～dで最低限一つの得点は、必須ポイント。
＊解答欄のはみ出しや過剰に書きすぎたものは、失格とする（以下同様）。

問2　傍線部（2）「読もうとひろげた新聞を持つ手のふるえのどうにもとどまらぬ感情の荒立ちをおぼえた」とあるが、なぜこのように「私」は感じたのか、その理由をくわしく説明せよ。
（編集部注：解答欄は173ミリ×36ミリ）

本問は**理由説明型設問**である。「なぜこのように『私』は感じたのか」であるから、**動機・意図型の理由説明**であり、「心情の理由」「心理過程の説明」でもあるので、解答の述部**（Qだから）**も主観・心情である。
まずは、**設問の要求（主観的・心理的理由説明）の確認と、傍線部を含む一文の確認**を行う。

傍線部を含む一文は「私も亦、読もうとひろげた新聞を持つ手のふるえのどうにもとどまらぬ感情の荒立ちをおぼえたのである。」である。
右の確認により、「私も亦～のである」という表現から、囚人の若者と同じく、「私」も「心を鎮め」ることができないでいること（＝「感情の荒立ち」）、その原因が「四十歳前後の親方ふうの男」の発言「どろぼう、火つけ、人ごろし……」にあったことが確認できる。

次に、**本文中の心情表現を求める**。傍線部自体にある「手のふるえ」は「感情的な荒立ち」を意味しているが、これは**傍線部のママであるから使えない**ので、直後の心情表現「にくんだ」「踏みにじってやりたい切ない衝動」（K13）を活用する。

解答字数を概算すると、かなり少ないので、追加要素として傍線部を含む一文の表現ニュアンスを正確に反映することを考える。「私も亦」という並列は、囚人の「わかもの」の「ふるえ」に対してである。

▼**（わかもの＝囚人は）ぎくりとしたふう・まるでべつな～萎んだものに・心を鎮めようとし～ぶるぶるふるえているのだった**……K11

解答

無心に窓外の風物を眺めていた若者が、乗客の男の無慈悲な言葉のせいで、一瞬で暗く陰惨な囚人らしい様子に変わり、激しく動揺する姿を見て、「私」もまた、この冷酷な言葉を発した男への憎悪により、切ない攻撃的衝動に駆られたから。（10点）

採点基準

- 構文＝「私」の主観的・心理的な理由説明の形式（「『私』は～と感じたから。」など）（加点はなし）
- 理由としての心情表現（述部内容）
  a（乗客の男への）にくしみ／「踏みにじってやりたい」／切ない衝動（1点・1点・2点）
  ＊「手のふるえのどうにもとどまらぬ」を心理的に置換した「激しい憤り」などは、aとして2点とする。
- 心情（a）の説明

b　乗客の男（同内容はすべて可とする）に対して（1点）

c　bの発言「どろぼう、火つけ、人ごろし」（無慈悲、冷酷など抽象化も可）に対して（1点）

d　b・cによって「わかもの」の様子、表情などが変化してしまったから（1点）

e　dの内容の説明＝「無心、明朗さ」などから／「暗い陰惨さ、委縮したもの」へ（各1点）

・傍線部を含む一文の表現ニュアンスへの対応

f　「私も亦」＝若者と同様に → 若者の「ふるえている」様子への言及（動揺　など）（1点）

＊aでの最低限1点の得点は、必須ポイント。

＊解答の文末表現が「〜と男が言ったから。」のような、主観的理由説明の形式でないものは、1点減点。

問3 傍線部（3）「幾十の射るような視線に裸にされ」とあるが、このような表現にはどのような効果があると考えられるか、説明せよ。（編集部注：解答欄は173ミリ×36ミリ）

本問は明らかに**表現説明型設問**である。表現説明型設問の三要素を思い出そう。

表現の説明の三要素

要素1 表現技法の種別の説明
要素2 表現された内容の説明
要素3 表現効果・意図の説明

設問の要求（表現の説明）の確認と、傍線部を含む一文の確認を行う。傍線部を含む一文は「幾十の射るような視線に裸にされ、何よりもさきに蒙った心の痛手があって、若ものはおどおどし、足もともどこかたよりなげだった。」である。

まず、**表現技法の種別**を考えよう。「射るような」は**直喩**である。また、「（視線に）裸にされ」は、**隠喩**である。いずれも文字どおりに「射る」わけでも「裸に」されるわけでもないので、比喩であることはすぐに理解できる。これらは**修辞に関する知識**に基づいて解答する。ここでの加点は必須であろう。

次に、**表現された内容**は、「若もの」が「幾十」人もの乗客たちの（射るような）**厳しく鋭い視線**に、（裸にされるかのように）**無防備なまま、さらされている**ことである。さらに、傍線部を含む一文中の**心情表現**「おどおどし」へのつながりを踏まえると、若者の**脅かされる心情**も理解できる。これらは**本文の読解**に基づく。

最後に、**表現効果・意図**については、ここでは直喩・隠喩を用いることの効果を、これも**修辞に関する知識**に基づいて解答とする。**比喩には感覚的、物質的、具体的な描写で読者に想像を喚起する効果がある。**

以上を、解答としてまとめる。字数は解答欄に対してやや過剰であるから、なるべく簡潔化すること。

解答

「射るような」という直喩と、「裸にされ」という隠喩により、若者が何十人もの乗客の厳しく鋭い視線に、無防備なままさらされ、脅かされる心情を表している。このような具体的、物質的、感覚的な比喩表現には、読者の想像を喚起する効果がある。（10点）

採点基準

・表現技法の種別

a　「射るような」は直喩／「裸にされ」は隠喩（各2点）

＊「比喩」のみであれば、各1点のみ。

・表現された内容

b　若者が多くの乗客の／鋭い（厳しい　など）視線にさらされ／無防備である、の意（各1点）

c　若者の心情として「脅える様子」（「おどおどし」のママは、不可）（1点）

・表現効果

d　具体的（物質的、感覚的）な表現により／読者の想像を喚起する（各1点）

＊a・dそれぞれでの最低限各1点の得点は、必須ポイント。

問4 傍線部（4）「厳粛なものに打たれて車内にはコトリとの音もしなかった」とあるが、「私」は多くの乗客たちの心理をどのように考えているのか、「厳粛なもの」という表現に留意して説明せよ。

（編集部注：解答欄は173ミリ×36ミリ）

最後にもう一度、**心情説明型設問**を解く。

まず、**設問の要求（多くの乗客たちの心理・心情説明）の確認と傍線部を含む一文の確認**を行う。傍線部を含む一文は「厳粛なものに打たれて車内にはコトリとの音もしなかった。」である。

時系列を考えると、第四節の第一・第二段落が問題となる場面である。第四節・第一段落では、

▼**かつてない静けさに車内はしーんとひそまりかえった**……K21

と語られており、すでに多くの乗客たちの心理は「笑声」など発することを許されない、**緊迫した真摯さや強い感動状態**にある。これらは「コトリとの音もしなかった」「（厳粛なものに）打たれて」という**傍線部の心情の置換表現**になる。

次に、その**心情の説明（対象・理由・状態）を本文中に求める。**乗客たちにとって、心情の対象・理由となったものは、若者の「すすり泣き」「嗚咽」の高まり（K20）である。さらに、設問要求の付帯条件『厳粛なもの』という表現に留意して」は、**傍線部の表現ニュアンスを正確に反映させよ**という出題者からのヒントである。男の無慈悲な言葉や、バナナの皮で転倒した**若者を冷酷に嘲笑した自分たち**のせいで、若者がすすり泣き、嗚咽の声を高め、それを聞いてようやく**乗客たちは、自分たちが「厳粛なもの」、すなわち、彼の人間としての「尊厳」を踏みにじっていた罪深さを感じとった**のである。以上の内容をまとめる。

解答

多くの乗客たちは、若者の嗚咽の高まりを耳にし、転倒した若者を冷酷に嘲笑した自分たちが若者の人間としての尊厳を踏みにじった罪深さを感じとり、笑声など発しようのない緊迫した真摯さや強い感動状態にある（と「私」は考えている）。（10点）

採点基準

・主題＝「多くの乗客たちの心理」についての説明（加点はなし）
・多くの乗客たちの心情
　a　緊張感／真摯さ／感動（同内容は広く許容する）（各1点）
　b　若者に対する自分たちの冷酷さの自覚／罪悪感（過ちへの気づき）（各1点）
・心情の説明（対象・理由・状態）
　c　若者のすすり泣き（嗚咽）を聞いたことで（1点）
　d　若者が転倒したことを／嘲笑したことに対して（各1点）
・傍線部を含む一文の表現ニュアンスの反映
　e　「厳粛なもの」＝若者の人間としての尊厳（を乗客たちは侵した）（2点）

＊主題の正しさとaでの得点とは、必須ポイント。

以上で心情・表現型設問の例題の解説を終了する。

発展的考察のために

『バナナの皮』という本作のタイトルは、その物質的具体性から、何らかの象徴であることが窺（うかが）われる。通常、バナナの皮と言えば、踏んだ人が転倒するチャールズ・チャップリンの映画のような古いコメディー・シーンを連想するであろう。本当にバナナの皮は滑るのかという研究でイグ・ノーベル賞を受賞した日本の研究者がいるが、実際に転倒するほどバナナの皮は滑りがよいらしい。しかし、実際がどうであれ、本作中の「富んで無智なるものの、冷酷さ、残忍さ」を発揮している「請負師ふうの田舎紳士」は、このバナナの皮を踏んだ若者が転倒することを予想していた。そうでなければ、「にやりとわらった」「期待してほくそ笑んでいる」彼の悪意は成立しない。チャップリンの映画は日本では大正時代に公開されており、芥川龍之介の作品にもチャップリンに言及したものがある。本作は、リード文にあるように一九三五（昭和一〇）年発表であることから、『バナナの皮』はチャップリンの映画へのオマージュであるという可能性すらある。もともと喜劇comedyは、滑稽な笑いを誘うものが多いが、その笑いには辛辣なものもあり、社会風刺などはむしろ喜劇の常道である。他方、古来「笑い」は優越感によるとする考えがあり、また、哲学者アンリ・ベルクソンは、著書『笑い』において、集団の成員に対する社会的な懲罰としての笑いを論じている。本作の乗客たちが若者を笑うときの「笑い」は、まさにそのような優越感の笑い、懲罰としての笑いそのものであろう。そういえば、人情味あふれるチャップリンの演技は、観る者を大いに笑わせてくれるが、決して自らが他人を笑うようなものではなかった。

第 3 章

大学入学共通テスト

集中講義

大学入学共通テスト対策

例題３－１　大学入学共通テスト対策の実践①
例題３－２　大学入学共通テスト対策の実践②

集中講義

大学入学共通テスト対策

この**集中講義**は、タイトルどおり、**大学入学共通テストの現代文対策**について解説する。大学入学共通テスト（以下、「共通テスト」と記す）も入試問題のうち、現代文の学力テストのうちの一つであり、受験者数の多さ・実施規模の大きさや、実施主体が特定大学ではないという点を除けば、入試問題のごく一部であるから、汎用性の高い**「基礎講義」**の主題とはならない。それゆえの**「集中講義」**でもあるが、あえて本書で一章を設けるのは、第一に、共通テストがきわめて多くの受験生に必須の試験だからであり、第二に、まだ過去問数が少なく、しかも二〇二五年度の再改定により、不安を感じる受験生が多いと思われるからであり、第三に、共通テストは学力観を前面に謳う入試だからである。この第三の点は、本書の説く**「基礎学力」としての客観的速読法や論理的解答法の修得**との関連を明確にすることが学習においてより有効であるという意味である。本書では共通テストの理念やあり方よりも、受験者のとるべき対策学習になるべく限定した解説を行う。

共通テスト現代文「学力の三要素」と試験問題の特色

共通テストの実施主体である大学入試センターは、「大学入学共通テストの果たす役割」の一つとして、**「大**

学教育の基礎力となる知識・技能や思考力、判断力、表現力等を問う問題作成」を謳っている。この学力観は、様々なところでしばしば言及される「学校教育法」第三十条第二項の**「基礎的な知識及び技能を習得させるとともに、これらを活用して課題を解決するために必要な思考力、判断力、表現力その他の能力をはぐくみ、主体的に学習に取り組む態度を養う」**という条文に対応し、文部科学省ではこれを**「学力の三要素」**としている。

①　基礎的な知識及び技能の習得
②　①を活用して課題を解決するために必要な思考力、判断力、表現力その他の能力の育成
③　主体的に学習に取り組む態度を養うこと

右の「三要素」は、学習・教育の全般にわたる理念であるが、本書では共通テスト現代文に限定する。

まず、**「①　基礎的な知識及び技能の習得」**について。「知識」とは、必ずしも「漢字問題」のような、単純で他と切り離された個々の項目の暗記を意味するものではない。「漢字問題」一つにしても、共通テストでは、大学入試センター試験との差異化が図られ、第1問・問1の各選択肢数を五つから四つへと一つ減らし、「知識の活用」を意識した出題を行っている。たとえば、次の例を見てみよう。

設問　傍線部（ウ）とは異なる意味を持つものを、次の①〜④のうちから、一つ選べ。

（ウ）襲い

①　ヤ襲　　②　セ襲　　③　キ襲　　④　ライ襲

（二〇二二・本試験）

これは、訓読（意味をあてはめた読み）で傍線部を「おそう」と理解したうえで、各二字熟語の「襲」がその意味で用いられているかどうかを問うものである。「夜襲」「奇襲」「来襲」はすべて「おそう」という意味があるが、「世襲」は「襲」を「うけつぐ」「かさねる」の意味で用いている点で傍線部とは「異なる意味を持つ」。

このように、**「習得した基礎的な知識及び技能」の「活用」**を意図した出題なのである。

同様に、センター試験では定番であった小説問題・問1の**慣用句の知識**を問う設問は、共通テストでは、出題されたりされなかったりと不安定になっているが、たとえば次の設問の選択肢（一部）を見てみよう。

設問　傍線部E「食えないことは、やはり良くないことだと思うんです」とあるが、この発言の説明として最も適当なものを、次の①～⑤のうちから一つ選べ。

③　飢えない暮らしを望んで夢を侮蔑されても会社勤めを続けてきたが、結局のところ新しい生き方を選択しないかぎり静かな生活は送れないとわかり、課長に正論を述べても仕方がないと諦めて、**ぞんざいな**言い方しかできなかった。

④　静かな生活の実現に向けて何でもすると決意して自発的に残業さえしてきたが、月給ではなく日給であることに怒りを覚え、課長に何を言っても正当な評価は得られないと感じて、不当な薄給だという事実を**ぶっきらぼうに**述べた。

（二〇二三・本試験）

右は、「ぞんざいな」「ぶっきらぼうに」という**慣用的表現の知識を活用すれば、すぐに誤答と判断できる。**すなわち、「慣用句の知識」をストレートに問う単純な設問形式ではなく、選択肢中にこうした語句を用いることで、正誤の判断へと活用できるかどうかが問われているのである。小説問題での慣用句だけではなく、論理的文章の問題で選択肢中に本文にはない抽象概念（「契機」など）を用いた例もある。

知識・技能の活用と言えば、ここまで、基礎講義と例題で学んできたとおり、本書では、そもそも客観的速読法や論理的解答法は、すべて知識・技能として**方法論の理解のうえで身につけ、文章の読解や設問の解答に活用する**ことを最重要視している。この点で、**客観的速読法や論理的解答法と共通テストとの親和性は大きい。**「基礎としての方法論を知り、理解する」→「基礎を修得する」→「基礎を活用して、読み、考え、判断し、表現（選択）する」ことは、本書の基本姿勢であり、望ましい学習姿勢でもあるだろう。

さらに応用性の高い例を挙げよう。**基礎講義6**で学習した**「表現説明型設問」**について、**「表現説明の三要素」**を想起してもらいたい。「表現技法の種別」「表現効果・意図」についてのは、**理解しておくべき知識に基づいて解答する**という説明を行い、実際に例題2-4でそのように実践した。隠喩や擬人法についての**正しい知識・理解が基礎としてあって、はじめてそれを活用した読解や解答が可能となる。**

したがって、次の②**①を活用して課題を解決するために必要な思考力、判断力、表現力その他の能力の育成**」についても、「活用」の点では説明を繰り返す必要はないであろう。ここでは、**「課題の解決」**と**「思考力、判断力、表現力その他の能力」**について、有効な理解を図ろう。

第一に、**「課題の解決」とは、目的や原因の意識によって物事を関連づけ、適切な選択判断を下すこと**である。たとえば、「高速道路の渋滞」という客観的な情報が一つ読み取れるとしても、それだけでは渋滞は解決すべき課題とは言えない。これと同時に、緊急車両の通行や安定的な物流の確保という目的があって、はじめて高速道路の渋滞は解決すべき課題となる。「渋滞」は客観的な状況であり、「安定的確保」は目的とする価値である。後者があって、はじめて前者は「課題」として意識される。そして、この**課題を解決するには、課題となる物事が生じる原因・発生構造の分析が必要である。**渋滞の原因がマイカーの過剰であれば、高速料金を値上げしつつ、電車やバスのような公共交通の料金を補助金によって値下げするといった手段が適切となる。

原因が別にあり、たとえば高速の出入り口での車の動きがスムーズではないせいであれば、動線を変えるための道路工事や信号機の調整などが解決策として妥当となる。

　このように、**複数の事柄間の関連（目的と手段、原因と結果）によって、課題とその解決の内容は異なってくる**。さらに、その複数の事柄は、同一文章内の複数箇所に述べられているとは限らず、むしろ共通テストでは複数の文章、文章と図表資料、文章と教師や生徒たちの会話など、**複合的な文章・資料・情報源の分析と関連づけによって問題の解答が得られる**ように工夫して作問されている。このとき、国語・現代文という教科・科目の特質から考えて、**複合的な資料の中心は、やはり文章である**ということを忘れないようにしよう。とりわけ**二〇二五（令和七）年度から新たに出題される「実用的な文章」に関わる大問**では、図表・横書き資料等、多様な文章・資料の類が採用されるが、それでも「実用的な文章」からの出題である。社会科学系や教育・人間科学系の小論文試験問題では定番の、図表資料の分析とそこからの推論を求めるタイプの出題とは異なる。

　大学入試センターでは、令和七年度からの新教育課程による出題における**「『国語』の問題作成方針に関する検討の方向性」**として、以下のように述べられている。

> 　新たな大問を追加し、**より多様な文章を扱う**ことで、言葉による記録、要約、説明、論述、話合い等の**言語活動を重視して、目的や場面に応じて必要な情報と情報の関係を的確に理解する力**や、様々な文章の内容を把握したり、適切に解釈したりする力等も含め多様な資質・能力を評価できるようにする。

　また、課題の解決のためには、まず「課題」の発見や特定が必要となるが、そのような**課題を特定する決め手は、文章の要旨や設問文の要求、教師や生徒の会話中の発言以外にはない**。なぜなら、受験者それぞれの主観的価値判断によって目的が定まるのであれば、それに応じて正解も異なり、テストとしての機能を果たさなくなるからである。

第二に、**「思考力、判断力、表現力（その他の能力）」**であるが、これらは本来、基礎学力としてこれまでも求められてきた、ごく一般的な能力である。「次の文章を読んで、後の設問に答えなさい」と問われれば、文章を客観的に読解して要点箇所を特定し、それらに基づいて要旨を再構成する論理的な**思考力**、結論内容や設問の解答に必要な要素を確定する**判断力**、解答を適切に説明する**表現力**は不可欠であろう。本書の基礎講義や例題での学習もまた、すべて**「思考力、判断力、表現力」**に根差しており、かつ、その養成を目指している。

そこで、共通テストの特質としてとりわけ重要な点のみ、ここでは指摘しておこう。

思考力……本文中で客観的に諸要素を発見するだけではなく、それら**諸要素間の関係性**を意識する。基本的には、等価（AはBである）、否定・対立（AはBではない）、因果（AだからBである）、包含（AはBを含む＝一般と個別、抽象と具体、全体と要素）などの諸関係である。述べられている事柄や選択肢中の内容を、「Aである」「Bである」と分断せずに、構文や接続関係に注意して捉えよう。

判断力……読解法や解答法のように方法論的に理解し、訓練することで素早く実践できるようになるタイプの学力とは別に、それを前提としつつ、入試のその場で**未知の設問形態にすばやく解答せよという要求に対応できるタイプの学力**である。ただ、こうした設問の配点は全体の三割程度であるから、まず**従来の七割を確実に、かつ、速く解いて十分に得点できる基礎学力を養い、解答時間をなるべく確保して未知の三割分に対応する**ようにするとよい。いずれも、あくまでも共通テストの設問であって、さして難解なものではない。

表現力……**基礎講義5**を中心として、選択式問題でも**「書くように選ぶ」**ことの大切さを解説してきた。消去法など非論理的な解き方を極力避けて、**解答を主体的に考え、自分が書くとすれば必須の要件は何かと考**

え、**その有無・可否で選択肢を判別**しよう。また、共通テスト特有の、「ある生徒が自分で文章をまとめてみた」という出題がある。その際、**「表現を一部修正したい」**というパターンと、**「文章の最後に結論文を述べたい」**というパターンとが出題されている（二〇二四・本試験・第1問、二〇二三・追試験・第1問、二〇二二・追試験・第1問）。前者は、修正すべき箇所の内容的な問題点と、文法・語法上の問題点との両方から考えること。後者は、ベースとなる問題本文の結論内容を踏まえ、さらに、結論文を置くべき箇所の直前文とのつながりも考慮することである。

最後に、**「③　主体的に学習に取り組む態度」**であるが、これはいわゆる**アクティブ・ラーニング**として知られる学びの能動的なあり方を意味している。通常は「対話と深い学び」と語られ、すでに大学入試センター試験の二〇一八・本試験・第1問では、**本文中に図表（写真）が含まれ、その図について生徒たちが話し合い、その対話中の空欄の補充を考えさせる**という、共通テストと同様の設問が出題された。共通テストでは、二〇二一・第二日程・第1問、同・第2問、二〇二二・追試験・第2問、二〇二三・本試験・第1問、二〇二四・本試験・第2問、二〇二四・追試験・第1問と、毎年出題されている。主体的な学習への取り組み、それを体現する「対話と深い学び」は高等学校や大学での教育に欠かせないという出題者サイドからのメッセージとも受け取れる。今後も形態面では多少の変化・改良を示しつつ、類題の出題があるものとみてよい。ただし、対話と言っても、実際には選択肢が生徒それぞれの発言形式になっているだけのものもある。また、本当に対話が進行している場合は、実質的には**対話の主題を設問文や、対話のリーダーとなる生徒や教師の発言をもとに確認**し、それに**関連する本文中のキーセンテンスの内容**、さらに、**空欄を含む発言**や、**前後の発言のつながりも考慮**して、空欄を補充すべき内容と表現を考えればよい。**総じて、本文と設問、発言と発言**

といった関係性への着眼、関連づけがものを言うことになる。

共通テスト現代文　重点的留意事項

共通テストは基礎学力を重んじる入試問題である。その点はセンター試験も変わらないが、基礎学力に対する認識や要望が時代とともに変わってきた。それでも、前述のように、根本的な現代文の基礎学力は変わらない。変えようがない。どのように言葉を変えても、人が**文章を客観的に読み、正確に理解し、問いの解答を論理的に考察し、適切に表現するということに違いはない**。およそ七割の得点は普遍的な基礎学力によって可能となる。そして、残りの約三割は、**解答時間を確保する**ことができれば、さして難しいものではない。方法論的一貫性をもって訓練可能な客観的速読法と論理的解答法の習熟を目指そう。

したがって、ここではむしろ細かな点で、**共通テスト現代文問題に特有の留意すべき事柄**をまとめておこう。

共通テスト現代文の対策（留意事項）

① 読解は、本文だけではなく、後の資料・対話なども含め、トータル約10分という時間配分を堅持する。
② リード文・注・設問文は、出題者からのメッセージであり、重要な情報が含まれているので精読する。
③ 図表（絵・写真・グラフ・図式　など）・資料（短文・法令・ノート　など）・対話などは、「本文」との関連を十分踏まえたうえで解答要素を探る。これらは本文の要旨やキーセンテンスに対して、しばしば具体例類（具体例・引用・比喩の類）と同様の関係性をもつ。なお、特定の設問に付随する資

料・文章などは、設問の要求や小問の問いを先に確認し、それに対応した内容を求めるつもりで読む。
④ 常に本文（資料も）の最終センテンスは要注意である。読解時と関連設問の解答時に精読すること。
⑤ 設問は必ず読解後に前から順に解く。後の設問を解く際に、前の設問の解答過程や内容が参考になるケースが少なからずある。
⑥ 積極的に正答要件で選択肢を絞り、二択程度で判定が難しくなったら、各述部を集中的に比較してみる。
⑦ 選択肢の絞り込み・選別中にかなり微妙であると感じられる選択肢については、無理に正誤判定をしようとせず、「判断の留保」を適切に行い、次の選択肢に進む。選択肢の途中で長くは考え込まないこと。90秒以内で解くのが原則である。
⑧ 理由説明問題では、正解候補として残した選択肢について、「選択肢の述部 ↓ 傍線部の述部」を確認し、理由としての妥当性を検証してみるとよい。
⑨ 全選択肢の共通項（語句・構文）は正解の必須要素の明示である。共通項の必要性を考慮して活用する。
⑩ 対比構造（A↔B）型の選択肢では、メインとサブの項のうち、メイン側の正答条件で先に選択肢を絞る。ただし、小説の「人物像の違いの説明」では、主人公の人物像の正誤判定を後に回すこと。主人公視点では、人物像は主人公自身より他の人物について語られるのが通例だからである。
⑪ 「適当でないものを選べ」という設問要求では、明らかな誤り（本文との矛盾）が正解要件である。微妙な選択肢は保留すること。本文に明記されてはいないという程度では、「適当ではない」とは言えない。
⑫ 連動型設問では、前問（ⅰ）との関連性を踏まえて次問（ⅱ）・（ⅲ）を考えると、解きやすくなる。

以上、大学入学共通テストの現代文問題に関する**集中講義**を終了する。

例題
3-1

大学入学共通テスト対策の実践①

柏木博『視覚の生命力――イメージの復権』
呉谷充利『ル・コルビュジエと近代絵画――二〇世紀モダニズムの道程』（大学入学共通テスト）

時間
20分

大学入学共通テストに関する留意事項を実際の出題例で確認しよう。最初は論理的文章を扱う。

次の【文章Ⅰ】は、正岡子規（まさおかしき）の書斎にあったガラス障子と建築家ル・コルビュジエの建築物における窓について考察したものである。また、【文章Ⅱ】は、ル・コルビュジエの窓について【文章Ⅰ】とは別の観点から考察したものである。どちらの文章にもル・コルビュジエ著『小さな家』からの引用が含まれている（引用文中の（中略）は原文のままである）。これらを読んで、後の問いに答えよ。なお、設問の都合で表記を一部改めている。

【文章Ⅰ】

寝返りさえ自らままならなかった子規にとっては、室内にさまざまなものを置き、それをながめることが楽しみだった。そして、ガラス障子のむこうに見える庭の植物や空を見ることが慰めだった。味覚のほかは視覚こそが子規の自身の存在を確認する感覚だった。子規は、視覚の人だったともいえる。障子の紙をガラスに入れ替えることで、A子規は季節や日々の移り変わりを楽しむことができた。

*『墨汁一滴』の三月一二日には「不平十ケ条（じっかじょう）」として、「板ガラスの日本で出来ぬ不平」と書いている。この不平を述べている一九〇一（明治三四）年、たしかに日本では板ガラスは製造していなかったようだ。*石井研堂の『増訂明治事物起原』には、「（明治）三十六年、原料も総（すべ）て本邦のものにて、完全なる板硝子（いたがらす）を製出

せり。大正三年、欧州大戦の影響、本邦の輸入硝子は其船便を失ふ、是に於て、旭硝子製造会社等の製品が、漸く用ひらるることとなり、わが板硝子界は、大発展を遂ぐるに至れり」とある。

これによると板ガラスの製造が日本で始まったのは、一九〇三年ということになる。子規が不平を述べた二年後である。してみれば、*虚子のすすめで子規の書斎（病室）に入れられた「ガラス障子」は、輸入品だったのだろう。高価なものであったと思われる。高価であってもガラス障子にすることで、子規は、庭の植物に季節の移ろいを見ることができ、青空や雨をながめることができるようになった。ほとんど寝たきりで身体を動かすことができなくなり、絶望的な気分の中で自殺することも頭によぎっていた子規。彼の書斎（病室）は、ガラス障子によって「見ることのできる装置（室内）」あるいは「見るための装置（室内）」へと変容したのである。

映画研究者の*アン・フリードバーグは、『ヴァーチャル・ウインドウ』の（ア）ボウトウで、「窓」は「フレーム」であり「スクリーン」でもあるといっている。

窓はフレームであるとともに、プロセニアム〔舞台と客席を区切る額縁状の部分〕でもある。窓の縁〔エッジ〕が、風景を切り取る。窓は外界を二次元の平面へと変える。つまり、窓はスクリーンとなる。窓と同様に、スクリーンは平面であると同時にフレーム——映像〔イメージ〕が投影される反射面であり、視界を制限するフレーム——でもある。スクリーンは建築のひとつの構成要素であり、新しいやり方で、壁の通風を演出する。

子規の書斎は、ガラス障子によるプロセニアムがつくられたのであり、それは外界を二次元に変えるスクリーンでありフレームとなったのである。Bガラス障子は「視覚装置」だといえる。

子規の書斎（病室）の障子をガラス障子にすることで、その室内は「視覚装置」となったわけだが、実のところ、外界をながめることのできる「窓」は、視覚装置として、建築・住宅にもっとも重要な要素としてある。

建築家のル・コルビュジエは、いわば視覚装置としての「窓」をきわめて重視していた。そして、彼は窓の構成こそ、建築を決定しているとまで考えていた。したがって、子規の書斎（病室）とは比べものにならないほど、ル・コルビュジエは、視覚装置としての窓の多様性を、デザインつまり表象として実現していった。とはいえ、窓が視覚装置であるという点においては、子規の書斎（病室）のガラス障子といささかもかわることはない。しかし、ル・コルビュジエは、住まいを徹底した視覚装置、まるでカメラのように考えていたという点では、子規のガラス障子のようにおだやかなものではなかった。子規のガラス障子は、フレームではあっても、操作されたフレームではない。他方、Cル・コルビュジエの窓は、確信を持ってつくられたフレームであった。

ル・コルビュジエは、ブエノス・アイレスで(イ)行った講演のなかで、「建築の歴史を窓の各時代の推移で示してみよう」といい、また窓によって「建築の性格が決定されてきたのです」と述べている。そして、古代ポンペイの出窓、ロマネスクの窓、ゴシックの窓、さらに一九世紀パリの窓から現代の窓のあり方までを歴史的に検討してみせる。そして「窓は採光のためにあり、換気のためではない」とも述べている。こうしたル・コルビュジエの窓についての言説について、アン・フリードバーグは、ル・コルビュジエのいう住宅は「住むための機械」であると同時に、それはまた「見るための機械でもあった」のだと述べている。さらに、ル・コルビュジエは、窓に換気ではなく「視界と採光」を優先したのであり、それは「窓のフレームと窓の形、すなわち「アスペクト比」の変更を引き起こした」と指摘している。ル・コルビュジエは窓を、外界を切り取るフレームだと捉えており、その結果、窓の形、そして「アスペクト比」（ディスプレイの長辺と短辺の比）が変化したというのである。

実際彼は、両親のための家をレマン湖のほとりに建てている。まず、この家は、塀（壁）で囲まれているのだが、これについてル・コルビュジエは、次のように記述している。

> 囲い壁の存在理由は、北から東にかけて、さらに部分的に南から西にかけて視界を閉ざすためである。四方八方に蔓延（まんえん）する景色というものは圧倒的で、焦点をかき、長い間にはかえって退屈なものになってしまう。このような状況では、もはや〝私たち〟は風景を〝眺める〟ことができないのではなかろうか。景色を(ウ)望むには、むしろそれを限定しなければならない。思い切った判断によって選別しなければならないのだ。すなわち、まず壁を建てることによって視界を遮（さえ）ぎり、つぎに連（つ）らなる壁面を要所要所取り払い、そこに水平線の広がりを求めるのである。
>
> （*『小さな家』）

風景を見る「視覚装置」としての窓（開口部）と壁をいかに構成するかが、ル・コルビュジエにとって課題であったことがわかる。

（柏木博（かしわぎひろし）『視覚の生命力——イメージの復権』による）

【文章Ⅱ】

一九二〇年代の最後期を飾る初期の古典的作品*サヴォア邸は、見事な*プロポーションをもつ「横長の窓」を示す。が一方、「横長の窓」を内側から見ると、それは壁をくりぬいた窓であり、その意味は反転する。それは四周を遮る壁体となる。「横長の窓」は、「横長の壁」となって現われる。「横長の窓」は一九二〇年代から一九三〇年代に入ると、「全面ガラスの壁面」へと移行する。*スイス館がこれをよく示している。しかしながらスイス館の屋上庭園の四周は、強固な壁で囲われているのである。

かれは初期につぎのようにいう。「住宅は沈思黙考の場である」。あるいは「人間には自らを消耗する〈仕事の時間〉があり、自らをひき上げて、心の(エ)キンセンに耳を傾ける〈瞑想(めいそう)の時間〉とがある」。

これらの言葉には、いわゆる近代建築の理論においては説明しがたい一つの空間論が現わされている。一方は、いわば光の(オ)ウトんじられる世界であり、他方は光の溢(あふ)れる世界である。つまり、前者は内面的な世界に、後者は外的な世界に関わっている。

かれは『小さな家』において「風景」を語る：「ここに見られる囲い壁の存在理由は、北から東にかけて、さらに部分的に南から西にかけて視界を閉ざすためである。四方八方に蔓延する景色というものは圧倒的で、焦点をかき、長い間にはかえって退屈なものになってしまう。このような状況では、もはや〝私たち〟は風景を〝眺める〟ことができないのではなかろうか。景色を望むには、むしろそれを限定しなければならない。（中略）北側の壁と、そして東側と南側の壁とが〝囲われた庭〟を形成すること、これがここでの方針である」。

ここに語られる「風景」は動かぬ視点をもっている。かれが多くを語った「動く視点」にたいするこの「動かぬ視点」は風景を切り取る。視点と風景は、一つの壁によって隔てられ、そしてつながれる。風景は一点から見られ、眺められる。D壁がもつ意味は、風景の観照の空間的構造化である。この*動かぬ視点(テオリア) theōria の存在は、かれにおいて即興的なものではない。

サヴォア邸

かれは、住宅は、沈思黙考、美に関わると述べている。初期に明言されるこの思想は、明らかに動かぬ視点をもっている。その後の展開のなかで、沈思黙考の場をうたう住宅論は、動く視点が強調されるあまり、ル・コルビュジエにおいて影をひそめた感がある。しかしながら、このテーマはル・コルビュジエが後期に手がけた＊「礼拝堂」や「修道院」において再度主題化され、深く追求されている。「礼拝堂」や「修道院」は、なによりも沈思黙考、瞑想の場である。つまり、後期のこうした宗教建築を問うことにおいて、動く視点にたいするル・コルビュジエの動かぬ視点の意義が明瞭になる。

（呉谷充利（くれたにみつとし）『ル・コルビュジエと近代絵画――二〇世紀モダニズムの道程』による）

（語注）＊『墨汁一滴』＝正岡子規（一八六七―一九〇二）が一九〇一年に著した随筆集。
＊石井研堂＝ジャーナリスト、明治文化研究家（一八六五―一九四三）。
＊虚子＝高浜虚子（一八七四―一九五九）。俳人、小説家。正岡子規に師事した。
＊アン・フリードバーグ＝アメリカの映像メディア研究者（一九五二―二〇〇九）。
＊『小さな家』＝ル・コルビュジエ（一八八七―一九六五）が一九五四年に著した書物。自身が両親のためにレマン湖のほとりに建てた家について書かれている。
＊サヴォア邸＝ル・コルビュジエの設計で、パリ郊外に建てられた住宅。
＊プロポーション＝つりあい。均整。
＊スイス館＝ル・コルビュジエの設計で、パリに建てられた建築物。
＊動かぬ視点（テオリア） theōria＝ギリシア語で、「見ること」「眺めること」の意。
＊「礼拝堂」や「修道院」＝ロンシャンの礼拝堂とラ・トゥーレット修道院を指す。

問1 次の（ⅰ）・（ⅱ）の問いに答えよ。

（ⅰ）傍線部（ア）・（エ）・（オ）に相当する漢字を含むものを、次の各群の①～④のうちから、それぞれ一つずつ選べ。

（ア）ボウトウ
①　流行性のカンボウにかかる　②　今朝はネボウしてしまった
③　過去をボウキャクする　④　経費がボウチョウする

（エ）キンセン
①　ヒキンな例を挙げる　②　食卓をフキンで拭く
③　モッキンを演奏する　④　財政をキンシュクする

（オ）ウトんじられる
①　裁判所にテイソする　②　地域がカソ化する
③　ソシナを進呈する　④　漢学のソヨウがある

（ⅱ）傍線部（イ）・（ウ）と同じ意味を持つものを、次の各群の①～④のうちから、それぞれ一つずつ選べ。

（イ）行った
①　行シン　②　行レツ　③　リョ行　④　リ行

（ウ）望む
①　ホン望　②　ショク望　③　テン望　④　ジン望

問2 傍線部Ａ「子規は季節や日々の移り変わりを楽しむことができた」とあるが、それはどういうことか。その説明として最も適当なものを、次の①～⑤のうちから一つ選べ。

① 病気で絶望的な気分で過ごしていた子規にとって、ガラス障子越しに外の風物を眺める時間が現状を忘れるための有意義な時間になっていたということ。

② 病気で塞ぎ込み生きる希望を失いかけていた子規にとって、ガラス障子から確認できる外界の出来事が自己の救済につながっていったということ。

③ 病気で寝返りも満足に打てなかった子規にとって、ガラス障子を通して多様な景色を見ることが生を実感する契機となっていたということ。

④ 病気で身体を動かすことができなかった子規にとって、ガラス障子という装置が外の世界への想像をかき立ててくれたということ。

⑤ 病気で寝たきりのまま思索していた子規にとって、ガラス障子を取り入れて内と外が視覚的につながったことが作風に転機をもたらしたということ。

問3 傍線部Ｂ「ガラス障子は『視覚装置』だといえる。」とあるが、筆者がそのように述べる理由として最も適当なものを、次の①～⑤のうちから一つ選べ。

① ガラス障子は、季節の移ろいをガラスに映すことで、隔てられた外界を室内に投影して見る楽しみを喚起する仕掛けだと考えられるから。

② ガラス障子は、室外に広がる風景の範囲を定めることで、外の世界を平面化されたイメージとして映し出す仕掛けだと考えられるから。

③　ガラス障子は、外の世界と室内とを切り離したり接続したりすることで、視界に入る風景を制御する仕掛けだと考えられるから。

④　ガラス障子は、視界に制約を設けて風景をフレームに収めることで、新たな風景の解釈を可能にする仕掛けだと考えられるから。

⑤　ガラス障子は、風景を額縁状に区切って絵画に見立てることで、その風景を鑑賞するための空間へと室内を変化させる仕掛けだと考えられるから。

問4　傍線部C「ル・コルビュジエの窓は、確信を持ってつくられたフレームであった」とあるが、「ル・コルビュジエの窓」の特徴と効果の説明として最も適当なものを、次の①〜⑤のうちから一つ選べ。

①　ル・コルビュジエの窓は、外界に焦点を合わせるカメラの役割を果たすものであり、壁を枠として視界を制御することで風景がより美しく見えるようになる。

②　ル・コルビュジエの窓は、居住性を向上させる機能を持つものであり、採光を重視することで囲い壁に遮られた空間の生活環境が快適なものになる。

③　ル・コルビュジエの窓は、アスペクト比の変更を目的としたものであり、外界を意図的に切り取ることで室外の景色が水平に広がって見えるようになる。

④　ル・コルビュジエの窓は、居住者に対する視覚的な効果に配慮したものであり、囲い壁を効率よく配置することで風景への没入が可能になる。

⑤　ル・コルビュジエの窓は、換気よりも視覚を優先したものであり、視点が定まりにくい風景に限定を施すことでかえって広がりが認識されるようになる。

問5 傍線部D「壁がもつ意味は、風景の観照の空間的構造化である。」とあるが、これによって住宅はどのような空間になるのか。その説明として最も適当なものを、次の①〜⑤のうちから一つ選べ。

① 三方を壁で囲われた空間を構成することによって、外光は制限されて一方向からのみ部屋の内部に取り入れられる。このように外部の光を調整する構造により、住宅は仕事を終えた人間の心を癒やす空間になる。

② 外界を壁と窓で切り取ることによって、視点は固定されてさまざまな方向から景色を眺める自由が失われる。このように壁と窓が視点を制御する構造により、住宅はおのずと人間が風景と向き合う空間になる。

③ 四周の大部分を壁で囲いながら開口部を設けることによって、固定された視点から風景を眺めることが可能になる。このように視界を制限する構造により、住宅は内部の人間が静かに思索をめぐらす空間になる。

④ 四方に広がる空間を壁で限定することによって、選別された視角から風景と向き合うことが可能になる。このように一箇所において外界と人間がつながる構造により、住宅は風景を鑑賞するための空間になる。

⑤ 周囲を囲った壁の一部を窓としてくりぬくことによって、外界に対する視野に制約が課せられる。このように壁と窓を設けて内部の人間を瞑想へと誘導する構造により、住宅は自己省察するための空間になる。

問6　次に示すのは、授業で【文章Ⅰ】【文章Ⅱ】を読んだ後の、話し合いの様子である。これを読んで、後の（ⅰ）〜（ⅲ）の問いに答えよ。

生徒A——【文章Ⅰ】と【文章Ⅱ】は、両方ともル・コルビュジエの建築における窓について論じられていたね。
生徒B——【文章Ⅰ】にも【文章Ⅱ】にも同じル・コルビュジエからの引用文があったけれど、少し違っていたよ。
生徒C——よく読み比べると、［ X ］。
生徒B——そうか、同じ文献でもどのように引用するかによって随分印象が変わるんだね。
生徒C——【文章Ⅰ】は正岡子規の部屋にあったガラス障子をふまえて、ル・コルビュジエの話題に移っていた。
生徒B——なぜわざわざ子規のことを取り上げたのかな。
生徒A——それは、［ Y ］のだと思う。
生徒B——なるほど。でも、子規の話題は【文章Ⅱ】の内容ともつながるような気がしたんだけど。
生徒C——そうだね。【文章Ⅱ】と関連づけて【文章Ⅰ】を読むと、［ Z ］と解釈できるね。
生徒A——こうして二つの文章を読み比べながら話し合ってみると、いろいろ気づくことがあるね。

（ⅰ）　空欄［ X ］に入る発言として最も適当なものを、次の①〜④のうちから一つ選べ。
①　【文章Ⅰ】の引用文は、壁による閉塞とそこから開放される視界についての内容だけど、【文章Ⅱ】

の引用文では、壁の圧迫感について記された部分が省略されて、三方を囲んで形成される壁の話に接続されている

② 【文章Ⅰ】の引用文は、視界を遮る壁とその壁に設けられた窓の機能についての内容だけど、【文章Ⅱ】の引用文では、壁の機能が中心に述べられていて、その壁によってどの方角を遮るかが重要視されている

③ 【文章Ⅰ】の引用文は、壁の外に広がる圧倒的な景色とそれを限定する窓の役割についての内容だけど、【文章Ⅱ】の引用文では、主に外部を遮る壁の機能について説明されていて、窓の機能には触れられていない

④ 【文章Ⅰ】の引用文は、周囲を囲う壁とそこに開けられた窓の効果についての内容だけど、【文章Ⅱ】の引用文では、壁に窓を設けることの意図が省略されて、視界を遮って壁で囲う効果が強調されている

(ⅱ) 空欄 Y に入る発言として最も適当なものを、次の①～④のうちから一つ選べ。

① ル・コルビュジエの建築論が現代の窓の設計に大きな影響を与えたことを理解しやすくするために、子規の書斎にガラス障子がもたらした変化をまず示した

② ル・コルビュジエの設計が居住者と風景の関係を考慮したものであったことを理解しやすくするために、子規の日常においてガラス障子が果たした役割をまず示した

③ ル・コルビュジエの窓の配置が採光によって美しい空間を演出したことを理解しやすくするために、子規の芸術に対してガラス障子が及ぼした効果をまず示した

④　ル・コルビュジエの換気と採光についての考察が住み心地の追求であったことを理解しやすくするために、子規の心身にガラス障子が与えた影響をまず示した

(iii)　空欄 Z に入る発言として最も適当なものを、次の①～④のうちから一つ選べ。

①　病で絶望的な気分の中にいた子規は、書斎にガラス障子を取り入れることで内面的な世界を獲得したと言える。そう考えると、子規の書斎もル・コルビュジエの主題化した宗教建築として機能していた

②　病で外界の眺めを失っていた子規は、書斎にガラス障子を取り入れることで光の溢れる世界を獲得したと言える。そう考えると、子規の書斎もル・コルビュジエの指摘する仕事の空間として機能していた

③　病で自由に動くことができずにいた子規は、書斎にガラス障子を取り入れることで動かぬ視点を獲得したと言える。そう考えると、子規の書斎もル・コルビュジエの言う沈思黙考の場として機能していた

④　病で行動が制限されていた子規は、書斎にガラス障子を取り入れることで見るための機械を獲得したと言える。そう考えると、子規の書斎もル・コルビュジエの住宅と同様の視覚装置として機能していた

読解作業＋要旨把握のプロセス

リード文の情報も大切にして読解しよう（**集中講義・留意事項②**）。

次の【文章Ⅰ】は、正岡子規の書斎にあったガラス障子と建築家ル・コルビュジエの建築物における窓について考察したものである。また、【文章Ⅱ】は、ル・コルビュジエの窓について【文章Ⅰ】とは別の観点から考察したものである。どちらの文章にもル・コルビュジエ著『小さな家』からの引用が含まれている（引用文中の（中略）は原文のままである）。これらを読んで、後の問いに答えよ。なお、設問の都合で表記を一部改めている。

◀主題（その1）　◀【文章Ⅰ】と同じ主題　◀主題（その2）

【文章Ⅰ】

寝返りさえ自らままならなかった子規にとっては、室内にさまざまなものを置き、それをながめることが楽しみだった。そして、ガラス障子のむこうに見える庭の植物や空を見ることが慰めだった。味覚のほかは視覚こそが子規の自身の存在を確認する感覚だった。子規は、視覚の人だったともいえる。障子の紙をガラスに入れ替えることで、A子規は季節や日々の移り変わりを楽しむことができた。

◀例ではなく主題である　◀7

（『墨汁一滴』の三月一二日には「不平十ケ条」として、「板ガラスの日本で出来ぬ不平」と書いている。）この不平を述べている一九〇一（明治三四）年、たしかに日本では板ガラスは製造していなかったようだ。（石井研堂の『増訂明治事物起原』には、「（明治）三十六年、原料も総て本邦のものにて、完全なる板硝子を製出せり。大正三年、欧州大戦の影響、本邦の輸入硝子は其船便を失ふ、是に於て、旭硝子製造会社等の製品が、漸く用ひらるることとなり、わが板硝子界は、大発展を遂ぐるに至れり」とある。）

◀1

[1]これによると板ガラスの製造が日本で始まったのは、一九〇三年ということになる。子規が不平を述べた二年後である。してみれば、*虚子のすすめで子規の書斎（病室）に入れられた「ガラス障子」は、輸入品だったのだろう。高価なものであったと[8]思われる。高価であっ[10]てもガラス障子にすることで、子規は、庭の植物に季節の移ろいを見ることができ、青空や雨をながめることができるようになった。ほとんど寝たきりで身体を動かすことができなくなり、絶望的な気分の中で自殺することも頭によぎっていた子規。彼の書斎（病室）は、ガラス障子によって「見ることのできる装置（室内）」あるいは「見るための装置（室内）」へと変容したのである。

[1]（映画研究者の*アン・フリードバーグは、『ヴァーチャル・ウインドウ』の(ア)ボウトウで、「窓」は「フレーム」であり「スクリーン」でもあるといっている。

窓はフレームであるとともに、プロセニアム〔舞台と客席を区切る額縁状の部分〕でもある。窓の縁〔エッジ〕が、風景を切り取る。窓は外界を二次元の平面へと変える。つまり、窓はスクリーンとなる。窓と同様に、スクリーンは平面であると同時にフレーム――映像〔イメージ〕が投影される反射面であり、視界を制限するフレーム――でもある。スクリーンは建築のひとつの構成要素であり、新しいやり方で、壁の通風を演出する。）

子規の書斎は、ガラス障子によるプロセニアムがつくられたのであり、それは外界を二次元に変えるスクリーンでありフレームとなったのである。Bガラス障子は「視覚装置」だといえる。

リード文の「〜について考察した」とは、「〜を主題とする」文章であることを意味する。主題が判明すれば、本論なのか具体例や比喩なのかの識別が簡単になる。【文章Ⅰ】の第一節を読み進めよう。

客観的速読法 7「こそ」・1 引用二箇所・8「思われる」・10「ても」により、

▼**視覚（こそが子規の自身の存在を確認する感覚だった）**……K1

▼**子規の書斎の「ガラス障子」は高価であったが、（〜ながめることができるようになった）**……K2

をマーキングする。本文全体のキーワード「視覚」をつかむ。K1 だけでも傍線部Aの設問は解答可能である。

次に、1（アン・フリードバーグの著書からのやや大きな引用）により、その直前の、

▼**書斎はガラス障子により、見ることのできる装置（室内）・見るための装置（室内）へと変容した**……K3

というキーセンテンスと、この引用直後の、

▼**ガラス障子は書斎につくられたプロセニアムであり、外界を二次元に変えるスクリーンでありフレームとなった**……K4

というキーセンテンスがマーキングできる。K4 の直後が傍線部Bである。【文章Ⅰ】の第二節に進もう。

子規の書斎（病室）の障子をガラス障子にすることで、その室内は「視覚装置」となったわけだが、実のところ、外界をながめることのできる「窓」は、視覚装置として、建築・住宅にもっとも重要な要素としてある。

建築家のル・コルビュジエは、（いわば視覚装置としての）「窓」をきわめて重視していた。そして、彼は窓の構成こそ、建築を決定しているとまで考えていた。したがって、子規の書斎（病室）とは比べものにならないほど、ル・コルビュジエは、視覚装置としての窓の多様性を、デザインつまり表象として実現していった。とはいえ、窓が視覚装置であるという点においては、子規の書斎（病室）のガラス障子といささかもかわることはない。しかし、ル・コルビュジエは、住まいを徹底した視覚装置、（まるでカメラのように）考えていたという点では、子規のガラス障子のようにおだやかなものではなかった。子規のガラス障子は、フレームではあっても、操作されたフレームではない。他方、ル・コルビュジエの窓は、確信を持ってつくられ

たフレームであった。

ル・コルビュジエは、（ブエノス・アイレスで (イ)行った講演のなかで、「建築の歴史を窓の各時代の推移で示してみよう」といい、また窓によって「建築の性格が決定されてきたのです」と述べている。そして、古代ポンペイの出窓、ロマネスクの窓、ゴシックの窓、さらに一九世紀パリの窓から現代の窓のあり方までを歴史的に検討してみせる。そして「窓は採光のためにあり、換気のためではない」とも述べている。）こうしたル・コルビュジエの窓についての言説について、（アン・フリードバーグは、ル・コルビュジエのいう住宅は「住むための機械」であると同時に、それはまた「見るための機械でもあった」のだと述べている。さらに、ル・コルビュジエは、窓に換気ではなく「視界と採光」を優先したのであり、それは「窓のフレームと窓の形、すなわち「アスペクト比」の変更を引き起こした」と指摘している。ル・コルビュジエは窓を、外界を切り取るフレームだと捉えており、その結果、窓の形、そして「アスペクト比」（ディスプレイの長辺と短辺の比）が変化したというのである。）実際（彼は、両親のための家をレマン湖のほとりに建てている。まず、この家は、塀（壁）で囲まれているのだが、これについてル・コルビュジエは、次のように記述している。

囲い壁の存在理由は、北から東にかけて、さらに部分的に南から西にかけて視界を閉ざすためである。四方八方に蔓延（まんえん）する景色というものは圧倒的で、焦点をかき、長い間にはかえって退屈なものになってしまう。このような状況では、もはや〝私たち〟は風景を〝眺める〟ことができないのではなかろうか。景色を(ウ)望むには、むしろそれを限定しなければならない。思い切った判断によって選別しなければならないのだ。すなわち、まず壁を建てることによって視界を遮（さえ）ぎり、つぎに連（つ）らなる壁面を要所要所取り払い、そこに水平線の広がりを求めるのである。

（*『小さな家』）

▼具体例や引用の「最終センテンス」も注意して読むこと

風景を見る「視覚装置」としての窓（開口部）と壁をいかに構成するかが、ル・コルビュジエにとって課題であったことが

◀8 わかる。

【文章Ⅰ】第二節は**ほとんどが引用内容（具体例類）**である。**「具体例類を制する者は共通テストを制する」**であり、客観的速読法 1 に習熟することが有効である。まず、7「実のところ」「もっとも重要な」により、

▼**外界をながめることのできる「窓」は、視覚装置として、建築・住宅にもっとも重要な要素**……K5

というキーセンテンスがマーキングできる。「ガラス障子」から「窓」へと主題を転じている。また、1「いわば」・7「こそ」・6「つまり」、さらに、10「とはいえ」「しかし」・1「まるで〜ように」により、

▼**ル・コルビュジエは（視覚装置としての）窓の構成を重視した**……K6

▼**ル・コルビュジエは窓の多様性を表象としたが、住まいを徹底した視覚装置と考えていた**……K7

を経て、3（対照）もしくは 12（並列）「他方」によって傍線部C自体がキーセンテンスとなる。

▼**ル・コルビュジエの窓は、確信を持ってつくられたフレームであった**……K8

正岡子規のガラス障子以上に、**ル・コルビュジエの窓の視覚性**が強調されていることが分かる。

ここから後は、引用 1 がほとんどを占め、最終センテンスのみが、その 1 と 8「わかる」により、

▼**風景を見る「視覚装置」としての窓（開口部）と壁の構成が、ル・コルビュジエの課題であった**……K9

というキーセンテンスとなる。傍線部Cの設問もこれらのキーセンテンスを踏まえれば解答できる。

【文章Ⅱ】

（◀1 一九二〇年代の最後期を飾る初期の古典的作品*サヴォア邸は、見事な*プロポーションをもつ「横長の窓」を示す。）が◀10 一方◀12、「横長の窓」を内側から見ると、それは壁をくりぬいた窓であり、その意味は反転する◀2。それは四周を遮る壁体となる。「横

長の窓」は、「横長の壁」となって現われる。「横長の窓」は一九二〇年代から一九三〇年代に入ると、「全面ガラスの壁面」へと移行する。（スイス館がこれをよく示している。しかしながらスイス館の屋上庭園の四周は、強固な壁で囲われている。大気は壁で仕切られているのである。）

（かれは初期につぎのようにいう。「住宅は沈思黙考の場である」。あるいは「人間には自らを消耗する〈仕事の時間〉があり、自らをひき上げて、心の(エ)キンセンに耳を傾ける〈瞑想（めいそう）の時間〉とがある」。）

これらの言葉には、いわゆる近代建築の理論においては説明しがたい一つの空間論が現わされている。（一方は、いわば光の(オ)ウトんじられる世界であり、他方は光の溢（あふ）れる世界である。）つまり、前者は内面的な世界に、後者は外的な世界に関わっている。

（かれは『小さな家』において「風景」を語る：「ここに見られる囲い壁の存在理由は、北から東にかけて、さらに部分的に南から西にかけて視界を閉ざすためである。四方八方に蔓延する景色というものは圧倒的で、焦点をかき、長い間にはかえって退屈なものになってしまう。このような状況では、もはや〝私たち〟は風景を〝眺める〟ことができないのではなかろうか。景色を望むには、むしろそれを限定しなければならない。（中略）北側の壁と、そして東側と南側の壁とが〝囲われた庭〟を形成すること、これがここでの方針である」。）

ここに語られる「風景」は動かぬ視点をもっている。かれが多くを語った「動く視点」にたいするこの「動かぬ視点」は風景を切り取る。視点と風景は、一つの壁によって隔てられ、そしてつながれる。風景は一点から見られ、眺められる。壁がもつ意味は、風景の観照の空間的構造化である。この*動かぬ視点 theōria（テオリア）の存在は、かれにおいて即興的なものではない。

サヴォア邸

(かれは、住宅は、沈思黙考、美に関わると述べている。)初期に明言されるこの思想は、明らかに動かぬ視点をもっている。その後の展開のなかで、〈沈思黙考の場をうたう住宅論〉は、動く視点が強調されるあまり、ル・コルビュジエにおいて影をひそめた感がある。しかしながら、〈この〉テーマは〈ル・コルビュジエが後期に手がけた「礼拝堂」や「修道院」において再度主題化され、深く追求されている。「礼拝堂」や「修道院」は、なによりも沈思黙考、瞑想の場である。つまり、後期のこうした宗教建築を問うことにおいて、動く視点にたいするル・コルビュジエの動かぬ視点の意義が明瞭になる。

【文章Ⅱ】についても**リード文**では「ル・コルビュジエの窓について考察したものである」と記されているので、「サヴォア邸」の写真は言うまでもなく(図表から「本文の要旨」など決して確定できない)、「サヴォア邸」に関する文章も**具体例類**であると分かる。1・10「が」・12「一方」・2「反転する」により、

▼**「横長の窓」は四周を遮る壁体となる**……K10

というキーセンテンスがマーキングできる。K10については、さらに1「スイス館がこれを〜しかしながら」以下の**例証によって説得性を高めている**。

続いて、1「かれは初期に〜」「これらの言葉には」と引用し、12「一方は〜、他方は〜」を1比喩「いわば〜」によって述べ、さらに、6「つまり」・12「前者は〜、後者は〜」と言い換えて要約している。すなわち、

▼**内面的な世界と外的な世界に関わる、近代建築の理論では説明しがたい一つの空間論が現われている**……K11

というキーセンテンスがマーキングできる。その直後で、1「(かれは)『小さな家』において〜」・1「サヴォア邸の写真」・3「にたいする」により、

▼（ル・コルビュジエの空間論における）「風景」は動かぬ視点をもっている……K12
▼「動かぬ視点」は風景を切り取る……K13

というキーセンテンスが得られる。そこから傍線部Dを通過し、2「ではない」・1「かれは～述べている」・10「しかしながら」・1『礼拝堂』や『修道院』において～」・7「なによりも」・6「つまり」により、

▼ル・コルビュジエの思想がもつ「動かぬ視点」には、住宅における沈思黙考という意義がある……K14

という最終センテンスを含むキーセンテンスがマーキングできる。

全体として、【文章Ⅰ】では、「ガラス障子」「窓」が「視覚の装置」であることを、【文章Ⅱ】では、「窓」は風景に「動かぬ視点」をもたらし、住宅を「沈思黙考」の場とすることを、それぞれ論じている。

要旨要約

【文章Ⅰ】　視覚こそが子規の自身の存在を確認する感覚であり、書斎のガラス障子は視覚装置であった。ガラス障子は書斎につくられたプロセニアムであり、外界を二次元に変えるスクリーンでありフレームとなった。外界をながめることのできる「窓」は、視覚装置として建築・住宅にもっとも重要な要素である。ル・コルビュジエは視覚装置としての窓の構成を重視し、住まいを徹底した視覚装置と考えていた。彼の窓は、確信を持ってつくられたフレームであり、風景を見る「視覚装置」としての窓と壁の構成が課題であった。

【文章Ⅱ】　ル・コルビュジエの建築において、窓は四周を遮る壁体となる。彼の空間論における「風景」は、動かぬ視点をもって風景を切り取る。彼の思想がもつ動かぬ視点には、住宅における沈思黙考という意義がある。

（合計三三〇字）

読解から解答へ

問1 次の（ⅰ）・（ⅱ）の問いに答えよ。

（ⅰ）傍線部（ア）・（エ）・（オ）に相当する漢字を含むものを、次の各群の①〜④のうちから、それぞれ一つずつ選べ。

大学入試では、「漢字」ではなく、日本語の知識と運用能力が問われている。また、共通テストでは、「漢字の書き取り」ではなく、**知識の活用能力**が問われている。漢字より単語、さらに、（ⅰ）の（オ）や（ⅱ）のような音訓に関する設問も課される。漢字問題集で漢字や短文を暗記するより、文章を読み、国語辞典を引こう。

（ア）冒頭　①感冒　②寝坊　③忘却　④膨張（膨脹）
（エ）琴線　①卑近　②布巾　③木琴　④緊縮
（オ）疎　①提訴　②過疎　③粗品　④素養

（ⅱ）傍線部（イ）・（ウ）と同じ意味を持つものを、次の各群の①〜④のうちから、それぞれ一つずつ選べ。

（イ）行った（「おこなう」の意）　①行進　②行列　③旅行　④履行
＊①・③は「いく・すすむ」の意、②は「ならぶ」の意、④のみ「おこなう」の意。
（ウ）望む（「遠くからながめやる」の意）　①本望　②嘱望　③展望　④人望
＊①・②は「のぞむ・ねがう」の意、④は「仰ぐ・慕う」の意、③のみ「ながめる」の意。

解答　（ｉ）（ア）①　（エ）③　（オ）②　（ⅱ）（イ）④　（ウ）③　（各2点）

問2　傍線部Ａ「子規は季節や日々の移り変わりを楽しむことができた」とあるが、それはどういうことか。その説明として最も適当なものを、次の①～⑤のうちから一つ選べ。

まず**設問の要求**は**同義置換型**である。**傍線部を含む一文の確認**に基づき**解答の構文（主―述）を確立する。**傍線部を含む一文は「障子の紙をガラスに入れ替えることで、子規は季節や日々の移り変わりを楽しむことができた。」である。これを**選択肢の構文と対照する。全選択肢の共通項（語句・構文）**に気がつく（**集中講義・留意事項⑨**）。

解答の構文　病気でＸしていた子規にとって、ガラス障子～Ｙが～Ｚしたということ。

共通項を正答の必須要素として、その間のＸ・Ｙ・Ｚに**本文中の内容を代入する。「視覚」**（K1）かその同義語が、**ガラス障子から外を眺める**ことを意味するＹの位置に入る。①・③・⑤へと答案を絞ることができる。

① ガラス障子越しに**外の風物を眺める**時間が現状を忘れるための有意義な時間になっていたということ。
② ガラス障子から確認できる外界の出来事が自己の救済につながっていったということ。
③ ガラス障子を通して**多様な景色を見る**ことが**生を実感する**契機となっていたということ。
④ ガラス障子という装置が外の世界への想像をかき立ててくれたということ。
⑤ ガラス障子を取り入れて内と外が**視覚的に**つながったことが作風に転機をもたらしたということ。

この段階で、改めて K1 **「視覚（こそが子規の自身の存在を確認する感覚だった）」**を踏まえることができれば、正解は③と分かる。あるいは**「病気でXしていた子規」**の**「X」**に代入すべき内容は、「書斎のガラス障子」を通して「外の風景を見る」（視覚）という趣旨から、子規が自由に外出できないことを言えばよい。これで③・⑤に限定できる。

③　病気で**寝返りも満足に打てなかった**子規にとって、

⑤　病気で**寝たきりのまま**思索していた子規にとって、

後は、**集中講義・留意事項⑥「二択程度で判定が難しくなったら、各述部を集中的に比較してみる」**を実行すれば、③に気づくであろう（⑤の「作風」は論外である）。

解答　③　（7点）

問3　傍線部B「ガラス障子は『視覚装置』だといえる。」とあるが、筆者がそのように述べる理由として最も適当なものを、次の①～⑤のうちから一つ選べ。

本問は、論拠タイプの**理由説明型設問**である。解答の構文は、**「ガラス障子（A）は〇〇（C）だから」**となる。全選択肢が**「ガラス障子は、～」**を共通項とするのは当然である。述部の**「仕掛けだ」「と考えられるから」**は、「装置」の置換や文末表現の細部まで、共通テストとしては問わないということであろう。正答のポイントは、**構文的な共通項である「～Xすることで、～Yする」**である。ここに**本文中の「ガラス障子」**

(A)に関するキーワード(C)を代入するとよい。傍線部Bの位置から見て、適用すべきはK3・K4である。とりわけ、K4**「ガラス障子は、外界を二次元に変えるスクリーンであり」**によって、②を特定できる。

② **ガラス障子は、**室外に広がる**風景の範囲を定める**（◂「プロセニアム」（区切るもの）に対応）ことで、**外の世界を平面化されたイメージとして映し出す**（◂「外界を二次元に変えるスクリーン」に対応）仕掛けだと考えられるから。

解答　②　（7点）

問4　傍線部C「ル・コルビュジエの窓は、確信を持ってつくられたフレームであった」とあるが、「ル・コルビュジエの窓」の特徴と効果の説明として最も適当なものを、次の①～⑤のうちから一つ選べ。

本問では、**設問の要求は「『ル・コルビュジエの窓』の特徴と効果の説明」**である。集中講義・留意事項②で記したように、**「設問文」には大切な情報が含まれている**のであり、それはヒント・メッセージにもなる。解答の構文は、**「ル・コルビュジエの窓には、X（という特徴）と、Y（という効果）とがある。」**という形式になるはずである。**全選択肢の構文と照合する**と、**構文が共通項**（**集中講義・留意事項⑨**）であることが分かる。

解答の構文　ル・コルビュジエの窓は、Xという（特徴のある）ものであり、Y（という効果）になる。

基本的な解答の手順どおり、**右の構文（共通項）に本文中のキーワード・キーセンテンスを代入**する。関連するキーセンテンスは、K6・K7・K9であり、いずれも**「視覚装置としての窓」**についての言及である。したがって、解答の構文中の**「Xという（特徴のある）ものであり」**は**「（窓は）視覚装置であり」**となる。

① 外界に焦点を合わせるカメラの役割を果たすものであり、
② 居住性を向上させる機能を持つものであり、
③ アスペクト比の変更を目的としたものであり、
④ 居住者に対する**視覚的な効果に配慮**したものであり、
⑤ 換気よりも**視覚を優先**したものであり、

明らかに、**④・⑤が正答の要件を満たしている。**これを**「Y要素（視覚装置としての窓の効果）」で絞る。**

④ 囲い壁を効率よく配置することで風景への没入が可能になる。
⑤ 視点が定まりにくい**風景に限定を施す**ことでかえって**広がりが認識されるようになる。**

【文章Ⅰ】の最終センテンス（K9）を確認すると、**「風景を見る『視覚装置』としての窓（開口部）と壁の構成が、ル・コルビュジエの課題であった」**と述べられている。この**「壁の構成」**とは、傍線部C中の**「フレーム（視界の制限・視界を閉ざすもの）」**であるから、⑤「限定を施す」ことである。また、長い引用（最終センテンスの手前）の末尾を見てみよう。「～そこに水平線の**広がりを求めるのである**」とある。**具体例や引用（a_1）の結びは、筆者の一般論（a_n）の述部内容に対応していることが多い。**「風景の広がり」に着眼できれば、⑤を正答と特定できる。

解答　⑤　（7点）

問5　傍線部D「壁がもつ意味は、風景の観照の空間的構造化である。」とあるが、これによって住宅はどのような空間になるのか。その説明として最も適当なものを、次の①～⑤のうちから一つ選べ。

本問は、**理由説明型設問の簡単な応用形**である。「X（原因）によって→Y（結果）になる」と本文で述べられているとする。通常は、「Y」を傍線部として、「なぜYになるのか」と問う。解答は「Xだから」である。本問ではそれを逆転させて、「Xによってどのようになるのか」と問うている。解答はもちろん「Yになる」である。傍線部DをXとおいて、Yを求めればよい。「壁」に関する傍線部D以降の内容の要点は、**最終センテンスも含めた** K14 **の「動かぬ視点」**と、その意義である**「沈思黙考、瞑想の場」**である。

① 三方を壁で囲われた空間を構成することによって、外光は制限されて一方向からのみ部屋の内部に取り入れられる。このように×外部の光を調整する**構造により、住宅は**仕事を終えた人間の心を癒やす**空間になる。**

② 外界を壁と窓で切り取ることによって、**視点は固定されて**さまざまな方向から景色を眺める自由が失われる。このように壁と窓が**視点を制御する構造により、住宅は**おのずと人間が風景と向き合う**空間になる。**

③ 四周の大部分を壁で囲いながら開口部を設けることによって、**固定された視点**から風景を眺めることが可能になる。このように**視界を制限する構造により、住宅は**内部の人間が**静かに思索をめぐらす空間になる。**

④ 四方に広がる空間を壁で限定することによって、選別された視角から風景と向き合うことが可能になる。

このように一箇所において外界と人間がつながる**構造により、住宅は**風景を鑑賞するための**空間になる。**

⑤　周囲を囲った壁の一部を窓としてくりぬくことによって、外界に対する**視野に制約が課せられる。**このように壁と窓を設けて内部の人間を瞑想へと誘導する**構造により、住宅は**自己省察するための**空間になる。**

全選択肢の**構文的な共通項に着眼する。「Xによって」＝「〜構造により」**に**キーワード「動かぬ視点」を置換して代入している**選択肢は②・③・⑤である。次に、**述部「Yになる」＝「住宅は〜空間になる」にキーワード「沈思黙考、瞑想の場」が代入される**選択肢は③**「静かに思索をめぐらす空間」**である。なお、沈思黙考や瞑想の主題が「自己」とはかぎらないので、⑤は正答と認められない。

解答　③　（7点）

問6　次に示すのは、授業で【文章Ⅰ】【文章Ⅱ】を読んだ後の、話し合いの様子である。これを読んで、後の(i)〜(iii)の問いに答えよ。

生徒A——【文章Ⅰ】と【文章Ⅱ】は、両方ともル・コルビュジエの建築における窓について論じられていたね。

生徒B——【文章Ⅰ】にも【文章Ⅱ】にも同じル・コルビュジエからの引用文があったけれど、少し違っていたよ。

生徒C——よく読み比べると、[　X　]。

生徒B——そうか、同じ文献でもどのように引用するかによって随分印象が変わるんだね。

生徒C——【文章Ⅰ】は正岡子規の部屋にあったガラス障子をふまえて、ル・コルビュジエの話題に移っていた。
生徒B——なぜわざわざ子規のことを取り上げたのかな。
生徒A——それは、［ Y ］のだと思う。
生徒B——なるほど。でも、子規の話題は【文章Ⅱ】の内容ともつながるような気がしたんだけど。
生徒C——そうだね。【文章Ⅱ】と関連づけて【文章Ⅰ】を読むと、［ Z ］と解釈できるね。
生徒A——こうして二つの文章を読み比べながら話し合ってみると、いろいろ気づくことがあるね。

（ⅰ）空欄［ X ］に入る発言として最も適当なものを、次の①～④のうちから一つ選べ。

枝問（ⅰ）・空欄Xの補充は比較的に難問である。対話の脈絡に忠実に、二つの引用文の違いを探っていると時間がかかるからであるが、**各引用の最終センテンスの違い**を「よく読み比べる」ことで解答できる。

【文章Ⅰ】思い切った判断によって選別しなければならないのだ。すなわち、まず壁を建てることによって視界を遮ぎり、つぎに連らなる**壁面を要所要所取り払い、そこに水平線の広がりを求める**のである。
【文章Ⅱ】（中略）北側の**壁と、**そして東側と南側の**壁とが〝囲われた庭〟を形成する**こと、これがここでの方針である。

「囲いの壁の～ならない。」の部分はどちらの文章でも引用されているが、【文章Ⅰ】は、「壁」と「水平線の広がり」（＝壁と窓と）に言及するのに対して、【文章Ⅱ】では、そこを「(中略)」とし、「壁」で囲われていること（＝壁のみ）に言及する。これをもとに選択肢を絞り込む。

① 【文章Ⅰ】の引用文は、**壁による閉塞とそこから開放される視界**についての内容だけど、【文章Ⅱ】の引用文では、壁の圧迫感について記された部分が**省略されて**、**三方を囲んで形成される壁の話**に接続されている
（×▼そのような記述はどこにもない）

② 【文章Ⅰ】の引用文は、**視界を遮る壁とその壁に設けられた窓**の機能についての内容だけど、【文章Ⅱ】の引用文では、**壁の機能が中心**に述べられていて、その壁によってどの方角を遮るかが重要視されている
（×▼「どの方角か」は重要ではない）

③ 【文章Ⅰ】の引用文は、壁の外に広がる圧倒的な景色とそれを限定する窓の役割についての内容だけど、【文章Ⅱ】の引用文では、主に**外部を遮る壁の機能**について説明されていて、窓の機能には触れられていない
（×▼限定するのは「壁」である）

④ 【文章Ⅰ】の引用文は、**周囲を囲う壁とそこに開けられた窓**の効果についての内容だけど、【文章Ⅱ】の引用文では、壁に窓を設けることの意図が**省略されて**、**視界を遮って壁で囲う効果**が強調されている

正答要素が【文章Ⅰ】【文章Ⅱ】ともに可となる選択肢は①・④であり、①の誤りにより正解は④となる。

（ii） 空欄 Y に入る発言として最も適当なものを、次の①～④のうちから一つ選べ。

この枝問（ii）は、空欄Yを含む一文中の「それ」＝「なぜわざわざ子規のことを取り上げたのか」という**生徒Bの問いかけに応答する内容**が正解となる。ここでも**対話問題らしく**、**発言前後の脈絡の確認**が効果的である。空欄Y直後の生徒Bの発言は、「なるほど」と空欄Yを肯定した後に、**「でも」**と逆接によって「子規

の話題は【文章Ⅱ】の内容ともつながる」と述べている。したがって、**逆接の前件である**空欄Yに関しては、【文章Ⅱ】の内容を含まない、【文章Ⅰ】だけの内容になるので、**「視覚装置としての窓」が正答要素になる。**

① ル・コルビュジエの建築論が現代の**窓の設計**に大きな影響を与えたことを理解しやすくするために、**子規の書斎にガラス障子がもたらした変化**をまず示した
（×◀後世には関係ない）

② ル・コルビュジエの設計が**居住者と風景の関係**を考慮したものであったことを理解しやすくするために、**子規の日常においてガラス障子が果たした役割**をまず示した

③ ル・コルビュジエの窓の配置が採光によって美しい空間を演出したことを理解しやすくするために、子規の芸術に対してガラス障子が及ぼした効果をまず示した
（×◀本文では短歌や俳句は関係ない）

④ ル・コルビュジエの換気と採光についての考察が住み心地の追求であったことを理解しやすくするために、子規の心身にガラス障子が与えた影響をまず示した
（×◀「身」には影響を与えていない）

「窓」「視覚装置」を念頭に置いて、**「風景を見る」**と考えれば、妥当な選択肢はそもそも②しかない。述部で絞っても、①・②しかなく、①は「現代の窓の設計」で不可となる。正解は②である。

(iii) 空欄 Z に入る発言として最も適当なものを、次の①～④のうちから一つ選べ。

最後の枝問(iii)は、前問(ii)と**連動した設問**である。前述のとおり、空欄Yの直後の生徒Bの発言は、「なるほど」と肯定した後で、「でも」と逆接で「子規の話題は【文章Ⅱ】の内容ともつながる」と述べている。生徒Cは「そうだね」と肯定したうえで「**【文章Ⅱ】と関連づけて【文章Ⅰ】を読むと、** Z と解釈できる」と

続く。したがって、空欄Yとは逆に、【文章Ⅱ】の内容「動かぬ視点」「沈思黙考、瞑想の場」が正答要素となる。

① 病で絶望的な気分の中にいた子規は、書斎にガラス障子を取り入れることで内面的な世界を獲得したと言える。そう考えると、子規の書斎もル・コルビュジエの主題化した宗教建築として機能していた

② 病で外界の眺めを失っていた子規は、書斎にガラス障子を取り入れることで光の溢れる世界を獲得したと言える。そう考えると、子規の書斎もル・コルビュジエの指摘する仕事の空間として機能していた

③ 病で自由に動くことができずにいた子規は、書斎にガラス障子を取り入れることで**動かぬ視点**を獲得したと言える。そう考えると、子規の書斎もル・コルビュジエの言う**沈思黙考の場として**機能していた

④ 病で行動が制限されていた子規は、書斎にガラス障子を取り入れることで見るための機械を獲得したと言える。そう考えると、子規の書斎もル・コルビュジエの住宅と同様の視覚装置として機能していた

▼これは【文章Ⅰ】のキーワード

右は、**「書くように選ぶ」**こと、**正答の必要条件（解答要素）で積極的に選択肢を絞る**ことだけで、瞬時に正解は③と判断できる。

解答 (i) ④ (ii) ② (iii) ③ （各4点）

発展的考察のために

「窓」は人が外界を見るためにある。「見る」という人間の行為が目的として先立っている。ちょうど人がより速く移動するために電車や自動車に乗り、インターネットに簡単に接続するためにスマートフォンを携帯するように、はじめに目的や利便性の追求があったと思われる。しかし、【文章Ⅰ】によれ

ば、『視覚装置』としての窓（開口部）と壁をいかに構成するか」によって視界を「限定」し、人間の「見る」という行為を「窓」によって制限しつつ、特定の「見かた（というより、見えかた）」へと規定するかのようである。さらに【文章Ⅱ】によれば、人間の視覚は壁と窓によって自由な動きを封じられた「動かぬ視点」となり、宗教建築の内部が「沈思黙考、瞑想の場」であることを人は意図せず受け入れる。これを人間の自由や主体性の観点から問題視すれば、テクノロジーや機械がもはや人間を主体とせず、逆に人間を超え、従わせるほどに自律的になった、といった危機意識を伴う議論に通じる。AIの安全性に関するガイドラインを定めた「アシロマAI二三原則」などはその典型例である。そういえば、江戸時代には東海道五十三次を人は半月かけて歩いた。旅の情緒もさぞかしと想像されるが、今では東京―京都間は新幹線で二時間程度である。慌ただしく日帰りの出張をし、車内でもノートPCで作業し、帰社してさらなる労働に従事する。せめて一泊の出張旅行の方が楽しみもあろう……。こういうノスタルジックな感傷もありうる。だが、そもそも道具や機械は、江戸時代どころか先史時代からヒトの行動を規定し、変化させ続けてきた。道具や機械はヒトの能力の拡張であり、たとえば、走る身体能力を自動車が拡大し、計算し記憶する精神能力をコンピュータが大きく超えていく。これらはヒトという種の生存のあり方、人間の社会・文明そのものの本来的な姿であり、ただ嘆いてもはじまらない。イスは人間が腰掛けるためにあるが、そこにイスがあることではじめて、人には腰掛けるという行動が選択可能となる。周知のごとく、これを心理学者のJ・J・ギブソンは「アフォーダンス」「アフォードする」と呼んだ。人間の行動はヒトとモノとの関係性において成立している。そして、モノは変化する。したがって、ヒトの行動、さらに行動主体である「人間」も、不変のものではない。

例題
3-2

大学入学共通テスト対策の実践②

室生犀星「陶古の女人」（大学入学共通テスト）

時間
20分

大学入学共通テスト（文学的文章）に客観的速読法と心情・表現説明型設問の論理的解答法を適用する。

次の文章は、室生犀星「陶古の女人」（一九五六年発表）の一節である。これを読んで、後の問いに答えよ。

この*信州の町にも美術商と称する店があって、彼は散歩の折に店の中を覗いて歩いたが、よしなき壺に眼をとめながら何という意地の汚なさであろうと自分でそう思った。見るべくもない*陶画をよく見ようとする、何処までも定見のない自分に惘れていた、彼はこれらのありふれた壺に、ちょっとでも心が惹かれることは、行きずりの女の人に眼を惹かれる美しさによく似ている故をもって、郷愁という名称をつけていた。*天保から明治にかけてのざらにある*染付物や、*李朝後期のちょっとした壺の染付などに、彼はいやしく眼をさらして、思い返して何も買わずに店を立ち去るのであるが、A何ももとめる物も、見るべき物もない折のさびしさはなかなかであった。東京では陶器の店のあるところでは時間をかけて見るべきものもあるが、田舎の町では何も眼にふれてくるものは、なかった。そういう気持できょうも家まで帰って来ると、庭の中に一人の青年紳士が立っていた。服装もきちんとし眼のつかい方にも、この若い男の生い立ちの宜さのほどが見えた。手には相当に大きい*尺もある箱の包をさげていた。かれは初めてお伺いする者だが、ちょっと見ていただきたい物があってお忙しいとは知りながらお訪ねしたといった。彼はこの青年の眼になにかに飢えているものを感じて、その飢えは金銭にあることがその箱の品物と関聯（かんれん）して直（す）ぐに感じられた。彼は何を見せにお見えになったのか知らんが、僕は何も見たい物なんかないといい、これから仕事にかからなければならないから、些（ほ）んのちょっとの間だけお会いするといって、客を茶の間に通した。彼はどういう場合にも居留守をつかったことはないし、会えないといって客を突き帰すことをしなかった。二分間でも三分間でも会って非常な速度で用件を聞いてから、いい事なら即答をしてやっていた。そして率直にいま仕事中だからこれだけ会ったのだからお帰りというのがつねである。一人の訪客に*女中やら娘やらが廊下を行ったり来たりして、会うとか会わんとかいう事でごたごたした気分がいやであった。会えば二三分間で済むことであり遠方から来た人も、会ってさえ貰（もら）えば素直に帰ってゆくのである。だからきょうの客にも彼は一体何を僕に見てくれというのかと訊（き）くと、客は言下に陶器を一つ見ていただきたいのですといった。陶器にも種類がたくさんにあるが何処の物ですかというと、*青磁でございますといった。彼は客の眼に注意してみたが先刻庭の中で見かけた飢えたものがなくなり、穏（おだや）かになっていた。どうやら彼の穏かさは箱の中の青磁に原因した落着（おちつ）きにあるらしい、客はむしろ無造作に箱の中からもう一度包んだ絹のきれをほどきはじめた、そして黄いろい絹の包の下から、突然とろりとした濃い乳緑の青磁どくとくの*釉調（ゆうちょう）が、ひろがった。絹のきれが全く除（よ）けられてしまうと、そこにはだかの

B　*雲鶴（うんかく）青磁が*肩衝（かたつき）もなめらかに立っているのを見た。彼は陶器が裸になった羞（はず）かしさを見たことがはじめてであった。彼はこの*梅瓶（メイビン）に四羽の鶴の飛び立っているのに見入った。一羽はすでに雲の上に出てようやくに疲れて、もう昇るところもない満足げなものに見えた。またの一羽は雲の中からひと呼吸（いき）に飛翔するゆるやかさが、二つならべて伸（の）ばした長い脚のあたりに、ちからを抜いている状態のものであった。そして第三羽の鶴は白い雲の中から烈（はげ）しい啼（な）き声を発して、遅れまいとして熱っぽい翼際の骨のほてりまでが見え、とさかの黒い立ち毛は低く、蛇の頭のような平たい鋭さを現（あら）わしていた。最後の一羽にあるこの鳥の念願のごとき飛翔状態

は、とさかと同じ列に両翼の間から伸べられた脚までが、平均された一本の走雲のような平明さをもって、はるかな雲の間を目指していた。それらの凡ての翼は白くふわふわしていて、最後の一羽のごときは長い脚の爪までが燃えているようであった。彼はこの恐ろしい雲鶴青磁を見とどけた時の寒気が、しばらく背中にもむねからも去らないことを知った。客の青年は穏かな眼の中にたっぷりと構えた自信のようなものを見せて、これは本物でしょうかと取りようによっては、幾らかのからかい気分まで見せていった。併しそれはあまりに驚きが大きかったために、彼がそういう邪推をしてうけとったものかも知れなかった。彼は疑いもなくこれは雲鶴青磁であり逸品であるといい、これはお宅にあったものかと訊くと、終戦後にいろいろ売り払ったなかに、これが一つ最後まで売り残されていた事、売り残されているからには父が就中、たいせつにしていた物だが、二年前父の死と同時に*わすられて了っている事を青年はいったが、その時ふたたびこの若い男の眼に飢えたような例のがつがつしたものが、うかべられた。そして青年は実は私個人の事情でこの青磁を売りたいのですが、時価はどれだけするものか判らないが私は三万円くらいに売りたいと思っているんです。町の美術商では二万円くらいならというんですが……私は或る随筆を読んであなたに買って貰えば余処者の手に渡るよりも嬉しいと思って上ったのだとかれは言った。彼は二万や三万どころではなく最低二十万円はするものだ、或いは二十五万円はするものかも知れない、それなのにたった三万円で売ろうとしているのに、彼は例の飢えたような眼に何かを突き当てて見ざるをえないし、当然うけとるべき金を知らずにうけとらないということに、正義をも併せて感じた。君はこの雲鶴梅瓶を君だけの意志で売ろうとなさるか、それとも、先刻、お話のお母上の意志も加って居るのかどうかと聞くと、青年は私だけの考えで母はこの話は一さい知らないのだといい、若し母が知ってもひどくは咎めない筈です、私はいま勧めていて母を見ているし、私のすることで誰も何もいいはしないと彼はいい、若し三万円が無理なら商店の付値と私の付値の中間で結構なのです、外の人の手に渡すよりあなたのお手元にあれば、そのことで父が青磁を愛していたおもいも、そこにとどまるような気もして、あんしんしてお預けできる気がするのですと、D その言葉に真率さがあった。文学者なぞ遠くから見ていると、こんな信じ方をされているのかと思った。彼は言った、君は知らないらしいが、実は僕の見るところではこれだけの逸品は、最低二十万円はらくにするものだろう、そしてこの青磁がどんなにやすく見つもっても、十五万円はうけとるべき筈です、決して避暑地なぞで売る物ではなく一流の美術商に手渡しすべき物です、ここまでお話したからには、僕は決して君を騙すような買い方をする事は出来ない、お父上が買われた時にも相当以上に値のしたものであろうし、三万円で買い落すということは君を欺すことと同じことになりますと彼は言い、更に或る美術商の人が言ったことばに陶器もすじの通ったものは、地所と同じ率で年々にその価格が*上騰してゆくそうだが、全くその通りですね、そういう事になれば当然君は市価と同じ価格をうけとらねばならない、とすると僕にはそういう金は持合せていないし、勢い君は確乎とした美術商に当りをつける必要がある、彼はこういって青年の方に梅瓶をそっとずらせた。青年は彼のいう市価の高い格にぞっとして驚いたらしかったが、唾をのみ込んでいった。たとえ市価がどうあろうとも一たん持参した物であるから、私の申出ではあなたのお心持を添えていただけば、それで沢山なのです、たとえ、その価格がすくないものであっても苦情は申しませんと、真底からそう思っているらしくいったが、彼は当然、価格の判定しているものに対して、人をだますような事は出来ない、東京に信用の*於ける美術商があるからと彼は其処に、一通の紹介状を書いて渡した。

客は間もなく立ち去ったが、彼はその後で損をしたような気がし、E その気持が不愉快だった。しかも青年の持参した雲鶴青磁は、彼の床の間にある梅瓶にくらべられる逸品であり、*再度と手にはいる機会の絶無の物であった。人の物がほしくなるのが愛陶のこころ根であるが、当然彼の手にはいったも同様の物を、まんまと彼自身でそれの*入手を反らしたことが、惜しくもあった。対手が承知していたら構わないと思ったものの、やすく手に入れる*身そぼらしさ、多額の金をもうけるような仕打(しうち)を自分の眼に見るいやらしさ、文学を勉強した者のすることでない汚なさ、それらは結局彼にあれはあれで宜かったのだ、自分をいつわることを、一等好きな物を前に置いて、それをそうしなかったことが、誰も知らないことながら心までくさっていないことが、喜ばしかった。F因縁がなくてわが書斎に佇(たたず)むことの出来なかった四羽の鶴は、その生きた烈しさが日がくれかけても、昼のように*皓々(こうこう)として眼中にあった。

（語注）＊信州＝信濃(しなの)国（現在の長野県）の別称。
＊陶画＝陶器に描いた絵。
＊天保＝江戸時代後期の元号。一八三〇—一八四四年。
＊染付物＝藍色の顔料で絵模様を描き、その上に無色のうわぐすりをかけて焼いたもの。うわぐすりとは、素焼きの段階の陶磁器の表面に塗る薬品。加熱すると水の浸透を防ぎ、つやを出す。
＊李朝後期＝美術史上の区分で、一八世紀半ばから一九世紀半ばまでの時期を指す。
＊尺＝長さの単位。一尺は、約三〇センチメートル。
＊女中＝雇われて家事をする女性。当時の呼称。
＊青磁＝鉄分を含有した青緑色の陶磁器。
＊釉調＝うわぐすりの調子。質感や視覚的効果によって得られる美感のことを指す。
＊雲鶴青磁＝朝鮮半島高麗(こうらい)時代の青磁の一種で、白土や赤土を用いて、飛雲と舞鶴との様子を表したもの。
＊肩衝＝器物の口から胴につながる部分の張り。
＊梅瓶＝口が小さく、上部は丸く張り、下方に向かって緩やかに狭まる形状をした瓶。ここでは、青年が持参した雲

鶴青磁のことを指している。

＊わすられて＝ここでは「わすれられて」に同じ。
＊上臈＝高く上がること。高臈。
＊於ける＝ここでは「置ける」に同じ。
＊再度と＝ここでは「二度と」に同じ。
＊入手を反らした＝手に入れることができなかった、の意。
＊身そぼらしさ＝みすぼらしさ。
＊皓々＝明るいさま。

問1 傍線部Ａ「何ももとめる物も、見るべき物もない折のさびしさ」とあるが、このときの「彼」の心情の説明として最も適当なものを、次の①～⑤のうちから一つ選べ。

① 散歩の折に美術商を覗いて意地汚く品物をあさってみても、心を惹かれるものが何も見つからないという現実の中で、東京から離れてしまった我が身を顧みて、言いようのない心細さを感じている。

② 信州の美術商なら掘り出し物があると期待して、ちょっとした品もしつこく眺め回してみたが、結局何も見つけられなかったことで自身の鑑賞眼のなさを思い知り、やるせなく心が晴れないでいる。

③ 骨董に対して節操がない我が身を浅ましいと思いながらも、田舎の町で機会を見つけてはありふれた品をも貪欲に眺め回し、東京に比べて気になるものすらないことがわかって、うら悲しくなっている。

④ 時間をかけて見るべきすぐれた品のある東京の美術商とは異なり、ありふれた品物しかない田舎町での現実を前にして、かえって遠く離れた故郷を思い出し、しみじみと恋しく懐かしくなっている。

⑤　どこへ行っても求めるものに出会えず、通りすがりに覗く田舎の店の品物にまで執念深く眼を向けた自分のさもしさを認め、陶器への過剰な思い入れを続けることに、切ないほどの空虚さを感じている。

問2　傍線部B「雲鶴青磁」をめぐる表現を説明したものとして最も適当なものを、次の①～⑤のうちから一つ選べ。

①　29行目「熱っぽい翼際の骨のほてり」、30行目「平たい鋭さ」といった感覚的な言葉を用いて鶴が生き生きと描写され、陶器を見た時の「彼」の興奮がありありと表現されている。

②　25行目「陶器が裸になった」、32～33行目「爪までが燃えているよう」など陶器から受ける印象を比喩で描き出し、高級な陶器が「彼」の視点を通じて卑俗なもののように表現されている。

③　26行目「見入った」、33行目「見とどけた」など「彼」の見る動作が繰り返し描写され、陶器に描かれている鶴の動きを分析しようとする「彼」の冷静沈着な態度が表現されている。

④　23行目「とろりと」、32行目「ふわふわして」という擬態語を用いて陶器に卑近な印象を持たせ、この陶器の穏やかなたたずまいに対して「彼」の感じた慕わしさが間接的に表現されている。

⑤　29～30行目「黒い立ち毛」、32行目「翼は白く」など陰影を強調しながらも他の色をあえて用いないことで、かえって陶器の色鮮やかさに目を奪われている「彼」の様子が表現されている。

問3　傍線部C「幾らかのからかい気分まで見せていった」について、後の(i)・(ii)の問いに答えよ。

(i)「彼」が「からかい」として受け取った内容の説明として最も適当なものを、次の①～⑤のうちから一つ選べ。

①自分の陶器に対する愛情の強さを冷やかされていると感じた。
②人物や陶器を見きわめる自らの洞察力が疑われていると感じた。
③陶器を見て自分が態度を変えたことを軽蔑されていると感じた。
④自分が陶器におののいているさまを面白がられていると感じた。
⑤自分が陶器の価値を適切に見定められるかを試されていると感じた。

(ii)「からかい気分」を感じ取った「彼」の心情の説明として最も適当なものを、次の①〜⑤のうちから一つ選べ。
①「彼」は青磁の価値にうろたえ、態度と裏腹の発言をした青年が盗品を持参したのではないかといぶかしんだ。
②「彼」は青磁の素晴らしさに動転し、軽妙さを見せた青年が自分をだまそうとしているのではないかと憶測した。
③「彼」は青磁の価値に怖じ気づき、穏やかな表情を浮かべる青年が陶器を見極める眼を持っていると誤解した。
④「彼」は青磁の素晴らしさに圧倒され、軽薄な態度を取る青年が自分を見下しているのではないかと怪しんだ。
⑤「彼」は青磁の素晴らしさに仰天し、余裕を感じさせる青年が陶器の真価を知っているのではないかと勘繰った。

問4 傍線部D「その言葉に真率さがあった」とあるが、このときの青年について「彼」はどのように受け止めているか。その説明として最も適当なものを、次の①〜⑤のうちから一つ選べ。

① 父の遺品を売ることに心を痛めているが、せめて陶器に理解のある人物に託すことで父の思い出を守ろうとするところに、最後まで可能性を追い求める青年の懸命さがあると受け止めている。

② 父同様に陶器を愛する人物であれば、市価よりも高い値段で青磁を買い取ってくれるだろうと期待するところに、文学者の審美眼に対して多大な信頼を寄せる青年の誠実さがあると受け止めている。

③ 父が愛した青磁の売却に際して母の意向を確認していないものの、陶器への態度が父と重なる人物を交渉相手に選ぶところに、両親への愛情を貫こうとする青年の一途さがあると受け止めている。

④ 経済的な問題があるものの、少しでも高く売り払うことよりも自分が見込んだ人物に陶器を手渡すことを優先しようとするところに、意志を貫こうとする青年の実直さがあると受け止めている。

⑤ いたしかたなく形見の青磁を手放そうとするが、適切な価格で売り渡すよりも自分が見出した人物に何としても手渡そうとするところに、生真面目な青年のかたくなさがあると受け止めている。

問5 傍線部E「その気持が不愉快だった」とあるが、「彼」がそのように感じた理由として最も適当なものを、次の①〜⑤のうちから一つ選べ。

① 「彼」に信頼を寄せる青年の態度に接し、東京の美術商を紹介することで誠実さを見せたものの、逸品を安価で入手する機会を逃して後悔した自分のいやしさを腹立たしく思ったから。

② 随筆を読んで父の遺品を託す相手が「彼」以外にないと信じ、初対面でも臆することなく来訪した青年の熱烈さに触れ、その期待に応えられなかった自分の狭量さにいらだちを感じたから。

③ 日々の生活苦を解消するため、父の遺品を自宅から独断で持ち出した青年の焦燥感に圧倒されるように、より高値を付ける美術商を紹介し手を引いてしまった自分の小心さに気が滅入ったから。

④ たまたま読んだ随筆だけを手がかりに、唐突に「彼」を訪ねてきた青年の大胆さを前に、逸品を入手する機会を前にしてそれに手を出す勇気を持てなかった自分の臆病さに嫌悪感を抱いたから。

⑤ 父の遺品の価値を確かめるために、「彼」の顔色をひそかに観察していた青年の態度に比べて、品物の素晴らしさに感動するあまり陶器の価値を正直に教えてしまった自分の単純さに落胆したから。

問6 傍線部F「因縁がなくてわが書斎に佇むことの出来なかった四羽の鶴は、その生きた烈しさが日がくれかけても、昼のように皓々として眼中にあった。」について、壺は青年が持ち帰ったにもかかわらず「四羽の鶴」が「眼中にあった」とはどういうことか。AさんとBさんは、【資料】を用いつつ教師と一緒に話し合いを通して考えることにした。次に示す【資料】と【話し合いの様子】について、後の(i)・(ii)の問いに答えよ。

【資料】

私は又異なる例を挙げよう。この世に蒐集(しゅうしゅう)家と呼ばれている人は多い。併(しか)し有体(ありてい)に云って全幅的に頭の下(さが)る蒐集に出逢(あ)ったためしがない。中には実に珍妙なのがある。例えば猫に因(ちな)んだものなら何なりと集める人がある。そういう蒐集はどうあっても価値の大きなものとはならない。なぜなのか。猫を現したものだという「こと」に興味が*集注されて、それがどんな品物であるかは問わなくなるからである。だから二目と見られぬようなくだらぬものまで集める。質よりも量なのだから、特に珍(めず)らしい品に随喜して了(しま)

う。併しそれは珍らしい「こと」への興味で、それが美しい「もの」か醜い「もの」かは別に問わない。美しいものが中にあれば、それは只偶然にあるというに過ぎない。そういう蒐集は質的に＊選練される見込みはない。

　併しこんな愚かな蒐集を例に挙げる要はないかも知れぬ。もっと進んだ所謂「美術品」の蒐集に就いて一言する方がよい。忌憚なく云って、真に質のよい美術品の蒐集がこの世にどれだけあるのであろうか。筋の通った蒐集が少いのは、やはり集める「こと」、自分のものにする「こと」、自慢する「こと」等に余計魅力があるからなのであろう。而も標準は大概、有名なものである「こと」、時には高価なものである「こと」でさえある。「もの」を見るより、「こと」で購う。「物」をじかに見ているなら、集める物に筋が通る筈である。いつも玉石が混合して了うのは、蒐集する「こと」が先だって了うからだと思える。欲が先故、眼が曇るのだとも云える。蒐集家には明るい人が少く、何かいやな性質がつきまとう。併し「もの」に真の悦びがあったら、明るくなる筈である。悦びを人と共に分つことが多くなる筈である。蒐集家は「こと」への犠牲になってはいけない。「もの」へのよき選択者であり創作家でなければいけない。蒐集家には不思議なくらい、正しく選ぶ人が少い。

柳宗悦『「もの」と「こと」』（『工藝』一九三九年二月）の一部。なお、原文の仮名遣いを改めてある。

（語注）＊集注＝「集中」に同じ。
＊選練＝「洗練」に同じ。

【話し合いの様子】

教　師――【資料】の二重傍線部には「蒐集家は『こと』への犠牲になってはいけない。」とあります。ここでは、どういうことが批判されているのか、考えてみましょう。

Aさん――批判されているのは「猫を現したもの」なら何でも集めてしまうような「蒐集」のあり方です。

Bさん――このような「蒐集」が批判されるのは、それが［Ⅰ］だと捉えられているからではないでしょうか。

Aさん――そうだとすると、二重傍線部の直後で述べられている「正しく選ぶ」態度とは、「こと」にとらわれることなく「もの」を見ようとする態度、と言い換えられそうです。

教　師――【資料】の中で述べられていた、「蒐集家」と「もの」との望ましい関係について把握することができました。では、この内容を踏まえると、青年の持参した陶器に対する「彼」の態度について、どのように説明できるでしょうか。

Bさん――青年が立ち去った後、その場にないはずの壺の絵が「眼中にあった」とされていることが重要ですね。結果として壺は手元に残らなかったのに、壺の与えた強い印象が「彼」の中に残ったということだと思います。

Aさん――つまり、このときの「彼」は、［Ⅱ］のですね。だから、その場にない壺の絵が「眼中にあった」という表現になるのではないでしょうか。

教　師――【資料】とあわせて考えることで、「もの」と真摯に向き合う「蒐集家」としての「彼」について、理解を深めることができたようです。

(i)　空欄［Ⅰ］に入る発言として最も適当なものを、次の①～⑤のうちから一つ選べ。

①　多くの品を集めることにとらわれて、美という観点を見失うこと

②　美しいかどうかにこだわりすぎて、関心の幅を狭めてしまうこと

③ 趣味の世界に閉じこもることで、他者との交流が失われること
④ 偶然の機会に期待して、対象との出会いを受動的に待つこと
⑤ 質も量も追い求めた結果、蒐集する喜びが感じられなくなること

(ii) 空欄 Ⅱ に入る発言として最も適当なものを、次の①～⑤のうちから一つ選べ。

① 「もの」に対する強い関心に引きずられ、「こと」への執着がいっそう強められた
② 入手するという「こと」を優先しなかったからこそ、「もの」の本質をとらえられた
③ 貴重である「こと」にこだわり続けたことで、「もの」に対する認識を深められた
④ 「もの」への執着から解放されても、所有する「こと」は諦められなかった
⑤ 所有する「こと」の困難に直面したために、「もの」から目を背けることになった

読解作業＋全体把握のプロセス

小説の客観的速読法を適用して**トータル約10分**（**集中講義・留意事項①**）で読むことを目指す。まず、**リード文に記された情報を確認**するところから始めよう。

次の文章は、室生犀星（むろうさいせい）「陶古の女人」（一九五六年発表）の一節である。これを読んで、後の問いに答えよ。

◀小説のタイトル・象徴的表現
▶時代背景に関するヒントである

この*信州の町にも美術商と称する店があって、彼は散歩の折に店の中を覗いて歩いたが、よしなき壺に眼をとめながら何という意地の汚なさであろうと自分でそう思った。見るべくもない*陶画をよく見ようとする、何処までも定見のない自分に惘れていた、彼はこれらのありふれた壺に、ちょっとでも心が惹かれることは、行きずりの女の人に眼を惹かれる美しさによく似ている故をもって、郷愁という名称をつけていた。*天保から明治にかけてのざらにある*染付物や、*李朝後期のちょっとした壺の染付などに、彼はいやしく眼をさらして、思い返して何も買わずに店を立ち去るのであるが、A何ももとめる物も、見るべき物もない折のさびしさはなかなかであった。東京では陶器の店のあるところでは時間をかけて見るべきものもあるが、田舎の町では何も眼にふれてくるものは、なかった。そういう気持できょうも家まで帰って来ると、庭の中に一人の青年紳士が立っていた。服装もきちんとし眼のつかい方にも、この若い男の生い立ちの宜さのほどが見えた。手には相当に大きい*尺もある箱の包をさげていた。かれは初めてお伺いする者だが、ちょっと見ていただきたい物があってお忙しいとは知りながらお訪ねしたといった。彼はこの青年の眼になにかに飢えているものを感じて、その飢えは金銭にあることがその箱の品物と関聯して直ぐに感じられた。彼は何を見せにお見えになったのか知らんが、僕は何も見たい物なんかないといい、これから仕事にかからなければならないから、些んのちょっとの間だけお会いするといって、客を茶の間に通した。彼はどういう場合にも居留守をつかったことはないし、会えないといって客を突き帰すことをしなかった。二分間でも三分間でも会って非常な速度で用件を聞いてから、いい事なら即答をしてやっていた。そして率直にいま仕事中だからこれだけ会ったのだからお帰りというのがつねである。一人の訪客に*女中やら娘やらが廊下を行ったり来たりして、会うとか会わんとかいう事でごたごたした気分がいやであった。会えば二三分間で済むことであり遠方から来た人も、会ってさえ貰えば素直に帰ってゆくのである。だからきょうの客にも彼は一体何を僕に見てくれというのかと訊くと、客は言下に陶器を一つ見ていただきたいのですといった。

◀タイトルの象徴性との関連性あり

出題者からのメッセージであるリード文（集中講義・留意事項②）には、作品のタイトル「陶古の女人」

が示されている。何らかの**象徴的意味をもつ表現**であると考えられるので、留意しつつ読み進めよう。まずは**主人公の特定**である。なお、小説の客観的速読法では 1・2 の表記は省略する。

▼**信州の町・彼**（シチュエイション・主人公（三人称） 信州・男性）……K1

▼**美術品の壺・陶画への「意地の汚なさ」・定見のない自分に惘れる**（主人公の人物像・心情）……K2

▼**壺に〜心が惹かれる〜女の人に眼を惹かれる美しさによく似ている**（「陶古の女人」の意）……K3

▼**いやしく〜思い返し、さびしさをおぼえる**（主人公の心情 よい美術品のないわびしさ）……K4

右の K4（傍線部A）に見られる主人公の**心情表現**は、そのまま設問の**解答要素**である。

▼**一人の青年紳士・生い立ちの宜さ**（他の人物の人物像）……K5

▼**見ていただきたい・なにか（金銭）に飢えている**（主人公視点による他の人物の心情）……K6

▼**（K6 であると）直ぐに感じられる**（主人公の心情 他の人物に関する直観）……K7

▼**女中やら娘やらが〜いやであった**（他の人物の人物像と主人公の心情）……K8

▼**陶器を一つ見ていただきたいのです**（他の人物の心情・セリフによる客観描写）……K9

以上、第一節はストーリーの導入である（主人公の骨董趣味と陶器を持参する青年紳士という必然性）。

陶器にも種類がたくさんにあるが何処の物ですかというと、*青磁でございますといった。彼は客の眼に注意してみたが先刻庭の中で見かけた飢えたものがなくなり、穏（おだや）かになっていた。どうやら彼の穏かさは箱の中の青磁に原因した落着（おちつ）きにあるらしい、客はむしろ無造作に箱の中からもう一度包んだ絹のきれをほどきはじめた、そして黄いろい絹の包の下から、突然とろりとした濃い乳緑の青磁どくとくの*釉調（ゆうちょう）が、ひろがった。絹のきれが全く除（よ）けられてしまうと、そこにはだかの B *雲鶴（うんかく）青磁が*肩衝（かたつき）もなめらかに立っているのを見た。彼は陶器が裸になった羞（はず）かしさを見たことがはじめてであった。彼はこの*梅瓶（メイピン）に四羽

▼タイトルの象徴性に留意

▶主人公の印象である

の鶴の飛び立っているのに見入った。一羽はすでに雲の上に出てようやくに疲れて、もう昇るところもない満足げなものに見えた。またの一羽は雲の中からひと呼吸に飛翔するゆるやかさが、二つならべて伸した長い脚のあたりに、ちからを抜いている状態のものであった。そして第三羽の鶴は白い雲の中から烈しい啼き声を発して、遅れまいとして熱っぽい翼際の骨のほてりまでが見え、とさかの黒い立ち毛は低く、蛇の頭のような平たい鋭さを現わしていた。最後の一羽にあるこの鳥の念願のごとき飛翔状態は、とさかと同じ列に両翼の間から伸べられた脚までが、平均された一本の走雲のような平明さをもって、はるかな雲の間を目指していた。それらの凡ての翼は白くふわふわしていて、最後の一羽のごときは長い脚の爪までが燃えているようであった。彼はこの恐ろしい雲鶴青磁を見とどけた時の寒気が、しばらく背中にもむねからも去らないことを知った。客の青年は穏かな眼の中にたっぷりと構えた自信のようなものを見せて、これは本物でしょうかと取りようによっては、幾らかのからかい気分まで見せていった。併しそれはあまりに驚きが大きかったために、彼がそういう邪推をしてうけとったものかも知れなかった。

第二節では、**タイトル「陶古の女人」**の象徴的意味がより明らかになる。「陶器が裸になった羞かしさを見た」とは、主人公「彼」の印象・主観の比喩表現である。絹のきれの下から姿を現した「雲鶴青磁の梅瓶」の肌理の印象を**擬人化して表現**したのであり、それが「陶古の女人」の象徴的意味にも通じている。

▼**客の眼に注意した。穏かさは青磁に原因した落着きにある**（主人公視点での他の人物の心情）……K10

▼**陶器が裸になった羞かしさを見た・四羽の鶴の〜に見入った**（主人公の心情）……K11

▼**恐ろしい〜寒気が、〜知った**（主人公の心情）……K12

「はだかの雲鶴青磁」を見た主人公の衝撃が、オーソドックスに**主人公の視点で主観的に語られている。**

これに対して、先ほどからの「客の青年」の様子・態度（主人公視点からの客観描写）は、

▼穏かな眼の中にたっぷりと構えた自信のようなものを見せている（他の人物の心情）……K13

とある。「からかい気分」（傍線部C）のマーキングは、「取りようによっては」なので、留保しよう。

▼併しそれはあまりに驚きが大きかった（ために、Cと邪推したのかも知れない）（主人公の心情）……K14

最後のK14について、少し詳しく解説しておく（難しく感じたら、読み流してもよい）。ここは人物「彼」の内面に即した（主人公の視点からの）語りとすると、不自然である。人物「彼」は「あまりに驚きが大きかった」のに、同時にその「驚き」を冷静に捉えていたのだろうか。むしろその時点の人物「彼」の無自覚な心理（驚きのあまり、邪推をしたこと）を、冷静な語り手としての、「彼」が分析的に推測している（「かも知れなかった」）という、**「私小説」風の語り**（後述）であると思われる。それでは、第三節に進もう。

彼は疑いもなくこれは雲鶴青磁であり逸品であるといい、これはお宅にあったものかと訊くと、終戦後にいろいろ売り払ったなかに、これが一つ最後まで売り残されていた事、売り残されているからには父が就中、たいせつにしていた物だが、二年前父の死と同時に*わすられて了っている事を青年はいったが、その時ふたたびこの若い男の眼に飢えたような例のがつがつしたものが、うかべられた。そして青年は実は私個人の事情でこの青磁を売りたいのですが、時価はどれだけするものか判らないが私は三万円くらいに売りたいと思っているんです。町の美術商では二万円くらいならというんですが……私は或る随筆を読んであなたに買って貰えば余処者の手に渡るよりも嬉しいと思って上ったのだとかれは言った。彼は二万や三万どころではなく最低二十万円はするものだ、或いは二十五万円はするものかも知れない、それなのにたった三万円で売ろうとしているのに、彼は例の飢えたような眼に何かを突き当てて見ざるをえないし、当然うけとるべき金を知らずにうけとらないということに、正義をも併せて感じた。君はこの雲鶴梅瓶を君だけの意志で売ろうとなさるか、それとも、先刻、お話のお母上の意志も加って居るのかどうかと聞くと、青年は私だけの考えで母はこの話は一さい知らないのだといい、若し母が知ってもひどくは咎めない筈です、私はいま勤めていて母を見ているし、私のすることで誰も何もいいはしないと彼はいい、若し三万円が無理なら商店の付値と私の付値の中間で結構なのです、〈外の人の手に渡すよりあなたのお手元にあれば、そのことで父が青磁を愛していたおもいも、そこにとどまるような気もして、あんしんしてお預けできる気がするのです〉と、D〈その〉言葉に真率さがあった。文学者なぞ遠くから見ていると、こんな信じ方をされているのかと思った。彼は言った、君は知らないらしいが、実は僕の見るところではこれだけの逸品は、最低二十万円はらくにするものだろう、そしてこの青磁がどんなにやすく見つもっても、十五万円はうけとるべき筈です、決して避暑地なぞで売る物ではなく一流の美術商に手渡しすべき物です、ここまでお話したからには、僕は決して君を騙すような買い方をする事は出来ない、お父上が買われた時にも相当以上に値のしたものであろうし、三万円で買い落すということは君を欺すことと同じことになりますと彼は言い、更に或る美術商の人が言ったことばに陶器もすじの通ったものは、地所と同じ率で年々にその価格が*上騰してゆくそうだが、全くその通りですね、そういう事になれば当然君は市価と同じ価格をうけとらねばならない、とすると僕にはそういう金は持合せていないし、勢い君は確乎とした美術商に当りをつける必要がある、彼はこういって青年の方に梅瓶をそっとずらせた。青年は彼のいう市価の高い格にぞっとして驚いたらしかったが、唾をのみ込んでいった。たとえ市価がどうあろうとも一たん持参した物であるから、私の申出ではあなたのお心持を添えていただけば、それで沢山なのです、たとえ、その価格がすくないものであっても苦情は申しませんと、真底からそう思っているらしくいったが、彼は当然、価格の判定しているものに対して、人をだますような事は出来ない、東京に信用の*於ける美術商があるからと彼は其処に、一通の紹介状を書いて渡した。

第三節は、主人公と青年との間で、雲鶴青磁の梅瓶に関するやり取りが一気に進む。

▼**終戦後・(青年の)父親がたいせつにしていた品・二年前の父親の死**（時代背景・他の人物の心情）……K15

▼**眼に飢えたような〜・この青磁を売りたい・あなたに買って貰えば〜嬉しい**（他の人物の心情）……K16

▼**彼は例の飢えたような眼に何かを突き当てて見ざるをえないし、当然うけとるべき金を知らずにうけとらないということに、正義をも併せて感じた**（主人公の心情）……K17

▼**（青年の）母親・（青年は）いま勤めていて母を見ている**（他の人物の人物像・シチュエイション）……K18

主人公が知るはずもない青年の経済的動機や家庭環境などが、それゆえ青年のセリフを通して語られる。

▼**父親が青磁を愛していたおもいがとどまる気がして安心して預けられる**（他の人物の心情）……K19

▼**その言葉（K19）に真率さがあった**（他の人物の心情）……K20

▼**（市価の高さに）驚いたらしかったが、〜真底から彼に買って貰いたい**（他の人物の心情）……K21

青年は「付値」の十倍ほどもすると言われて驚きながら、「市価がどうあろうとも〜苦情は申しません」と言う。「この若い男の生い立ちの宜さ」（K5）にも呼応する「真率さ」が表れている。結局主人公は、

▼**東京に信用の於ける美術商がある**（他の人物）……K22

と言って紹介状を書き、青年を帰らせた。青年の真率さに対する「正義」のある行いをしたわけである。

最終節の読解作業に入ろう。

客は間もなく立ち去ったが、彼はその後で〈損をしたような気〉がし、〈その〉気持が不愉快だった。しかも青年の持参した雲鶴青磁は、彼の床の間にある梅瓶にくらべられる逸品であり、*再度と手にはいる機会の絶無の物であった。人の物がほしくなるのが愛陶のこころ根であるが、当然彼の手にはいったも同様の物を、まんまと彼自身でそれの*入手を反らしたことが、惜しくもあった。対手(あいて)が承知していたら構わないと思ったものの、やすく手に入れる*身そぼらしさ、多額の金をもうけるような仕打(しうち)を自分の眼に見るいやらしさ、文学を勉強した者のすることでない汚なさ、それらは結局彼にあれはあれで宜かったのだ、自分をいつわることを、一等好きな物を前に置いて、それをそうしなかったことが、誰も知らないことながら心までくさっ

ていないことが、喜ばしかった。F因縁がなくてわが書斎に佇むことの出来なかった四羽の鶴は、その生きた烈しさが日がくれかけても、昼のように*皓々として眼中にあった。

最終節では、青磁を買い取らなかった主人公「彼」の揺れる内面が地の文中で明白に語られている。

▼**損をしたような気持がしたことが不愉快だった**（主人公の心情・傍線部E）……K23

▼**手に入ったも同様の物を彼自身で入手を反らしたことが惜しくもあった**（主人公の心情）……K24

これらは主人公の葛藤が告白されているという印象を与える**「私小説」風の語られ方**である。その後で、

▼**文学を勉強した者のすることでない〜あれで宜かったのだ、自分をいつわることを、一等好きな物を前に置いて、〜しなかったことが、〜心までくさっていないことが、喜ばしかった**（主人公の心情）……K25

と自分に言い聞かせるかのような（「〜宜かったのだ」）肯定的心情が畳みかけるように語られる。そして、最後に傍線部Fでもある**最終センテンス**となる。

▼**〜四羽の鶴は、その生きた烈しさが日がくれかけても、昼のように皓々として眼中にあった**（主人公の心情）……K26

全体把握のまとめ

文学者の「彼」は、信州の町でめぼしい美術品のないわびしさを感じていた。そこに、陶器を買って貰いたいという青年紳士が訪れた。絹の包みをほどかれた雲鶴青磁の壺は、女人のはじらいを感じさせるようで、描かれた四羽の鶴を見た彼に衝撃を与える逸品であった。青年は、金銭の必要はあるものの、彼に壺を引き取ってもらえば、壺を愛していた父親のおもいもとどまる気がして安心であると真率な態度で述べ

た。しかし、彼は正義感から壺を安く購入せず、東京の美術商を紹介した。彼はそのことを惜しく思う自分が不愉快であり、むしろ自分をいつわらなかったことを喜んだ。青年が去った後も、四羽の鶴の激しい印象が彼の心にありありと残っていた。（三〇〇字）

読解から解答へ

問1 傍線部A「何ももとめる物も、見るべき物もない折のさびしさ」とあるが、このときの「彼」の心情の説明として最も適当なものを、次の①～⑤のうちから一つ選べ。

本問は、典型的かつ基本的な**心情説明型設問**である。主人公の**心情表現（キーワード）**のうち、傍線部Aの中に含まれる**「さびしさ」**が最も明快に「このときの」心情を表している。さらに、その**心情の説明（対象・理由・状態）**も傍線部Aの内に「何ももとめる物も、見るべき物もない折の」とあり、すぐにでも**解答の構文を確立**し、**キーワードを代入**して、**暫定的な解答を考える**という過程が終わる。すなわち、「何ももとめる物も、見るべき物もない折の『さびしさ』」のままで選択肢を絞ることができる。ここで言う「さびしさ」は、傍線部を含む一文の確認により、「～壺の染付などに、彼はいやしく眼をさらして、思い返して何も買わずに店を立ち去るのであるが、」という、**めぼしい陶器が見つからず満たされない思い**である。選択肢で該当箇所との照合を行おう。

①　〜意地汚く品物をあさってみても、心を惹かれるものが何も見つからないという〜、東京から離れてしまった我が身を顧みて、言いようのない心細さを感じている。
②　信州の美術商なら掘り出し物があると期待して、〜結局何も見つけられなかったことで自身の鑑賞眼のなさを思い知り、**やるせなく心が晴れないでいる。**
③　〜田舎の町で機会を見つけてはありふれた品をも貪欲に眺め回し、東京に比べて**気になるものすらないことがわかって、うら悲しくなっている。**
④　〜東京の美術商とは異なり、ありふれた品物しかない田舎町での現実を前にして、かえって遠く離れた故郷を思い出し、しみじみと恋しく懐かしくなっている。
⑤　〜通りすがりに覗く田舎の店の品物にまで執念深く眼を向けた自分のさもしさを認め、陶器への過剰な思い入れを続けることに、**切ないほどの空虚さを感じている。**

右の**二つの正答要素（心情表現**「さびしさ」と、その**説明**「もとめる物も、見るべき物もない」ことに対する心情）で絞れば、**まず心情表現と各選択肢の述部の照合**から、②・③・⑤になる。次いで、その**「説明」の妥当性で選択肢を絞る**と、③しか条件を満たさない。

解答　③　（6点）

問2 傍線部B「雲鶴青磁」をめぐる表現を説明したものとして最も適当なものを、次の①〜⑤のうちから一つ選べ。

本問は、**表現説明型設問**である。共通テストでは**表現の説明の問われ方は多様化**したが、本問は表現説明型設問であることが明白である。各選択肢について**表現説明の三要素**（**基礎講義6**）を確認していこう。

表現の説明の三要素

要素1 表現技法の種別の説明
要素2 表現された内容の説明
要素3 表現効果・意図の説明

①「熱っぽい〜ほてり」（触覚）、「平たい鋭さ」（視覚）は、**「感覚的な言葉」**で**表現技法の種別**として正しい。問われることの多い**基本的な表現技法**の一つである。これによって**表現された内容**は、直接的には青磁に描かれた鶴の様子であるから、主人公の「興奮」ではないとも考えられる。ただ、一般に非人称の対象（人間とは異なる事物）に添えられた心理的描写（「悲しげな風景」「心躍る音楽」など）は、それらを見聞きする視点人物の心情の投影であり、視点人物の心情を象徴していると考えられるので、誤りであるとは言えない。また、**表現効果・意図**は、「生き生き」、「ありあり」など、**虚構作品では広く認められる「リアリティーの付与」**という**表現意図**であり、否定しがたい。**保留とするのが賢明な判断**である（**集中講義**・**留意事項⑦**）。

②「陶器が裸になった」（擬人法）、「爪までが燃えているよう」（直喩）は、いずれも文字どおりの意味を

表してはいないので、「比喩」である。また、「**『彼』（主人公）の視点を通じて**」という**語りと視点**の説明も正しいので、ここまで**表現技法の種別**の説明は適切である。そして、「陶器から受ける印象」を**表現された内容**とするのも正しい。しかし、「卑俗なもののように」という**表現効果・意図**の説明はとうてい認められないであろう。これでは「寒気」を覚えるほどの「逸品」とは言えなくなってしまう。

③「見入った」、「見とどけた」を「彼」の「見る動作」の描写であるとする**表現（技法の種別）**の説明に大きな問題はない。「動作」とする点に疑問は残るが、**微妙なものは保留**とする。しかし、ここで**表現された内容**を「『彼』の冷静沈着な態度」とするのは明白な誤りである。なぜなら、ここで「彼」は「この恐ろしい雲鶴青磁」を見て、「あまりに驚きが大きかった」とあるからである。

④「とろりと」、「ふわふわして」は**擬態語**であり、**表現技法の種別**の説明は正しいが、それが「陶器に卑近な印象を持たせ」るという**表現効果・意図**があるとは、②の「卑俗なもののように」と同様、考えられない。また、比喩は本来の内容を直言しないので「間接的」な表現であると言えるが、「この陶器の穏やかなたたずまい」を**表現された内容**とすることはできない。「恐ろしい」「寒気」を感じさせる陶器とある。

⑤「黒い立ち毛」「翼は白く」は色彩の描写であるから、感覚（視覚）に訴える表現であり、「黒」「白」のコントラスト（対照）で「陰影を強調」していると言えなくはない。ただ、「〜など」として「他の色をあえて用いないことで」とした**表現（技法の種別）**の説明は誤りである。他に「濃い乳緑」という描写があるからである。また、これらによって**表現された内容**を「（かえって陶器の色鮮やかさに）目を奪われている『彼』の様子」など、視点人物の客観的な（外面的な様子の）描写であるということはできない。

以上から、保留としていた①を正答と判断する。

解答　①　（6点）

問3　傍線部C「幾らかのからかい気分まで見せていった」について、後の（i）・（ii）の問いに答えよ。

本問は、基本的には**心情説明型設問**である。そして、同じ傍線部に対して枝問が二つあって**連動している**。**最初の枝問を解き、それと関連づけて後の枝問を考える**ことで、より解きやすくなる（**集中講義・留意事項⑫**）。

（i）「彼」が「からかい」として受け取った内容の説明として最も適当なものを、次の①〜⑤のうちから一つ選べ。

必ず**傍線部を含む一文を確認し、構文を捉える**ようにしよう。傍線部を含む一文は「客の**青年は**穏かな眼の中にたっぷりと構えた自信のようなものを見せて、**これは本物でしょうかと**取りようによっては、幾らかのからかい気分まで見せて**いった**。」である。この一文の構文は「青年は〜と〜いった」であるから、設問で問われている「からかい」とは、「これは本物でしょうか」という青年のセリフを指す。**陶器の真贋**（しんがん）**の判定（鑑識眼）に関すること**が**正答の要素**となる。

① 自分の陶器に対する愛情の強さを冷やかされていると感じた。

② ×人物や**陶器を見きわめる自らの洞察力**が疑われていると感じた。

③　陶器を見て自分が態度を変えたことを軽蔑されていると感じた。
④　自分が陶器におののいているさまを面白がられていると感じた。
⑤　自分が**陶器の価値を適切に見定められるか**を試されていると感じた。

正答の要素を満たす選択肢は②・⑤しかない。しかも、②は「人物や」という誤った**並列表現**に自然と気づくので、正解は⑤となる。このまま、これと**連動した次の枝問**へと移る。

（ⅱ）「からかい気分」を感じ取った「彼」の心情の説明として最も適当なものを、次の①～⑤のうちから一つ選べ。

枝問（ⅱ）は、傍線部自身の意味を問うた枝問（ⅰ）を踏まえたうえで、「『彼』の心情」を問うている。「驚き」と「邪推」という**心情表現**（K14）、さらにそれらの**心情の説明（対象・理由・状態）**で選択肢を絞る。

①「彼」は青磁の価値に**うろたえ**、態度と裏腹の発言をした青年が盗品を持参したのではないかと**いぶかしんだ**。
②「彼」は青磁の素晴らしさに**動転し**、軽妙さを見せた青年が自分をだまそうとしているのではないかと**憶測した**。
③「彼」は青磁の価値に怖じ気づき、穏やかな表情を浮かべる青年が**陶器を見極める眼を持っていると**誤解した。
④「彼」は青磁の素晴らしさに**圧倒され**、軽薄な態度を取る青年が自分を見下しているのではないかと**怪**

しんだ。

⑤「彼」は青磁の素晴らしさに**仰天し**、余裕を感じさせる青年が**陶器の真価を知っているのではないかと勘繰った。**

「邪推」に最適な選択肢は⑤「勘繰った」だが、微妙な選択肢が多いので、「邪推」の**対象の説明**も合わせて絞ってみる。その際、**枝問（i）との連動**を考慮すれば、**「真贋の判定（鑑識眼）」**のことであると容易に分かる。正答の要件を満たす選択肢は③・⑤である。これと「驚き」の要素も合わせると、正解は⑤となる。

解答　(i)　⑤　(ii)　⑤　（各6点）

問4　傍線部D「その言葉に真率さがあった」とあるが、このときの青年について「彼」はどのように受け止めているか。その説明として最も適当なものを、次の①～⑤のうちから一つ選べ。

本問で実質的に問われているのは、主人公「彼」の視点で「受け止め」られた、他の人物「このときの青年」の心情である。各選択肢の形式的な述部の直前部が、「～ところに～青年の～がある（と受け止めている）」という**構文上の共通項**となっている（**集中講義・留意事項⑨**）。したがって、**共通項**「青年の～がある」の箇所に傍線部D**「真率さ」の置換表現が適切に代入されていることが正答の要件**となる。「真率」とは「正直で飾りけのないこと」を意味する。**適・不適の判断が微妙な選択肢は保留**するとよい。

他方、**傍線部を含む一文中の指示語は、一般に正答の要素となる。**傍線部D中の「その言葉」の指示対象は直前の青年のセリフ「〜外の人の手に渡すよりあなたのお手元にあれば、そのことで父が青磁を愛していたおもいも、そこにとどまるような気もして、あんしんしてお預けできる気がするのです」である。また、「その言葉**に**」に対応した**選択肢中の構文上の位置**は「〜する**ところに**」である。したがって、この「〜(する)」の位置に**適切な指示内容を記した選択肢に絞る**ことも妥当な解答手順の一つである。以上から、正解は④となる。

① 父の遺品を×売ることに心を痛めているが、せめて○〈陶器に理解のある人物に託すことで父の思い出を守ろうとする〉**ところに**、最後まで可能性を追い求める×青年の懸命さがあると受け止めている。

② 父同様に陶器を愛する人物であれば、×市価よりも高い値段で青磁を買い取ってくれるだろうと期待する**ところに**、文学者の審美眼に対して多大な信頼を寄せる**青年の誠実さ**があると受け止めている。

③ 父が愛した青磁の売却に際して母の意向を確認していないものの、○〈陶器への態度が父と重なる人物を交渉相手に選ぶ〉**ところに**、×両親への愛情を貫こうとする×青年の一途さがあると受け止めている。

④ 経済的な問題があるものの、少しでも高く売り払うことよりも○〈自分が見込んだ人物に陶器を手渡すことを優先しようとする〉**ところに**、意志を貫こうとする**青年の実直さ**があると受け止めている。

⑤ いたしかたなく形見の青磁を手放そうとするが、×適切な価格で売り渡すよりも○〈自分が見出した人物に何としても手渡そうとする〉**ところに**、生真面目な×青年のかたくなさがあると受け止めている。

解答　④　（7点）

問5 傍線部E「その気持が不愉快だった」とあるが、「彼」がそのように感じた理由として最も適当なものを、次の①〜⑤のうちから一つ選べ。

本問は、「彼」が（**Sが**）「そのように感じた」（**Pする**）理由の説明であるから、**動機・意図タイプ**、つまり、**主観的・心理的理由の説明**である。したがって、解答の構文は「**SはQだから**」となり、述部**QはPする時点でのSの主観（心情）である。**実際、**各選択肢の末尾を確認**すると、①「腹立たしく思ったから」、②「いらだちを感じたから」、③「気が滅入ったから」、④「嫌悪感を抱いたから」、⑤「落胆したから」と、すべて「彼」の心情表現で結ばれている。このように、心情の理由もまた心情（**心理過程**）になる。

また、「**理由説明（選択肢）の述部 ↓ 傍線部の述部**」が成立するかどうか、**各選択肢の述部を「QだからP」としてチェック**しつつ、**心情表現としても妥当かどうか**、二重の正答条件を一気に確認していくと、時間の無駄がない。さらにその**心情表現の説明（対象・理由・状態）の妥当性で絞り込む**ことができる。

他方、傍線部Eを含む一文中の指示語「その（気持）」の**指示対象**は「〈損をしたような気〉がし」である。

この二点で選択肢を絞ることができる。

① 「彼」に信頼を寄せる青年の態度に接し、東京の美術商を紹介することで誠実さを見せたものの、〇〈逸品を安価で入手する機会を逃して後悔した〉**自分のいやしさを腹立たしく思ったから。**

② 随筆を読んで父の遺品を託す相手が「彼」以外にないと信じ、初対面でも臆することなく来訪した青年の熱烈さに触れ、その×期待に応えられなかった自分の狭量さに**いらだちを感じたから。**

③ 日々の生活苦を解消するため、父の遺品を自宅から独断で持ち出した青年の焦燥感に圧倒されるように、

より高価値を付ける美術商を紹介し手を引いてしまった自分の小心さに気が滅入ったから。

④ たまたま読んだ随筆だけを手がかりに、唐突に「彼」を訪ねてきた青年の大胆さを前に、逸品を入手する機会を前にしてそれに手を出す勇気を持てなかった自分の臆病さに**嫌悪感を抱いたから**。

⑤ 父の遺品の価値を確かめるために、「彼」の顔色をひそかに観察していた青年の態度に比べて、品物の素晴らしさに感動するあまり陶器の価値を正直に教えてしまった自分の単純さに落胆したから。

「その気持ち」の指示内容が適切なものは①しかない。また、「損をしたような気がし」「惜しくもあった」などに関連して、自分が「不愉快」になる理由の順接性として妥当な「心情とその説明」のセットは、これも①しかない。正解は①である。

解答　①　（7点）

問6　傍線部F「因縁がなくてわが書斎に佇むことの出来なかった四羽の鶴は、その生きた烈しさが日がくれかけても、昼のように皓々として眼中にあった。」について、壺は青年が持ち帰ったにもかかわらず「四羽の鶴」が「眼中にあった」とはどういうことか。AさんとBさんは、【資料】を用いつつ教師と一緒に話し合いを通して考えることにした。次に示す【資料】と【話し合いの様子】について、後の(i)・(ii)の問いに答えよ。

最後の設問は、**【資料】・【話し合い】・空欄補充・連動型設問**という**共通テストらしいスタイル**である。**【資料】**の類は**特定の設問を解くためだけに参照する判断の材料**であるから、**目を通す前に課題（設問内容）**

を確認する。本文の読解とは異なり、ただ客観的に読むだけなく、**「設問の解答内容を資料内に探す」という姿勢で読む。**客観性に加えて、課題の解決材料を探る目的（主体性）で読むのある。

そこで、**設問の要求を【資料】に目を通すより先に確認**しよう。枝問（ⅰ）・（ⅱ）の設問文を見るだけでは空欄に入る発言を選択せよというのみでヒントにもならない。**問6**の設問文や【話し合いの様子】のなかでの**教師の発言**などに設問解答の条件・ヒントとなる情報を求める。

最初に**設問の要求を確認する**（**集中講義・留意事項②**）。

・傍線部F「因縁がなくてわが書斎に佇むことの出来なかった四羽の鶴は、その生きた烈しさが日がくれかけても、昼のように皓々として眼中にあった。」について、

・壺は青年が持ち帰ったにもかかわらず**「四羽の鶴」が「眼中にあった」とはどういうことか。**

・AさんとBさんは、【資料】を用いつつ教師と一緒に話し合いを通して考えることにした。

・【資料】と【話し合いの様子】について、後の（ⅰ）・（ⅱ）の問い（↓空欄Ⅰ・Ⅱの補充）に答えよ。

右の設問には「教師」への言及がある。リーダー役の生徒は存在しない。そこで、枝問の要求を確認後、**教師の発言によって対話の実質的な主題を確認する**（**集中講義・学力の三要素・③主体的に学習に取り組む態度**）。

教　師——【資料】の二重傍線部には「蒐集家は**『こと』への犠牲になってはいけない。**」とあります。ここでは、どういうことが批判されているのか、考えてみましょう。

教　師——【資料】の中で述べられていた、「蒐集家」と**「もの」との望ましい関係**について把握することが

―――

できました。では、この内容を踏まえると、青年の持参した陶器に対する「彼」の態度について、どのように説明できるでしょうか。

教　師――【資料】とあわせて考えることで、**「もの」と真摯に向き合う**「蒐集家」としての「彼」について、理解を深めることができたようです。

これらの情報をつかんでから、主題である「蒐集家」・望ましくない「こと」・望ましい「もの」の三者関係について、なるべく**一般的かつ端的に述べられている【資料】内の箇所**を押さえよう。客観的速読法は大きく適用すればよい。それらを【資料】内のキーセンテンスとして、その内容を端的にまとめておく。

▼蒐集家は「こと」ではなく、「もの」を見ることへと集中すべきである

(ⅰ)　空欄［Ⅰ］に入る発言として最も適当なものを、次の①～⑤のうちから一つ選べ。

空欄Ⅰを含む発言と、他の発言との脈絡を確認する。

Bさん――このような「蒐集」が**批判されるのは**、それが［Ⅰ］だと捉えられているからではないでしょうか。

Aさん――そうだとすると、二重傍線部の直後で述べられている**「正しく選ぶ」態度とは、「こと」にとらわれることなく「もの」を見ようとする態度**、と言い換えられそうです。

明らかに「『こと』だから批判され、『もの』を見ようとするのが正しい態度とされる」と分かる。

①　多くの品を集める**ことにとらわれて**、美という観点を見失うこと
②　美しいかどうかにこだわりすぎて、関心の幅を狭めてしまうこと
③　趣味の世界に閉じこもることで、他者との交流が失われること
④　偶然の機会に期待して、対象との出会いを受動的に待つこと
⑤　質も量も追い求めた結果、蒐集する喜びが感じられなくなること

正解は①である。次の枝問は、**この結果も念頭に置いて考える**とよい。

(ii)　空欄［Ⅱ］に入る発言として最も適当なものを、次の①～⑤のうちから一つ選べ。

こちらでも、**空欄Ⅱを含む発言と、他の発言との脈絡を確認**する。**後の発言にも留意する**こと。

Bさん――青年が立ち去った後、その場にないはずの壺の絵が「眼中にあった」とされていることが重要ですね。結果として壺は手元に残らなかったのに、**壺の与えた強い印象が「彼」の中に残った**ということだと思います。

Aさん――**つまり**、**このとき**の「彼」は、［Ⅱ］のですね。だから、その場にない壺の絵が「眼中にあった」という表現になるのではないでしょうか。

教　師――**【資料】**とあわせて考えることで、**「もの」と真摯に向き合う「蒐集家」としての「彼」**について、理解を深めることができたようです。

直前の発言は傍線部Fへの言及であり、後の教師による発言が「もの」との真摯な向き合いかたを指摘している。「こと」ではなく、「もの」を評価している②が正解である。

① 「もの」に対する強い関心に引きずられ、「こと」への執着がいっそう強められた

② 入手するという**「こと」を優先しなかったからこそ、「もの」の本質をとらえられた**

③ 貴重である「こと」にこだわり続けたことで、**「もの」に対する認識を深められた**

④ 「もの」への執着から解放されても、所有する「こと」は諦められなかった

⑤ 所有する「こと」の困難に直面したために、「もの」から目を背けることになった

解答　(i)　①　(ii)　②　（各6点）

発展的考察のために

本作「陶古の女人」の作者室生犀星は大変な骨董趣味の人であった。リード文に記されているように、本作は一九五六（昭和三一）年の初出であり、このとき犀星は六七歳であったから、骨董趣味にも相当な年季が入っていたであろう。主人公「彼」の「見るべくもない陶画をよく見ようとする、何処までも定見のない自分」は、作者自身の経験や心境をほぼそのまま語っているのかもしれない。本作の問題文以外の箇所では、「このくどくどしい彼の行文もまた麗々しく小説のつもりで書き」（傍点は引用者）などと、小説内部でその小説について自己言及的に書き込まれている。こうしたことは「私小説」では珍しいことではない。「現実の作者の経験や心境を素材とする」というだけではすまない、虚構と現実の複雑な混在がこうした作品には仕組まれている。

基幹知識の修得

基幹知識とは何か

客観的速読法を適用すれば、論理的文章の主題や分野の違い、本文の難易、読者ごとの関心の差などにさしたる影響を受けることなく、**要旨の確定**が可能となる。これが本書の大きな目的の一つであることは基礎講義や例題を通じて理解してもらえたことと思う。ここではさらに、その**要旨を「正しく理解する」には、基幹知識の修得が最終的には必要となる**ことを示し、実際にその修得を目指す。

たとえば、ある文章に客観的速読法を適用して読解し、次の**キーセンテンス**をマーキングし得たとする。

> 国家という抽象的な擬制は、土地などの外在的対象の具体的な表象により、その実体性、一義性がナショナリズムにおける強迫観念となる。

キーセンテンスは入試問題本文の要旨の一部であり、設問の解答要素となる。これによって**要旨まとめもできるし、設問に正解することも可能**である。しかし、このキーセンテンスは、どのような意味なのであろうか。あるいは、**読者自身にとって分かりやすい言葉で言い換えると**、どうなるのであろうか……。

残念ながら、この問い（切望）に対して方法論的にはこたえることはできない。「抽象―具体」「擬制」「外在」「対象」「表象」「実体」「一義」「ナショナリズム」「強迫観念」などの語の意味をある程度知っていなければ、次のような意味の理解はできない。

> 国家とは、現実から特定の性質だけをとりだしてみせたフィクションとしての制度であるが、人間の内面を離れて客観的に実在が感知できる土地などのイメージで捉えられることで、国家が他の何物にも依存せずに実在し、ひとつの固定した価値をもつ存

> 在であるという考えが、国家を第一に考える人々の頭を離れなくなってしまう。

右のような「理解」＝「解釈」（＝読者各自による、自分に分かりやすい言い換え）は、少なくともそれがほぼ正しいものであるためには、たとえば「抽象（的）」「擬制」「表象」などの語を適切に言い換えることができるだけの知識を必要とする。これらは、**日常的な会話や実用的な文章で用いられる水準の知識ではない**。かといって、これらの語は、特定の専門分野で用いられている「術語（テクニカル・ターム）」でもない。左の中央に該当する「知識」である。

日常語・実用的文章 例 「挨拶」「郵便」など
基幹知識・論理的文章 例 「擬制」「表象」など
術語・専門書 例 「形相（けいそう）」「生検」など

今度は、次のような例文を考えてみよう。

> 愛や自由という抽象的な擬制は、恋人や放埓（ほうらつ）な人物などの外在的対象の具体的な表象により、その実体性、一義性が小説のリアリティーとなる。

右の例文でも、「抽象―具体」「擬制」「外在」「対象」「表象」「実体」「一義」といった語が共通して用いられている。そして、この例文を「分かりやすく」言い換えて意味の理解を図ると次のようになるだろう。

> 愛や自由とは、現実から特定の性質だけをとりだしてみせたフィクションであるが、人間の内面を離れて客観的に実在が感知できる恋人や気ままな人物のイメージを喚起するように描くことで、小説は、愛や自由が他の何物にも依存せずに実在し、ひとつの固定した価値を本当にもっているかのような印象を読者に与える。

以上、二つの例文の主題や主張内容はまったく異なっているが、いずれにも「抽象―具体」「擬制」「外在」「対象」「表象」「実体」「一義」といった語が用いられており、それら**共通する語の意味は、ほとんど変わらない**。つまり、**基幹知識はそのときどきのコンテクストの影響を受けない語彙**なのである。むしろ逆に、基幹知識に該当する語彙が共有され、適宜用いられていることで、分野も主題も筆者もみな異なる多様な論理的文章の内容を、様々な読者が恣意的な誤読に陥らず、コンテクストまで正しく理解する手がかりが得られるのである。あるいはまた、基幹知識を用いて思考し、表現することで、多様な立場の人々が共通了解のもとに論じあい、各自説を正しく伝えあうことも可能となるのである。**基幹知識はあらゆる論理的な思考と表現に共有される汎用性の高い知識である**と言える。

基幹知識を修得し、入試と入学後に備えよう

ここで、注意したいことが二つある。

まず、**大学入試で採用される水準のほとんどの文章**では、上述の二例のような**分かりやすい言い換えを、いちいちその文章内で行ってはいない**ということである。より難度の高い、筆者自身の専門的もしくは独特な主張内容であれば、しかも一般の読者を想定した文章ならば、ある程度は分かりやすく置換し、具体例や比喩も記してくれるであろう。しかし、「抽象―具体」「擬制」「外在」「対象」「表象」「実体」といった、多くの論理的文章で広く用いられている語句について、(それら自体が本文主題であるか、その文章だけの特殊な意味で用いられているのでない限り)筆者はいちいち説明してくれない。したがって、「よく読めば意味は理解できる」などとは言えないし、経験に拠らない能力で頭の中に意味を捻出するといったこともありえない。**基幹知識の修得が必要**なのである。

もう一つ注意しておきたいのは、二つの例文の「分かりやすい言い換え」のように、いつも基幹知識の意味まで含めた本文内容の分かりやすい解説を他人にしてもらうとすれば、その解説内容がどれほど正しいとしても、そして、**分かりやすければ分かりやすいほど、現代文の学習にはならない**ということである。な

ぜそれがキーセンテンスであり、なぜそのような意味になると言えるのか、それが自ら分かるように向上していくことで、はじめて入試の本番で初読の難文にも臨むことができるようになる。ぜひとも**自分の力で分かる**ようになってもらいたい。ちなみに、**大学入学後**には、これら基幹知識が当然のように多用された、大学入試よりもはるかに難度の高い専門書を読む日々が待っている。専門的な事柄・術語であれば、それは各自の進学後の方向に応じた努力、研究にかかっている。その手前の、**より一般的な、しかしまた、日常的ではない基本的な用語の知識**を本書では**基幹知識**と呼び、その**修得を推奨**しているのである。

翻訳語・文章語としての基幹知識

それにしても、と思う人もいるかもしれない。言葉は難しい。「具体的（具象的）」という語一つとっても、文字を眺めていても意味は分かりづらいであろう。「具（する）」は「そなえる・したがえる」などの意であるから、「具体」は「からだ・かたちをそなえる」ということである。それでは、「擬制」や「表象」は？　個々の説明は後述するが、漢字だけから意味を理解するのは無理である。たとえば、「具体」はconcreteの訳語であり、あの建材の、セメントなどを用いたものを指す語と同じである。日本語では、後者を「コンクリート」と呼び、「具体」とは呼ばない。それは当然であるが、英語では日常語の「コンクリート」と基幹知識の語彙「具体的」とが、同じconcreteである。こうした事例は枚挙にいとまがない。

近代以降の日本語の文章で用いられている、いかにも硬質な印象を与える熟語の多くは、ヨーロッパ諸語に由来する翻訳語である。周知のように、明六社に集った福沢諭吉や西周（あまね）らを代表とする明治日本の知識人たちが苦労の末に、「個人」「哲学」などの翻訳語を案出した。基幹知識の分かりづらさの背後には、日本の社会・文化・学問の歴史に固有の問題が存在する。**基幹知識を学ぶことは、日本の社会や文化の重要な一面を学ぶことにもなる。**積極的に取り組もう。

基幹知識一覧

基幹知識①

■主観　主体

■客観　客体　対象

基幹知識②

■具体　具象

■抽象　捨象

基幹知識③

■普遍

■特殊

基幹知識④

■絶対

■相対

基幹知識⑤

■実体

■関係　関数

基幹知識⑥

■記号

■差異

■分節

基幹知識⑦

■近代

■ポストモダン

基幹知識⑧

■虚構（仮構）　擬制
フィクション

■物語

基幹知識⑨

■現実主義　写実主義
リアリズム

■理想主義
アイディアリズム

基幹知識⑩

■因果律　因果関係

■目的論

基幹知識⑪

■メディア　媒体

■環境

基幹知識⑫

■観念　概念　理念

■形象　心象　表象

基幹知識⑬

■分析

■総合

基幹知識⑭

■通時的　継時的

■共時的

基幹知識⑮

■その他の基幹知識

命題　逆説　反証

演繹　帰納　範疇

契機　体系　与件

観照　実践　想起

潜在　顕在　規範

疎外　実存　神話

基幹知識①

主観 ⟷ 客観　主体 subject　客体 対象 object

英語の学習で「**SVO**」を見たことがないという人は少ないだろう。「**S**」は「主語」subjectの、また、「**O**」は「目的語」objectの、それぞれイニシャルである。「目的語」は「客語」とも呼ばれ、他動詞が表す**動作の対象**を意味する語であると説明される。この「対象」もまた、「目的語」と同じobjectの訳語であり、objectはさらに「客体」とも訳されている。

一般に、動作の**対象・客体（O）**があるのであれば、それと同時に**動作の主体（S）**もあるのは自明であると考えられるだろう。そして、「**何かをする**」と言うときは、その「何か」を「**誰かがする**」と言うこともできると考えられる。たとえば、現実世界で実際に、太郎が風景を眺めるとする。このとき、太郎は、ながめるという動作の主体であり、風景は主体の太郎によってながめられる対象（客体）である。この**主体―客体（対象）の関係**を「太郎が風景をながめる。」という文（言語）で表現すれば、その文構造における**「主語―目的語（客語）」の関係**と対応している。

このように、動作を行う主体と動作の対象、主体と客体、能動activeと受動passive、そして、主語と目的語など、これらは**常にセット（S―O）で成立**するので、「主客合一」とか「主体―客体図式」など、並列のセットで用いられることが多い。上述の例文で考えると、「太郎」だけでも「風景」だけでも、いずれか一方のみでは「主体」も「客体」も成立していないということである。念のために断っておくと、主客がセットであるというのは、「太郎という人間は風景なしには存在していない」などという意味ではなく、「ながめる」という動作は、「太郎」だけでも「風景」だけでも成立しない、という意味である。

動作や行為、認識の「主体」には、ときに動物やAIなども含まれる。「グローバル企業**が**日本**を**進出先に選んだ」など、**行為や認識の能力を備えた主体**は人間でなくともよい。ただ、**多くの場合に人間を指す**のであり、**「人間主体」**といった熟語すらある。

　ある動作・行為・認識を行う**主体は**、無意識や偶然の身体動作などを除いて、その動作・行為・認識を自覚的に行おうとし、現に行う。「そうしようと思う」から、事実「そうする」のである。これを**（自由）意志もしくは意思**に基づく**「行為」**actionと呼ぶ（行為は動物などの「行動」behaviorとは異なる。後者は外面的な身体運動を指す）。刑事事件の捜査や裁判では、しばしば「動機の解明」や「過失か故意か」が問われる。意志に基づく（意思能力のある）行為、すなわち**「主体的な行為」**は、偶発的な事故や過失と比べて結果に対する**主体の責任**が大きいからである。

　主体による動作・行為・認識は、主体の意思という内面の働き、精神活動が前提となる。人間主体とは心ある存在を指し、心の働きの核となる「私」や「我(われ)」などの自己意識を本質としている。このような**主体の内面、心**を**「主観」**と呼ぶ。これもまたsubjectの翻訳語である。同じsubjectという原語が「主体・主観・主語」などと訳し分けられている。また、**「主観」と独立して外的に存在すると考えられるものを「客観」という。**「客観的である」と言えば、しばしば「誰の目にも明らかな動かぬ証拠に基づく」（実証的）といった意味で用いられるのも、主観に左右されない外的なものの存在を意味しているからである。（なお、以上の解説は、混乱を避けるため、近代以降の「主体—客体」「主観—客観」の主な用法の説明にとどめた。）

用例

■ 近代以降の人間**主体**による自然の**客観視・対象化**が、人とモノとを切り離す環境破壊の主因である。

■ **主観**と**客観**へと分離していない、自己と宇宙とが同一であることを「梵我一如(ぼんがいちにょ)」と言う。

関連語句

■ **能動** active —**受動** passive　主体の働きかけ（能動）と客体が働きかけを受けること（受動）。

基幹知識②

具体　具象　concrete
⟷
抽象　捨象　abstract

「具体（的）」もしくは**「具象（的）」**は、英語ではconcreteであり、その翻訳語として同語源の「コンクリート」（建材）と訳し分けられている。「具体」の「体」と同じく、「具象」の「象」にも「かたち」という意味があり、**「体・象（かたち）を具する（そなえる）」**という意味では、いかにもしっかりしたボディをそなえた「（鉄筋）コンクリートのビル」などの連想は、「具体」に通じている。

一方、**「抽象（的）」「捨象」**は、英語のabstractの翻訳語であり、**「外へと引き離す、引き出す」**という意味が根底にある。たとえば、具体的な蜜柑（みかん）という物のもつ、「果実」「柑橘（かんきつ）類」「冬の味覚」「丸いもの」……等々の様々な性質・側面から、「売り物としての農産物」という性質・一面のみを「切り離し」て「引き出す」と、「商品作物」という**「抽象概念」**で捉えたことになる。つまり、**多様な性質をもつ具体的なものから、ある特定の性質、一面のみを引き出す（抽出する）ことで、「抽象（的）」となる。**このとき、引き出された**（抽象化・抽出された）**性質以外の諸性質・諸側面は、切り捨てられたことになり、これを**「捨象」**と言う。**「抽象」も「捨象」も同じ事柄の両面で**あり、たとえば、キリンを「動物」という抽象概念で捉えれば、「首が長い」ことや「草食性」などは捨象される。

さてここで、「抽象的で分かりにくいから、もっと具体的に説明して」といった日常的な用語の問題点に触れておこう。既述のとおり、一般に**基幹知識は日常語とは異なる。**ところが、「具体（的）」のように、同じ語が基幹知識と日常語の両方で用いられ、しかも意味がずれている場合が多々あり、それが**論理的文章を誤読する要因**の一つになっている。

たしかに日常的な発想では、具体的な言葉で表現すれば、その言葉自体は抽象的な概念などよりもなじみがあるので「分かりやすい」と感じる。言葉の指す**モノを想像しやすい**からである。モノを表す言葉の方が抽象的なコトを表す言葉よりも想像を喚起しやすいことは、他の箇所でも説明した（**基礎講義6**参照）。

しかし、イメージが浮かびやすいという意味での「分かりやすさ」ではなく、**論理的な文章における「分かりやすさ」**は、事柄やその説明が**明晰・判明である（単純明快で他との区別が曖昧でない）こと**を言う。「具体的」なものは、多様な性質が混在するので複雑であり、論理的にはまったく明快ではない。**抽象概念**を用いることで、主題や定義の明確化、共有化がなされ、はじめて**論理的な議論や読解が可能になる。**

このように、具体的なモノから抽象的なコトを引き出し、他の諸性質（様々なコト）を捨象することで、主題が単純化され、論が明快になる。**抽象化は、科学研究や論理的思索をするうえで、大変都合がよい。**

しかし、論の明快さを求めるあまり、多くの事柄を「切り捨てる」（捨象する）と、事態の複雑さをありのままに捉えることが犠牲にされる。「キリンは動物である」という命題は正しいが、必要条件と十分条件は異なるので、「動物はキリンである」とは言えない。「動物」へと**抽象化したことで、**キリン本来の**独自性や多義性（意味の豊かさ）が失われる**のである。

文学は言うまでもなく、人文学や社会科学などで抽象的な議論を行う際には、人間・文化・歴史・社会における個々の対象のもつ具体的諸性質を捨象してしまい、議論が単純明快なだけで対象を正しく捉えていないといった陥穽（かんせい）に気をつける必要がある。

用例

■ **具体的**な事例のケース・スタディを重ね、そこから**抽象化**の過程を経て一般的な仮説を構築する。

■ 統計学的に経済現象を法則化するためには、特殊な事例や逸脱した人間行動は**捨象**する必要がある。

関連語句

■ **個別** individual ━ **一般** general　一つひとつ異なっているもの（個別）と、すべてに共通すること（一般）。

基幹知識③

普遍 universal ⟷ 特殊 special

いつでもどこでも変わることのない、したがって現在も成立している真理。数学の定理などは、その典型的な例であろう。「定理」というほどでなくとも、素朴に数学や算術の「1＋1」は、いつの時代の、どの社会でも、(二進法でなければ) 常に「2」である。この**「いつでも、どこでも通用する」**ということを**「普遍的」**であると言う (「不変」ではなく「普遍」である)。いつの時代でも、どのような社会でも、**時代を超え、社会を超えて通用する**ということであり、言わば**「超時空間的」な真理や性質**を指している。

逆に、特定の時代や社会でしか通用しないことは、むしろきわめて多い。現代の情報資本主義社会では、「古い」と言われることは、致命的な烙印(らくいん)を押されるかのようである。**特定の社会や時代でだけ通用する、**「今だけ、ここだけのもの」は、**「特殊的」**であると言う。**「普遍」と「特殊」とは対義語**である。

古来、「普遍」の真理や価値などありうるのか、真も善も美も、すべては時空に制約された「特殊」なものではないかという疑問が議論されてきた。「古典の意義を問う」という場合も、**「古典」**classicとは、ただ「古い」というだけではなく、いつの時代でも評価の高い「普遍的な価値をもつ」という意味である。

用例

■ 日本社会に根づいたマンガという**特殊な**文化が、今では世界中で評価される**普遍的な**文化となった。

■ 近代西欧という時代・地域の**特殊性**を認めない**普遍主義**が、世界の多様性を損なわせてきた。

関連語句

■ **ローカル** local **ーグローバル** global　局所的 (ローカル) なものと地球規模的 (グローバル) なもの。

基幹知識④

絶対 ⟷ 相対
absolute relative

「絶対」という語の日常的な用例では、「絶対に間違いはない」などのように、「何が何でも」「決して」という強調の意を表すことが多い。しかし、ここでも**日常語としての意味と基幹知識としての意味とは大きく異なっている。**後者の**「絶対」**は、**「唯一であること・唯一のもの」**という意味である。**他の何ものとも比較・対照されることがない存在を指す**言葉であり、たとえば**「絶対君主」**と言えば、近代ヨーロッパの至高の権力者（ルイ一四世のようなイメージ）を指し、**「絶対者」**と言えば、しばしばユダヤ教・キリスト教における全知全能の**唯一神（絶対神・超越者）**を指す。

　このように強烈な独自性、確固たる固有の存在性を示す言葉である「絶対」の意味するものの存在を信じ、少なくともそういう言葉を用いて思考し表現するということ自体、きわめて強烈で確固とした信念のありようを示唆しているだろう。当然ながら、そういう信念への疑いや対義関係に立つ考え方が予想される。

「相対」とは**「他との関係においてある」「他に対してある」**という意味である。たとえば、「叔父」は「甥・姪」の存在がなければ意味をなさない語であり、逆に「甥・姪」も「叔父（伯父）・叔母（伯母）」との関係性においてのみ意味をもつ。**互いの関係性** relation **においてのみ存在が成立する**ので、「親類 relatives」なのである。また、「5>3」のような、数の大小**関係**を考えてみても、実数「5」と実数「3」という複数の比較・対照によって、**相対的に**「>」が意味をもつ。

　このように、他と無関係な唯一の物事のありようを認めるのか、それとも、唯一性を認めず、他との関係においてある複数の物事のありようを是とするのかという問題を論じるのが、**「絶対／相対」という語の用いられる文脈**となる。これらはその定義から必然的に**「一／多」**という文脈にもなる。

「相対主義」relativism は、一般的には**「真理や価値は**

（唯一絶対的なものではなく）相対的なものであり、普遍的な真理や価値は認めないとする立場」である。

また、「**文化相対主義**」cultural relativism は、主として「**特定の立場や自文化の立場から、様々な文化の優劣を規定することはできないし、すべきではないという考え方**」を指す。近代西欧の**普遍主義に対する批判**や**自文化の影響に無自覚な思考への反省**などの文脈で用いられる。少し踏み込んで解説しよう。

「**文化相対主義**」は、政治的・倫理的な面では、異文化を尊重しようとする立場であると考えられる。ただ、あくまでも「自文化／異文化」という枠組みから異文化への**寛容** tolerance を目指すと、「異文化に対して不寛容な者に対しては、寛容になれない（不寛容になる）」という矛盾や、どうしても相容れない異文化とは関わらないという消極的な分断（相互不干渉）へと陥る可能性がある。「国際社会」ではなく「**グローバル社会**」が常態となった今日、自国内や自分の居住地域内に異文化・異宗教・異言語の人々が共在する。多数派が少数派に同化圧力を加える（「人種のるつぼ」）のではなく、多様な文化の共在（「サラダボウル」）を目指す**多文化主義** multiculturalism、さらにより現実的に社会的政治的な共存の実現を目指す**文化的多元主義** cultural pluralism が説かれている。これらは、難民・移民の受け入れによって生じる不可避の混乱と分断の解消という実践上の課題である。

用例

- 読書によって、他者の思想を知るだけではなく、無自覚に**絶対視**していた自分の考えが**相対化**される。
- キリスト教の神は**唯一絶対**の神であり、「父と子と聖霊」は複数ではなく三位一体とされている。

関連語句

- **一義—多義**　一つの意味（一義）と複数の意味（多義）。
- **両義性**　（相反する）二つの意味・意義・価値（「善と悪」など）を一つの言葉やものがもつこと。

基幹知識⑤

実体 substance ⟷ 関係・関数 relation・function

仏教では「諸行無常」「有為転変」と言う。この世界の一切は、すべて生滅変化して定まらないという考えである。古代ギリシャでもヘラクレイトスは「万物は流転する」と説いたという。それでも、生滅変化する「諸行」「万物」の根源に永遠不滅の存在を求めるのが人間である。**永遠不滅の存在**を**「実体」**と言う。

物事が変化・生滅するのは、他の物事を原因として生じたものだからである。Aによって生じたBは、**それ自体で在るものではない**ため、いずれまたCへと移ろう。すると、移ろわない**「実体」とは、他の何ものにもよらず、それ自体で存在するもの**であろう。

たとえば、イスという物体の影は、イスと光とによって存在、というより現象しているにすぎない。もとの物体や光なしには、影という現象は生じない。物体であるイスにしても、木材をもとに作られ、いつかは壊れてイスではなくなる。そうしたイス・木材の根源として、炭素原子や素粒子を「実体」と考える人もいるだろう。同様に、古代ギリシャのイオニア学派の人々は、**万物の根源にある「実体」**について、「水」「火」「原子」など、様々な仮説を立てたのである。

哲学史は省略して一気に近代に入る。一七世紀フランスで**デカルト**が、有名な「我思う、故に我在り」という言葉によって、まず**「精神」＝「考える主体」**を**実体**とみなし、次いで、「精神」とは異なる、**「空間に広がり（延長）をもつもの」＝「物体」**をもう一つの**実体**とみなした。**精神と物体（人間の身体を含む）という相異なる二実体**を認めたことから、広く**「デカルト的二元論」**と呼ばれている。「精神と物体（身体）とのつながりが矛盾なく説明できない」などの理由から、**現代科学の立場では、デカルト的二元論は否定されることが多い**。しかし、**人間主体が自然を客観的に観察する**という**近代科学を基礎づけたものはデカルト的二元論であった**。また、だからこそ、**近代科学の人**

間観と自然観の二元論的性格が、**「人間（S）が自然（O）を支配する」**ことを当然視させ、結果的に環境破壊を招いたという**デカルト的二元論への批判**も多い。

さて、二〇世紀初頭にドイツの哲学者E・カッシーラーは著書**『実体概念と関数概念』**において、自然科学が扱う概念（一般的な理論）は、個々の実在物（実体）から抽象して形成されるのではなく、そもそも数学のように純粋な（現実的な対応物をもたない）概念を扱う学問の場合と同様に、複数の対象をその**関係性において捉えることで成り立つ関数概念（関係概念）**であると考えた。（「関数」と表現されるのが分かりにくいと思うが、もともと**関数**$y=f(x)$は、xとyとの**関係**を表している）。たとえて言えば、「太郎」や「次郎」という実在の人間を個々にどれほど観察していても、「兄弟」という関係性の概念は抽出できないが、「兄弟」という関係性をあらかじめ知る人間であれば、「太郎と次郎」を「兄弟である」という関係性において捉えることができるし、それだけではなく、会ってもいない「三郎」についても、「太郎や次郎と兄弟であるはずだ」と論理的に考えることもできる。

自然科学だけではなく、社会科学や人間科学など、様々な分野で**「実体概念」**から**「関数（関係）概念」**へという理論や発想の移行が進んでいる。「モノ」から「コト」へ、**「要素」**から**「要素間の関係や構造」**へという、近代を相対化する大きな変動である。

用例

■人間社会を個々人という**実体**の集合体と見るのではなく、人と人との**関係性**の特徴で捉える。

■「色即是空」とは、**実体**の存在を否定し、現象（「色」）の一切は「空」であるとする仏教思想を表す。

関連語句

■**唯物論―唯心論（観念論）**　真の実体は物体のみで、人間の精神（心）も脳など物体に起因するという考え方（唯物論）と、真の実体は精神（心）のみで、現象は精神の産物であるとする考え方（唯心論）。

基幹知識⑥

記号 sign
差異 difference
分節 articulation

例題1-2の「発展的考察のために」で、「記号的価値」「差異を表示する記号」について述べた。ここでは、基幹知識としての**「記号」「差異」**について、**F・ド・ソシュール**の言語学上の概念として解説する。

「記号」という語は、「記号で答えよ」などの用例よりも、**言語**をその典型・基本と考えておくとよい。**記号**signは通常、何かを**意味する**signify。たとえば、「猫」という漢字（**言語記号**）が理解できる人は、この漢字を見て頭の中で、一方では[neko]という**発音のイメージ**（「聴覚イメージ」）を抱くだろう。同時に、他方では、やはり頭の中で、自分の知っている猫のことを「猫」という記号の**意味として思い浮かべる**だろう。このように、一般に「記号」は、前者のように「意味を表しているsignifying」要素と、後者のように「意味として表されているsignified」要素とから成り立っている。これを慣例的に**「意味するもの（シニフィアン）」**と**「意味されるもの（シニフィエ）」**と呼ぶ。（英語ではなくフランス語で表しているだけである）。あるいはまた、同じ語を別に翻訳して、「能記・記号表現」と「所記・記号内容」と呼ぶこともある。

こうしてみると、**「記号」**とは、それを見る（聞く）人間の心の中で、**「意味を表している要素（シニフィアン）」と「意味として表されている要素（シニフィエ）」とを同時に備えたもの**と受け止められる。それなら**言語でなくともよい**わけである。たとえば、「茶碗に浮いた茶の小枝」を見て、「縁起のよさ」を思い浮かべれば、「記号」が成立している。一般に**人間が何らかの「意味するもの」を感知して、そこに「意味されるもの」を読み取れば、そこに「記号」が成立している。**ということは、およそ人間が何かある意味を読み取れそうな事物は、すべて「記号」であると言っても過言ではなくなる。つまり、**人間の文化に属する事物は、ほとんどすべて何らかの意味を表しているこ**

とから、端的に「文化とは記号である」とも言いうるのである（文化記号論）。狭義の言語を離れると、「記号」は、ファッションやモード、身体、建築、消費社会など、**「モノ」と「コト」との関係性**において「コト」を重視する議論との関係が深い。

さて、記号が記号として機能していれば、それは何らかの意味を表している。このとき、たとえば「赤信号」が「停止」を意味しうるのは、「青信号」との違いにおいてのみである。交通信号（記号）は「赤／青」の対立（**差異**）においてのみ、「止まれ／進め」という意味を表す記号として機能する。もちろん、その差異は、「赤／緑」でも「紫／白」でも何でもよかったであろう（**恣意性**）。ただ、「赤／赤」や「緑／緑」だと、記号として意味を表すことができない。「意味を表す」ことを「価値をもつ」と言い換えるなら、**「価値は差異によって生じる」**とも言いうる。

「差異」は人間がこの世界に分け隔て（「分節」）する線を引くことで生じる（「／」）。「赤／青」という素朴な**差異化**の例を挙げたが、周知のように、自然光の波長は「赤橙黄緑青藍紫」の七つの整数値に分断されてなどいない。「七色の虹」ではないのに、人間（日本語話者）が**恣意的な分節**を行っているのである。同様に、「出世魚」の「イナダ」や「ハマチ」は、生物学上は「ブリ」と同種の魚であるが、**人間の生活上の都合から、価値（意味）が異なるものとして言語によって分節されている**。人間は記号によって世界を分節・差異化し、意味を付与して生きる動物なのである。

用例

■ 身振りや表情のような身体動作は、特定の心情を意味する**記号**とみなすことができる。

■ 連続体である世界が「中央／地方」という権力の言語で**分節**され、価値序列で意味付けられる。

関連語句

■ **表現─内容**　言語・記号における、形式的側面（表現）と、意味的側面（内容・価値）。

基幹知識⑦

近代 modern age・modern times ⟷ ポストモダン post-modern

「近代」の時代区分は、**一八世紀半ばからの「西欧の近代」**という広く受容された用例に従う。日本の場合は**明治から第二次世界大戦終結まで**としておく。

前近代から近代への移行である**「近代化」**の特質を考えることで、「近代」の内容が明らかになる。概ね次のような変化・移行が**「近代化」**と呼ばれている。

① **技術革新**により、**産業革命**を経て、**資本主義（自由市場経済）**が発展・確立する。

② 資本主義経済に必須の広大な市場（マーケット）を支える強力な**国民国家の成立**。地方分権（**封建制**）から**中央集権**へと移行するために、諸民族nationsのゆるやかな集合ではなく、同質的な「**国民**nation」へと成員を統合する「**国民国家**nation state」が成立する。国民国家では強大な国家権力の統治のもとに、**法・貨幣・言語の統一**が推進される。それを支える政治制度が**立憲主義**や**民主主義（デモクラシー）**である。

③ **封建制**のもとでは個人より全体としての村・家（**共同体**）や国という集団の利益・存続が優先された（**集団主義・身分制**）。**近代社会**では、自由な経済活動の拡大につれ、**個人の基本権（自由・平等）**も拡大した（**個人主義**）。個人・個性の尊重の根本には人間を世界の中心に据える**人間中心主義**がある。

④ 農村（農業）中心から**都市（工業・商業）中心**への移行（**都市化**）。共同作業を必須とする農耕から、工場や会社で働く狭義の**「労働」**への移行は、農村の大家族から**都市の核家族**への移行をも促した。

⑤ 科学技術の進歩、資本主義経済の発展、民主的な市民社会の拡充など、人間自身の力で人間生活が豊かになることは、**人間とその能力である「理性」への信頼**を深める（**人間中心主義と合理主義・啓蒙主義**）。逆に言えば、**前近代的な宗教の教義や伝統的な規範が影響力を失っていく**ことになる（**世俗化**）。

⑥ **前近代社会**では農業などの一次産業（生産業）が中心で、**生産活動は自然に大きく依存する**ため、季節ごとに同じことが反復されることを重視する（**文化・宗教・社会の伝統重視**）。これに対して、**近代社会**では資本主義経済の拡大傾向（拡大再生産・経済成長など）から、**新しいもの、変化（進歩・発達・成長など）が望まれる（進歩思想）**。変化しないことは「停滞」としてむしろ否定的に捉えられる傾向にある。

さて、このように**「近代」**の特質をある程度客観視できるのは、**「現代」**がもはや近代の単なる延長にとどまらない**「ポストモダン（後近代）」**状況にあるからである。**近代的理念と制度に疑問や限界が生じている**ということである。具体的に列挙すると、資本主義は豊かさではなく、非人間的な**営利主義・効率主義**を常態化させ、**格差社会**をもたらし、国民国家は**グローバル化**によってその主権を相対的に低下させ（グローバル経済の影響や移民・難民問題）、**ポピュリズム**や**専制**による**民主主義の弱体化**が問題視されている。個人の自由・平等の主張は拡大しつつあるが、**多様性**への反動はいまだ強い。**都市の過密と地方の過疎**は通常の人間らしい暮らし（**人間の安全保障**）を困難にし、理性やテクノロジーへの信頼は、戦争の暴力や原発事故、環境破壊などによって大きく揺らいでいる。

このような状況下で、様々な分野で**近代**の理念・価値・制度などを**解体（脱構築）**していく**現代**の思想運動は、**ポストモダニズム**と呼ばれている。

用例

■ **国民国家**の存立を前提とした「国民の歴史」は、**近代社会**の創作した「神話」（虚構）である。

■ 一九七〇年代には、すでに**合理的な近代**建築を批判する**ポストモダニズム**の建築論が語られている。

関連語句

■ **グローバリゼーション**　国民国家の枠組が弱体化し、人・物・資本・情報が国境を超えて流通する状況。

基幹知識⑧

虚構（仮構） 擬制 フィクション fiction
物語 narrative

「フィクション」fictionの根本的な意味は、**「人間によって作られたもの」**である。人為的なものは、すべてフィクションである。小説や演劇を**「フィクション」**と呼ぶときも、「ウソ」というニュアンスではなく、**「創作」「人が作ったもの」という意味合い**が強い。

現代では、法を考えるとき、「法は神の定める永遠に正しい規範である」という自然法思想の立場ではなく、「法は国会などで人が定める規範である」という実定法の立場をとる。このように、法を人為的な制度であるとみなすとき、これを擬制fictionという。法律も国家も、赤道も星座も、小説も演劇も、**自然物ではなく、人為の産物（虚構・仮構）**fictionである。

この意味で、**「物語」**もフィクションであるが、口承文学や小説作品のような通常の意味に限らず、**「物語」**narrativeは広く**人間が物語る行為の所産**である。**歴史**historyは現在の視点で過去について**物語られる**ものであり、**自然科学**は因果関係で自然現象について**物語る行為**である。様々な事象に対して、人間が「始め→（中間）→終わり」という**因果的な筋**の語り（説明・解釈）を行えば、それは物語となる。**物語研究（物語論・ナラトロジー）**は、広く**人間の言語行為**に適用されうるものである。

用例

■人間は、本能のまま、自然に生きるのではなく、**虚構・擬制**を創造しつつ、文化的に生きている。

■刻一刻と連続的に生起する諸事象のうち、始めと終わりを取り上げて因果的に説明すれば、**物語**となる。

関連語句

■**大きな物語**　近代の価値や理念が普遍的な正当性をもち、目指されるべきものとして**語られる**こと。

基幹知識⑨

現実主義　写実主義　リアリズム realism
⟷
理想主義　アイディアリズム idealism

「現実」とは何か。この問いに直接答えることは困難である。対義語として「理想」「虚構」「夢」などを挙げ、それらをもとにして消極的に、つまり否定の形式で「理想ではないものごと」とか「虚構ではない事実」とか「夢ではない本当に起こっていること」などと定義してみても、「それでは、事実とか本当とは何なのか」と、再度積極的な答えが問われる。

だからこそ、芸術・文学上の**現実主義（写実主義・リアリズム）**は、そうした曖昧な**「現実」の本質をつかんで、ありのままを表現**しようとする。「芸術は自然を模倣（ミメーシス）する」という古代ギリシャ以来の考え方である。これに対して、同じく芸術・文学上の**理想主義（アイディアリズム）**は、ありのままの現実や事実の模倣ではなく、**理想的な美や真実を虚構を用いて表現**しようとする。「自然は芸術を模倣する」というオスカー・ワイルドの逆説的な言葉が意味する立場である。ただ、**現実主義**において「現実を表現する」ということが、単なる表面的な模倣、外観の描写ではなく、現実の本質を把握して描写することであれば、「現実」は「真実」「本質」と大差がなく、プラトン的なイデアにすら近づいてくる。つまり、**理想主義との本質的な区別がなくなる**とも言えるのである。

用例

■ 現実が人間にとっての環境を意味する限り、**リアリズム**自体も文化的歴史的制約の下にある。

■ **アイディアリズム**は、現実のバラを眺めつつ、それを描こうとはせず、バラのバラらしさを描く。

関連語句

■ **ロマンチシズム**　浪漫主義。古典主義や合理主義を拒み、空想・情念・個性などを重視する立場。

基幹知識⑩

因果律　因果関係　causation
＊説明と記述

⟷

目的論　teleology
＊合目的と自己目的

ある出来事を「**説明**explanation」しようとするとき、その理由を添えて「こうだったから（**原因**）、こうなった（**結果**）」という、原因cause—結果effectの関係性において**物語る**。この**原因—結果連関（C↓E）**を**因果律**という。ちなみに、「〜から」という理由づけをせず、「こうだった、そして、こうだった」と事実の描写にとどめることを「**記述**description」と呼んで**「説明」**とは区別する。記述を重視する立場では、物質的、自然科学的な対象に適用すべき因果的な「説明」を、精神的、人文学的な対象（人間的な事柄）にそのまま適用すべきではないと考えられている。

さて、我々はある出来事（事実）を前にして、**因果的な説明という特定の推理形式**に当てはめた、特定の推理内容を聞かされただけで、簡単に納得しがちである。「朝から雨が降っていたから、彼は憂鬱な気分になっているのだな」というふうに。このような推理は論理的であるとはかぎらない。時刻t_1に発生した事実・出来事E_1と、時刻t_2に発生した事実・出来事E_2を関連づける（説明を物語る＝「〜から、…になった」と推理する）のは、それ自体は事実ではなく人間の頭脳である。誤謬はつきものであり、時間的前後関係以外無関係な二事実なのかもしれないし、何らかの第三の原因を共有しているために**相関関係**があるのかもしれない。

理由は原因と同義ではないし、理由を問うこと自体が誤っていることもある。たとえば、「なぜ温暖化が進行するのか」という問いに対して（諸）原因を考察するのは正しいが、「なぜ資金を募るのか」という問いには、「原因」ではなく**「目的」**を考えるであろう。原因（C）は結果（E）よりも**時間的に先行する出来事**であり、**因果律は過去に着眼した説明**である。これに対して、**目的を理由とする説明（目的論）**は、将来実現されるべきことを目指して、現在をその手段とする説明の仕方（**手段—目的連関**）である。つまり、**目的論は未来に着眼した説明**である。未来に目的を設定し、現在をそのための手段とするには、想像力や意志を要するので、**目的論的論理は人間的な事柄に対してのみ適用される**。ところが、**古代ギリシャ**のアリストテレスは、物体の運動のような自然現象にまで目的論を適用した。これは自然の擬人的説明であり、**近代**にデカルトやガリレイによって否定された。近代科学は**機械論的な因果関係による説明**に終始する。

さて、人間は意志を持って目的を設定し、現在を未来のための手段として行動することができる。ただ、「未来のための努力や我慢」という未来志向を無際限に続ければ、人生自体が未来という観念のための手段となるおそれもある。手段とは、端的に「道具」であり、それを人生や人間に適用するのは、倫理的問題は措くとしても、「人生の目的のために人生を手段とする」という論理的な矛盾をはらむ。「未来のために努力することは、常に正しい」とまでは言えない。

ある**目的のための手段であることを「合目的的」**、何かの手段ではなく、**それ自体が目的であることを「自己目的的」**と言う。ストレス解消のために音楽を聴くのは合目的的な（手段としての）行為であり、音楽を聴くこと自体が目的であれば、自己目的的な行為である。音楽鑑賞とは、当然後者を指す。「何のために？」という問いは、合目的的な観点からの問いであるが、その問いが芸術や学問、遊びや趣味、そして人生において、常に成立するとはかぎらないのである。

用例

■ 迷信とは、しばしば**因果律**の誤った適用である。

■ 哲学者カントは、人間が互いに相手の人格を**手段**とせず**目的**とする状態を「目的の王国」と呼んだ。

関連語句

■ **決定論—自由論**　すべては因果的に決まり、選択の余地がないという考え（決定論）と、人間には選択する意志の自由があるという考え（自由論）。

基幹知識⑪

メディア　媒体　media
環境　environment

多くの動物は本能的に行動する。本能は動物の種それぞれに固有の生得的・遺伝的な行動様式や能力である。ライオンのような肉食動物の牙は獲物をしとめ、肉をかみ切るのに有用であるし、チーターはその筋力と体形によって高速で獲物を追う。動物は、自らの**身体で直接的に**immediately(メディアを介さずに＝無媒介に)、**環境**に働きかけて生命を維持している。

これに対して人間は、歯でかみ切るのではなくナイフなどの利器を用い、足で走るより自転車を利用する。人間は道具＝手段を介して**間接的に**mediately環境に働きかけて生きている。すべて生き物は個体の保存と種の保存のために**環境**に働きかけ、必要なものを入手するが、人間の場合、その働きかけ（**労働**）に際して、道具・手段を仲立ち（**媒体**）として使用する。すなわち、**人間は「道具を使う動物」である。**

さて、道具は人間の身体の代用であり、ナイフは歯や手の、自転車は足の、それぞれ代わりとなる。あるいは、肉眼の代わりに眼鏡や顕微鏡を用い、頭脳で計算し記憶する代わりにコンピューターを用いる。広義の**メディア（手段）である道具**は、第一に、もともと人間がもっていた身体能力の代用であり、第二に、それは格段に効率のよい効果的な代用である。このことは、ヒトという種の諸能力が他の種のように身体的に固定されず、環境の変化に柔軟に対応できるので、高度な文明を築く一因ともなったと考えられる。動物の身体に**内在**する遺伝的な能力は、進化（変異）しなければ変えられないが、身体に対して**外在**する道具は、改良・発明による進歩が可能である。

道具は、産業革命を経ると動力を得て、より性能が高く巨大な力を発揮する**機械**となる。やがて高度なテクノロジーが主体であるはずの人間を超え、自律的に作動し、ついに人間の脅威にまでなるという危機意識は、ＡＩへの警戒などに顕著に見出される。

人間は道具を用いて環境に働きかける（労働する）と述べたが、その際の**「環境」**は、**自然環境**だけではなく、**社会環境**も含んでいる。近代以降、人間の労働と言えば、主に社会的な職業労働を指す。社会環境も**「環境」**である以上、「自己の周囲にあって、自己が生きていくうえで必要なものを入手するための場」であることに変わりないが、とくに「社会」でのそれは、端的に「他者」の存在を意味する。**社会とは自他関係であり、社会環境とは自己にとっての他の人間の存在である。**ここでも人間は、自然環境に働きかける場合と同様に、**道具＝手段（メディア・媒体）を用いて「他者」という社会環境に間接的に働きかける。**その意味で、**言語**は、そして、新聞やテレビやスマートフォンやSNSは、まさしく**「メディア」**なのである。

人間は、自然環境に対しても社会環境に対しても、適切な**メディア（道具・媒体）**を用いて働きかけ、さらにそのメディアを改良し新たに発明するだけではなく、生存環境それ自体すら改変し、より便利に豊かに生きていこうとする。当然ながら、人間が環境の内部で、環境に働きかけて自らの生存を維持しているということは、その環境を変えてしまえば、自らの生存のあり方もまた変化することは避けられない。たとえば、老後にインターネットやスマートフォンが普及した世代と、生まれる前からこれらのメディアが当然のように存在した世代（「デジタルネイティブ」）とでは、**社会環境・情報環境**へのアクセス能力に大きな格差が生じる（「デジタルディバイド」）。このように、人間は**「メディアに規定されて生きる動物」**でもある。

用例

■ 異界の存在とされる神霊や死者と現実世界とを仲介する**媒体**となる者は、「霊媒（ミディアム）」と呼ばれる。

■ **「環境」**の概念は「自然」の概念とは異なり、特定生物種にとって相互作用を及ぼす外界に限定される。

関連語句

■ **情報―知識**　情報は単なるデータ・事実を表現し、知識は情報を体系だって意味づける基盤となる。

基幹知識⑫

観念 idea　**概念** concept　＊**理念** ideal

形象　心象 image　＊**表象** representation

対象を実際に目で見たり（視覚）、耳で音声を聞いたり（聴覚）する場合、これを**感覚**（**五感**＝視覚・聴覚・嗅覚・味覚・触覚five senses）という。これらは光や音波や化学物質のような物理的実在を原因とする。一方、「頭の中だけで」考えられていること（思考の対象）を「**観念**idea」と呼ぶ。具体的な**現実的対応物をもたない思考**は**「観念的」**である。なかでも、**純粋に非経験的な観念**を「**理念**ideal」と呼ぶ。

ある対象の**様々な観念を本質的な意味内容へと厳密化・抽象化したもの**が「**概念**concept」である。たとえば、「バラ」について、「赤い花」「トゲがある」「豪華」「クリムゾン・グローリー（バラの品種）」等々、様々なことが頭に浮かぶ（**諸観念**）。これを「バラ科バラ属の落葉低木の総称」と**厳密に定義**すれば、「バラ」一般の一義的な**抽象概念**となる。通常、**概念とは事物の一般的、本質的特徴を捉えた思考形式**を指す。

経験や記憶に基づき、具体的に形や像として思い浮かべられるものを、目に見えている像も含めて**「イメージ（形象・心象）」**という。さらに、この**「イメージ」ときわめて近い意味**で用いられる語である「**表象**representation」は、記憶や言語に基づいて**心の中に再現**（リプリゼント）**される像**である。

用例

■ 善悪という抽象的な**観念**を**形象化**したものが、古来天使や悪魔と呼ばれてきたものである。

■ 文化の本質は、多様な事象について、それが単なる事物ではなく、人間による**表象**である点にある。

関連語句

■ **強迫観念**　自分でも非合理と思いつつ、心を占有して振り払えない、不安や不快な思い。

基幹知識⑬

分析 analysis ＊要素還元主義
⟷
総合 synthesis ＊直観 intuition

子どもが、動く時計やおもちゃの仕組み・仕掛けについて、「分かりたい」という好奇心を抑え難く、ドライバーなどを取り出して**「分解」**する。文字どおり、「分かる」「解きあかす」ために、複雑な対象を**分解（分析・解析）**analyzeし、全体を構成している単純な個々の部品（**要素**elements）にまで戻り（**還元**）、再び元の全体へと組み立て直す（**総合・綜合** synthesis）。このとき、対象の仕組みを**「分析＝理解」したた**と言う。

このように、**複雑な対象全体について、それを構成している単純な要素へと分析し、その仕組みを理解し、再度全体へと総合するという発想（要素還元主義）**は、近代西欧の自然科学における基本的方法論であった。化学物質の組成分析や力学における力の分解などは、幾何学的図形を代数方程式によって明らかにしようとする数学的方法の応用である（たとえば、円をxとyの二次方程式で表すことを考えてみるとよい）。

要素還元主義による分析的手法は、生物を細胞や塩基配列へと分解するが、生物を解体すれば生命現象は消失してしまう。絵画を色素の微粒子に還元すれば、絵ではなくなる。生命現象や人文学の対象は**全体を一挙につかむ「直観」という方法**が適切な場合もある。

用例

■ 人間は、身体・精神・社会の全体からなる存在であり、**要素**へと**分析**しても本質は了解できない。
■ 年齢・性別・住所・職業その他、各情報の総和ではなく、直接人物に会って、人格を一挙に**直観**する。

関連語句

■ **ホリスティック** 医療や教育の分野において、人間の心身全体を包括的に捉えようとする考え方。

基幹知識⑭

通時的　継時的　diachronic
⟷
共時的　synchronic

言語学においては、言葉が**歴史的にどのように変化してきたかに着眼する研究方法（通時的・継時的）**と、歴史的な変化を問題とせず、同時期における言語の**構造やシステムに着眼する研究方法（共時的）**との二つのアプローチがある。もとはF・ド・ソシュールの用語であったが、後に広く用いられるようになった。

たとえば、ある社会の文化の特質が時代とともにどう変わっていったかを経年的に記述していけば、それは**通時的な研究**、すなわち、**時間的・歴史的な視点によるアプローチ**である。これに対して、同じ社会の文化が、ある特定の時代において、経済・政治・宗教・社会など、**他の諸要素とどう構造的に関係しているか**、そして、そのような文化に付与される、**諸要素間の関係性においてのみ定まる意味や価値**について考察すれば、**共時的な研究**、すなわち、**空間的・構造的な視点によるアプローチ**である。

ソシュール以前の言語学においては歴史的な視点、通時的アプローチが主流であったために、逆に、**共時的アプローチがソシュール以後、革命的なまでに脚光を浴びる**ことになった。レヴィ＝ストロース、フーコーらに代表される**構造主義**は、ソシュールの共時的アプローチの影響を受けたものである。

用例

■ 学校に対する人々の意識が明治以後の一五〇年でどう変化してきたか、**通時的**に研究する。

■ 学校に対する人々の意識を家庭や地域、さらに塾などとの関係構造において、**共時的**に研究する。

関連語句

■ **静態的—動態的**　静止もしくは均衡の状態（静態）にあることと、運動もしくは変動の状態（動態）。

基幹知識⑮

その他の基幹知識

命題　逆説　反証　演繹　帰納　範疇
契機　体系　与件　観照　実践　想起
潜在　顕在　規範　疎外　実存　神話

命題　真偽を判定することのできる文。「陳述」「言明」とも言う。

逆説　矛盾する命題、常識に反する真理。

反証　ある命題が偽であることを反例によって証明すること。「反証可能性」とは、どの場合に反証されるかが明白であるという意味である。

演繹　一般的真理から個別的真理を引き出すこと。「大前提・小前提・帰結」の「三段論法」が典型である。

帰納　個々の事象から共通する一般的な真理を抽出すること。演繹とは異なり必然性を欠く。

範疇　分類枠、基本となる概念。カテゴリー。

契機　要因、構成要素。まれに「きっかけ」の意。

体系　要素を系統的に統一した全体。システム。

与件　与えられたデータ、所与。「感覚与件」は、たとえば視覚に対する多様な光の刺激などを指す。

観照　対象の知を理性的・直観的に求める態度。

実践　理論・観照の対義語。実際の行いによって価値の実現を目指すこと。

想起　過去のことを思い起こすこと。

潜在　いまだ現実化していない、可能性としてある性質。内部に潜んでいる状態。

顕在　現実化し、表面に現れている性質。可能性であった物事が、外部に現れている状態。

規範　模範や規則の意。判断や評価、行為の基準となるもの。文法は言葉の規範であり、道徳や法は社会規範である。

疎外　本来あるべき扱いを否定された状態。もとは「仲間外れ」の意のドイツ語の訳語。

実存　個としての自己、孤独や不安に対する自覚をもつ主体的な人間存在の意。

神話　根拠のない独断、まことしやかな作り話という意味の比喩として用いられることが多い。同様の意味では、「形而上学」「イデオロギー」なども、批判的な文脈で用いられる。

用例

■「山は高い」は真偽判定ができないので**命題**ではなく、「1+2=5」は偽の**命題**である。

■二大陸を遮る大洋が、**逆説**的に海運を発達させた。

■哲学者のポパーは、絶対的な真理ではなく、**反証**可能性のある仮説のみを科学的理論であると考えた。

■基本的人権の尊重を前提として、格差の拡大に対する批判という帰結を**演繹**する。

■数多くの経験から**帰納**されたというだけでは、例外の存在を排除できず、必然的真理とは言えない。

■親切な振る舞いは、それだけでは善意の有無が不明なので、必ずしも善行の**範疇**には属さない。

■西欧社会における近代化の**契機**は、資本主義の確立を可能とした技術革新である。

■有機体は単なる多様な物質の集合ではなく、それらが一つの生命体の構成要素として**体系**をなす。

■情報は単なる**与件**であり、それを確実な理論に基づいて意味づけることで有意義な知識となる。

■「理論」theory の語源である「テオーリア」は、真理を知的に考察する瞑想・**観照**の意である。

■政治は正義を実現するための**実践**的行為である。

■過去は、人間の**想起**によってしか意識に現れず、それ自体を客観的に知覚することはできない。

■**潜在**的であった才能が、執筆という実践的な行為を経て、作品という形で**顕在**化した。

■社会**規範**に従って行動する成員は、その社会においてノーマルであると評価される。

■人間が道具や商品として非人間的に扱われることを人間**疎外**と言う。

■単なる存在物とは異なり、いずれ到来する自己の死を自覚しつつ生きている人間を**「実存」**と呼ぶ。

■多数の投票を得た正当な権力であるという**神話**がメディアで宣伝されている。

②

おわりに──新版に寄せて

本書は、書名のとおり、二〇一二年に他社から刊行した本の「新版」として執筆した。

旧版は大学入学共通テストへの入試改革が企図される以前の執筆であり、センター試験の過去問題も掲載していた。筆者の方法論に本質的な変化はないとはいえ、受験生は新しい素材を求めるであろうという思いもあって、二〇二一年に絶版とした。改訂版を考えなかったのは、その数年前に筆者個人のサイトを設けたので、情報発信は随時できるし、誰もがアクセスできるので、参考書は不要になると考えたからであった。

ところが、旧版を絶版として一年ほど経ったころ、ネット上のフリーマーケットのようなところで旧版が定価の何倍もの価格で売られており、それを買う受験生が少なくないと知って当惑した。申し訳ないという思いであった。一方、自分の個人サイトに掲載するものには著作権上の制約などがあり、入試問題を例題とする読解法や解答法の解説は難しかった。参考書という形は、やはり必要なのだと再認識させられた。さらに一年ほどが過ぎても、旧版は高値で売買されており、何とかしたいという気持ちが募っていった。

そのようなとき、文英堂で国語参考書の編集を担当されている中森良美さんから連絡をいただいた。筆者の方法論を深くご理解くださったうえでの、新版の刊行をというオファーであった。例題の新規差し替えはもとより、すべて一から書き直したいという筆者の不経済な要望にも快諾をくださり、本書の執筆へと至った次第である。中森さんと文英堂の方々、そして執筆目的を与えてくれた受験生の皆さんに、ここで謝意を表したい。

新たな参考書という形をとった客観的速読法や論理的解答法が、多くの現代文学習者にとって有意義なものとなることを祈念する。

二〇二四年八月　中野 芳樹

著者紹介

中野 芳樹（なかの・よしき）

駿台予備学校 現代文科講師

□ ブックデザイン　山之口正和＋齋藤友貴（OKIKATA）
□ DTP　㈱ムサシプロセス
□ 編集協力　多湖奈央　福岡千穂
□ 校正　㈱鷗来堂
□ 写真提供　㈱アフロ

シグマベスト
新版
現代文 読解の基礎講義

著　者　中野芳樹
発行者　益井英郎
印刷所　岩岡印刷株式会社
発行所　株式会社文英堂
〒601-8121　京都市南区上鳥羽大物町28
〒162-0832　東京都新宿区岩戸町17
（代表）03-3269-4231

●落丁・乱丁はおとりかえします。

別冊

客観的速読法・論理的解答法一覧

客観的速読法

論理的文章の客観的速読法一覧（一二種）……2
小説の客観的速読法一覧（二種）……8
随想の客観的速読法一覧（四種）……10

論理的解答法

論理的解答法一覧（同義置換型・理由説明型・要旨要約型）……12

論理的文章の客観的速読法一覧（一二種）

1 具体例と抽象論・一般論

▼具体例（や比喩・引用）をカッコで閉じ、その前後の**抽象論・一般論**をマーキングする。
▼具体例の直後にしばしば置かれる指示語・要約表現に着眼する。

・a_n＝（a_1、a_2、……）＝a_n

作業例 （たとえば、日本語では「水」と「湯」を区別する。）このように世界は言語によって分節される。

2 否定・比較

▼比較並列されたA・Bのうち、**より肯定的に述べられたB**を中心にマーキングする。

・A **デハナクテ** B デアル
・A **ダケデナク** B モ
・A **ヨリムシロ** B **ノホウガ**

作業例 食事は、単なる栄養摂取の行動ではなく、すぐれて文化的な行為である。

3 対照・対比

▼ 対照的な文構成（A←→B）を見出したら、**メイン・テーマ側（A・Bの一方）**をマーキングする。

▼ 単に比較が述べられているだけで、どちらかを強調するレトリックでないなら、線までは引かない。

・**AハXデアル ノニタイシテ BハYデアル**

作業例 二〇世紀は、国際化によって各国政府間の関係が重視されたのに対して、二一世紀は、グローバル化によって主権国家の影響力は低下し、非政府組織や個人の役割の重要性が増している。

4 疑問詞（なに・なぜ・どう）

▼ **疑問詞を伴う一文（読者への注意喚起の問いかけ）**をマーキングする。

▼ 疑問（当面の主題）を意識して読み進め、**筆者自身の回答（当面の結論）**をマーキングする。

・**AトハナニカBデアル** → （Aトハ）**Bデアル**

・**ナゼAナノデアロウカ** → （Aナノハ）**Bダカラデアル**

作業例 精神とは何であろうか。……精神は、単なる脳の機能を超えた、個人に内在する自律的な志向性である。

5 譲歩

▼ 読者からの常識的反論を先取りして譲歩している箇所に続く、**筆者の本音の箇所**にマーキングする。

▼ 譲歩内容はしばしば副詞（「たしかに」など）を伴い、**筆者の本音は逆接語以降**に述べられる。

・**タシカニ（モチロン・ムロン・ナルホド）〈譲歩〉** → **逆接〈本音〉**

作業例 たしかに痛みは不快で避けたい感覚ではある。しかし、痛みを感じることにこそ、人間として生きている証があるのだ。

6 要約表現

▼ **前件の要点として抽出された後件（接続語の後）**をマーキングする。

▼ 具体例の直後に置かれることも多い（1参照）。

・**ツマリ（要スルニ・簡潔ニ言エバ・結局ハ・結果トシテ など）**……

・（ **具体例** ）**要スルニ**……

作業例 ある特定の行動で利益を得る人々と、それ以外の行動では不利益を被る人々とは、いずれも同じ行動を選択する。つまり、動機が積極的か消極的かにかかわらず、選択結果は一致するのである。

7 重視・強調表現

▼重視・強調表現に着眼し、**重視を促された箇所・強調された箇所**をマーキングする。

- **重要（大切・注意・問題 など）**
- **基礎（本質・特徴・前提・背景 など）**
- **……コソ・ジッハ（マサシク など）……**
- **最上級表現（モットモ〜・第一ニ〜 など）**

作業例

伝統は、はるか昔から変わることなく存続しているとみなされがちだが、実はきわめて近代的な虚構に基づいて物語られているのである。

8 筆者の主観・心情表現

▼**筆者の考え・感想などであることがあえて明示されている箇所**をマーキングする。

- **……ト 思ウ（考エル・感ジル・気ガスル など）**

作業例

憲法は国家の政体（constitution）であり、その改正は拙速を避けねばならないとしても、憲法改正論議それ自体は忌避すべきではないと思う。

9 反語的表現

▼文末の反語的表現による強調（読者の注意を喚起する表現）に着眼する。
▼とくに**否定語を伴う反語的表現によって強調された箇所**をマーキングする。

・……**デアロウ** **カ**
・……**デハ** **ナイカ**

作業例

メディアを介した情報を「事実」とは呼べないとすれば、直接的な体験も、体験する者に固有のバイアスがかかる以上、「現実」とは言い切れないのではないだろうか。

10 逆接

▼**逆接の後件**を前件（譲歩内容）よりも重視して読解する（線を引くことまではしない）。
▼段落冒頭であれば、**逆接の後件**をマーキングする（線を引く）。

・**A** **シカシ**（**ダガ・ケレドモ など**）**B**

作業例

科学技術の進歩は、人類に多大な富と利便性をもたらした。しかし、環境問題や核のリスクなど、科学技術によって生じた諸問題は、人類の存続そのものを脅かしているのだ。

11 定義・命名表現

▼本文中のキーワードや日常語について、**筆者が定義もしくは命名している箇所**をマーキングする。

- **AトハBデアル**
- **BヲAト呼ブ**

作業例

真正な正義とは、特定の正義へと偏向しない公正さという点で、それ自体は空疎な概念である。

12 要点並列表現

▼**要点として並列・列挙されている箇所**をマーキングする。

- **第一ニ、……。第二ニ、……。**
- **マズ、……。次ニ、……。**

作業例

第一に、AIとは異なり、人間は価値の源泉となる生物としての身体を有している。……。第二に、人間には、AIにはない個としての尊厳がある。

小説の客観的速読法一覧（二種）

1　登場人物の心情表現

▼小説読解上の最重要事項である**登場人物の心情表現**をその都度もれなくマーキングする。

▼主人公と他の人物とで**心情表現を区別**してマーキングする。

（主人公の心情表現・他の人物の心情表現）

・**心情表現の種類と事例**

感情（驚いた・悲しむ　など）

主観（思った・感じた　など）

表情（目を見張る・泣いた　など）

口調（不服そうに言った・怒鳴った　など）

態度（もじもじと・身震いして　など）

作業例　私は自分のしたことの結果に驚き、これから起こるであろうことに恐れを抱いた。

作業例　彼女は彼の仕事ぶりに目を見張り、やがて満足げにうなずいた。

作業例　「貴方（あなた）の言い方がどうしても気になるの」と妻は意を決したように言った。

2 人物像とシチュエイションの表現

▼ **登場人物像の描写**を新情報のみマーキングする。

▼ **シチュエイションの描写**を新情報のみマーキングする。

・**人物像の種類と事例**

年齢・性別・職業（老人・少女・新卒者・医師　など）

健康状態（病気がち・血色のよい　など）＊短期的なものは除く

能力・才能（金銭勘定が苦手で・語学に秀でた　など）

性格（気の強そうな・めずらしく怒って　など）

・**シチュエイションの種類と事例**

時と場（昭和の末年・静岡の実家で・外地から復員し　など）

家庭環境（祖母と弟との三人暮らし・父親は出征し母親も不在がち　など）

人間関係（姉弟・幼馴染・上司・恋人　など）＊心理的な人間関係も含める

作業例　年配の紳士が、いかにも品のよい物腰で私に会釈して話し始めた。（年齢・性別・性格）

作業例　終戦前年の暮れ、疎開先にあっても、粗末になった食糧事情が戦局を物語っていた。（時・場）

作業例　彼とは会社の同期で何かにつけて意識しあっていたが、私の転職後は疎遠になった。（人間関係）

随想の客観的速読法一覧（四種）

1 論理的文章の客観的速読法 1 ～ 12 を用いる

▼ ミクロとマクロの組み合わせも含めて、基本的には論理的文章と同じ読解法を採用する。

▼ とりわけ 8 **（筆者の主観・心情表現＝随想の「想」）**を重視し、具体例内にあってもマーキングしておく。

2 具体的内容と具体例を区別する

▼ **具体的・比喩的表現で述べられた本文内容**を単なる修辞箇所と混同しない。

▼ 具体例かどうか判別しにくい箇所は無理に（　）で閉じず、判断を留保して先へと読み進める。

3 抽象概念・一般論の箇所をマークする

▼ 具体的で柔らかい表現が基本の本文中で、**硬い抽象概念・大きな一般論**があればマーキングする。

4 本文内容の抽象化・本質的な主題や結論の推論を行いつつ読み進める

▼随想に特有の具体的・私的な話題の背後にある、**抽象的・一般的な主題**をくみ取るように努める。

▼随想の客観的速読法 3 を活用して、**要旨を推論しつつ読む。**

論理的解答法一覧（同義置換型・理由説明型・要旨要約型）

1　同義置換型

1　**設問の要求確認と傍線部を含む一文の構文確認**を行う。

2　**解答の構文を確立（主述を明瞭に意識化）**する。置換後の構文は原則として傍線部と一致する。

3　確立した解答の構文に、

①　**（指示語があれば）指示内容の代入**

②　**マーキングしたキーワード・キーセンテンス（中の適切な語句）の代入**

③　**傍線部自体の置換**

以上の3点によって 暫定的な解答案 を構成する。　＊下書きは時間に余裕のある場合のみ行う。

4　**3の暫定的な解答案の字数を概算する。**

字数が超過していれば、制限字数（許容範囲）まで簡潔化する。解答要素は極力維持する。

5　**字数不足の場合に限り**、以下を検討する。

a　**傍線部中の残余、修飾句や傍線部末尾の表現**まで丁寧に置換する。

b　さらに**意味説明（定義）・理由説明（論拠）の追加**を検討する。

c　**他のキーセンテンス・キーワード**を解答に活用できないか確認する。

2　理由説明型　1　論拠説明（論理的理由）

1　**設問の要求確認と傍線部を含む一文の構文確認**を行う。
＊「AはBである」の形に簡略化できれば、「論拠型理由説明」である。

2　**解答の構文を確立（主述を明瞭に意識化）**する。　↓　AはCだから。

3　確立した解答の構文の述部（C）に、**主題Aについてマーキングしたキーワード・キーセンテンス（中の適切な語句）を代入する。**
以上によって 暫定的な解答案 を構成する。　＊下書きは時間に余裕のある場合のみ行う。

4　3の**暫定的な解答案の字数を概算する。**
字数が超過していれば、制限字数（許容範囲）まで簡潔化する。解答要素は極力維持する。

5　**字数不足の場合に限り**、以下を検討する。
a　**傍線部中の残余、修飾句や傍線部末尾の表現**まで丁寧に踏まえた「理由説明」を行う。
b　さらに**意味説明（定義）・理由説明（理由の理由、より根源的な論拠）の追加**を検討する。
c　**他のキーセンテンス・キーワード**を解答に活用できないか確認する。

3　理由説明型　2　動機・意図説明（心理的理由）

1　**設問の要求確認と傍線部を含む一文の構文確認**を行う。

＊「SがPする」の形に簡略化できれば、「動機・意図型理由説明」である。

2　**解答の構文を確立（主述を明瞭に意識化）**する。　↓　SはQだから。

3　確立した解答の構文中の述部箇所（Q）に、**主語Sについてマーキングした心情表現を代入する。**

以上によって 暫定的な解答案 を構成する。　＊下書きは時間に余裕のある場合のみ行う。

4　3の**暫定的な解答案の字数を概算する。**

字数が超過していれば、制限字数（許容範囲）まで簡潔化する。解答要素は極力維持する。

5　**字数不足の場合に限り、**以下を検討する。

a　**傍線部中の残余、修飾句や傍線部末尾の表現**まで丁寧に踏まえた「理由説明」を行う。

b　さらに**意味説明（定義）・理由説明（動機・意図を引き起こす原因など）の追加**を検討する。

c　**他のキーセンテンス・キーワード**を解答に活用できないか確認する。

＊身体的生理的心情描写（象徴表現）が設問箇所である場合に限り、解答は設問箇所と同内容の心理的表現（一般的表現）へと置換して結ぶ。

4 理由説明型 3 原因（事実的理由）

1 **設問の要求確認と傍線部を含む一文の構文確認**を行う。

＊「Eになる（Eが生じる）」の形に簡略化できれば、「原因型理由説明」である。

2 **解答の構文を確立（主述を明瞭に意識化）**する。↓ Cが生じたから。

3 確立した解答の構文中のCに、**Eに先行する事柄（原因）を、本文中のマーキングした箇所から求めて、代入する。**

以上によって 暫定的な解答案 を構成する。＊下書きは時間に余裕のある場合のみ行う。

4 **3の暫定的な解答案の字数を概算する。**

字数が超過していれば、制限字数（許容範囲）まで簡潔化する。解答要素は極力維持する。

5 **字数不足の場合に限り**、以下を検討する。

a **傍線部中の残余、修飾句や傍線部末尾の表現**にまで丁寧に踏まえた「理由説明」を行う。

b さらに**意味説明（定義）・理由説明（理由の理由、より根源的な原因）の追加**を検討する。

c **他のキーセンテンス・キーワード**を解答に活用できないか確認する。

5 理由説明型 全タイプ共通事項

▼設問箇所（傍線部など）が「したがって」「だから」「ゆえに」「そこで」等の接続語の後件であれば、**前件の内容を理由説明の解答要素に必ず含める。**

▼設問箇所を修飾する「～とき」「～ならば」「～かぎり」「～以上」「～の意味では」等の限定条件（副詞句など）があれば、その限定条件自体を**理由説明の解答要素に必ず含める。**

▼書こうとする**答案の結び（選択肢の結び）**を、設問箇所（傍線部など）の結びへと関連付け、**「〜だから……である」という説明で筋が通っているか、検証する。**

▼「なぜ筆者は〜と述べているのか」のように、**「筆者は（Sが）〜と言う（Pする）」理由を問われた場合、「〜と考えられる（思われる）から。」**などで結ぶこと。

6 要旨要約型

1 **設問の要求確認（設問＋全体要旨の付帯）と傍線部を含む一文の構文確認**を行う。

2 **解答・後半の構文を確立（主述を明瞭に意識化）**する。

3 確立した解答・後半の構文に、**前問の節より後にマーキングしたキーワード・キーセンテンス（中の適切な語句）を代入する。**

以上によって 解答案・後半 を構成する。 ＊下書きは時間に余裕のある場合のみ行う。

4 **3の暫定的な解答案・後半の字数を概算し、残りの解答字数・行数を明確にする。**

5 **3の解答案・後半へと接続すべき前半の要旨としてとくに重要な内容のキーワード・キーセンテンスを、本文前半中から取捨選択**し、残り字数内でまとめ、 解答案・前半 とする。

6 **3・5**の解答案（前半＋後半）を、論展開に応じて**適切な接続語を用い、一つの解答へと統合する。**

＊最終的な字数の調整を行い、制限字数内、解答欄内におさめる。

＊前半と後半の接続関係が逆接ではない場合、関係性の理解が曖昧なら接続語を書かない。

②